Philosophische Grundlagen der Soziologie

Reihe herausgegeben von
Peter Gostmann, Universität Frankfurt, Frankfurt, Deutschland

Die Buchreihe zielt darauf, mit den philosophischen Grundlagen der Soziologie vertraut zu machen. Zu diesem Zweck rückt jeder Band der Reihe einzelne Philosoph*innen von exemplarischer Bedeutung für das soziologische Denken (oder in Ausnahmefällen Philosoph*innen-Gruppen) in den Mittelpunkt. Neben Philosoph*innen, deren Schriften zum festen Bestand soziologischer Grundlagenreflexion zählen, sollen dabei auch solche, deren soziologische Relevanz man bisher noch nicht recht erkannt hat, in ein neues Licht gerückt werden.

Das Prinzip der Darstellung, das die Bände der Reihe auszeichnet, ist, die Praxis der Grundlagen*forschung* sichtbar zu machen: Sie vermitteln nicht den Eindruck statischen Wissens, sondern dokumentieren, was Arbeit am und mit Wissen bedeutet; sie leisten im Duktus einer Einführung einen Diskussionsbeitrag zur Frage der soziologischen Potentiale des Philosophierens und wollen auf diese Weise Anregung zu gehaltvollem soziologischen Denken sein. Deswegen geben die Autor*innen der Bände der Originalität und Prägnanz der Auseinandersetzung mit ihrem Gegenstand im Zweifelsfall den Vorrang gegenüber eher buchhalterischen Problemen wie etwa dem der Lückenlosigkeit des Berichts einer Rezeptionsgeschichte. Als Ganzes soll die Reihe ein Bild „tiefen" soziologischen Wissens bieten.

Catherine Gotschy

Soziologisch denken mit Hans Blumenberg

Zwischen Begriff und Metapher

Catherine Gotschy
Universität Osnabrück
Osnabrück, Deutschland

ISSN 2661-8044 ISSN 2661-8052 (electronic)
Philosophische Grundlagen der Soziologie
ISBN 978-3-658-47007-4 ISBN 978-3-658-47008-1 (eBook)
https://doi.org/10.1007/978-3-658-47008-1

Die Deutsche Nationalbibliothek verzeichnet diese Publikation in der Deutschen Nationalbibliografie; detaillierte bibliografische Daten sind im Internet über https://portal.dnb.de abrufbar.

© Der/die Herausgeber bzw. der/die Autor(en), exklusiv lizenziert an Springer Fachmedien Wiesbaden GmbH, ein Teil von Springer Nature 2025

Das Werk einschließlich aller seiner Teile ist urheberrechtlich geschützt. Jede Verwertung, die nicht ausdrücklich vom Urheberrechtsgesetz zugelassen ist, bedarf der vorherigen Zustimmung des Verlags. Das gilt insbesondere für Vervielfältigungen, Bearbeitungen, Übersetzungen, Mikroverfilmungen und die Einspeicherung und Verarbeitung in elektronischen Systemen.
Die Wiedergabe von allgemein beschreibenden Bezeichnungen, Marken, Unternehmensnamen etc. in diesem Werk bedeutet nicht, dass diese frei durch jede Person benutzt werden dürfen. Die Berechtigung zur Benutzung unterliegt, auch ohne gesonderten Hinweis hierzu, den Regeln des Markenrechts. Die Rechte des/der jeweiligen Zeicheninhaber*in sind zu beachten.
Der Verlag, die Autor*innen und die Herausgeber*innen gehen davon aus, dass die Angaben und Informationen in diesem Werk zum Zeitpunkt der Veröffentlichung vollständig und korrekt sind. Weder der Verlag noch die Autor*innen oder die Herausgeber*innen übernehmen, ausdrücklich oder implizit, Gewähr für den Inhalt des Werkes, etwaige Fehler oder Äußerungen. Der Verlag bleibt im Hinblick auf geografische Zuordnungen und Gebietsbezeichnungen in veröffentlichten Karten und Institutionsadressen neutral.

Springer VS ist ein Imprint der eingetragenen Gesellschaft Springer Fachmedien Wiesbaden GmbH und ist ein Teil von Springer Nature.
Die Anschrift der Gesellschaft ist: Abraham-Lincoln-Str. 46, 65189 Wiesbaden, Germany

Wenn Sie dieses Produkt entsorgen, geben Sie das Papier bitte zum Recycling.

Über Umwege – Annäherungen an Hans Blumenbergs Philosophie

„Was mich bewegte, war der Gedanke, daß jenes Florenz, das nah, aber unerreichbar in meiner Einbildung vor mir stand, zwar in meinem Inneren von mir durch eine Entfernung getrennt war, die sich nicht überwinden ließ, daß ich es aber mittelbar, auf einem Umweg, dennoch erreichen konnte, sofern ich den ‚Landweg' nahm." (Marcel Proust[1])

Hans Blumenberg (1920–1996) sprach in einer seiner Vorlesungen an der Westfälischen Wilhelms-Universität Münster, an der er ab 1970 bis zu seiner Emeritierung 1985 eine Professur für Philosophie innehatte, einmal sinngemäß davon, dass er keine ‚Sofort-Philosophen' produzieren könne, indem Studierende eine seiner Vorlesungen hörten und danach sicher zu philosophieren wüssten – er sei nicht Jesus.[2]

In dieser Anekdote über Blumenbergs Verhältnis zu seinen Studierenden liegt neben dem Verweis darauf, dass sich die Bedeutung seiner Vorträge oder Schriften nicht allzu schnell klären lässt, auch etwas, was er im Mai 1985 in einem Brief mit seinem Übersetzer ins Englische, Robert Wallace, teilte. Darin gibt er einen Hinweis auf seine eigene Arbeitsweise, die der Form, in welcher sich das vorliegende Buch darstellt, nicht ganz fern steht. Blumenberg kommt auf den letzten Planungsstand zur Ausarbeitung einer sogenannten *Theorie der Unbegrifflichkeit* zu sprechen, auf die er zeitlebens, sowohl in einer Vorlesung 1975 als auch am Ende seiner 1979 erschienenen Untersuchung *Schiffbruch mit Zuschauer*, nur einen *Ausblick*

---

[1] Proust, Marcel. 1913/1994. *Auf der Suche nach der verlorenen Zeit. Bd. 1. Unterwegs zu Swann*, herausgegeben von Luzius Keller. Frankfurt am Main: Suhrkamp, S. 564–565.
[2] Vgl. Rüter, Christoph. 2018. Hans Blumenberg. Der unsichtbare Philosoph [Film]. Köln: Tag/Traum.

geben konnte.[3] Den Auftakt sollte ein Buch über *Höhlenausgänge* machen – das er tatsächlich selbst noch veröffentlichte[4] – darauf sollte eines zur Metaphorik der *Quellen und Ströme*[5] und zuletzt eines zur *Wahrheitsmetaphorik* folgen[6] – beide wurden erst aus seinem Nachlass publiziert. Hieraus könne dann die „theoretische Summe" gezogen werden.[7] Dies war seine Antwort auf die Anfrage von Wallace, ob es sich im Sinne seiner Adressat*innen nicht anbieten würde, die *Theorie der Unbegrifflichkeit* erstens *in einem Band* abzudrucken und zweitens den auf sie hinführenden metaphorologischen Untersuchungen *voranzustellen*. Blumenberg lehnte mit seiner Antwort insbesondere das Voranstellen ‚der' Theorie ab, weil sie sich erst in der Auseinandersetzung mit dem Material entfalten *und* verstehen lasse. Etwas an Blumenbergs Philosophie zu erkennen, setzt demnach voraus, sich auf die Wege, die ihn selbst ‚zu ihr' geführt haben, einzulassen. Diese einlassende Bewegung lässt sich am und im Aufbau des vorliegenden Buches mitvollziehen, dessen Ziel es ist, in methodologischer und in theoretischer Hinsicht Einsichten in soziologische Potenziale der Philosophie Hans Blumenbergs zu sammeln.

Allerdings unterscheidet sich der Weg des *soziologischen Denkens* mit Blumenberg von seinen eigenen Plänen zum Aufbau der philosophischen Theorie der Unbegrifflichkeit, insofern – anschließend an eine biografische Verortung der für den Nachvollzug dieses Denkens heranzuziehenden Schriften (*1.*) – vorab ein Wegweiser platziert wird: eine *Rekonstruktion von Blumenbergs Fallstudie zu Max Webers Platonrezeption* (*2.*); die ich tatsächlich erst nachträglich, gewissermaßen als ‚Summe' meiner Einlassung auf Blumenbergs Wege (*3.* bis *5.*) anfertigen konnte. Es findet sich deshalb in diesem Kapitel zu Webers Platon *in nuce* wieder, was in der Gesamtanlage des Buches *en gros* vorgestellt wird: eine Annäherung an die

---

[3] Vgl. Blumenberg, Hans. 1979a. *Schiffbruch mit Zuschauer. Paradigma einer Daseinsmetapher*. Frankfurt am Main: Suhrkamp, S. 85–106. Vgl. dazu den Anhang der Erwägungen zu einer *Theorie der Unbegrifflichkeit*, welcher den Nachwort zufolge einen Überarbeitungsstand des *Ausblicks* zwischen der Vorlesung und dem *Schiffbruch* markiert in Blumenberg, Hans. 2007. *Theorie der Unbegrifflichkeit*. Aus dem Nachlaß herausgegeben von Anselm Haverkamp. Frankfurt am Main: Suhrkamp, hier S. 95–110. Vgl. auch Haverkamp, Anselm. Editorisches Nachwort. In Hans Blumenberg. *Theorie der Unbegrifflichkeit*, S. 115–119.

[4] Vgl. Blumenberg, Hans. 1989. *Höhlenausgänge*. Frankfurt am Main: Suhrkamp.

[5] Vgl. Blumenberg, Hans. 2012. *Quellen, Ströme und Eisberge*, herausgegeben von Ulrich von Bülow und Dorit Krusche. Berlin: Suhrkamp.

[6] Vgl. Blumenberg, Hans. 2019. *Die nackte Wahrheit*, herausgegeben von Rüdiger Zill. Berlin: Suhrkamp.

[7] Zill, Rüdiger. 2019. Nachwort des Herausgebers. In Hans Blumenberg. *Die nackte Wahrheit*. Berlin: Suhrkamp, S. 185–196, hier S. 189.

Denkbewegung Blumenbergs unter dem Gesichtspunkt ihres soziologischen Potenzials. Im Anschluss an Blumenbergs *rezeptionsgeschichtliche Methode* und *metaphorologische Methodologie* (*3.*) werden einige Dimensionen seiner *Theorie*, insbesondere sein Verständnis von intellektuellen Denkbewegungen als *Distanzierungspraxen*, erschlossen (*4.*). Die Rekonstruktion seiner Analyse zu Webers Platonrezeption ist von eben diesem Umweg geprägt, weshalb es ihr Anliegen ist, ihn mitabzubilden: über das *Wie*, d. h. die Annäherung an Blumenbergs *Verfahrensweise* in Form gründlichen, ihr Schritt für Schritt folgenden Lesens, auf das *Was* zu kommen, nämlich die historisch-sozialen *Wirklichkeitsbegriffe*, die sich nach seiner Lesart in den spezifischen Textverhältnissen, die Autor*innen eingehen, ausdrücken. So lässt sich erschließen, was es bedeutet, mit Blumenberg soziologisch zu denken. Dazu werden ausgangs des Kapitels einerseits Indizien zur *Forschungspraxis* Blumenbergs zusammengefasst und andererseits seine eigenen Hinweise zu *grundsätzlicheren Themen* expliziert, sodass ihnen hiernach im weiteren Verlauf genauer nachgegangen werden kann.

Dieser sich im Fortgang dokumentierende Umweg über Blumenbergs *Methodologie* zu seinen *Forschungsinteressen* und *Einsichten* und von dort zur Frage ihres soziologischen Gewichts soll sich also anhand der vorangestellten Fallanalyse in verdichteter Form erkennen lassen, um die folgende, weiter ausholende Denkbewegung vorzubereiten. In diesem Sinne lässt sich dieses Kapitel *als Vorstellung* der Arbeitsweise Blumenbergs sowie *als Zwischenfazit* lesen.

Da Blumenberg eine von Weber intendierte, seiner Abgrenzung der antiken Philosophie von den modernen Sozialwissenschaften ablesbare *erkenntnistheoretische Leerstelle* thematisiert, und da sich bekanntermaßen insbesondere Alfred Schütz der theoretischen Fundierung des Weberschen Begriffs des subjektiven Sinns sozialen Handelns widmete, werden zur weiteren Explikation *soziologischen Denkens mit Blumenberg*, nachdem die ausholende Denkbewegung der Kap. 3 und 4 abgeschlossen ist, er *und Schütz gedankenexperimentell in ein Gespräch* versetzt (*5.*). Schütz' Denkbewegung stellt hier weniger einen ‚Forschungsgegenstand' dar, dessen historisch-soziale Lage und intellektuelles Verhältnis zu ihr mittels Blumenbergs Methodologie schrittweise untersucht würde.[8] Vielmehr werden durch das Gespräch zunächst *theoretische Konsequenzen* der bisherigen Einlassung auf

---

[8] Für einen solchen weitergehenden Beitrag, d. h. eine an Blumenbergs Methodologie orientierte *Fallstudie* vgl. Gotschy, Catherine und Nell, Charlotte. 2023. Psychoanalyse und Matriarchatsmythos als Instrumente erotischer Utopie. Nicolaus Sombarts Wirklichkeitsbewältigung zwischen 1968 und 1987. In *Große Gegenwart. Zur Erinnerung an Nicolaus Sombart (1923–2008)*, hrsg. Peter Gostmann und Gerhard Wagner. Wiesbaden: Harrassowitz, S. 145–176.

Blumenberg für Schütz' Konzeption der *Sinnprovinzen* (hier Alltag, Wissenschaft und Kunst) exemplarisch ergründet. Über diesen engeren Rahmen hinausweisende Konsequenzen münden anschließend in Überlegungen zur konzeptionellen Konkretion der *Übergänge* zwischen den gesellschaftlichen Bereichen der Ökonomie, Kultur, Wissenschaft und Kunst.

Für einen Ausblick auf eine *Rückkehr zur soziologischen Anschauung*[9] werden zuletzt in programmatischer Form einige Elemente des im Verlauf des Buchs erarbeiteten Provisoriums begrifflicher Systematisierung in methodologischer Hinsicht zusammengetragen (6.).

Insofern Blumenberg unter einer Praxis der Rezeption, also dem, was dieses Buch hauptsächlich zu leisten versucht, ein Verfahren versteht, welches die Sinngehalte des Bezugsmaterials verändert, müssten sich die Leser*innen darauf einstellen, dass mit der von mir gewählten Schwerpunktsetzung eine Reduktion philosophischer Gehalte einhergeht, die Blumenberg in seinen Schriften ausführlicher entfaltet. Zu hoffen bleibt dennoch, dass sie sein Anliegen und seine Vorgehensweise nicht grundsätzlich entstellt. Der Leserschaft ist deshalb sehr zu danken, dass sie auf ein Abstractum sachlicher Ergebnisse nicht ohne Weiteres vertraut, sondern zudem den Prozess ihrer Kultivierung mitvollzieht. Das ist der Grund dafür, dass im Folgenden die Verfasserin in den meisten Fällen, statt sich zu benennen, ein ‚wir' zum Sprechen bringt – wird doch der Leser*in dieser Umweg, wie immer er zuletzt eingeschätzt werden mag, zunächst zugemutet und deshalb auf ihre Weise mituntergenommen.

Osnabrück, Deutschland Catherine Gotschy

---

[9] Der Ausdruck „Rückkehr zur Anschauung" findet sich bei Blumenberg. *Theorie der Unbegrifflichkeit*, S. 27.

Inhaltsverzeichnis

1 Biographische Wegmarken Blumenbergs 1
2 Ein metaphorologischer Fall – Max Webers Platonrezeption 17
3 Wirklichkeitsbegriffe im Kontext ihrer Problemgeschichte 41
   3.1 Die pragmatische Qualität des Wirklichkeitsbegriffs 43
   3.2 Umgangsformen mit Wirklichkeitsbegriffen 51
   3.3 Rezeption als Zugang zu den Geschichten der
        Wirklichkeitsbegriffe 55
   3.4 Umbesetzung als Konzept zur Methode einer anderen
        Rezeptionsgeschichte 65
4 Annähernde Distanzierungspraxis 75
   4.1 Das Verhältnis von Fragen und Antworten und ihre
        Typologie – Anmerkungen zur Interpolation 77
   4.2 Distanzierungspraxen 83
        4.2.1 ... anthropologisch zwischen Überleben und Genuss 86
        4.2.2 ... erkenntnistheoretisch zwischen Begriff
              und Metapher I – Begriff 92
        4.2.3 ... erkenntnistheoretisch zwischen Begriff
              und Metapher II – Metapher 101
        4.2.4 ... methodologisch zwischen Minimal-
              und Maximalmethode 120

4.3	Mythos als Grenzfall zwischen Distanzierung und Distanzverlust	127
4.3.1	Mythologische Reflexionsgeschichten und mythische Herkunftserzählungen	132
4.3.2	Arbeit am Mythos zwischen Spiel und Terror?	142
4.4	Zwischenpositionen	147
4.4.1	Historische Rekonstruktion und systematische Verortung – Rezeption und Distanz	148
4.4.2	Beruhigung und Reizung zugleich?	153

5 In soziologischer Hinsicht 159
  5.1 Blumenberg im Gespräch mit Schütz – Zwischen Sinnprovinzen, Sorge und Genuss, Zeit und Raum 163
    5.1.1 Das Verhältnis der Alltagswelt und Kommunikation zur Wissenschaft und Kunst 164
    5.1.2 (Wieder-)Aufnahme der Grundmotive: Sorge und Genuss 183
    5.1.3 Aufhebung der Konkurrenz der Sinnprovinzen 186
    5.1.4 Vorläufige Zusammenfassung 199
  5.2 Übergänge zwischen Ökonomie, Kultur, Wissenschaft und Kunst 201
  5.3 In Vorbereitung einer Rückkehr – Resümee einiger Bedingungen 212

6 Rückkehr unter anderen Bedingungen – Soziologische Möglichkeitsbeziehung 221

Literatur 227

1 Biographische Wegmarken Blumenbergs

Einem Versuch, den Zusammenhang der Schriften mit den jeweiligen biografischen Elementen ihrer Verfasser*innen darzulegen, wohnt zugleich Attraktivität und Gefahr inne. Reizvoll ist, schriftlich dokumentierte Denkbewegungen nicht ohne Weiteres aus ihren Geschichten heraus zu präparieren und somit den Eindruck zu erwecken, in ihnen verkünde sich die Gestalt eines leblosen *Genies*. Einher geht damit zugleich die Gefahr, sie ausschließlich als *Produkt* ihrer historisch-sozialen Lage zu verstehen. Der Anspruch für das Folgende ist es nicht, in Form eines verdeckten Glossars der Entfaltung spezifischer Gedankengänge Blumenbergs vorauszueilen, indem wir eine definitorisch anmutende Kurzzusammenfassung seiner von uns konsultierten Arbeiten präsentieren und sie formallogisch auf dem Zeitstrahl seines Lebens verzeichnen; oder umgekehrt, indem die Biografie Blumenbergs im Verfahren der Ausschnitte in seine Publikationen gepresst wird. Weder wollen wir uns anmaßen, Hans Blumenberg auf Stichworte zu reduzieren, noch wollen wir uns die Freiheit nehmen, sich auf seine Gedanken einlassen zu können, die uns in, überwiegend eigens von ihm gestalteten, Veröffentlichungen zugänglich sind. Was dürfen wir aber dann und dennoch in diesem Kapitel zu erreichen hoffen? Der Sinn, der mit den folgenden biografischen Wegmarken verbunden wird, ist nicht mehr und nicht weniger als eine grobe und insofern lediglich begleitende Orientierung über die Zeit, den Raum und einige personale Konstellationen anzuzeigen, da und in denen Blumenberg seine Schriften vorbereitete und größtenteils auch ausarbeitete. Insbesondere anlässlich Blumenbergs 100. Geburtsjahr sind mehrere ausführliche (Werks-)Biografien erschienen, die wir im Rahmen unseres

Vorhabens zu Rate ziehen können, ohne beanspruchen zu wollen, eine solche in kürzerer Form vorzulegen.[1]

In Lübeck gebiert die 37-jährige Else Blumenberg, ehemals Schreier, am 13. Juli 1920 ihren Sohn Hans Joseph Konrad Blumenberg. Sie selbst arbeitete, wohl bis zu ihrer ersten Eheschließung, als Buchhalterin in Charlottenburg bei Berlin und konvertierte kurz vor ihrer zweiten Hochzeit 1919 vom Judentum erst zum „evangelisch-lutherische[n]" Christentum, bevor sie 1930 zur katholischen Konfession wechseln wird.[2] Hans' Vater, Josef Carl Blumenberg, ein „gläubiger Katholik" aus einer Priesterfamilie, ist zum Zeitpunkt der Geburt seines Sohnes 40 Jahre alt und in Lübeck als Kunstverleger tätig.[3] Hans besucht dort nach der katholischen Grundschule das protestantische Katharineum, das etwa drei Jahrzehnte zuvor als Vorlage der Schule Hannos in Thomas Manns *Buddenbrooks* sowie für die, in der Heinrich Manns *Professors Unrat* unterrichtete, gedient hatte; er absolviert im Frühjahr 1939 das Abitur als Jahrgangsbester. Dieser hat das Vorrecht der Rede zum feierlichen Abschluss der Reifeprüfung, das aber Blumenberg vom nationalsozialistischen Rektor Wolfganger aus antisemitischen Gründen entzogen wird. Der Rektor verwehrt ihm bei der Übergabe des Zeugnisses in der Aula zudem den Handschlag, und offenbar gibt es Pläne einer Parallelklasse, ihm das Zeugnis zu stehlen und zu zerreißen, bevor er den symbolträchtigen Übergang aus der Schule hinaus vollzieht. Dies führt dazu, dass er das Zeugnis noch in der Aula versteckt an einen Klassenkameraden, der davon mitbekommen und ihn vorgewarnt hat, abgeben muss, um es verwenden zu können. Er ist gezwungen, „mit leeren Händen", wie er 50 Jahre später in einem Brief an einen ehemaligen Mitschüler in Sachen des Abiturjubiläums formuliert, aus dem Gymnasium herauszugehen. Erst später am Tag und außerhalb der Schulgebäude bekommt er das Zeugnis wieder, „das im Laufe des Lebens immer mehr an Wert verliert" und demnach am wertvollsten im Moment des feierlichen Übergangs aus der Schulzeit heraus, hinein in sein Universitätsstudium gewesen wäre.[4]

Trotzdem ihm ein reguläres Studium verwehrt wurde, beginnt der junge Blumenberg, auch in dieser Angelegenheit entrechtet, noch im Wintersemester 1939 zu stu-

---

[1] Besonders instruktiv für unseren Zusammenhang ist unter diesen Zill, Rüdiger. 2020. *Der absolute Leser. Hans Blumenberg – Eine intellektuelle Biografie*. Berlin: Suhrkamp. Vgl. Flasch, Kurt. 2019. *Hans Blumenberg. Philosoph in Deutschland: die Jahre 1945 bis 1966*. Zweite, durchgesehene Auflage. Frankfurt am Main: Klostermann; Goldstein, Jürgen. 2020. *Hans Blumenberg. Ein philosophisches Portrait*. Berlin: Matthes & Seitz.
[2] Zill. *Der absolute Leser*, S. 37–39, hier S. 39.
[3] Zill. *Der absolute Leser*, S. 37–38, hier S. 38.
[4] Blumenberg zitiert nach Zill. *Der absolute Leser*, S. 51 und vgl. S. 39–55.

1 Biographische Wegmarken Blumenbergs

dieren, zuerst an der philosophisch-theologischen Akademie in Paderborn und im folgenden Sommersemester an der philosophisch-theologischen Hochschule Sankt Georgen in Frankfurt am Main. Erst nach Ende des Zweiten Weltkriegs ist es ihm möglich, ein Universitätsstudium aufzunehmen. 1942, kurz nachdem durch britische Bombenangriffe auf Lübeck die umfassende Bibliothek im Haus der Familie zerstört war und ihr Hund, ein Collie namens Axel, umkam, den Blumenberg später zu seinem Pseudonym macht, wird er zum Arbeitsdienst verpflichtet. In den folgenden Jahren ist er als Kaufmann im Werk des Lübeckers Heinrich Dräger angestellt, wo Atemschutzmasken, sogenannte Volksgasmasken, produziert werden, bis im Februar 1945 seine ständig drohende – zuvor nur durch Insistieren Drägers wegen der kriegswichtigen Produktion vereitelte – Deportation in ein Arbeitslager erfolgt. Wiederum auf Initiative Drägers entkommt Blumenberg dem Lager im April und taucht anschließend unter. Nachdem sein erstes Versteck verraten wird, flüchtet er zuletzt in ein altes, verstecktes Dienstmädchenzimmer auf dem Dachboden der Eltern seiner Verlobten Ursula Heinck, die er kurz nach Kriegsende heiratet.[5] Im Wintersemester 1945 beginnt er an der Universität Hamburg ein Studium der Philosophie (im Hauptfach) sowie der griechischen und deutschen Literatur. Die Hamburger Philosophieprofessur übernimmt nach Kriegsende Ludwig Landgrebe, ein ehemaliger Assistent Edmund Husserls und später Leiter des Husserl-Archivs der Kölner Universität, der sich überdies intensiv mit Martin Heidegger beschäftigte. Als Landgrebe, der Betreuer der Promotion Blumenbergs, 1947 nach Kiel wechselt, folgt er ihm und bleibt dort bis 1958, vier Jahre länger als Landgrebe.

In seiner Kieler Frühzeit promoviert Blumenberg mit *Beiträgen zum Problem der Ursprünglichkeit der mittelalterlich-scholastischen Ontologie*, wobei es, wie der Untertitel anzeigt, um die *Kritik und Rezeption antiker Philosophie in der Patristik* geht.[6] Kurz nach der Währungsreform, im September 1948, wird er Landgrebes Assistent. Gleichzeitig ist er publizistisch tätig; er trägt hauptsächlich zu Zeitungen und Zeitschriften bei, die in der Bizone erscheinen (besonders zu den *Düsseldorfer Nachrichten* unter dem Pseudonym Axel Colly) und hält Radio- und andere öffentliche Vorträge.[7]

---

[5] Vgl. Zill. *Der absolute Leser*, S. 90–119.
[6] Blumenberg, Hans. 2020a. *Beiträge zum Problem der Ursprünglichkeit der mittelalterlich-scholastischen Ontologie*, herausgegeben von Benjamin Dahlke und Matthias Laarmann. Berlin: Suhrkamp.
[7] Vgl. Zill. *Der absolute Leser*, S. 714 und S. 192–212; Blumenberg, Hans. 2017. *Schriften zur Literatur 1945–1958*, herausgegeben von Alexander Schmitz und Bernd Stiegler. Berlin: Suhrkamp.

Rund ein Jahr nach Inkrafttreten des Grundgesetzes, das die Bundesrepublik Deutschland konstituiert, habilitiert Blumenberg sich mit einer Arbeit über *die ontologische Distanz*, in der er die *Krisis der philosophischen Grundlagen der Neuzeit* untersucht.[8] Weder die Promotion noch die Habilitation veröffentlicht er selbst; auf letzterer bringt er sogar einen Zettel an, auf dessen Mitte er einen Totenkopf gezeichnet hat, unter den er die Warnung setzt: „mit großer Vorsicht zu genießen!"[9] Ungeachtet dessen findet die Leserin in ihr Ansätze und Gedankengänge, die er in der Folge nicht gänzlich liegen gelassen oder gar negiert hat, sondern im weiteren Verlauf seiner intellektuellen Beschäftigungen aufgegriffen und überarbeitet, so etwa das Konzept der *Distanz*, welches für sein spätestes Anliegen einer *Theorie der Unbegrifflichkeit* in anthropologischer und erkenntnistheoretischer Hinsicht explizit wird.

Kurz nach der Habilitation und noch vor seiner Antrittsvorlesung hält Blumenberg gleich zwei Mal einen Vortrag über *das Problem des Nihilismus in der deutschen Literatur der Gegenwart*.[10] Darin präsentiert sich uns, auch mit ersten methodologischen Hinweisen, der Zusammenhang seiner unterschiedlichen Forschungsinteressen, indem er das Problem der Neuzeit bzw. Moderne – oder anders gesagt: der *gegenwärtigen historisch-sozialen und intellektuellen Lage – ins Verhältnis mit Literatur und Philosophie setzt*. Anlässlich der Frage der Nachfolge Landgrebes, der 1954 nach Köln wechselt, engagiert Blumenberg sich vergeblich für den zu diesem Zeitpunkt noch in Kanada tätigen Hans Jonas,[11] der bei Husserl und Heidegger – zentralen Figuren in Blumenbergs Habilitation – studiert und bei letzterem 1928 promoviert hatte. In Jonas' Dissertation war die Gnosis ein zentrales Thema; deren weitere Untersuchung, besonders ihr Nieder-

---

[8] Blumenberg, Hans. 2022. *Die ontologische Distanz. Eine Untersuchung zur Krisis der philosophischen Grundlagen der Neuzeit*, herausgegeben von Nicola Zambon. Berlin: Suhrkamp.
[9] Blumenberg zitiert nach Abbildung in Zill. *Der absolute Leser*, S. 376.
[10] Blumenberg, Hans. 1950/2017a. Das Problem des Nihilismus in der deutschen Literatur der Gegenwart [Vortrag]. In *Schriften zur Literatur 1945–1958*, S. 43–56. Vgl. Blumenberg. *Schriften zur Literatur 1945–1958*, S. 355–365; Blumenberg, Hans. 1950/2017b. Das Problem des Nihilismus in der deutschen Literatur der Gegenwart [Vortragsankündigung]. In *Schriften zur Literatur 1945–1958*, S. 41–42.
[11] Vgl. Zill. *Der absolute Leser*, S. 165–180.

1 Biographische Wegmarken Blumenbergs

schlag in *Gnosis und spätantiker Geist*,[12] hinterlässt bei Blumenberg einen bleibenden Eindruck.[13]

Im Frühjahr 1956 – etwa fünf Jahre nach seiner Antrittsvorlesung zum *Verhältnis von Natur und Technik als philosophisches Problem*[14] – wird Blumenbergs Assistenzstelle in eine Diätendozentur umgewandelt; etwa ein Jahr später folgt seine Ernennung zum außerplanmäßigen Professor, zu der neben Landgrebe unter anderem Hans-Georg Gadamer ein Gutachten anfertigt.[15] In diesem Zeitraum veröffentlicht Blumenberg regelmäßig längere philosophische Beiträge für die Zeitschrift *Studium Generale* und literaturkritische Artikel für die katholische, aber überkonfessionell ausgerichtete Kulturzeitschrift *Hochland*.

Mit dem Abstand von zwölf Jahren behandelt Blumenberg in einem seiner Aufsätze für *Studium Generale* von Neuem das Thema seiner Dissertation, deren Unter- er nun zum Haupttitel macht[16] und so sein Konzept von *Rezeption* ins Zentrum rückt. Dies wird in Variationen zeitlebens sein methodisches Zugangsmittel zur Untersuchung von intellektuellen Vorstellungen über ‚die' Wirklichkeit sowie ihrer Bedingungen, Implikationen und Konsequenzen bleiben.

Noch bevor Blumenberg ab dem Wintersemester 1958 für zwei Jahre eine außerplanmäßige Professur in Hamburg übernimmt, skizziert er, in der von Gadamer und Helmut Kuhn gegründeten *Philosophischen Rundschau* und in Form einer Sammelrezension, die Konsequenzen seines Rezeptionsverständnisses.[17] Dabei spart er

---

[12] Der erste Teil erschien zuerst 1934, der zweite zuerst im Jahr 1954. Vgl. Jonas, Hans. 1964. *Gnosis und spätantiker Geist. Erster Teil: Die mythologische Gnosis.* Mit einer Einleitung zur Geschichte und Methodologie der Forschung. Göttingen: Vandenhoeck & Ruprecht; Jonas, Hans. 1993. *Gnosis und spätantiker Geist. Zweiter Teil: Von der Mythologie zur mystischen Philosophie.* Erste und zweite Hälfte, herausgegeben von Kurt Rudolph. Göttingen: Vandenhoeck & Ruprecht.

[13] Vgl. Zill. *Der absolute Leser*, S. 166; Blumenberg, Hans und Jonas, Hans. 2022. *Briefwechsel 1954–1978 und weitere Materialien*, herausgegeben von Hannes Bajohr. Berlin: Suhrkamp.

[14] Blumenberg, Hans. 1951/2001. Das Verhältnis von Natur und Technik als philosophisches Problem. In *Ästhetische und metaphorologische Schriften*. Auswahl und Nachwort von Anselm Haverkamp. Frankfurt am Main: Suhrkamp, S. 253–265.

[15] Vgl. Zill. *Der absolute Leser*, S. 161.

[16] Siehe hier Anmerkung 15 und vgl. Blumenberg, Hans. 1959/2001. Kritik und Rezeption antiker Philosophie in der Patristik. Strukturanalysen zu einer Morphologie der Tradition. In *Ästhetische und metaphorologische Schriften*. Auswahl und Nachwort von Anselm Haverkamp. Frankfurt am Main: Suhrkamp, S. 266–290.

[17] Blumenberg, Hans. 1958. Epochenschwelle und Rezeption. In *Philosophische Rundschau* 6, S. 94–120. Diese Besprechungen und Ausführungen finden an einigen Stellen Eingang in seinen *Kritik und Rezeption*-Aufsatz durch Verweise auf die rezensierten Schriften, aber

nicht an Kritik solcher begriffsgeschichtlicher Analysen, die an der Oberfläche blieben, nämlich nicht ergründeten, inwiefern eine *Begriff*sübernahme auch mit einer *Sinn*entsprechung einhergeht. Jonas' inzwischen zweiteilige Gnosis-Arbeit dagegen konturiert er als Vorbild einer *quellenkritischen* Herangehensweise.[18]

Im gleichen Jahr findet die erste Tagung der neugegründeten DFG-Senatskommission für Begriffsgeschichte statt, die Erich Rothacker initiiert hatte, um das von ihm zuvor gegründete Periodikum *Archiv für Begriffsgeschichte* finanziell zu sichern und, unterstützt von Gadamer, institutionell sowie interdisziplinär zu verankern.[19] Blumenberg – im Jahr 1958 „noch nicht profiliert oder universitär etabliert" – hält auf der ersten Tagung in Jugenheim den eröffnenden und in der Geschichte der Senatskommission „einzige[n] programmatische[n]" Vortrag, um „begriffsgeschichtliches Arbeiten grundsätzlich zu reflektieren".[20] Darin unterbreitet er den methodologischen Vorschlag, über die engere terminologisch orientierte Begriffsgeschichte hinaus auch solche Untersuchungen anzustrengen, die sich Sinnverschiebungen bei der *Metaphernverwendung* widmen: Auf diese Weise ließe sich der geschichtliche Wandel intellektueller Vorstellungen von ‚der' Wirklichkeit besonders deutlich zeigen. Nachdem er ein Jahr später der Senatskommission eine dreiseitige, thesenhafte Zusammenfassung seines langen Vor-

---

auch in wenigen fast wörtlich übernommenen Sätzen im Text selbst (vgl. Blumenberg. Kritik und Rezeption antiker Philosophie in der Patristik).

[18] Vgl. Blumenberg. Epochenschwelle und Rezeption, S. 105–120.

[19] Vgl. Kranz, Margarite. 2011. Begriffsgeschichte institutionell. Die Senatskommission für Begriffsgeschichte der Deutschen Forschungsgemeinschaft (1956–1966). In *Archiv für Begriffsgeschichte* 53, S. 153–226, hier S. 156–159; Wagner, Julia. 2010. Anfangen. Zur Konstitutionsphase der Forschungsgruppe „Poetik und Hermeneutik". In *Internationales Archiv für Sozialgeschichte der deutschen Literatur* 1, S. 53–76, hier Anm. 4, S. 54. Vgl. Kranz. Begriffsgeschichte institutionell, S. 159–163.

[20] Kranz. Begriffsgeschichte institutionell, S. 166 und S. 167. Kranz zufolge hätte sich die Kommission auch danach in keiner dokumentierten Weise die „Frage" gestellt, „wie Geschichtlichkeit als ‚Wandel' oder ‚Entwicklung' eines Begriffs gedacht werden kann, wie also ‚Begriffsgeschichte' als Historiographie zu konstruieren und sinnvoll zu ‚erzählen' ist", d. h. die nach der Methodologie und Methode der *Begriffs*geschichte außer Acht gelassen (S. 168). Vgl. Blumenberg, Hans. 1960. Paradigmen zu einer Metaphorologie. In *Archiv für Begriffsgeschichte* 6, S. 7–142, hier besonders S. 11: Metaphern „haben Geschichte in einem radikaleren Sinn als Begriffe, denn der historische Wandel einer Metapher bringt die Metakinetik geschichtlicher Sinnhorizonte und Sichtweisen selbst zum Vorschein, innerhalb deren Begriffe ihre Modifikationen erfahren. Durch dieses Implikationsverhältnis bestimmt sich das Verhältnis der Metaphorologie zur Begriffsgeschichte (im engeren terminologischen Sinne) als ein solches der Dienstbarkeit: die Metaphorologie sucht an die Substruktur des Denkens heranzukommen […], aber sie will auch faßbar machen, […] wie sich im Mut zur Vermutung seine Geschichte entwirft."

trags zugesandt hatte,[21] veröffentlicht er die schriftliche Ausarbeitung im Jahr 1960 in Rothackers *Archiv* unter dem inzwischen berühmt gewordenen Titel *Paradigmen zu einer Metaphorologie*.[22]

In seinem 40. Lebensjahr erhält Blumenberg einen Ruf als ordentlicher Professor an die Universität Gießen, wo er fünf Jahre lang tätig sein wird. Da sich inzwischen deutlich abzeichnet, dass die Tagungen der Senatskommission durch Gadamers kurzfristige Terminierungen und die vagen Themensetzungen zumeist unter ihren Möglichkeiten bleiben, zieht sich Blumenberg davon zurück.[23] Stattdessen gründet er 1962 – gemeinsam mit zwei Kollegen, die er dem Vorsitzenden zuvor schon für die begriffsgeschichtliche Senatskommission vorgeschlagen hatte, dem Romanisten Hans Robert Jauß und dem Anglisten Wolfgang Iser,[24] sowie mit dem Germanisten Clemens Heselhaus – eine interdisziplinäre Forschungsgruppe mit dem Namen *Poetik und Hermeneutik*, deren Themen „alle von dem Problemrahmen ‚Moderne' umspannt" sein werden.[25] Die erste Tagung zum Thema *Nachahmung und Illusion* findet 1963 noch in Gießen statt; für die nächsten vier Kolloquien werden verschiedene extramurale Orte ausgewählt, bevor sie schließlich dauerhaft in Bad Homburg ihre Räumlichkeiten findet.[26]

---

[21] Blumenbergs *Thesen zu einer Metaphorologie* wurden erstmals abgedruckt in Kranz. Begriffsgeschichte institutionell, S. 186–189; vgl. auch das Protokoll der an den Vortrag anschließenden Diskussion, S. 189–193.

[22] Blumenberg. Paradigmen zu einer Metaphorologie. Zill zufolge legte Blumenberg die Neufassungen der *Paradigmen* in zwei Bänden vor: erstens mit Blumenberg. *Schiffbruch mit Zuschauer* und zweitens mit Blumenberg, Hans. 1981a. *Die Lesbarkeit der Welt*. Frankfurt am Main: Suhrkamp.

[23] Vgl. Kranz. Begriffsgeschichte institutionell, S. 169–173. Mitglied des Senats, dem er ab 1962 angehörte, blieb er jedoch bis 1968 (vgl. S. 172).

[24] Vgl. Kranz. Begriffsgeschichte institutionell, Anm. 75, S. 172.

[25] Kranz. Begriffsgeschichte institutionell, S. 173.

[26] Vgl. Wagner. Anfangen, S. 75; Zill. *Der absolute Leser*, S. 264, S. 269 und S. 274. Dies hängt, neben der baldigen Verstreuung der Gründungsmitglieder an unterschiedliche Universitäten (Jauß und Iser gingen nach Konstanz, Blumenberg erst nach Bochum, dann nach Münster, allein Heselhaus blieb in Gießen), insbesondere mit der Finanzierungsgeschichte zusammen. Zuerst teilweise noch staatlich gefördert durch die neu gegründete Stiftung des Volkswagenwerks (später Volkswagenstiftung), ging die Forschungsgruppe später gänzlich zur privaten Förderung über. So wurden die Treffen ab dem sechsten Kolloquium im Jahr 1972 von der Werner-Reimers-Stiftung finanziert und in Bad Homburg, dem Sitz der Stiftung, bis zu ihrem Ende 1994 abgehalten. „Unter dem Patronat der Volkswagenstiftung" fanden die zweite bis fünfte Tagung 1964 auf Schloss Auel bei Köln, 1966 in *Lindau* am Bodensee, 1968 auf Schloss Rheda in *Ostwestfalen*, dem provisorischen Sitz des neu gegründeten *Zentrums für interdisziplinäre Forschung* (ZiF) der Universität Bielefeld, zu deren Gründung Blumenberg dem Wissenschaftlichen Beirat neben anderen Mitgliedern der Forschungs-

Zum ersten Treffen leistet Blumenberg, in der Reihenfolge der sechste Redner, einen Beitrag zum Thema *Wirklichkeitsbegriff und Möglichkeit des Romans*;[27] in der aufwendig edierten Publikation der Tagungsvorlagen und Diskussionsinhalte wird dieser Beitrag als einziger umplatziert, nämlich an die erste Stelle gesetzt, um ihn als „programmatischen Auftakt sowohl des Bandes als auch des Unternehmens" deutlich sichtbar zu markieren.[28] Am Auftakt von *Poetik und Hermeneutik* nehmen neben den Gründern unter anderem der Philosoph und Judaist Jacob Taubes, der Geschichtswissenschaftler Reinhart Koselleck, der Kunsthistoriker Max Imdahl sowie die Philosophen Dieter Henrich und Günter Gawlick, ein späterer Assistent Blumenbergs, als Diskussionspartner teil.[29]

Im gleichen Jahr veröffentlicht die Turiner Zeitschrift *Filosofia* die schriftliche Ausarbeitung von Blumenbergs Vortrag *Lebenswelt und Technisierung unter Aspekten der Phänomenologie*, den er einige Jahre zuvor unter anderem bei Landgrebe im Husserl-Archiv in Köln hielt. Darin würdigt Blumenberg Husserls phänomenologische Methode, kritisiert aber die Verabsolutierung ihres Anspruchs, um mit Husserl über ihn hinaus Einsichten in die *historischen Lagen der Philosophie* und damit die *Wirklichkeitsbegriffe* der Philosophierenden zu gewinnen; damit fungiert die Lebenswelt, anders als für Husserl, nicht mehr als strenge konzeptionelle Gegengröße der Philosophie. Gut zwanzig Jahre später wird dieser Aufsatz seine einzige von ihm selbst zusammengestellte Aufsatzsammlung, *Wirklichkeiten, in denen wir leben*, nach einer knappen Einleitung eröffnen; auch seiner Vorlage

---

gruppe angehörte, und 1970 auf der Insel *Reichenau* im Bodensee statt (Wagner. Anfangen, S. 75; vgl. Zill. *Der absolute Leser*, S. 269).

[27] Blumenberg, Hans. 1964/2001. Wirklichkeitsbegriff und Möglichkeit des Romans. In *Ästhetische und metaphorologische Schriften*. Auswahl und Nachwort von Anselm Haverkamp. Frankfurt am Main: Suhrkamp, S. 47–73.

[28] Zill, *Der absolute Leser*, S. 270. Vgl. Jauß, Hans Robert (Hg.). 1969. *Nachahmung und Illusion (Poetik und Hermeneutik I)*. Zweite, durchgesehene Auflage. München: Fink. Schon zu Beginn des Jahres 1961 hält Blumenberg unter dem Titel *Antiker und neuzeitlicher Wirklichkeitsbegriff* einen inhaltlich mit dem Beitrag zum Kolloquium in enger Verbindung stehenden Vortrag in Hamburg vor der Joachim-Jungius-Gesellschaft. Sie war eine wissenschaftliche Gesellschaft in Zusammenarbeit mit der Stadt, zu deren Gründungsmitgliedern Bruno Snell gehört, der schon in Hamburg zu Studienzeiten Blumenbergs Lehrer war und den er eigenen Aussagen nach im Zusammenhang der DFG-Senatskommission für Begriffsgeschichte näher kennenlernte (vgl. Blumenberg nach Zill. *Der absolute Leser*, S. 129–130). Während der 60er-Jahre hielt Blumenberg Variationen dieses Vortrags öfter und kommt Zill zufolge in den 70er-Jahren darauf in einem Konvolut mit dem Namen *Realität und Realismus* wieder zurück. Vgl. hierzu Zill. *Der absolute Leser*, S. 716 und S. 275; Blumenberg, Hans. 2020b. *Realität und Realismus*, herausgegeben von Nicola Zambon. Berlin: Suhrkamp.

[29] Vgl. Zill, *Der absolute Leser*, S. 266.

1 Biographische Wegmarken Blumenbergs

zum zweiten *Poetik und Hermeneutik*-Kolloquium – *Sprachsituation und immanente Poetik*, in welcher er sozio-logische Funktionen der alltäglichen, wissenschaftlichen, philosophischen und poetischen Sprache unterscheidet – ordnet er darin einen Platz zu.[30]

Während Blumenberg, inzwischen an die neugegründete Universität Bochum berufen, zum dritten Kolloquium keine Textvorlage mehr einreicht, jedoch als Diskutant anwesend ist, stellt er für das vierte Treffen 1968, das sich dem Thema *Realität mythischer Späthorizonte* widmet, zwar einen gewichtigen Text mit dem Titel *Wirklichkeitsbegriff und Wirkungspotenzial des Mythos* zur Verfügung,[31] bleibt jedoch der Tagung selbst mit Verweis auf eine Erkrankung fern.[32] Erst sechs Jahre später nimmt er wieder und zugleich zum letzten Mal mit einer Textvorlage teil.[33] Der langsame Abschied Blumenbergs von der Forschungsgruppe, den er Ende der 1970er-Jahre expliziert,[34] hat mehrere Gründe, darunter Unzufriedenheit mit der organisatorischen Entwicklung und interne Streitigkeiten; überdies muss er in Bochum eine erhöhte Arbeitslast bewältigen, denn im Gegensatz zu der „kleinen Gießener Universität" nimmt die Bochumer die Form einer „Massenhochschule" an. Hinzu kommt die im Vergleich zu seinen Beiträgen zu *Poetik und Hermeneutik* größere Resonanz, die seine anderen, inzwischen vorrangig in Buchform publizierten Arbeiten finden.[35]

Dies gilt zunächst für die 1966 erschienene *Legitimität der Neuzeit*, die kontroverse Diskussionen nach sich zieht. Blumenberg setzt sich mit den für ihn maßgeblichen Kritikern, insbesondere Carl Schmitt, ausführlich auseinander und wird das

---

[30] Blumenberg, Hans. 1963/1981. Lebenswelt und Technisierung unter Aspekten der Phänomenologie. In *Wirklichkeiten, in denen wir leben*. Stuttgart: Reclam, S. 9–58. Blumenberg, Hans. 1964/1981. Sprachsituation und immanente Poetik. In *Wirklichkeiten, in denen wir leben*. Stuttgart: Reclam, S. 144–163.

[31] Blumenberg, Hans. 1971/2001. Wirklichkeitsbegriff und Wirkungspotenzial des Mythos. In *Ästhetische und metaphorologische Schriften*. Auswahl und Nachwort von Anselm Haverkamp, S. 327–405. Für die Publikation des Tagungsbandes wurde im Unterschied zum ausgegebenen Thema ein anderer Titel gewählt, vgl. Fuhrmann, Manfred (Hg.). 1971. *Terror und Spiel. Probleme der Mythenrezeption (Poetik und Hermeneutik IV)*. München: Fink.

[32] Vgl. Zill. *Der absolute Leser*, S. 719 und S. 269–270.

[33] Vgl. Blumenberg, Hans. 1976a. Der Sturz des Protophilosophen. Zur Komik der reinen Theorie, anhand einer Rezeptionsgeschichte der Thales-Anekdote. In *Das Komische (Poetik & Hermeneutik VII)*, herausgegeben von Wolfgang Preisendanz und Rainer Warning. München: Fink, S. 11–64.

[34] Vgl. Zill. *Der absolute Leser*, S. 307–315.

[35] Zill. *Der absolute Leser*, S. 270–277, hier S. 272–273; zu Blumenbergs Übergang *vom Aufsatz zum Buch* vgl. S. 395–403.

Buch mehrfach überarbeiten;[36] erst über zwanzig Jahre später wird es der Öffentlichkeit in seiner letzten Fassung vorliegen.[37] Grob gesprochen argumentiert er, die Neuzeit sei als eigensinnige Epoche zu verstehen, die weder eine „Erneuerung der Antike" darstelle noch sich als säkularisierte Welt ausweise, die in Gestalt einer verborgen wiederauftretenden „Gnosis" eine theologische Substanz trage und sich deshalb auf einem „Irrweg" befinde.[38] Blumenberg zufolge ist im Gegenteil für die Konstituierung der Neuzeit eine „Überwindung der Gnosis" kennzeichnend, die „am Anfang des Mittelalters nicht nachhaltig gelungen war".[39] Anstoß zur gründlicheren Beschäftigung mit diesem Thema gab ihm der in Münster stattfindende Deutsche Kongress für Philosophie 1962 unter dem Thema *Philosophie und Fortschritt*, auf dem er und Hermann Lübbe Vorträge zum Thema der Säkularisierung hielten, die sich gegen Überlegungen von „Karl Löwith, Rudolf Bultmann und Odo Marquard" richteten.[40]

Schmitt sucht die erwähnte Auseinandersetzung mit Blumenbergs *Legitimität der Neuzeit* im Nachwort seiner 1970 erschienenen *Politischen Theologie II*;[41] Blumenberg behandelt Schmitts Vorwürfe, indem er im Zuge der Überarbeitung seine eigene Position präzisiert und so den Unterschied gegenüber Schmitts Vorgehen noch klarer zum Ausdruck bringt.[42] Insbesondere zeigt er auf, dass der an ihn gerichtete Vorwurf, den *historischen* Begriff der Legitimität „synchronisch[]" zu verwenden und deshalb seinen Sinn zu verfehlen, vielmehr auf Schmitt selbst zutrifft.[43] Denn mit der Verabsolutierung der Freund-Feind-Schematik infolge sei-

---

[36] Darunter erscheint der erneuerte dritte Teil 1973, der erste und zweite Teil 1974, der vierte Teil 1976, sowie in Gänze 1988.

[37] Siehe hier nur Blumenberg, Hans. 1988. *Die Legitimität der Neuzeit*. Zweite, erneuerte Auflage. Frankfurt am Main: Suhrkamp. Zu seinen Überarbeitungen vgl. Zill. *Der absolute Leser*, S. 477–487.

[38] Blumenberg. *Die Legitimität der Neuzeit*, S. 137, S. 138 und S. 133.

[39] Blumenberg. *Die Legitimität der Neuzeit*, S. 138.

[40] Zill. *Der absolute Leser*, S. 477. Für explizite Ausführungen zu Löwith, Bultmann und Marquard vgl. Blumenberg. *Die Legitimität der Neuzeit*, S. 35–39, S. 49–56 und S. 66–72.

[41] Schmitt, Carl. 1970. *Politische Theologie II. Die Legende von der Erledigung jeder Politischen Theologie*. Berlin: Duncker & Humblot, hier S. 85–98.

[42] Vgl. Blumenberg. *Die Legitimität der Neuzeit*, S. 99–134, insbesondere ab S. 107 und auf S. 109; Blumenberg, Hans und Schmitt, Carl. 2007. *Briefwechsel 1971–1978 und weitere Materialien*, herausgegeben und mit einem Nachwort versehen von Alexander Schmitz. Frankfurt am Main: Suhrkamp.

[43] Blumenberg. *Die Legitimität der Neuzeit*, S. 107. Vgl. Schmitt. *Politische Theologie II*, S. 86–89. Schmitt zufolge verwechselt Blumenberg den historischen Begriff *Legitimität* mit dem allein für die Neuzeit zutreffenden Begriff *Legalität*.

1 Biographische Wegmarken Blumenbergs

nes Verständnisses von „Theologie als Politik" behandelt Schmitt die Neuzeit als geschichtslose Größe.[44] Stattdessen fordert Blumenberg, wie bereits in seiner Konzeption einer quellenkritischen Rezeptionsgeschichte mehr als ein Jahrzehnt zuvor,[45] die historisch je *spezifischen Interessen* zu untersuchen. Zu deren *Durchsetzung* konnte nämlich im Übergang vom Mittelalter zur Neuzeit auf die noch vorherrschende theologische *Begrifflichkeit* zurückgegriffen werden, ohne zugleich die theologischen *Gehalte* zu übernehmen. Insofern konstituiert sich die Neuzeit als eigensinnige Epoche trotz sprachlicher Wahlverwandtschaften zur Antike oder zum Mittelalter. Für sinnadäquate Einschätzungen historischer *Veränderungen* im Allgemeinen und eine quellenkritische Klärung der Säkularisierungsthese im Besonderen, muss folglich untersucht werden, auf welche Weisen und vor allem aus welchen Gründen mit gleichen Begriffen grundsätzlich verschiedene Inhalte ausgedrückt werden.[46]

Im Jahr 1970, in der Zeit des beginnenden Austauschs mit Schmitt, wird Blumenberg auf eine Professur in Münster berufen, wo er bis zu seiner Emeritierung (1985) bleiben wird, sodass die Überarbeitungen der *Legitimität der Neuzeit* zum Großteil in die Münsteraner Zeit fallen. In die 1970er-Jahre fällt zudem eine weitere wichtige Entwicklung in Blumenbergs Denkbewegung. Er verbindet die in den *Paradigmen* – explizit als „Vorarbeit"[47] – angelegte Metaphorologie in systematischer Absicht mit seinem historischen Anspruch und bewegt sich mit ihrer weiteren Ausarbeitung, insbesondere mit der Erweiterung im Themenkomplex des *Mythos*, die bereits Ende der 1960er-Jahre mit seinem Beitrag zum vierten *Poetik und Hermeneutik*-Kolloquium an Fahrt aufnahm,[48] sukzessive auf eine *Theorie der Unbegrifflichkeit* zu, auf die er, wie erwähnt, zeitlebens nur einen *Ausblick* geben kann.[49] Wo in der Vorarbeit noch die „Dienstbarkeit" der Metaphorologie für die Erweiterung der *engeren* wissenschaftlichen Begriffsbildung hervorgehoben wurde, obwohl auch hier schon im weiteren Sinn ihr „Mut zur Vermutung" angesprochen war,[50] geht Blumenberg nun dazu über, „sie zum Leitfaden der Hinblicknahme auf die Lebenswelt" zu erheben.[51] Die Verbindung von Wissenschaften und Philosophie zu den historisch-sozialen Er-

---

[44] Blumenberg. *Die Legitimität der Neuzeit*, S. 107–108, hier S. 107.
[45] Vgl. Blumenberg. Epochenschwelle und Rezeption.
[46] Vgl. Blumenberg. *Die Legitimität der Neuzeit*, S. 104.
[47] Blumenberg. Paradigmen zu einer Metaphorologie, S. 11.
[48] Vgl. Blumenberg. Wirklichkeitsbegriff und Wirkungspotenzial des Mythos.
[49] Blumenberg. *Schiffbruch mit Zuschauer*, S. 85–106; vgl. hier das Vorwort *Über Umwege*.
[50] Blumenberg. Paradigmen zu einer Metaphorologie, S. 11.
[51] Blumenberg. *Schiffbruch mit Zuschauer*, S. 93.

fahrungen der Lebenswelt wird hierdurch systematischer in den Vordergrund gerückt: „Denn alles, was" unter wissenschaftlichen Gesichtspunkten „der Fall ist, hat einen eindeutigen Grad der sprachlichen Verfügbarkeit" durch (kontrollierte) Begriffsbildung, „deren Umfang sich allerdings nicht mit dem deckt, was erfahren werden kann".[52] Die Untersuchung des Verhältnisses von wissenschaftlicher und philosophischer *Begriffsbildung* zu bedeutsamen, obgleich nicht vollständig begrifflich fassbaren, lebensweltlichen *Erfahrungen* bedarf deshalb einer Einbettung der Metaphorologie „in den weiteren Horizont einer Theorie der Unbegrifflichkeit".[53]

Hinsichtlich dieses Zusammenhangs sind für uns im Folgenden die bedeutsamsten Schriften seine zweite metaphorologische Veröffentlichung, die im *Archiv für Begriffsgeschichte* unter dem Titel *Beobachtungen an Metaphern* erscheint, wegen ihrer methodologischen Relevanz,[54] sowie seine zunächst in italienischer Übersetzung publizierte, zehn Jahre später in der erwähnten Aufsatzsammlung auf Deutsch erschienene *Anthropologische Annäherung an die Aktualität der Rhetorik*[55] wegen der theoretischen Fundierung, die sie leistet. Hinzu kommen eine Monografie, deren Schwerpunkt auf der *Arbeit am Mythos* liegt,[56] und seine für das Sommersemester 1975 vorbereiteten Vorlesungsmanuskripte zur *Theorie der Unbegrifflichkeit*.[57] Einen ersten Teil der zur sogenannten theoretischen *Summe* führenden Fallstudien über *Höhlenausgänge*[58] kann er vier Jahre nach seiner Emeritierung noch in Gänze selbst zur Veröffentlichung bringen,[59] während seine zweite und dritte Sammlung von Studien zur Metaphorik der *Quellen und Ströme* sowie zur *Wahrheitsmetaphorik* aus dem Nachlass herausgegeben wurden.[60]

Der sich selbst als „akademischer Lehrer aus Leidenschaft" verstehende Blumenberg wird zwar ab 1978 seine Lehre ausschließlich in der Form von Vorlesungen abhalten, jedoch nimmt er während seiner gesamten universitären

---

[52] Blumenberg. *Schiffbruch mit Zuschauer*, S. 94.

[53] Blumenberg. *Schiffbruch mit Zuschauer*, S. 93.

[54] Blumenberg, Hans. 1971. Beobachtungen an Metaphern. In *Archiv für Begriffsgeschichte* 15, S. 161–214.

[55] Blumenberg, Hans. 1971/1981. Anthropologische Annäherung an die Aktualität der Rhetorik. In *Wirklichkeiten, in denen wir leben*. Stuttgart: Reclam, S. 110–143.

[56] Blumenberg, Hans. 1979b. *Arbeit am Mythos*. Frankfurt am Main: Suhrkamp.

[57] Blumenberg. *Theorie der Unbegrifflichkeit*.

[58] Vgl. Zill. Nachwort des Herausgebers, S. 189; hier das Vorwort *Über Umwege*.

[59] Blumenberg, Hans. 1989. *Höhlenausgänge*. Frankfurt am Main: Suhrkamp.

[60] Blumenberg. *Quellen, Ströme, Eisberge*; Blumenberg. *Die nackte Wahrheit*.

1 Biographische Wegmarken Blumenbergs

Zeit die Möglichkeit, Forschung und Lehre zu verbinden, gerne wahr.[61] So lässt sich auch für seine letzte Zeit als Hochschullehrer noch feststellen, dass er, abgesehen von einer eher der Einführung in die Philosophie geltenden Vorlesung, sich an seinen eigenen, aktuellen Lektüren und Forschungsinteressen orientiert, ja seine Vorlesungen in nicht unbedeutendem Maß der Erprobung seiner Gedanken und insofern der Vorbereitung seiner Publikationen dienen.[62]

Vor seinem Rückzug aus der akademischen Selbstverwaltung und kollektiven Forschungszusammenhängen beteiligt sich Blumenberg in der Hochzeit der Universitätsreform und Universitäten-Gründungen hochschulpolitisch. So baut er das philosophische Institut der erst drei Jahre vor seiner Berufung wieder zur Volluniversität ernannten Gießener Universität auf,[63] sowie er (schon seit Beginn der 1950er-Jahre) davor warnte, Philosophie und Geisteswissenschaften angesichts ihres absehbaren Hintertreffens gegenüber dem Aufstieg der technischer werdenden Naturwissenschaften wissenschaftspolitisch zu unterschätzen – obwohl er selbst, entgegen des philosophischen Mainstreams, (neuen) Techniken wohlwollend gegenübersteht.[64]

Nachdem er einer „Gipfelaussicht" auf die Nachfolge Heideggers in Freiburg, für die er erwogen wurde, entsagt hat, da er die Gefahr damit verbunden sah, dazu angehalten zu werden, „über das Sein zu philosophieren", steht er für die geplante Universität in Konstanz zur Debatte.[65] In diesem Kontext ergänzt er ein ausführliches Papier von Jauß, mit dem er regen Kontakt pflegt, zum sogenannten Konstanzer Modell, welches neben Überlegungen zur Ausbildung „inhaltliche[r] Schwerpunkte" und zur Interdisziplinarität auch umfangreiche Vorschläge zur Veränderung universitärer Organisationsstrukturen umfasst.[66] Während Jauß aufgrund seiner engen Verbindung zum Vorsitzenden des Gründungsausschusses und späteren ersten Rektor der Universität Gerhard Hess nach Konstanz berufen wird,

---

[61] Blumenberg zitiert nach Zill, *Der absolute Leser*, S. 318; vgl. S. 318–322.
[62] Vgl. Zill, *der absolute Leser*, S. 320–321; Zill, Nachwort des Herausgebers, S. 189–190.
[63] Vgl. Zill, *Der absolute Leser*, S. 252–253.
[64] Vgl. Zill, *Der absolute Leser*, S. 255–261.
[65] Blumenberg zitiert nach Zill, *Der absolute Leser*, S. 283.
[66] Zill, *Der absolute Leser*, S. 284. Demzufolge bedinge die Ausbildung inhaltlicher Schwerpunkte eine Beschränkung der „Zahl der Studenten". Die *Interdisziplinarität* sei „durch Auflösung der klassischen Fakultätsstruktur" zu etablieren; statt der Institutsstruktur sollten sich – dem organisatorischen Vorbild von *Poetik und Hermeneutik* folgend – *inhaltliche Personenkonstellationen* abwechseln. Überdies schlagen sie vor, den universitären „Gesamtsenat", der als ausschlaggebendes Gremium der Selbstverwaltung dienen solle, nicht aus „Fachgruppenausschüssen", sondern aus einzelnen Personen zu bilden sowie die *Lehre* in Form von „'Parallelvorlesungen'" *im Voraus aufeinander abzustimmen*.

ebenso wie andere Mitglieder aus der Gruppe *Poetik und Hermeneutik*, wehrt sich insbesondere Ralf Dahrendorf als Mitglied des Ausschusses gegen die Berufung Blumenbergs.[67]

Mit Ernst-Wolfgang Böckenförde und *Poetik und Hermeneutik*-Mitgliedern wie Max Imdahl, Reinhard Koselleck oder Odo Marquard gehörte Blumenberg aber auch dem Wissenschaftlichen Beirat des Gründungsausschusses der Universität Bielefeld an. Mit Helmut Schelsky, der unter anderem den Vorsitz des Beirats innehatte, sollte Blumenberg eine Buchreihe zur Begleitung der Universitäts*gründung* im engeren Sinn und der Universitäts*reform* im weiteren Sinn erarbeiten, wobei Schelsky nicht nur für das Vorwort, sondern auch für die programmatischen Grundsätze der Buchreihe allein signierte. Dies irritierte Blumenberg neben der Tatsache, dass ohne seine Konsultation die Anordnung der Begriffe im Titel in *Wissenschaftstheorie – Wissenschaftspolitik – Wissenschaftsgeschichte* geändert wurde – mit dem Ergebnis, dem von ihm maßgeblich zu verantwortenden, *historischen* Teil weniger Gewicht beizumessen als zunächst geplant. Später wird dieser Teil gänzlich gestrichen und Blumenberg scheidet 1970 auf Schelskys Anfrage hin aus der Organisation aus, aus der er sich ohnehin bereits zurückgezogen hatte.[68] Zuvor, im Jahr 1965, hat ihn sein Kollege Hermann Lübbe an die ebenfalls neugegründete und erste sogenannte Reformuniversität nach Bochum geholt, wo es ihm erstmals möglich ist, eine beachtliche Anzahl an Mitarbeitern einzustellen.[69]

Neben seinem hochschulpolitischen Engagement an verschiedenen Universitäten, dem Aufbau seines Bochumer Lehrstuhls und dem Vorsitz der Kommission für Philosophie der *Akademie der Wissenschaften und der Literatur Mainz*, den er 1965, nach dem Tod Rothackers, übernimmt,[70] wird Blumenberg zudem „in den Ausschuss ‚Philosophie und Technik' des Vereins Deutscher Ingenieure (VDI) berufen" und gestaltet überdies als Mitherausgeber zusammen mit Jürgen Habermas, Dieter Henrich und Jacob Taubes die neue Suhrkamp-Reihe *Theorie*.[71] Die

---

[67] Vgl. Zill. *Der absolute Leser*, S. 284.

[68] Vgl. Zill. *Der absolute Leser*, S. 289–291.

[69] Vgl. Zill. *Der absolute Leser*, S. 285.

[70] Die von Rothacker übernommenen Funktionen des Vorsitzes sowie der Herausgabe des *Archivs für Begriffsgeschichte* wurden nach seinem Tod aufgeteilt. Blumenberg übernahm den Kommissionsvorsitz, während die Herausgabe des Archivs durch Joachim Ritter und Gadamer verantwortet wurde. Vgl. Kranz, Margarite. 2012. Begriffsgeschichte institutionell, Teil II. Die Kommission für Philosophie der Akademie der Wissenschaften und Literatur Mainz unter den Vorsitzenden Erich Rothacker und Hans Blumenberg (1949–1974). In *Archiv für Begriffsgeschichte* 54, S. 119–194, hier besonders S. 138, S. 153 und S. 155.

[71] Zill. *Der absolute Leser*, S. 287; vgl. S. 292.

1 Biographische Wegmarken Blumenbergs

Zusammenarbeit in den vielfältigen hochschul- und wissenschaftspolitischen Arbeitszusammenhängen in der Zeit zwischen 1965 und 1975 ist für Blumenberg von aufwendigen, nicht selten auch unbefriedigenden Kompromissen geprägt, zudem ihn mögliche Universitätswechsel[72] in Anspruch nehmen und seine Lehre und Forschung auch nicht zu kurz kommen sollen.

Vor dem Hintergrund eines immer drängender werdenden „Gefühl[s] der Zeitnot" entscheidet Blumenberg hiernach, die verbleibende Zeit als Universitätslehrer zu verwenden, sich seinen Buchprojekten noch konzentrierter als zuvor zu widmen.[73] So fällt in sie auch sein endgültiger Rückzug aus der Arbeitsgruppe *Poetik und Hermeneutik* sowie sein Rücktritt als Kommissionsvorsitzender der *Akademie der Wissenschaften und der Literatur*.[74] Im Band zum letzten von Blumenberg besuchten Treffen von *Poetik und Hermeneutik* liegen neben seiner Textvorlage[75] drei sogenannte ‚Statements' vor, in denen er seinen Kritikern grundsätzlicher antwortet.[76] So bringt er sein Unbehagen am inzwischen modisch gewordenen Gestus der Kritik zum Ausdruck, sofern sie nur um ihrer selbst willen vorgebracht und darüber vergessen wird, die Probleme zunächst aus den Materialien selbst zu ergründen. Ab Mitte der 1970er-Jahre fokussiert er sich deshalb soweit möglich auf seine Forschungsinteressen, veröffentlicht die entsprechenden Arbeiten, unter anderem

---

[72] Vgl. Zill. *Der absolute Leser*, S. 286–307. Neben Bochum und Münster steht, wie erwähnt, Konstanz im Gespräch; außerdem unterstützt ihn Helmut Plessner für eine Professur in Zürich und auch die TU Berlin und New Havener Yale University in den USA sind an Blumenberg interessiert.

[73] Blumenberg zitiert nach Zill. *Der absolute Leser*, S. 307.

[74] Auch dieser Rücktritt im Jahr 1974 erfolgte explizit vor dem Hintergrund der Zeitnot Blumenbergs, die noch beträchtlich verschärft worden wäre, falls er – so seine Befürchtung – bei offizieller Übertragung des ausufernden Ritter'schen Projekts des *Historischen Wörterbuchs der Philosophie* an die *Akademie* als Vorsitzender der Kommission für Philosophie dieses hätte verantworten müssen. Für diesen Konflikt und seinen Verlauf in der *Akademie* vgl. Kranz. Begriffsgeschichte institutionell, Teil II, S. 157–165.

[75] Vgl. Blumenberg. Der Sturz des Protophilosophen. Hier deutet er ein weiteres Untersuchungsfeld seiner Theorie der Unbegrifflichkeit an, die damit auch die Anekdote neben der Metaphorik und dem Mythos umfasst. Vgl. Blumenberg, Hans. 1987. *Das Lachen der Thrakerin. Eine Urgeschichte der Theorie*. Frankfurt am Main: Suhrkamp; Zill. *Der absolute Leser*, S. 308.

[76] Vgl. Blumenberg, Hans. 1976b. Komik in der diachronen Perspektive; Blumenberg, Hans. 1976c. Wer sollte vom Lachen der Magd betroffen sein? Eine Duplik; Blumenberg, Hans. 1976d. Unernst als geschichtliche Qualität. In *Das Komische (Poetik und Hermeneutik VII)*, herausgegeben von Wolfgang Preisendanz und Rainer Warning. München: Fink, S. 408–409, S. 437–441 und S. 441–444.

die erwähnte *Arbeit am Mythos* sowie *Genesis der kopernikanischen Welt,*[77] und zieht sich nach der Emeritierung 1985 weitgehend in sein Haus in Altenberge bei Münster zurück, um seiner nächtlichen Arbeit nachzugehen. Dort stirbt Hans Blumenberg am 27. März 1996 an einem Herzinfarkt. Die Schriftstellerin und Professorin für Literatur- und Kunsttheorie Bettina Blumenberg, erzählt hierzu cum grano salis von ihrer festen Überzeugung, dass das Fallen von der Bettkante im Augenblick seines Todes das gewesen sei, was ihr Vater wollte: „Es war ein inszenierter Tod".[78] Mit dieser Anekdote wirft sie ein anderes Schlaglicht auf den häufig ausschließlich als ernsten Denker erinnerten Hans Blumenberg, und zwar in Form eines Motivs, welchem er selbst eingehende Beachtung schenkt: der *Leichtigkeit*. Denn im allzu Ernsthaften – er spricht auch von einem Prozess der „Verernstung"[79] – bis hin zur Verabsolutierung von Ansprüchen an das Leben, darunter auch das Denken, liegt eine Gefahr der Ohnmacht, welche *eigene* Umgangsweisen auszubilden hindert. Dagegen wehrte er sich, wie noch in der Inszenierung seines Todes, zeitlebens.

---

[77] Blumenberg, Hans. 1975/1981. *Die Genesis der kopernikanischen Welt*. Frankfurt am Main: Suhrkamp.

[78] Rüter. Hans Blumenberg. Der unsichtbare Philosoph [Film].

[79] Blumenberg. *Die Legitimität der Neuzeit*, S. 551.

Ein metaphorologischer Fall – Max Webers Platonrezeption 2

Wir wollen im Folgenden einen gründlicheren Blick auf das Verfahren richten, welches Blumenberg das erste Mal explizit im Jahr 1960 in seinem Beitrag zum *Archiv für Begriffsgeschichte* als *Paradigmen zu einer Metaphorologie* erprobt.[1] Besonders in den 1970er-Jahren entwickelt er diese Methodologie an konkreten Fallstudien in zahlreichen Aufsätzen und Büchern weiter, wie etwa in *Arbeit am Mythos*,[2] und verortet sie zuletzt im Horizont einer *Theorie der Unbegrifflichkeit*.[3] Das metaphorologische Verfahren kann uns deshalb als eine Art roter Faden dienen, um uns seiner Denkbewegung und deren soziologischen Potenzialen anzunähern. Dazu gehört im weiteren Sinn auch die Frage, wie die Metaphorologie als methodologischer Ansatz mit den philosophischen Gehalten der Theorie der Unbegrifflichkeit zusammenhängt. Aus diesem Grund betrachten wir, wie angekündigt, ein für sein Verfahren exemplarisches Kapitel aus einer seiner späten Arbeiten, *Höhlenausgänge* – nicht zuletzt, da er darin unter ande-

---

[1] Zur ‚Charakteristik' dieser „metaphorologischen *Paradigmatik*" als „Vorarbeit", insbesondere in ihrem Verhältnis zur „Begrifflichkeit", siehe die einleitenden Hinweise dazu in Blumenberg. *Paradigmen*, S. 7–11, hier S. 11. Für die Vorarbeit zur Vorarbeit vgl. Blumenberg, Hans. 1957. Licht als Metapher der Wahrheit. Im Vorfeld der philosophischen Begriffsbildung. In *Studium Generale* 10, S. 432–447, erneut abgedruckt in Blumenberg, Hans. 2001. *Ästhetische und metaphorologische Schriften*. Auswahl und Nachwort von Anselm Haverkamp. Frankfurt am Main: Suhrkamp, S. 139–171.
[2] Vgl. Blumenberg. *Arbeit am Mythos*.
[3] Vgl. Blumenberg. *Theorie der Unbegrifflichkeit*.

rem Max Webers *Wissenschaft als Beruf* analysiert, d. h. einen für die Sozialwissenschaften wichtigen Text.[4]

Blumenbergs Interesse an der Rekonstruktion verschiedener *Höhlenausgänge* gilt den Elementen, welche durch die vielfältige Rezeption der Höhlenerzählung in Platons *Politeia* besondere Bedeutsamkeit erlangt haben. Er untersucht die Einsätze der Höhlenmetaphorik, insbesondere diejenigen in Anschluss an Platon, insofern die Rückgriffe auf solche ‚Quell'-Texte deren Sinngehalte *umbesetzen*, sprich ihre Elemente teilweise oder vollständig reinszenieren. Solche Umbesetzungen zu erfassen und den historisch-sozialen und intellektuellen Gründen für diese Sinnveränderungen nachzuspüren, ermöglicht es Blumenberg, *(1)* die konkreten Bedeutungen der veränderten Sichtweisen *auf die Welt* zu erkennen und damit *(2)* die der Sichtweisen *auf sich selbst*, d. h. auf die Menschen in dieser Welt sowie *(3)* die darin implizierten *politischen Ansichten* oder Konsequenzen. Dabei ist ein Ziel, das allerdings beim Lesen von Blumenbergs Arbeiten schnell in Vergessenheit geraten kann, dem neuzeitlich-modernen Selbstverständnis auf die Spur zu kommen. So analysiert Blumenberg die Rezeptionen der (platonischen) Höhlenmetaphorik,[5] um die darin enthaltenen *grundsätzlichen Fragen* zu erkennen sowie ihren *Gegenwarts*gehalt zu klären. In manchmal kaum merkbaren Gegenüberstellungen oder Abgrenzungen von den Rezeptionen kommt er periodisch darauf zurück, inwiefern sich einige, aus der Rezeption ausgelassene Elemente in Platons Höhlenerzählung als aktuell erweisen.

Ein formaler Grund und einige inhaltliche Gründe sprechen jedoch dafür, dass wir uns im Sinne unseres soziologischen Anliegens unter den *Höhlenausgängen* zunächst der Platon-Rezeption Max Webers widmen. Formal gesehen ist es, wenn wir die Potenziale des Denkens Blumenbergs gegenüber der ‚klassischen' Soziologie verdeutlichen wollen, von Vorteil, dass er sich mit Weber, genauer seinem Vortrag über *Wissenschaft als Beruf*, über mehrere Seiten hinweg unter metaphorologischen Gesichtspunkten beschäftigt,[6] d. h. nicht nur sporadisch, wie etwa mit einer anderen Gründungsfigur der Soziologie: Georg Simmel.[7] So ist, und

---

[4] Vgl. Weber, Max. 1919/1988. Wissenschaft als Beruf. In *Gesammelte Aufsätze zur Wissenschaftslehre*, hrsg. Johannes Winkelmann. Tübingen: Mohr (Siebeck), S. 582–613.

[5] Unter den Rezipienten sind auch in den Sozialwissenschaften diskutierte Intellektuelle wie Aristoteles, René Descartes, Voltaire, Jean-Jaques Rousseau, Immanuel Kant, Søren Kierkegaard, Georg W. Friedrich Hegel, Johann Wolfgang Goethe, Arthur Schopenhauer, Friedrich Nietzsche sowie Sigmund Freud, aber auch Georg Simmel, Edmund Husserl, Max Weber, Franz Kafka, Ludwig Wittgenstein, Martin Heidegger und Arnold Gehlen.

[6] Vgl. Blumenberg. *Höhlenausgänge*, S. 719–727.

[7] Vgl. Blumenberg. *Höhlenausgänge*, S. 76 und S. 80–81. Allerdings hat sich Blumenberg durchaus eingehender mit Simmel beschäftigt, und zwar etwa zwölf Jahre zuvor in seiner

2 Ein metaphorologischer Fall – Max Webers Platonrezeption

das verbindet den formalen mit einem inhaltlichen Grund, in dieser Untersuchung etwas zu erkennen hinsichtlich des Verfahrens, mit dem Blumenberg arbeitet. Wir können ihm in dieser exemplarischen Studie gleichsam über die Schulter schauen und Schritt für Schritt das Vorgehen nachverfolgen, welches unter dem Namen der *Metaphorologie* firmiert. Dies erlaubt uns, Hinweise auf die Relevanz der metaphorologischen Methodologie für die sozialwissenschaftliche Forschungspraxis systematisch zu erfassen.

Im Zuge dessen soll zudem ersichtlich werden, inwiefern Blumenberg mit Weber über dessen Wissenschaftslehre, darunter die Konzeption der Soziologie als *Wirklichkeitswissenschaft*,[8] hinaus geht. Inwiefern Blumenbergs erkenntnistheoretische Position auch für die heutige Soziologie bedeutsam sein könnte, soll im weiteren Verlauf des Buchs erschlossen werden. In Vorbereitung darauf werden wir dieses Kapitel mit konkreten Fragen an Blumenbergs Denkbewegung beschließen, die sein – Weber erweiterndes – Verständnis des *Wirklichkeitsbegriffs* betreffen und die Grundlage zu einer ersten Klärung bereitstellt,[9] im Anschluss an die das Verhältnis zwischen den beiden Bereichen, welche Blumenberg als Begrifflichkeit und Unbegrifflichkeit bezeichnet, näher ausgelotet werden kann.[10]

Where are we? – Binnenkontext der Analyse von Webers Höhlenrezeption
Der Text mit dem Titel *Rezeptionsfälle und -unfälle*,[11] in dem Blumenberg auf Webers Rezeption der platonischen „Höhle im ‚Staat'"[12] eingeht, ist als viertes von acht Kapiteln etwa mittig im letzten Teil mit dem Titel *Andere doch keine letzten Gefangenschaften* angeordnet.[13] Im Kapitel davor, *Schachtelraumkonstruktion und*

Studie zur metaphorologischen Bedeutung des Geldes für Simmels Denkbewegung (vgl. Blumenberg, Hans. 1976/2001. Geld oder Leben. Eine metaphorologische Studie zur Konsistenz der Philosophie Georg Simmels. In *Ästhetische und metaphorologische Schriften*. Auswahl und Nachwort von Anselm Haverkamp. Frankfurt am Main: Suhrkamp, S. 177–192). Wir folgen hier den *Höhlenausgängen*, da Blumenberg sie, wie gesehen, als Auftakt seiner Studien zu einer ‚systematischeren' Theorie der Unbegrifflichkeit verstand und darin die einzigen Fallstudien in expliziter Hinsicht auf sie vorliegen, die er noch selbst für die Öffentlichkeit fertigstellen konnte (vgl. Zill. Nachwort des Herausgebers, S. 189).
[8] Vgl. Weber, Max. 1904/1988. Die „Objektivität" sozialwissenschaftlicher und sozialpolitischer Erkenntnis. In *Gesammelte Aufsätze zur Wissenschaftslehre*, hrsg. Johannes Winkelmann. Tübingen: Mohr, S. 146–213.
[9] Vgl. hier Kap. 3.
[10] Vgl. hier Kap. 4.
[11] Blumenberg. *Höhlenausgänge*, S. 719–740.
[12] Blumenberg. *Höhlenausgänge*, S. 720.
[13] Blumenberg. *Höhlenausgänge*, S. 663–818.

Panoptikum, setzt er sich ausführlich mit Edmund Husserl und der Funktion der Platon-Rezeption für die Begründung der Phänomenologie auseinander, die er von der Lebensphilosophie, insbesondere von derjenigen Max Schelers, abgrenzt.[14] Dabei versucht er die Phänomenologie vor der von Scheler vorgeschlagenen „Verfahrensweise" abzuschirmen, „einer *vom Er-leben der Wesensgehalte der Welt ausgehenden Philosophie*", die Scheler zufolge „einer *genaueren, strengeren – und deutscheren Art des Verfahrens*" entspricht.[15] Blumenbergs Einwand gegen diese Weise des Philosophierens beruht auf dem Nachweis, dass sich Scheler mit dieser Forderung aus dem Jahr 1913, gegen ‚die' „*Zivilisation*" wende, die von ihm als „*dunkle*[*s*] *Gefängnis*" empfunden wurde.[16] Die Bildlichkeit der Höhle, mit der Scheler die *Zivilisation* qualifiziert, bezieht sich auf das Element der Einschränkung, sowohl was die Sichtverhältnisse als auch den Bewegungsraum angeht, sodass die Zivilisation prinzipiell als statischer Zustand begriffen wird.

Schon hinsichtlich der Chronologie besteht ein innerer Zusammenhang der beiden Kapitel; so beginnt – nachdem Blumenberg Kritik an Schelers Invektiven gegen die Zivilisation kurz vor dem Beginn des Ersten Weltkriegs geübt hat – das uns im Folgenden näher beschäftigende Kapitel wie folgt: „Im Winter 1918/19, dem ersten Semester nach dem Weltkrieg, hielt [...] Max Weber" in München auf Wunsch der Studierenden „einen Vortrag [...] mit dem geläufig gewordenen Titel ‚Wissenschaft als Beruf'".[17] In diesem Vortrag argumentiert Weber insbesondere gegen den Erlebnisbegriff und gegen seine Implikationen einer jugendlichen Hörigkeitsbereitschaft gegenüber „Führer"-Figuren (vor allem) in der Wissenschaft.[18]

Eine andere Verbindung zwischen den beiden Kapiteln ergibt sich neben dem chronologischen Gesichtspunkt aus der Personenkonfiguration. Blumenberg bezeichnet Martin Heidegger als *Verdränger Schelers* „aus der Vorkämpferrolle" in der „Phalanx" eines „Anthropologismus", welcher „von Husserl als wiederkehrender Naturalismus gefürchtet[]" wurde,[19] um ihn später als *Gegenfigur zu Weber* zu konturieren: an beider Verhältnis zum Höhlenausgang zeigt Blumenberg grundsätzlich sich voneinander unterscheidende erkenntnistheoretische Positionen auf. Wir wollen, bevor wir auf diese Unterscheidung näher eingehen, zur Erläuterung des Status dieses vierten Kapitels noch in knapper Form anführen, was auf es folgt.

---

[14] Vgl. Blumenberg. *Höhlenausgänge*, S. 700–718.
[15] Blumenberg. *Höhlenausgänge*, S. 717–718.
[16] Blumenberg. *Höhlenausgänge*, S. 718.
[17] Blumenberg. *Höhlenausgänge*, S. 719.
[18] Blumenberg. *Höhlenausgänge*, S. 721. Vgl. Weber. Wissenschaft als Beruf, S. 503.
[19] Blumenberg. *Höhlenausgänge*, S. 716–717.

2 Ein metaphorologischer Fall – Max Webers Platonrezeption

Im Kapitel *Eine wissenschaftskritische Umdeutung* geht Blumenberg näher auf das Verhältnis von Platon und Kant ein,[20] deren erneute und gründliche Lektüre er bereits im vorausgehenden Kapitel, seiner Fallstudie zu Webers Platon-Rezeption, implizit angeregt hat. Enthalten ist diese Anregung im Hinweis darauf, dass durch ungenaue oder mutwillig verfälschende Rezeptionen und deren Eingewöhnung viele der vorhandenen und begründeten Mehrdeutigkeiten in den Werken von Platon und Kant vereinseitigt und sie so in ihrer Komplexität auf zum Teil falsche Auslegungen reduziert werden.[21] Deshalb warnt Blumenberg auch vor der Gefahr einer „schnell[en] [E]ntwöhn[ung] vom Umgang mit Kontexten", die er an Heidegger selbst, besonders an seiner (im Folgenden zu erläuternden) Schneckenhausmetaphorik und zudem an seinen Rezipient*innen kritisiert.[22] Hiernach würdigt Blumenberg den Philosophen Walter Bröcker, der bei Heidegger promoviert und sich habilitiert hatte, trotz aller Kritik an seiner Rezeptionsweise Platons,[23] für seinen philosophischen Hauptverdienst. Dieser bestehe darin, nicht nur die Übereinstimmung Platons und Kants herauszustellen, sondern vielmehr den Unterschied zwischen beiden zu markieren und entsprechend denjenigen „zwischen der Anschauung der Zwischenwelt des Höhlenfeuers und der Überwelt der Ideen".[24] Platon und Kant teilten demnach zwar die Annahme, dass es einen „*Übergang[ ]*" bräuchte „*von der Physik zur Metaphysik*".[25] Jedoch würden sie sich bezüglich der Zielgröße, auf die ihre jeweilige Metaphysik sich zubewegt, deutlich voneinander unterscheiden: „*Dieser weitere Übergang ist für Plato der Aufstieg zur Ideenwelt, bei Kant der Aufstieg zum Ding an sich*".[26]

Blumenberg kritisiert zum Abschluss dieses Kapitels sowohl bestimmte vereindeutigende Kant- als auch Platon-Rezeptionen, die

„*jeden* autorisier[en], mit der Vertröstung auf künftige Einsicht und künftiges Glück Zwang auszuüben. Oder anders: das, was ist, mit dem Blick auf das, was sein

---

[20] Vgl. Blumenberg. *Höhlenausgänge*, S. 741–751.
[21] Vgl. Blumenberg. *Höhlenausgänge*, S. 732.
[22] Blumenberg. *Höhlenausgänge*, S. 732.
[23] Vgl. Blumenberg. *Höhlenausgänge*, S. 742.
[24] Blumenberg. *Höhlenausgänge*, S. 748.
[25] Ebenso seien beide, Platon und Kant, davon ausgegangen, dass dem Übergang von Physik zur Metaphysik noch ein anderer „*Übergang[]*" vorausgeht. Dieser „*[n]otwendig[e] und [e]indeutig[e]*" sei derjenige „*von den unmittelbaren Erscheinungen zu den intersubjektiven Objekten der Physik*" (Walter Bröcker zitiert nach Blumenberg. *Höhlenausgänge*, S. 748).
[26] Walter Bröcker zitiert nach Blumenberg. *Höhlenausgänge*, S. 748.

soll, der wütenden Verachtung auszuliefern, die *im Grade der Unbestimmtheit von Erwartungen* entsteht."[27]

Dies verstehen wir nicht so sehr als eine konservative Ablehnung *jeder* Form des begründeten Veränderungswillens, sondern vor allen Dingen als Plädoyer für den Einbezug der verschiedenen Grade an Unbestimmtheit in den Versuch, etwas zum Guten zu bewegen, d. h. einzubeziehen, was alles als Ergebnis einer Veränderung sich erwarten ließe. Darunter fallen insbesondere unintendierte Folgen und die Erwägung von Fällen, für die diese Abwägung gar nicht erst getroffen werden kann, gerade wegen des hohen Grads an Unbestimmtheit, der ihnen eigen ist. Blumenberg wendet sich gegen die *Verdeckung* von Unbestimmtheiten, die nicht nur die mögliche Prüfung und Abwägung des Inhalts des Zukünftigen sowie der Methode, mittels der er zu erreichen ist, sondern zugleich auch die Überprüfung des Gegenwärtigen verhindert. So ist unter dem Deckmantel der verheißungsvollen *glücklichen Zukunft*, an die nicht mehr als ein *leerer* Glaube gerichtet werden kann, ein Moment des Zwangs oder der *Gewalt in der Gegenwart* rechtfertigbar.

Bei Platon dagegen kann die Rückkehr in die Höhle erst dann als Pflicht empfunden werden, wenn der Höhlenbewohner schon zum Philosophen geworden ist, wenn er eine Vorstellung von der „Idee [...] des Guten als des Seinsollens" hat, im Vergleich zu der sich erst ein „Bewußtsein" von der gegenwärtig „mindere[n] ,Seiendheit'" entwickeln kann.[28] Platon autorisiert deshalb gerade nicht *jede*n*, Zwang im Namen eines, zumal unbestimmten Zukunftsglücks auszuüben, und auch in seiner Höhlenerzählung übt der Philosoph nach der Rückkehr in die Höhle bezeichnenderweise keinen Zwang auf deren Bewohner*innen aus. Dass aber in seiner Erzählung der Zwang, der auf jemanden in der Höhle ausgeübt wird, um zum Philosophen werden zu können, „*nachträglich* gerechtfertigt" wird, bietet Blumenberg zufolge eine „gefährliche Grundvorstellung", und zwar genau betrachtet „für den Platonismus".[29] Denn in der Platon-Rezeption dieser Façon kann diese Vorstellung allzu schnell dahingehend umgedeutet werden, den zitierten Gedanken in die Tat umzusetzen, welchen Blumenberg ausgangs des Kapitels kritisiert und der sich bei Platon gerade nicht findet: im bloßen Namen eines unbekannten Glücks Zwang in der Gegenwart zu rechtfertigen und/oder auszuüben.

Hinsichtlich der *Höhlenkonzeptionen* kann Blumenbergs Analyse von Max Webers Rezeption der Höhlenerzählung Platons nun verortet werden: *zwischen Schelers Gefängnisbild* von der Zivilisation, das von Attributen der einschränkenden

---

[27] Blumenberg. *Höhlenausgänge*, S. 751; Hervorhebungen von mir/CG.
[28] Blumenberg. *Höhlenausgänge,* S. 747.
[29] Blumenberg. *Höhlenausgänge,* S. 751.

2 Ein metaphorologischer Fall – Max Webers Platonrezeption

Statik getragen ist, *und Martin Heideggers Bild vom Schneckenhaus*, durch welches er Größen der Statik und Dynamik miteinander identifiziert. Dadurch setzt Heidegger Außen und Innen, Subjekt und Objekt nicht nur in Eins, sondern verdeckt auch die Beziehung zwischen ihnen (und ihre etwaigen Unbestimmtheiten).

Chronologisch steht Webers 1919 vorgelegte Lesart Platons zwischen Schelers Ausdruck vom dunklen Gefängnis der Zivilisation von 1913 und Heideggers Rektoratsrede von 1933, die einen Schwerpunkt der Untersuchung Blumenbergs bildet. Einerseits sind wir damit auf zwei Zivilisationsbrüche verwiesen, zwischen die Webers Rede fällt; andererseits erweitert Blumenberg im folgenden Kapitel seinen Hinweis auf die Relevanz einer gründlichen, Mehrdeutigkeiten Raum gebenden Lektüre der Schriften Platons und Kants um eine Warnung, die sich nicht zuletzt aus den von ihm zuvor ausgewiesenen Deutungs*unfällen von Rezipient*innen* Webers und Heideggers ergibt.

Die Theoriefiguration, zwischen deren Erläuterung Blumenberg die Analyse von Webers Vortrag einschiebt, ist wie erinnerlich mit den Vorkämpfern Scheler und Heidegger, die des naturalistischen Anthropologismus. So erfolgt der Verweis auf den ersten Zivilisationsbruch, wie gesehen, in Form einer Kritik an Schelers Ruf nach einer antizivilisatorischen, *vom Erleben der Wesensgehalte der Welt ausgehenden* Philosophie. Auf den zweiten Zivilisationsbruch verweist Blumenberg unter anderem im Zuge der Behandlung der Schneckenhausmetaphorik Heideggers, wozu er auf seine Rektoratsrede und ihre Aufnahme beim „Publikum[]" eingeht.[30]

Die dazwischen liegende Rezeption der Höhlenerzählung Platons von Weber zeichnet sich nun ihrerseits durch eine bestimmte Reduktion aus. Ihm geht es Blumenberg zufolge (anders als Platon) nicht vorrangig um das Verhältnis *zwischen Subjekt, Objekt und ihrer Vermittlung*, in der die Höhle die Bezugnahme auf Vorstellungen von Innen und Außen, Schatten und Licht, Kunst und Natur und insbesondere auf die Übergänge als Wege zwischen diesen Größen erlaubt. Vielmehr greift Weber von den Elementen der Erzählung Platons lediglich den *Erkenntnismoment* auf und fokussiert damit auf eine einzelne, außerhalb der Höhle angesiedelte Größe.

Who's there? – Die figurative Ordnung des Textes

Wir wollen nun sehen, welches Verständnis von Webers Rezeption der platonischen Höhlenerzählung Blumenberg im Mittel der Metaphorologie entfaltet. Bevor wir im Detail darauf zu sprechen kommen, wollen wir uns zur Orientierung kurz

---

[30] Blumenberg. *Höhlenausgänge*, S. 730–733, hier S. 733.

mit der Konstellation vertraut machen, in der Blumenberg im Teilkapitel *Rezeptionsfälle und -unfälle* Webers Vortrag über *Wissenschaft als Beruf* behandelt.

Nach einer Skizze zur Deutung des Gehalts des Vortrags und der mit ihm einhergehenden Reduktion der Höhlenerzählung Platons[31] geht es Blumenberg zunächst um eine Problematisierung der Kritik, die Webers Kollege *Heinrich Rickert* an dem im Vortrag sich ausdrückenden Wissenschaftsverständnis übte.[32] In der hiernach eingeführten Figur des „Neukantianismus Marburger Schulprägung", dem Philosophen *Paul Natorp* wird dagegen die prinzipielle Gemeinsamkeit zwischen Weber und Rickert trotz der postumen Kontroverse deutlich.[33] Sie besteht in einer Funktion, die ihre jeweiligen Bezüge auf die platonische Höhle gleichermaßen erfüllt, nämlich die Geschichte über den Anfang der Theorie zu erzählen.

Die Figur für eine Bezugnahme auf Plato, die grundsätzlich von der neukantianischen divergiert, stellt *Martin Heidegger* dar. An der Gegenüberstellung der Neukantianer Natorp, Rickert und Weber einerseits und Heidegger andererseits lassen sich zwei unterschiedliche erkenntnistheoretische Richtungen erkennen, die bei der Rezeption Platons eingeschlagen werden. Diese Richtungnahmen bezeichnet Blumenberg als unterschiedliche Verhältnisse zu Platons Erzählung. Für Natorp, Rickert und Weber sei ein „*theoretisches*" Verhältnis zum Text" zu erkennen, während Heidegger ein „*ästhetisches*" Verhältnis zum Text ausbilde.[34] Um besser zu verstehen, woran sich der Unterschied zwischen diesen Verhältnissen inhaltlich begründet und welche Folgen für den weiteren Möglichkeitsraum des Nachdenkens über Platons Höhlenerzählung damit jeweils einhergehen, wollen wir uns mit Blumenberg nun genauer den spezifischen Höhlendeutungen mit besonderem Fokus auf Webers Rezeption zuwenden.

Webers Rezeption – Das Höhlengleichnis als Kontrast- und Schutzmittel
Blumenberg greift eingangs seiner Analyse die Position Webers als „Nationalökonom" auf, aus der er die Zuhörer*innen von *Wissenschaft als Beruf* zuerst adressiert. Von diesem nationalökonomischen Standpunkt aus konnte es für Weber „selbstverständlich" sein, „mit der Frage nach dem Geld zu beginnen", um den gegenwärtigen Wandel vom „plutokratischen" zum „bürokratische[n]" Wissenschaftssystem in Deutschland hinsichtlich seiner Folgen für die beruflichen Perspektiven von Wissenschaftler*innen hervorzuheben. Eine Konsequenz des „wichtigste[n] Merkmal[s]"

---

[31] Vgl. Blumenberg. *Höhlenausgänge*, S. 719–722.
[32] Vgl. Blumenberg. *Höhlenausgänge*, S. 722–725.
[33] Blumenberg. *Höhlenausgänge*, S. 727–729, hier S. 728.
[34] Blumenberg. *Höhlenausgänge*, S. 730; Hervorhebungen von mir/CG.

2 Ein metaphorologischer Fall – Max Webers Platonrezeption

dieses bürokratischen Systems, der „Quantifizierbarkeit seiner Kriterien", liegt für Weber in der *Bedeutungssteigerung* der Studierenden*anzahl* „für den berufsmäßigen Wissenschaftler", insofern er nun seine „Einkünfte" meist in Form von „Hörergebühren" beziehen muss.[35] Worauf es Blumenberg zufolge Weber in seinem Vortrag ankommt, ist, den Studierenden den Unterschied zwischen dieser zahlenmäßigen „Stimmfähigkeit" einerseits und ihrer „Urteilsfähigkeit" andererseits klar zu machen.[36] Daraufhin qualifiziert Blumenberg ihn wie folgt: „Max Weber ist keine sokratische Figur".[37] Das hätte auch damit zu tun, dass er selbst von den „Studenten Münchens ständig im Auditorium maximum" „[ge]feiert[]" wurde.[38]

Jedoch konstatiert Blumenberg zunächst sehr wohl auch Ähnlichkeiten zwischen diesen beiden Figuren, Sokrates und Weber, vor allem bezüglich der Bedenken, die sie tragen. So sieht zwar Sokrates in der „Sophistik" und Weber im immer bürokratischer werdenden Universitätssystem[39] eine „Gefahr", aber in beiden Fällen liegt die Gefahr in der „Erzeugung von Schein".[40] So sei verständlich, dass Weber auf „Platos Höhle im ‚Staat' zu sprechen kommt", wobei er sie allerdings nicht zur Veranschaulichung der Ähnlichkeit zwischen der Position Sokrates' und der eigenen heranzieht, sondern zum entgegengesetzten Zweck: um „anschaulich [zu] machen, welch ungeheurer Gegensatz zwischen Vergangenheit und Gegenwart in der Einschätzung der Wissenschaft, ihrer Bedeutung für das Leben und die Menschheit besteht".[41] Weber setzt das Höhlengleichnis als Kontrastmittel ein, um zu zeigen, dass in der Antike „Wissenschaft und Bildung, Wahrheit und Moral, Theorie und Politik *identifiziert*" werden, dagegen in der Neuzeit diese Bereiche nicht im gleichen Maße als miteinander vereinbar zu denken sind, da sie seitdem nicht mehr „Sache jeweils *eines* Lebens" seien.[42]

---

[35] Blumenberg. *Höhlenausgänge*, S. 719.

[36] Blumenberg. *Höhlenausgänge*, S. 720.

[37] Blumenberg. *Höhlenausgänge*, S. 720.

[38] Blumenberg. *Höhlenausgänge*, S. 720. Inwiefern der Einsatz von (‚erfolgreicher') Rhetorik durch Weber weitere Bedeutung trägt und darauf hinweisen könnte, dass er darüber hinaus auch in anderen Belangen für Blumenberg keine sokratische Figur ist und dies auch soziologisch relevant ist, darauf wollen wir später eingehen.

[39] Darunter in der Organisation und Gestaltung der Lehre, der Bezahlung sowie der (An-)Werbung einer Vielzahl an Studierenden.

[40] Blumenberg. *Höhlenausgänge*, S. 720.

[41] Blumenberg. *Höhlenausgänge*, S. 720.

[42] Blumenberg. *Höhlenausgänge*, S. 720. Die Hervorhebung von „identifiziert" stammt von mir/CG.

Weber fügt seiner Rezeption des Höhlengleichnisses zwecks Kontrastierung der (sozial-historischen Lage der für Sokrates und Platon exemplarischen) *Antike* einerseits und der *Neuzeit* andererseits eine bestimmte Qualität hinzu, indem er die Erzählung Platons *auf die Situation verkürzt*, in der Wahrheit erkannt werden kann: „Es braucht sich also einer nur loszureißen von den Fesseln und Schatten und sich umzudrehen; *sogleich* hat er die Sonne als die Wahrheit der Wissenschaft vor sich. Da fehlt es dann auch nicht an der Kraft, zum *Führer* der anderen zu werden".[43] Das „Wesentliche" an Webers Variante der Höhlenerzählung ist, dass demnach für die Antike die Wahrheit „Sache eines Entschlusses, einer Wendung, eines Schrittes, und damit *eines* Lebens – oder besser [...] *eines* Erlebnisses" war.[44] „[U]m seinen Hörern in *deren* Worten verständlich zu machen", was es mit der platonischen Höhle auf sich haben könnte, erweckt Weber den Eindruck, dass *für die Schüler* „die Entdeckung der Leistung des Begriffs durch [ihren Lehrer] Sokrates als Gründungstat der Philosophie [...] *das ungeheure Erlebnis*" darstellte.[45] Diese *Erlebnisqualität* fügt Weber dem Höhlengleichnis allerdings hinzu, indem er es einer „äußerste[n] zeitliche[n] Kompression" unterzieht, „wie es", so Blumenberg, „Erlebnissen eigen ist" – was aber nun einmal auf die Verkürzung der Geschichte auf die Situation *außerhalb* der Höhle hinausläuft. Wo in der Antike die *Einheit* der „Wissenschaft *und Natur*" noch möglich war, stehen sich die beiden Größen in der Neuzeit aufgrund der „grundlegenden Entfremdung sowohl zum Leben als auch zum Sinnverlangen der Person", die die moderne Wissenschaft kennzeichne, „antinomisch" gegenüber.[46]

Wozu braucht Weber in seinem Vortrag über *Wissenschaft als Beruf* diese Gegenüberstellung der antiken Philosophie, der er das Erlebnishafte für den Moment des Erkennens von Wahrheit im Höhlengleichnis zuschreibt, und der neuzeitlichen Wissenschaften, die diese Erlebnisqualität nicht mehr aufweisen sollten? Er steht unter dem Druck, die von den Studierenden geforderte Erlebnisqualität der Wissenschaften als Einheit von Wissenschaft *und Politik* abzuwehren, um Wissenschaftlichkeit in ihrem „Wert der Klarheit" überhaupt gewährleisten zu können.[47] So versucht Weber in Form der *Kontrastierung der Verhältnisse*, unter denen in der Antike philosophiert und in der Moderne Wissenschaft betrieben wird, die Studierenden aufzuklären, was es mit ihrer Sehnsucht nach dem „immer noch oder wie-

---

[43] Blumenberg. *Höhlenausgänge*, S. 721; Hervorhebungen von mir/CG.
[44] Blumenberg. *Höhlenausgänge*, S. 721.
[45] Blumenberg. *Höhlenausgänge*, S. 721, der Einschub stammt von mir/CG.
[46] Blumenberg. *Höhlenausgänge*, S. 722; Hervorhebungen von mir/CG.
[47] Vgl. Blumenberg. *Höhlenausgänge*, S. 721–725, hier S. 725.

der sokratischen Typus, der Wahrheit und Politik vereinigt", auf sich hat.[48] Diesen Typus hat Blumenberg zuvor als Figur beschrieben, die derjenigen des Führers nahesteht. Die Betonung des irreversiblen Gegensatzes von Antike und Moderne zielt – wenn wir uns an die Bedenken erinnern, die Sokrates und Weber teilen – auf die Lektion, dass die Sokrates-Figur, die Wissenschaft und Politik vereinigt, *in der modernen Gegenwart* nicht ohne Scheinerzeugung wiederbelebt werden kann. Über Blumenbergs unmittelbare Feststellung, Weber selbst sei, da er von den Studierenden im Hörsaal ständig gefeiert worden sei, keine sokratische Figur (was auch Webers Selbstverständnis als *moderner* Wissenschaftler entspricht) geht dies hinaus. Webers Verwendung des Höhlengleichnisses dient dazu, die Trennung von Wissenschaft und Politik vor dem Hintergrund der spezifisch modernen Voraussetzungen angemessen darzustellen, während die *Behauptung* ihrer Einheit analog dem antiken Verständnis mit der Erzeugung von Schein einhergeht. Für Blumenberg begründet sich der Satz Webers, Politik habe im Hörsaal nichts zu suchen, an der Gefahr des Umschlagens der Scheinerzeugung, die die „Position des Lehrers im Hörsaal" mit sich bringt, in die des „Demagoge[n] oder Prophet[en]", mit dem sie wegen ihres „rhetorisch[en]" Anteils verwandt ist.[49] Diese potenziell rhetorische Qualität der Lehrposition als eine *transhistorische* Problematik bezieht aber Platon gerade mittels seiner Sokrates-*Figur* systematisch in die Höhlenerzählung ein, worauf Blumenberg implizit verweist.[50]

Rickerts Kritik an Weber als Rezeptionsunfall
Damit hat unsere Rekonstruktion den Punkt erreicht, an der Blumenberg Rickerts sechs Jahre nach Webers Tod formulierte Kritik an dessen Rezeption des Höhlengleichnisses zur Sprache bringt.[51] Rickert nimmt an zwei Elementen der Wissenschaftsdarstellung besonderen Anstoß: zum einen stört ihn Webers „Betonung der Kluft zwischen Vergangenheit und Gegenwart, zwischen antiker und moderner Wissenschaft";[52] zum anderen irritiert ihn seine Überschreitung des Horizonts der Wissenschaft, welche als Beruft praktiziert wird und sich dementsprechend in Form eines Spezialwissens materialisiert. Denn für die Wahrung dieses Horizonts hätte Weber sich sonst und auch im Vortrag selbst eingesetzt.[53]

---

[48] Blumenberg. *Höhlenausgänge*, S. 722; vgl. S. 721.
[49] Blumenberg. *Höhlenausgänge*, S. 722; Hervorhebung von mir/CG.
[50] Vgl. Blumenberg. *Höhlenausgänge*, S. 722.
[51] Blumenberg. *Höhlenausgänge*, S. 722.
[52] Blumenberg. *Höhlenausgänge*, S. 723.
[53] Vgl. Blumenberg. *Höhlenausgänge*, S. 725.

2 Ein metaphorologischer Fall – Max Webers Platonrezeption

Den Grund für die Entgegensetzung von antikem und modernem Wissen sieht Rickert in „Webers allzu starke[r] Vereinfachung des Höhlengleichnisses"; zu Korrekturzwecken bringt er „seine eigene Version" vor, der jedoch, wie Blumenberg feststellt, ebenfalls keine gründlichere Platon-Lektüre zugrunde liegt.[54] Wenn aber doch Rickert beansprucht, Webers Platon-Lektüre zu korrigieren, warum begnügt er sich dann seinerseits mit Wissen zweiter Hand, genauer dem seines „Kollegen am Ort, Ernst Hoffmann"?[55] Rickert geht es bei seiner Kritik an Weber offensichtlich nicht darum, Platon möglichst so zu verstehen, wie er sich selbst verstanden hat, um auf diese Weise einen Umgang mit den Mehrdeutigkeiten seiner Schriften zu finden – weil er, wie Blumenberg anmerkt, „bei einem solchen Stück des Bildungsinventars [wie] jeder glaubt, es gut genug zu kennen".[56] Rickerts Interesse an der Version seines Kollegen bestehe vielmehr darin, das Motiv des „Arbeits- und Entsagungsethos", welches moderne Vorstellungen von der Wissenschaftspraxis prägt, auch in der Antike (bestätigt) zu finden, wozu ihm Hoffmanns ungenaue Übersetzung des Erkennens von Wahrem als „*große*[] *Mühe*" hilft.[57] Für Weber ist dieses Motiv ein historisch *spezifisches*, das Aufkommen des Kapitalismus tragendes, dem in der Antike eine solche zentrale Stellung nicht zukam.[58] Rickert dagegen ordnet das Motiv bereits der Antike zu, weil er bestrebt ist, die *Gleichrangigkeit* der „positiven Wissenschaften als Vertreter moderner Erkenntnis" und der „antiken Philosophie" auszuweisen.[59] Dabei ignoriert er, dass Weber zwar die Logik der modernen Wissenschaften nicht vorrangig von „den Philosophen als Typus" geprägt sah, jedoch die Möglichkeit der Philosophie in der Moderne *nicht grundsätzlich* ausschloss. Es ging Weber darum, seine Forschungspraxis vom Typischem der modernen Wissenschaft abzusetzen.[60]

Um Bedingungen und Eigenart dieser modernen im Gegensatz zur antiken Wissenschaft zu bestimmen, war die Überschreitung der spezialwissenschaftlichen Perspektive des Nationalökonomen notwendig, was Weber in Form der (zeitweiligen) Einnahme eines wissenschaftstheoretischen Standpunkts leistete. Während also Rickert den grundlegenden Unterschied zwischen den *typischen* Formen der antiken und der modernen Wissenschaft nicht anerkennen wollte, um der Moderne den philosophischen Typus zu erhalten, ist es für Weber wichtig, den antiken

---

[54] Blumenberg. *Höhlenausgänge*, S. 723.
[55] Blumenberg. *Höhlenausgänge*, S. 723.
[56] Blumenberg. *Höhlenausgänge*, S. 723; der Einschub stammt von mir/CG.
[57] Blumenberg. *Höhlenausgänge*, S. 724.
[58] Blumenberg. *Höhlenausgänge*, S. 723.
[59] Blumenberg. *Höhlenausgänge*, S. 724.
[60] Blumenberg. *Höhlenausgänge*, S. 724.

2 Ein metaphorologischer Fall – Max Webers Platonrezeption

vom modernen Durchschnittstypus und in diesem Sinne den Philosophen vom (Spezial-)Wissenschaftler zu scheiden.[61]

Blumenberg zufolge basiert auf dieser Unterscheidung der *historischen Durchschnittstypen* die Möglichkeit, dass Weber ihre jeweiligen *Lebensformen* auch in *idealtypischer* Hinsicht differenzieren konnte. Demnach sei für Weber die philosophische Lebensform weder in der Antike *noch in der Moderne* „vom theoretischen Fortschritt als einem unendlichen" betroffen und die Anforderung an sie bleibt nach wie vor, Wissenschaft und Politik zu vereinen. Mit einer (spezial-) wissenschaftlichen Lebensform, die als Beruf praktiziert wird, ginge dagegen ein „Ethos" einher, das gemäß den Anforderungen der „positiven Wissenschaften" die „Unterwerfung unter *ein* Allgemeines" fordere.[62] Für Rickert mutet diese Position negativ dogmatisch an, weil es aus einem (selbstverständlichen) spezialwissenschaftlichen Standpunkt heraus keiner – als negativer Dogmatik wahrnehmbaren – Schutzhandlungen bedarf (wie etwa das Aussprechen von verbotsartigen Vorgaben für wissenschaftliches Arbeiten), um den spezifischen Sinn eben dieser Spezialwissenschaften und besonders ihren möglichen „Wert der Klarheit" zu wahren.[63] Dabei erkennt er nicht, dass Weber selbst diese Einschränkungen mit einem untypischen Wechsel von der nationalökonomischen zur wissenschaftstheoretischen Position umgeht, *um das Problem der sozial-historischen Lage zu adressieren*: eine um sich greifende Sehnsucht nach einer Orientierung gebenden, Wissenschaft und Politik vereinenden Figur, die die Studierenden – zu denen Weber auf ihre Einladung hin spricht – im wissenschaftlichen Erlebnis zu finden hoffen. In diesem Sinne ist allerdings auch Webers anfängliche rhetorische „Verbeugung vor dem Auditorium"[64] (sein Hinweis auf die finanzielle Abhängigkeit der Berufswissenschaftler*innen von zahlreichen Studierenden) als ein Mittel zum gemeinsamen Einlassen auf das zentrale Thema zu verstehen: Wissenschaftlichkeit unter ihren jeweiligen epochenspezifischen Bedingungen und die für die Moderne, besonders nach dem Ersten Weltkrieg, typische *Erlebnissehnsucht als Bedrohung der Wissenschaftlichkeit und des an ihr Schützenswerten*. In deren Sinn führt der Gewinn von *Klarheit* hinsichtlich der eigenen Position zur *Urteilsfähigkeit*, welche auch in anderen Bereichen, besonders der Politik, wichtig ist.

Webers zweite Position, die der Philosophie näherstehende des „,Wissenschaftstheoretikers'", ist Blumenberg zufolge der ersten, der des Nationalökonomen von Beruf, „übergeordnet[]" und deshalb „nicht betroffen von den Sinn-

---

[61] Vgl. Blumenberg. *Höhlenausgänge*, S. 724.
[62] Blumenberg. *Höhlenausgänge*, S. 724.
[63] Blumenberg. *Höhlenausgänge*, S. 725.
[64] Blumenberg. *Höhlenausgänge*, S. 719.

exklusionen, die der positiven Wissenschaft inhärent sind und zu ihrem Schutz und zum Schutz aller anderen ihr sogar verordnet werden müssen".[65] Nur in dieser Position kann Weber den Typus der modernen Wissenschaften im „elementaren Unterschied" zur „antike[n]" Philosophie überhaupt „beschreib[en]".[66] Während aber für Weber die Klarheit das Mittel der „Entzauberung der Welt durch Wissenschaft" ist, sieht Rickert in der modernen Wissenschaft die bereits der Antike als Ideal vor Augen stehende Möglichkeit der *Identifikation* von „Klarheit, Glück und Freudigkeit".[67] Dieses öffentliche Bekenntnis zur modernen Vereinigungsfähigkeit von Wissenschaft und Politik bediene aber gerade die – durch Webers Rezeption des Höhlengleichnisses in antike Ferne gerückte und damit auf Distanz gebrachte – Erlebnissinnigkeit[68] und steigere die Gefahr der ‚Führerhörigkeit' der Jugend. Rickert führt also, obwohl er doch mit Weber die „Gegnerschaft gegen die Lebensphilosophie und ihren Erlebnisbegriff" teilt, in seiner Lehre ein demagogisches Moment mit.[69]

Wir können nun begründen, warum gemäß der Überschrift des Teilkapitels Webers Version der Höhlenerzählung Platons als Rezeptions*fall* (und nicht *-unfall*) gelten kann. Weber reduziert und fokussiert die Höhlengeschichte auf eine *Größe außerhalb* der Höhle, komprimiert sie zeitlich streng auf den Erkenntnis*moment* und fügt ihr dadurch das *Erlebnis* von Wahrheit hinzu. Diese Reduktion und Variation am Bezugstext nimmt er vor, weil er zu einer *problemgeschichtlichen Lage* Stellung nimmt, deren Gefahr für den Wert moderner Wissenschaft er sich bewusst ist. Diese Gefahr drückt sich aus in der Sehnsucht seiner *Adressat*innen*, der Münchner Studierenden nach dem Ende des Ersten Weltkriegs, nach einem Wissenschaft und Politik vereinenden Erlebnis, das sich in einer ‚Führerfigur' identifizieren lässt. Die kontrastierende *Funktion* seiner Rezeption erfüllt die von ihm als notwendig wahrgenommene Aufgabe und dient so seinem *Interesse*, den Studierenden die Problematik ihrer Sehnsucht nach einer modernen Sokrates-Figur zu veranschaulichen, indem er die prinzipielle Unterschiedlichkeit der Situation der antiken Philosophie und der Situation der modernen Wissenschaft sowie die der allgemeinen Anforderungen von Philosophie und (Spezial-)Wissenschaften als Lebensformen verdeutlicht. Die spezifische Bezugnahme auf einen ausgewählten Teil von Platons Geschichte erfüllt eine Schutzfunktion, insofern sie das Erlebnis der *Identifikation* von Wissenschaft und Politik in weite zeitliche Ferne rückt, um

---

[65] Blumenberg. *Höhlenausgänge*, S. 725.
[66] Blumenberg. *Höhlenausgänge*, S. 725.
[67] Blumenberg. *Höhlenausgänge*, S. 725.
[68] Vgl. Blumenberg. *Höhlenausgänge*, S. 725.
[69] Blumenberg. *Höhlenausgänge*, S. 723.

so auch geistige Distanz zu ihm zu erwirken und zugleich einer demagogischen Ausnutzung zu entziehen.

Bei Rickerts postumer Kritik an Weber und der für sie herangezogenen Version des Höhlengleichnisses handelt es sich dagegen um einen Rezeptions*unfall*, übersah er doch die problemgeschichtlichen Hintergründe, die der Vortrag im Jahr 1919 bearbeitet, besonders die Erwartungen der Adressat*innen.

Unter metaphorologischen Gesichtspunkten sind für Blumenberg diese beiden Fälle besonders interessant, weil sich an ihnen „die eigentümliche Disposition" der Höhlenerzählung Platons „für die Verdeutlichung von vorletzten oder letzten Standpunkten" erkennen lässt,[70] d. h. die auf der Mehrdeutigkeit der „Rahmenvorstellung" beruhende rhetorische Nutzbarkeit.[71] Wir wollen gleich näher darauf eingehen, inwiefern Webers Standpunkt ein *vorletzter* und Rickerts ein *letzter* sein könnte und was daraus unter soziologischen Gesichtspunkten folgt.

In Vorbereitung darauf ist der Hinweis Blumenbergs wichtig, dass durch die späte „rücksichtslose Indienstnahme" der Höhlenimagination Platons bei Rickert *und* Weber, bedingt durch ihre (abseits der Hermeneutik eines Textes liegenden) Interessen beim Rückgriff auf sie, bestimmte Sinngehalte am „Höhlenmythos" Platons in den Hintergrund gerückt werden, „die an ihm so etwas wie menschliche Gemeinsamkeit ausmachen, weil sie eine Art archaischer Vertrautheit haben [...]. Dieser lebensweltlich-anthropologische Bezug ist bei beiden Autoren abgeschnitten und alles auf das *Präparat der theoretischen Situation* reduziert".[72]

Ausschließende Eindeutigkeit als Wegbereiter beliebiger Vieldeutigkeit – Theoriereduktion
Mithilfe folgender Zusammenfassung der weiteren Rezeptionsanalysen Blumenbergs können wir den Fokus auf eine Konsequenz der angesprochenen Gemeinsamkeit zwischen Weber und Rickert legen. Zunächst legt Blumenberg die *Gründe* für die fallengelassenen Bezüge zur Lebenswelt dar, indem er die Platon-Rezeption der für den Marburger Neukantianismus richtungsweisenden Figur Natorp untersucht, woraufhin er die Möglichkeit einer anderen Weise der Platon-Rezeption an Heideggers Umgang mit ihm rekonstruiert. Obwohl hier in *allen* Rezeptions(un-)fällen – Weber, Rickert, Natorp und Heidegger – der Zugriff auf die Höhlenmetaphorik Platons ohne Rücksicht auf seine eigenen Interessen an ihrem Einsatz innerhalb des ‚Staates' erfolgt, unterscheiden sie sich grundlegend in ihrem Verhältnis zum Text. Interessant an diesem Unterschied ist für Blumenberg unter anderem der innere

---
[70] Blumenberg. *Höhlenausgänge*, S. 727.
[71] Blumenberg. *Höhlenausgänge*, S. 726.
[72] Blumenberg. *Höhlenausgänge*, S. 727; Hervorhebungen von mir/CG.

Verweisungszusammenhang zwischen den beiden Verhältnissen: die Ausbildung eines *ästhetischen* Verhältnisses (hier Heideggers) wurde mit dem Abschluss des *theoretischen* Verhältnisses durch Natorp erst möglich.

Diesen Abschluss erschließt Blumenberg hinsichtlich der Funktion, welche die Reduktion der Inhalte Platons erfüllt. Für Natorps Anliegen, ‚die' Geschichte der Philosophie in Anschluss an Kant zu systematisieren, konnte der Idealismus mithilfe der Reinszenierung des Höhlenaustritts in eine platonische Tradition eingereiht werden. Diesem (Selbst-)Verständnis dient Platon allerdings „nur als *Vorläufer* der neuzeitlichen Wissenschaftsidee".[73] Unter dem neukantianischen Systemanspruch und im Zuge der mit ihm einhergehenden – auf „Eindeutigkeit" abzielenden – „strengen Methode" konnten alle Elemente der Höhlenerzählung Platons, die dem Motiv des Höhlenaustritts als „Gründungsakt[]" der Wissenschaft *vorausgehen*, aus der Philosophiegeschichte gestrichen werden.[74] Sie erscheinen in ihrer Perspektive nur als vorwissenschaftlicher, mythischer Rest. Blumenberg bezeichnet diesen Akt der fortschrittsgläubigen Reduktion als „zeitgeistfällige[] ‚Entmythisierung'" im „Systempräparat".[75]

An dieser Stelle können wir die Bedeutung der Unterscheidung zwischen dem *vorletzten und letzten Standpunkt* klären, wenn wir den differenzierenden Hinweis Blumenbergs heranziehen, dass „Max Webers Entstellung des Höhlengleichnisses [...] den Wissenschaftler Plato jedenfalls nicht als einen ‚modernen' Wissenschaftler gelten lassen wollte".[76] Denn bei allen geteilten Auffassungen mit Natorp und Rickert – etwa ihre Fokussierung auf „Eindeutigkeit" – unterscheidet Weber sich dadurch,[77] dass er die modernen Wissenschaften nicht in (ungebrochener) Kontinuität zur Antike oder ausschließlich in ihrer Tradition versteht. Er lässt, anders als in dem von Natorp – mit dem Einsatz der Platon-Figur – *letztbegründeten* und damit abgeschlossenen System der idealistischen Philosophiegeschichte, die Möglichkeit der Eigensinnigkeit antiker Denker*innen und Mehrdeutigkeit ihrer Ideen offen. So nimmt Weber, indem er Platons *Höhlengleichnis* (nicht Platon selbst) auf die Funktion eines typisierenden Kontrastierungsmittels einschränkt, einen *vorletzten* Standpunkt ein. Dagegen wäre Natorps Philosophiegeschichte als

---

[73] Blumenberg, *Höhlenausgänge*, S. 727; Hervorhebung von mir/CG.
[74] Blumenberg, *Höhlenausgänge*, S. 728.
[75] Blumenberg, *Höhlenausgänge*, S. 729.
[76] Blumenberg, *Höhlenausgänge*, S. 727.
[77] Blumenberg, *Höhlenausgänge*, S. 728.

2 Ein metaphorologischer Fall – Max Webers Platonrezeption

System mit strenger Methode, wofür *Platon* (und nicht seine Erzählung) als mythische Gründungsfigur dient, als ein *letzter* Standpunkt zu verstehen.[78]

Wir könnten sagen, da, wo das Mythische bei Natorp und Rickert im Zuge ihrer Entmythisierungsbestrebungen hinsichtlich der Höhlenerzählung *negiert* wird (und so auf ihrer Kehrseite die Mythisierung *Platons* als Gründungsfigur bewirken),[79] lässt Weber diese mythologischen Gehalte gewissermaßen nur – als *Leerstellen* in seiner Rezeption – beiseite, schließt sie aber *nicht prinzipiell* aus. Deshalb steht uns mit Weber weiterhin ein theoretisches Textverhältnis offen, über das hinaus die von ihm unbedachten Gehalte Platons erneut reflektiert werden können. Unter eine solche Rekonstruktion fällt nicht zuletzt, die Dimension transhistorischer Probleme miteinzubeziehen, die Platon in der Metaphorik der Höhle anlegt. Dies könnte das erneute Nachdenken über Fragen anleiten, welche sich noch immer stellen. Darunter fällt auch, die zum vereinzelten Moment außerhalb der Höhle vereinseitigte *Erkenntnis* wieder ins Verhältnis zum *Weg*, der *zu ihr* hin führt, zu setzen. Für Blumenbergs Arbeiten ist dieses Verhältnis als *Zusammenhang* von Lebenswelt und Philosophie zentral. In der Weg-Metaphorik sind auch die sozialen und politischen Fragen inbegriffen, die sich darauf beziehen, was sich *in der Höhle* abspielt. Zu einer solchen Beschäftigung mit Platon ist es notwendig, seine Eigensinnigkeit gerade nicht vorschnell – unter dem Eindruck der scheinbaren Fortgeschrittenheit neuzeitlich-moderner Wissenschaft und unter ihrem gesteigerten Anspruch auf Eindeutigkeit – auszuschließen. Was für Blumenberg dazu außerdem gehört, ist mit Blick auf das zu erkennen, was „nach der historischen Okkupation" Platons und seines Höhlenmythos durch Natorps Abschluss *dieses* „theoretische[n] Verhältnis[ses] zum Text", nämlich auf die Ausbildung „*eines* ästhetische[n]" Verhältnisses zum Text durch Heidegger folgt.[80]

„Mit großer Resonanz" – Ein zweiter Rezeptionsunfall
Heideggers Vorgehensweise im Umgang mit Texten steht zwar im Gegensatz zur strengen theoretischen Reduktion: „Dieses Verfahren kehrt um, was Natorp gemacht hatte: Es hält fest und isoliert, was dieser fallengelassen hatte, und ‚ent-

---

[78] Ergänzend dazu können wir uns daran erinnern, dass Weber, anders als Rickert, zwar den Typus der Philosophierenden nicht dem berufswissenschaftlichen Typus korrespondieren lässt, diesen jedoch in der Moderne – vielleicht könnten wir sagen: abseits ihres typischen Betriebs, d. h. in untypischer Form und Verfahrensweise – durchaus für möglich hält.

[79] Das heißt, Blumenberg zeichnet den Ausschluss des Mythischen in den richtungsweisenden Figuren der beiden wirkmächtigen Strömungen des Neukantianismus nach, sowohl, wie gesehen, in Marburger und – dafür steht bekanntermaßen Rickert – südwestdeutscher Prägung.

[80] Blumenberg. *Höhlenausgänge*, S. 730; Hervorhebung von mir/CG.

systematisiert', was er ‚entmythisiert' hatte";[81] aber Heidegger konnte mit seiner „[k]ünstliche[n] Fragmentarierung" auf offene Ohren stoßen, *nachdem* Natorp seine Platon-Figur letztlich „in ein teleologisches Geschichtsschema" eingeschrieben hatte: „Dem Systempräparat ist *mit großer Resonanz* das Fragmentpräparat entgegengestellt".[82] Heidegger reduziert nicht, sondern *isoliert* die ausgewählten Teststellen, indem er die Worte Platons so handhabt, „als habe man ringsum nichts".[83] Er entleert dessen Sinngehalte in diesem willkürlichen Akt solchermaßen, dass der *Form* der Höhle eine Vieldeutigkeit zukommt, die mit dem Text*gehalt Platons* nichts mehr zu tun hat: „Selektion und Zirkumzision" sind die Mittel, durch die Heidegger „die Vieldeutigkeit wiederherstellt, deren es zur ‚Freiheit' rechter Rezeption bedarf".[84] Diese Freiheit kann hier im Sinne der *beliebigen* Freiheiten verstanden werden, die Heidegger sich nimmt, um auf Platons „Kontext und Genealogie" nicht eingehen zu müssen,[85] woraus sich auch die Anführungsstriche erklären, in die Blumenberg den Begriff der Freiheit für Heideggers Fall setzt. Diese Vieldeutigkeit bietet sich nun an, losgelöst von den Inhalten Platons nach eigenem Gusto, aber scheinbare Vertrautheit evozierend (durch den *formalen* Anschluss Heideggers an den bloßen, doch wohlbekannten Namen *Platon*), der Höhle die für die eigenen Vorstellungen passenden Bedeutungen zuzuweisen. Diese „Verschweigung des Zusammenhangs" ist es, was die Worte Platons als Fragment *erscheinen* lässt, um eine willkürliche „Fälschung des ‚Spruchs'" vorzunehmen.[86]

Eine Folge dieses Verfahrens der Fragmentierung ist, so stellt Blumenberg fest, dass „die Kontrollfunktion der Philologie für das Textverständnis gebrochen" ist.[87] Damit ist methodisch nicht mehr nachvollziehbar, was von der Bedeutung der Worte Platons *behauptet* wird. Indessen zeigt Heideggers „Rezeptionserfolg", dass dieser nicht auf methodisch nachweis- und kontrollierbaren Sinnrekonstruktionen fußen muss, sondern auch mit „Deutungsunfug" erzielt werden kann.[88] Die Frage stellt sich in diesem Fall, warum solche Deutungen dann für Wissenschaftler*innen ansprechend sind. Sie ist wichtig für Blumenberg, wie sein Hinweis zeigt, dass der Fokus für die *Rezeption der Texte Heideggers* nicht „exklusiv[]" auf „die *Situation*,

---

[81] Blumenberg. *Höhlenausgänge*, S. 729.
[82] Blumenberg. *Höhlenausgänge*, S. 729–730; Hervorhebungen von mir/CG.
[83] Blumenberg. *Höhlenausgänge*, S. 729.
[84] Blumenberg. *Höhlenausgänge*, S. 730.
[85] Blumenberg. *Höhlenausgänge*, S. 729.
[86] Blumenberg. *Höhlenausgänge*, S. 731.
[87] Blumenberg. *Höhlenausgänge*, S. 732.
[88] Blumenberg. *Höhlenausgänge*, S. 732.

2 Ein metaphorologischer Fall – Max Webers Platonrezeption

in der solches geschieht und möglich geworden ist", gerichtet werden sollte, denn auf diese Weise sei kein „Aufschlußwert des Umgangs mit dem sanktionierten Text unter dem Titel der *Rezeption*" zu gewinnen.[89] Der Sinn dieses ästhetischen Umgangs mit dem Text ist nicht rekonstruierbar, wenn alles auf die ereignishaft modulierte historische Situation reduziert wird, in der Heidegger auf seine Weise mit Platons Worten verfuhr. Blumenbergs Hinweis gilt hier einem weiteren Typus des Rezeptions*unfalls* neben dem der Weber-Rezeption Rickerts. Dieser hatte wie gesehen die geschichtliche Lage, die den Anlass für Webers Adresse an die Münchener Studierenden gab, *völlig* außer Acht gelassen. Dagegen ist für Blumenberg am Rezeptions*fall* Heidegger eine neue geschichtliche Tendenz nachvollziehbar, die über ihn selbst als (problematische) Persönlichkeit zu einem bestimmten politisch-historischen Zeitpunkt (hier 1933) hinausgeht. Auf diesen Zeitpunkt schränken jedoch einige seiner Rezipient*innen die Bedeutung seines Verfahrens ein und diese voreilige Einschränkung stellt im Maße der entsprechenden Unaufmerksamkeit für die geschichtlichen Tendenzen einen weiteren Rezeptionsunfall dar.

Bei Rezeptionsanalysen geht es Blumenberg demnach nicht nur um den Einbezug der je fallspezifischen *Interessen*, sondern auch um die darüber hinausführenden *historischen Lagen*, da unter verschiedenen erkenntnistheoretischen Bedingungen andere Rezeptionstypen allererst möglich werden. Diese Typen weisen zurück auf unterschiedliche Welt- und Selbstverhältnisse, sodass über die Umwege der Analyse von Rezeptionsweisen genauer erarbeitet werden kann, welche konkreten Gehalte diese Verständnisse aufweisen und wie sie sich voneinander aus welchen Gründen unterscheiden. Exemplarisch ausgedrückt: Indem Weber, Natorp und Rickert auf *Eindeutigkeit* drängen, im Geschichtsschema Natorps der ihnen gemeinsame Anspruch auf Objektivität in gewisser Weise zum Abschluss kommt, eröffnet sich Heidegger die Option der ästhetischen *Vieldeutigkeit* im Umgang mit Platon. Er greift die Höhle ausschließlich formal, als „Perikope" bzw. „,Spruch'" auf, sodass sie auch inhaltlich anders und hier vor allem *beliebig* besetzt werden kann, nämlich „gegenbildnerisch zu dieser als auch ihren Anspruch ,umbesetzend'".[90] Die „Metaphorik", welche Heidegger *gegen* die Höhle und den mit ihr verbundenen Weg setzt, ist die des „,Wohnens', der ,Behausung'".[91] Denn das „Subjekt und seine Innensphäre" – um dieses Leben geht es Heidegger „*formal*" schon 1925 – „lasse sich vergleichen mit der *Schnecke in ihrem Haus*".[92] Sie bringt es mit sich, dass kein *Weg* mehr zurückgelegt werden muss, wie in der Erzählung

---

[89] Blumenberg. *Höhlenausgänge*, S. 733.
[90] Blumenberg. *Höhlenausgänge*, S. 729–733, hier S. 732 und S. 733.
[91] Blumenberg. *Höhlenausgänge*, S. 733.
[92] Blumenberg. *Höhlenausgänge*, S. 735.

Platons (aus der Höhle heraus als Möglichkeit von wahrer *Erkenntnis* und zurück in sie zur Wahrnehmung *politischer Verantwortung*), sondern „daß der Mensch schon dort wohnt, wo ihm nahe ist, worauf es seinem Wesen ankommt".[93] Demnach geht es Heidegger darum, den Gedanken zu tilgen, dass die Sprache *in Bezug zur Wahrheit* defizitär sein könnte. Im Gegenteil ist es sein Anspruch, die Vorstellung von Sprache als eines „*Instrument[s] der Herrschaft über das Seiende* – einer wie auch immer falschen, so doch einer Herrschaft, keiner Knechtschaft" zu etablieren.[94]

Heideggers Verfahren stellt dem als ‚veraltetet' erfahrenen Objektivitätsanspruch nicht die Dimension des subjektiven Seins zur Seite, sondern auf extreme Weise entgegen: sein Programm ist „als Manifestation der gegen den Historismus errungenen Freizügigkeit" zu verstehen.[95] Für Blumenberg ist daran relevant, dass sich in Heideggers Figur und im Verfahren der Fragmentierung zur beliebigen Wortauslegung ein *über ihn als Einzelfall hinausgehendes,* gegen den Positivismus und seine strenge Methode, gegen den absoluten Objektivitätsanspruch gerichtetes *Bedürfnis* ausdrückt. Die Qualität dieser neuen geschichtlichen Tendenz ist im ästhetischen Textverhältnis Heideggers jedoch nicht erkennbar, wenn die sozialhistorische Lage völlig ignoriert oder auf sein *Einzel*interesse zu einem politisch-historischen Zeit*punkt* verkürzt wird. Es muss vielmehr als *ein* mögliches Verhältnis zu dieser Lage untersucht werden, was die Bedingungen und Konsequenzen dieser Möglichkeit ebenso beinhaltet wie sie im Zusammenhang der anderen möglichen Umgangsweisen zu qualifizieren. In diesem Sinne wollen wir noch einmal auf Blumenbergs Untersuchung des Rezeptionsfalls Heidegger zurückkommen.

Die Freiheit, die sich Heidegger in extremer Weise im Umgang mit Platon nimmt und erst durch die extremen Ausschlusstendenzen der geschichtsphilosophischen Systematik Natorps möglich wurde, ist „verhüllt", und zwar „als Form von ‚Bindung' ans Überkommene". Platons Höhle dient ausschließlich dazu, die „Chance zur Eingesessenheit" zu erhöhen, d. h. zur Durchsetzung seines Bilds vom Schneckenhaus (das mit Platons Höhlenerzählung keinerlei *inhaltliche* Verbindung aufweist) bei seinem Publikum.[96] Diese verhüllende Bindung ans Überkommene besteht bei Heidegger wie gesehen nur dem Namen nach: als ein formales Aufgreifen der Höhlenimagination Platons. Sein Verfahren der Fragmentierung, mittels dem einzelne Worte als Perikope aus ihrem Kontext isoliert werden, ist insofern eine Gegenbewegung zum Historismus und zur Philologie, als es *jeglichen* methodologischen und methodischen Anspruch aufgibt. Es kann nicht auf korrekte Durch-

---

[93] Blumenberg. *Höhlenausgänge*, S. 734.
[94] Blumenberg. *Höhlenausgänge*, S. 734.
[95] Blumenberg. *Höhlenausgänge*, S. 733.
[96] Blumenberg. *Höhlenausgänge*, S. 736.

2 Ein metaphorologischer Fall – Max Webers Platonrezeption

führung und sinnadäquate Erkenntnisbildung überprüft werden, weil er beliebig verfährt. Während er also die wissenschaftliche Behandlung sprachlicher Produkte hinter sich lässt, greift er auf Sprache als willkürliches Herrschaftsinstrument zu. Diesen Weg „ins Unterirdische" geht Blumenberg nicht mit.[97] Dagegen eröffnet sich im Problemfeld zwischen absolutem Objektivitätsanspruch (Eindeutigkeit), von Blumenberg in Natorp figuriert, und dem in Heidegger exemplifizierten, einseitigen Fokus auf Subjektivität (Vieldeutigkeit) eine andere Möglichkeit des Auswegs aus *dieser anderen, aber doch keiner letzten Gefangenschaft*[98] – und zwar in Anschluss an Webers vorletzten Standpunkt. Dieser lässt trotz der ihm eigenen Verkürzungen noch immer ein theoretisches Verhältnis zum Text offen, welches darüber hinaus geeignet ist, eine Beschäftigung mit ästhetischen oder *mehrdeutigen* Elementen auf methodisch nachvollziehbare Weise zu suchen. In Hinsicht darauf können wir nun zusammenfassend einige Implikationen der Analyse Blumenbergs von der inneren Verweisungslogik in der Konfiguration Natorp, Rickert, Weber und Heidegger verstehen: als Hinweise zu einem *anderen* Weg mit Weber und über ihn hinaus *zwischen* den Extremen absoluter Objektivität und Subjektivität.

Die Möglichkeit einer Rezeption der Höhle mit Rücksicht auf Platons Eigensinnigkeit
Im Ergebnis unserer Rekonstruktion des metaphorologischen Verfahrens Blumenbergs können wir die wichtigsten Dimensionen seiner Analyse der Rezeptionen der platonischen Höhle zusammenfassen. Sie basiert auf der Wiederaufnahme der Möglichkeit eines anderen *theoretischen* Verhältnisses zum Text (abseits des abgeschlossenen philosophiegeschichtlichen Systems von Natorp), das Weber noch offengelassen hatte. Es bezieht die bei Natorp und Rickert negierten *ästhetischen oder mehrdeutigen* Elemente – wie Metaphern oder Mythen – ein, ohne jedoch ihren Sinngehalt im Sinne Heideggers in Vieldeutigkeit zu entstellen, sondern indem ihre je konkreten Bedeutungen (methodisch überprüfbar) untersucht werden.

Dabei gilt es zwei Rezeptionslinien im Blick zu behalten, die sich grundsätzlich in *einem* Rezeptionsvorgang ausdrücken: einerseits die ‚offensichtliche' Rezeption als Rückgriff auf Inhalte eines Bezugstexts, andererseits der Einsatz dieses Rückgriffs unter Gesichtspunkten des eigenen Interesses, das anderen vermittelt und bestenfalls durchgesetzt werden soll (Adresse). Dieses *Interesse* drückt ein Ver-

---

[97] Blumenberg. *Höhlenausgänge*, S. 740.
[98] Wenn wir uns erinnern, lautet der Titel des letzten Teils, in dem Blumenberg das Kapitel *Rezeptionsfälle und -unfälle* platziert hat: *Andere doch keine letzten Gefangenschaften*.

hältnis zu einer spezifischen *sozial-historischen Lage* aus, die über den Einzelfall hinausgeht.

Eine metaphorologische Analyse beinhaltet demnach die Untersuchung der *Rezeptionsweise*, um den latent gehaltenen *Rezeptionsgrund* zu erkennen. Diese Dimensionen beziehen sich im engeren Sinn auf den textimmanenten Zusammenhang und die Verbindung zum Bezugstext. Das Interesse bezüglich des geschichtlichen Problems lässt sich an der Einsatzweise von *metaphorologisch* bedeutsamen Elementen – sprich an ihrem Zusammenhang mit den anderen, eher *terminologischen* Textabschnitten – Schritt für Schritt nachvollziehen. Es bedarf dafür auch dem Rückblick auf die Quelle selbst: welche Version und welcher Ausschnitt daraus wurden der Reinszenierung zugrunde gelegt? Was wurde verändert und welche *Sinn*verschiebung wird daran erkennbar? Neben den konkreten *Inhalten* einer Metaphorik, die in einer Rezeption bedingt durch das hinter ihr stehende Problem und darauf bezogene Interesse aufgegriffen, beiseite gelassen oder ausgeschlossen werden, berücksichtigt Blumenberg außerdem die *Form*, in der die ausgewählten Inhalte verarbeitet werden (zum Beispiel als philosophische Parabel, typologisches Gleichnis oder ästhetische Perikope), da sie die Zugriffsweise auf die Inhalte qualifiziert und deren potenzielle *Funktionen* einschränkt.

Des Weiteren gilt es dem über den Einzelfall hinausweisenden *Selbst- und Weltverhältnis* nachzugehen, das sich am Verhältnis zum Text indiziert und hinsichtlich des geteilten Erfahrungsraums mit den Adressat*innen (sozial-historische Lage) zu betrachten ist. Blumenberg verfährt dabei *konfigurativ*, insofern er die Gründe des Übergangs von einem sozial-geschichtlichen Erfahrungszusammenhang zu einem anderen anhand der inneren Verweisungslogik der einzelnen Rezeptions(un)fälle erforscht und die historisch verwirklichten Textverhältnisse in ihrem Möglichkeitsraum qualifiziert. Mit diesen Verhältnissen einher gehen unterschiedliche, die jeweiligen Grade der inhaltlichen Verkürzung erklärende, *Begründungslasten* und dadurch auch *Ansprüche*, die an die Arbeit mit und an Texten gestellt werden. Sie geben Hinweise auf eine *Stellungnahme* zum gesellschaftlichen Standort des eigenen Tätigkeitsbereichs (etwa der Philosophie und Wissenschaften). Die Möglichkeit dieses oder jenes Standortes ist auf ihre *Bedingungen* hin zu analysieren, hinsichtlich der solche metaphorische Inhalte des Bezugstexts besonders aufschlussreich sind, die in Form von Negationen ausgeschlossen oder in Form von Leerstellen beiseitegelassen werden.[99] Sie bieten einen Zugang zum (impliziten) Selbstver-

---

[99] Wobei, wie wir sahen, ein negierender *Ausschluss* (Natorp) und eine offene *Leerstelle* (Weber) unterschiedliche *Anschlussmöglichkeiten* bereithalten.

2 Ein metaphorologischer Fall – Max Webers Platonrezeption

ständlichen und damit zu der Frage, welche *Voraussetzungen* gelten müssen, damit die vorliegenden Negationen oder Leerstellen Sinn ergeben.

Nach unserer bisherigen Lektüre Blumenbergs zeichnet sich zudem an seinen Hinweisen die Möglichkeit eines anderen theoretischen Anschlusses an Webers Textverhältnis ab. Diese berühren das – auch der Gegenwart sich stellende – Problem der Bestimmungsmöglichkeiten des Verhältnisses zwischen Objekt und Subjekt. Wenn wir also wissen, dass ein theoretisches Verhältnis mit Blumenberg über Weber hinaus ästhetische Elemente (Metaphorik) in die Analysen einbezieht, wäre aus soziologischer Perspektive *erstens* nach dem Verhältnis der philosophischen Höhlenerzählung Platons und der soziologischen Ideal-/Typenbildung Webers zu fragen. Allgemeiner ausgedrückt stünde die Frage nach dem *Verhältnis von philosophischer Metaphorik und wissenschaftlicher Begriffsbildung* im Raum. An dieses können wir uns annähern, indem wir *zweitens* dem bisher lediglich angedeuteten Hinweis auf Webers *lebensweltlich-anthropologische Leerstelle* weiter folgen, die für Blumenberg unter anderem einen „entlastenden Verzicht auf zu viel Wirklichkeit und Realismus" beinhaltet.[100] Dem wollen wir uns im Weiteren zuwenden, nicht zuletzt vor dem Hintergrund, dass Weber die Sozialwissenschaften als Wirklichkeitswissenschaften versteht.[101] Deshalb liegt es nahe, zunächst Blumenbergs Verständnis von *Wirklichkeit* nachzugehen, um darauf aufbauend seine (diesem Verständnis zugrunde liegenden) theoretischen Überlegungen hinsichtlich des Verhältnisses von *Metaphorik und Begriffsbildung* sowie die Verbindung dieser Überlegungen mit seiner *Methodologie* einschätzen zu können – die hier exemplarisch an Blumenbergs Analyse der Platon-Rezeptionen in der Konfiguration Natorp, Rickert, Weber und Heidegger aufgezeigt wurde. Wirklichkeit als je spezifischen historisch-sozialen Begriff von der Welt und der Menschen in ihr (als Welt- und Selbstverhältnisse) zu rekonstruieren *(1)*, die theoretischen Grundlagen dessen zu verstehen *(2)* sowie den Zusammenhang mit dem metaphorologischen Verfahren nachzuvollziehen *(3)*, bilden entsprechend die übergeordneten Themen und Ziele der nächsten beiden Kapitel.

---

[100] Blumenberg. *Höhlenausgänge*, S. 727.
[101] Vgl. Weber. Die „Objektivität" sozialwissenschaftlicher und sozialpolitischer Erkenntnis, S. 170.

Wirklichkeitsbegriffe im Kontext ihrer Problemgeschichte 3

Folgen wir den Hinweisen im letzten Abschnitt, so versteht Hans Blumenberg *Wirklichkeit* als Größe, welche zu derjenigen der *Lebenswelt* in Zusammenhang steht und wir wissen, dass dieser die Qualitäten „menschliche[r] Gemeinsamkeit" sowie „eine[r] Art archaischer Vertrautheit" zukommen. Dabei leisten Menschen in der Lebenswelt etwas die Wirklichkeit Betreffendes, in diesem Fall einen „entlastende[n] Verzicht auf zu viel Wirklichkeit".[1] Offenbar kann sich die Wirklichkeit im Verhältnis zu Menschen durch ein *unterschiedliches* Maß (hier das eines ‚zu viel') ausweisen. Ein etwaiges Übermaß kann beispielsweise im Mittel des Verzichts bewältigt werden, welcher die Funktion erfüllt, sich davon zu entlasten. Blumenberg versteht demnach Wirklichkeit als Größe, auf die menschliche Leistungen gerichtet werden, welche das Maß hinsichtlich ihrer *Verträglichkeit mit der lebensweltlichen Vertrautheit* regeln.

Wir wollen vor diesem Hintergrund im Weiteren sehen, wie Blumenberg epochenspezifische Begriffe von Wirklichkeit sowie eigensinnige Verhältnisse zu ihr erforscht.

Ihm zufolge zeichnet sich der Wirklichkeitsbegriff durch eine spezifische *Prozesshaftigkeit* aus, die sich der gedanklichen Verengung auf eine vermeintliche ontologische *Substanzialität* entzieht, ebenso wie Blumenberg seine Arbeiten abseits der Beschäftigung mit einer vermeintlichen zeitlichen *Ursprünglichkeit* anlegt (Abschn. 3.1). Zentral für sein Verständnis von Wirklichkeit ist zunächst die trivial anmutende Annahme, dass es unterschiedliche und meist implizite Vorstellungen davon geben kann, was sie ausmacht: „Wie Wirklichkeit verstanden

---

[1] Blumenberg. Höhlenausgänge, S. 727.

wird, gehört zu den ‚Implikationen des Begriffs einer Lebensform'".[2] In einer Lebensform drückt sich das jeweilige historisch-soziale Verhältnis zu sich (als Menschen) und zur Welt aus, welches „ein[en] Inbegriff von Präsumtionen" beinhaltet, „die ihrerseits den Horizont möglicher Erfahrungen bestimmen". Durch eine Rekonstruktion der jeweiligen Erfahrungshorizonte der Lebensformen wird erkennbar, „was es für den Menschen mit der Wirklichkeit auf sich hat", insofern die Annahmen und Ansprüche nachgezeichnet werden, welche ein Bild oder einen Begriff von Wirklichkeit informieren.[3] Dabei lassen sich der Funktion, nicht dem je konkreten Inhalt nach verschiedene *typische Umgangsweisen* erkennen, durch die sich mit einem wahrgenommenen Zustand einer Wirklichkeit ins Benehmen gesetzt wird (Abschn. 3.2) So wie wir Blumenberg hier lesen, werden Wirklichkeitsbegriffe methodologisch zugänglich durch die Rekonstruktion ihrer *Rezeption*sgeschichten, welche die Veränderungen eines Wirklichkeitsbegriffs untersucht (Abschn. 3.3). Dazu erlaubt es sein Konzept der *Umbesetzung*, diese Änderungen überprüfbar nachzuvollziehen (Abschn. 3.4). Nachdem wir dieses Konzept versucht haben zu umreißen, kann die Bedeutung der Rhetorik für die Konstituierung von Wirklichkeitsbegriffen an ihren verschiedenen *Formen, Funktionen und Wirkungsweisen* konkretisiert werden (4). Dabei wird besondere Aufmerksamkeit den metaphorischen und mythischen Elementen der Rhetorik als Teil eines Erfahrungshorizonts und damit als *Forschungsgegenstand* und als *Erkenntnismittel* gewidmet.

Grundlegendes Interesse Blumenbergs an den verschiedensten Wirklichkeitsbegriffen, die er in den Epochen von der Antike über das Mittelalter bis zur Neuzeit rekonstruiert, ist dem spezifischen *Problem* des Wirklichkeitsbegriffes, wie es sich in der *Moderne* Ausdruck verleiht, in dessen Tiefenstruktur, d. h. der Systematik und Akutheit des Problems auf die Spur zu kommen. Es handelt sich deshalb, so können wir sagen, um eine Anstrengung, welche ihre Zugänge zu diesem Problem des modernen Wirklichkeitsbegriffs über den Umweg der Geschichte(n) anderer Wirklichkeitsbegriffe legt.[4]

---

[2] Blumenberg, Hans. 1968. Wirklichkeitsbegriff und Staatstheorie. In *Schweizer Monatshefte. Zeitschrift für Politik, Wirtschaft, Kultur* 48, S. 121–146, hier S. 121.
[3] Blumenberg, Hans. 1960/2015. Ordnungsschwund und Selbstbehauptung. Über Weltverstehen und Weltverhalten im Werden der technischen Epoche. In *Schriften zur Technik*, herausgegeben von Alexander Schmitz. Berlin: Suhrkamp, S. 138–162, hier S. 135.
[4] Vgl. Blumenberg, Hans. 1981b. Einleitung. In *Wirklichkeiten, in denen wir leben*. Stuttgart: Reclam, S. 5–8. Vgl. ferner Blumenberg. Wirklichkeitsbegriff und Staatstheorie, S. 121–123.

3.1 Die pragmatische Qualität des Wirklichkeitsbegriffs

Dem Wirklichkeitsbegriff in Blumenbergs Sinne auf die Spur zu kommen, beinhaltet, seinen Ausgang von Gedanken des Philosophen Edmund Husserl und seine würdigende Kritik an ihm zu bedenken. So heißt es im vorletzten Kapitel seiner, auf einem Vortrag aus dem Jahr 1959 beruhenden Studie zur *Lebenswelt und Technisierung unter Aspekten der Phänomenologie*,[5] dass „[d]er Sinn*verlust*"[6] aufgrund der neuzeitlichen Trennung von „Philosophie und Wissenschaft",[7] von dem Husserl gesprochen hat, „in Wahrheit ein in der Konsequenz des theoretischen Anspruches selbst auferlegter Sinn*verzicht*", ein „Beweisverzicht" ist.[8] Mit dem *Sinnverlust nach Husserl* beziehungsweise dem *Sinnverzicht nach Blumenberg* ist die Folge der Verselbstständigung der wissenschaftlichen Methoden gemeint: das Vergessen ihrer philosophischen Grundlagen. Denn sofern mit einer Methode forschungspraktisch gearbeitet werden soll, können nicht vor jeder konkreten Untersuchung zuerst *alle* theoretischen Gründe geklärt sowie ihre Begründungen, theoretischen Weiterentwicklungen und geschichtlichen Bedingungen ins Bewusstsein gerufen werden. Vor dem Hintergrund der Endlichkeit der Zeit für Menschen und darum angesichts ihrer Zeitknappheit könnte unter solchen Ansprüchen eine Forschungsarbeit gar nicht erst begonnen werden.[9]

Das einmal Geleistete nicht noch einmal leisten zu müssen, ist für Blumenberg der Dienst der „*Funktionalisierung*" einer Methode, deren effektivste Form er in der „*Formalisierung*" sieht. Zugleich hält sie durch die ihr inhärente Tendenz zur Schematisierung und Mechanisierung ein Potenzial zur „Technisierung" bereit.[10] Die aufgrund menschlicher Zeitknappheit von Blumenberg als „notwendig und legitim" erachtete Trennung von Philosophie und Wissenschaften ist demnach zwar die Voraussetzung für „de[n] Übergang zur Technisierung in jenem [...] neuzeitlichen Sinne", jedoch war für Blumenberg deren spätere *Verabsolutierung nicht notwendig*.[11] Darin zeigt Blumenberg die tiefste Verschränkung der gegenwärtigen Lage der Philosophie und Wissenschaften mit dem neuzeitlichem Wirklichkeits-

---

[5] Blumenberg. Lebenswelt und Technisierung unter Aspekten der Phänomenologie, S. 9–58.
[6] Blumenberg. Lebenswelt und Technisierung unter Aspekten der Phänomenologie, S. 46.
[7] Blumenberg. Lebenswelt und Technisierung unter Aspekten der Phänomenologie, S. 45.
[8] Blumenberg. Lebenswelt und Technisierung unter Aspekten der Phänomenologie, S. 46 und S. 47.
[9] Vgl. Blumenberg. Lebenswelt und Technisierung unter Aspekten der Phänomenologie, S. 44–45.
[10] Blumenberg. Lebenswelt und Technisierung unter Aspekten der Phänomenologie, S. 45.
[11] Blumenberg. Lebenswelt und Technisierung unter Aspekten der Phänomenologie, S. 45.

begriff auf, die darin eine Konsequenz findet, „daß das im theoretischen Fragen unselbstverständlich Gewordene zurückkehrt in die Fraglosigkeit".[12] Das bedeutet, dass „das Technische als solches unsichtbar [wird]", insofern die Technisierung „nicht nur den *Fundierungszusammenhang* des aus der Lebenswelt heraustretenden theoretischen Verhaltens" verdeckt, wie es Husserls Analysen zeigen,

> „sondern sie beginnt ihrerseits, die Lebenswelt zu regulieren, indem jene Sphäre, in der wir *noch* keine Fragen stellen, identisch wird mit derjenigen, in der wir keine Fragen *mehr* stellen, und indem die Besetzung dieses Gegenstandsfeldes gesteuert und motiviert wird von der immanenten Dynamik des technisch Immer-Fertigen, durch die der Naturgewalt sich gleichsetzende Unwiderruflichkeit der Produktion".[13]

Wichtig ist an diesem komplexen Zitat zuerst einmal, dass nach Blumenberg die *technisierte Lebensform* in der fortgeschrittenen Neuzeit nur *selbstverständlich* werden konnte, insofern ihr die zunächst paradox erscheinende Einstellung eigen ist, die *bestehende Welt* als fortwährendes Bearbeitungsfeld und deshalb gerade *nicht* als *selbstverständlich* wahrzunehmen.[14] Eben dies hätte Husserl selbst nicht erkannt, obwohl er die phänomenologische Untersuchungsweise bereitstellte, um diesem Umstand nachgehen zu können:[15] nämlich, dass mit der Etablierung der vermeintlich ‚nur' *natur*-wissenschaftlichen Methoden einhergeht, auch in der Lebenswelt die *Wirklichkeit dauerhaft als unselbstverständliche* im Blick zu haben. Die neuzeitliche Perspektive ist, das Gegebene nicht als Letztgültiges zu begreifen, sondern mit der Einsicht in die Gegebenheiten und ihre Funktionsweisen auch weitere Möglichkeiten, insbesondere zum produktiven Eingriff in sie, zu

---

[12] Blumenberg. Lebenswelt und Technisierung unter Aspekten der Phänomenologie, S. 40–41.
[13] Blumenberg. Lebenswelt und Technisierung unter Aspekten der Phänomenologie, S. 41; die Hervorhebung von „Fundierungszusammenhang" stammt von mir/CG. Wir könnten auch sagen, er erkennt hier die Verschmelzung der Bereiche der Technik und Natur oder wenn wir so wollen der (wissenschaftlichen) Kultur und Natur im Moment, da das durch theoretisches Fragen zuerst unselbstverständlich Gewordene mit Etablierung einer Form der Bearbeitung dieser Frage wieder den Status selbstverständlicher, unhinterfragter Gültigkeit erreichen kann. Blumenberg vermeidet es in seinen Arbeiten weithin, überhaupt von Kategorien der Kultur und Natur als sich opponierende zu sprechen. Dieser Umstand begründet sich teilweise durch jenen Nachvollzug des geschichtlichen Prozesses, der sich erstreckt vom Heraustreten aus der Selbstverständlichkeit bis zur Rückkehr in die Selbstverständlichkeit, und dessen Folgen. Auch die kategoriale Trennung zwischen Natur und Kultur fiele dann unter ein spezifisches historisches Selbstverständnis, das er gerade als solches untersucht und nicht als feststehendes voraussetzt.
[14] Vgl. Blumenberg. Lebenswelt und Technisierung unter Aspekten der Phänomenologie, S. 40.
[15] Vgl. Blumenberg. Lebenswelt und Technisierung unter Aspekten der Phänomenologie, S. 30, 43–44, 46–48 und insbesondere S. 50–53.

3.1 Die pragmatische Qualität des Wirklichkeitsbegriffs

sehen. Am Zitat außerdem erkennbar sind zwei Phasen, in denen Vorstellungen von Wirklichkeit inbegriffen sein können: eine Phase, in der die Wirklichkeit hinterfragt wird und eine, in der sie wenig hinterfragbar erscheint. Wirklichkeitsbegriffe sind demnach in einen Prozess zwischen (unhinterfragter) Selbstverständlichkeit und Krise inbegriffen, die allerdings auch miteinander zusammenfallen können.

Die für die Neuzeit typische Unselbstverständlichkeit der Welt, die deshalb immer „auch-anders-sein-könnend empfunden" wird – auch „*Kontingenz*" genannt – erschien Husserl noch in einem ausreichenden Maß selbstverständlich, dass er sie nicht als Grund der Krise des neuzeitlichen Wirklichkeitsbegriffs wahrgenommen hat.[16] Genau diese Kontingenz aber wird für Blumenberg virulent: Er erkennt, dass die Phänomenologie Husserls selbst Teil an der *Verabsolutierung* des neuzeitlichen Anspruchs an die Wirklichkeit im ausgehenden 19. und zu Beginn des 20. Jahrhunderts hat: dieser Anspruch richtet sich darauf, alles zu verwirklichen, was sich als technisch möglich darbietet. Technik ist dabei nicht das grundsätzliche Problem, es besteht vielmehr in der *Steigerung* des Anspruchs, nach welchem Wirklichkeit im umfassenden Sinne von Kontingenz gekennzeichnet ist. Diesem *unendlichen Arbeitscharakter*, mit dem sich der Welt und ihren Menschen durch eine immer weiter ausgreifende Technisierung entgegengestellt wurde, unterlag auch Husserl in seinem cartesianisch geprägten Anspruch, alle philosophischen Grundlagen der neuzeitlichen Wissenschaften vollumfänglich ins Bewusstsein zu heben (aufzuholen, was in der, auch wissenschaftlichen, Anwendung der Techniken vergessen wurde).[17] Anders ausgedrückt: der unendliche Arbeitscharakter ist von der Notwendigkeit des noch nicht realisierten Möglichen geprägt, die zur Realisierung der Möglichkeiten drängt.

Blumenberg geht den Gründen nach, die die Problematik bei Husserl bedingen, obwohl sie sich mit seiner Methode vermeiden lässt. Demnach hängt das Problem daran, dass Husserl von einer *eigentlichen und allgemeinen* „Intention" ausgeht, durch die das „Bewußtsein[]" *ursprünglich* motiviert wird und deshalb als „Urstiftungssinn" präsent gehalten werden muss.[18] Diese Intention weicht für Husserl von der technisierten Lebenswelt ab: anders als die Intention werden in der Lebenswelt Techniken angewendet, ohne zu wissen, warum sie *in dieser Weise* funktionieren und *wozu* sie einstmals entwickelt wurden. Die Lebenswelt müsse deshalb, so folgert Husserl, durch eine – die Intention des Bewusstseins er-

---

[16] Blumenberg. Lebenswelt und Technisierung unter Aspekten der Phänomenologie, S. 26.
[17] Vgl. Blumenberg. Lebenswelt und Technisierung unter Aspekten der Phänomenologie, S. 43–50, besonders S. 44–45.
[18] Blumenberg. Lebenswelt und Technisierung unter Aspekten der Phänomenologie, S. 38 und S. 42; vgl. S. 34–43.

füllende – Philosophie auf den richtigen Weg zurückgeführt werden. Demnach ist die Bewusstseinsintention für Husserl eine *absolute* Größe, was nach Blumenberg dazu führt,

> „daß er die geschichtliche Rolle und Stellung seiner eigenen Phänomenologie verkannte: während er mit dem methodischen Instrument der Reduktion und der freien Variation das wesensnotwendig Invariable suchte […], artikulierte er damit eher die Freiheit des Mittels als die Notwendigkeit des Zweckes, exekutierte den neuzeitlichen Geist, in der Meinung, ihn gegen die Neuzeit zu wenden".[19]

Indem Husserl die Intention des Bewusstseins als *invariable* und damit *geschichtslose* Substanz absolut setzte, um der rein wissenschaftlich-technischen Anwendung all ihre philosophischen Grundlagen vor Augen zu führen, trägt er zu der Verselbstständigung des technisierten Geistes der Neuzeit selbst bei, den er kritisieren und mit seiner phänomenologischen Methode therapieren wollte.[20] Darum kann ihm auch die Lebenswelt – als Gegenfigur der Philosophie und der sich darin erfüllenden Bewusstseinsintention – zur einzig therapiebedürftigen Größe geraten: ihr erscheint alles selbstverständlich, insofern die technischen Mittel nur angewendet werden, ohne zu verstehen, welcher Sinn mit ihnen ‚eigentlich' verbunden ist.[21]

Hieran schließt Blumenberg kritisch an: „Die im Denken Husserls idealisierte ‚Lebenswelt' dürfen wir damit als das *unverstandene* Korrelat und *Korrektiv für die* an der Technisierung unvermerkt mittätige *Steigerung der Kontingenz durch die Phänomenologie* ansehen".[22] Was der im Extrem mündenden Kontingenz der Welt korrigierend zur Seite gestellt werden kann, ist demnach genau dies: die Formen der *Vertrautheit* im Umgang mit der Wirklichkeit zu untersuchen, auf die wir mit Blumenberg im Ausgang des letzten Kapitels zuerst zu sprechen kamen. Darin liegt auch ein pragmatischer Anspruch Blumenbergs, der sich nicht der Illusion anheimgibt, als Philosoph*innen von den eigenen historischen Bedingungen, unter denen gedacht und gehandelt wird, durch ihre Verfahrensweise vollständig entbunden zu sein. Vielmehr geht es ihm darum, den eigenen Wirklichkeitsbegriff zu rekonstruieren, in seinen eigenen Worten: *die geschichtliche Rolle und Stellung der*

---

[19] Blumenberg. Lebenswelt und Technisierung unter Aspekten der Phänomenologie, S. 52–53.
[20] Zum Motiv des *Therapieglaubens* Husserls vgl. Blumenberg. Lebenswelt und Technisierung unter Aspekten der Phänomenologie, S. 41–43; zum Ahistorischen in Husserls Anspruch einer *absoluten Wiederherstellung* der Geschichte vgl. S. 37, S. 42 und S. 52–53.
[21] Vgl. Blumenberg. Lebenswelt und Technisierung unter Aspekten der Phänomenologie, S. 26–30.
[22] Blumenberg. Lebenswelt und Technisierung unter Aspekten der Phänomenologie, S. 53; Hervorhebungen von mir/CG.

3.1 Die pragmatische Qualität des Wirklichkeitsbegriffs

Philosophie seiner Zeit zu bedenken, und zwar ohne die Setzung absoluter Größen, die sich der Spezifik historischer Lagen vorschnell entledigt.

Zusammenfassend gesprochen haben wir es mit Konsequenzen des ins Übermaß gesteigerten neuzeitlichen Wirklichkeitsbegriffs im Phänomen der Technisierung nicht nur zu tun in einer außer- und wissenschaftlichen Alltagswelt, sondern auch in der philosophischen. Was ihr einmal, scheinbar außerhalb der Lebenswelt stehend, als „künstliche Realität, der Fremdling unter den vorgefundenen Dingen der Natur" fragwürdig war, kann auch in der Philosophie „an einem bestimmten Punkte zurück[sinken]" in den Status der Selbstverständlichkeit.[23] Da dies Blumenberg zufolge ein Prozess ist, der alle Lebensbereiche betreffen kann, wird Husserls Abgrenzung des Lebensweltbegriffs von der Philosophie entschärft oder anders: die Philosophie wird unter ihren historisch-sozialen Gesichtspunkten betrachtet. Wenn wir uns an Blumenbergs Ausführung erinnern, dass in der Weise, wie die Lebensformen begriffen werden, ein Wirklichkeitsverständnis impliziert ist,[24] eröffnet sich für Blumenberg mit der Kritik an Husserls *Dichotomie* zwischen Lebenswelt und Philosophie und in seiner eigenen Konzipierung des *Wirklichkeitsbegriffs* die Möglichkeit, die nicht absolut gesetzten, historisch entwickelten Lebensformen zu erforschen.

Daran wird vielleicht schon andeutungsweise erkennbar, was Blumenberg hinsichtlich des *antiken und neuzeitlichen Wirklichkeitsbegriffs* expliziert hat,[25] nämlich, dass er den Begriff von Wirklichkeit „*nicht ontologisch* im gegenwärtigen philosophischen Gebrauchssinn des Wortes" verwendet; er spricht nicht „vom Seienden als dem Seienden". Der Wirklichkeitsbegriff Blumenbergs hat deshalb „nicht so sehr einen theoretischen als vielmehr einen *pragmatischen* Sinn":

> „Er meint jenen Charakter von Verbindlichkeit, der den Menschen in seinem Verhalten bestimmt. Er meint jene Art von Vorgegebenheit, auf die und mit der der Mensch rechnet, auf die er sich verläßt und auf die er sich beruft".[26]

Wirklichkeitsverständnisse werden von Blumenberg als geschichtliche Phänomene analysiert, wobei der Ausdruck *Wirklichkeitsbegriff* auch dazu dient, den Fokus auf den maßgeblichen *Implikationen* der Lebensformen, insbesondere der

---

[23] Blumenberg. Lebenswelt und Technisierung unter Aspekten der Phänomenologie, S. 40–41.
[24] Vgl. Blumenberg, Hans. 1968. Wirklichkeitsbegriff und Staatstheorie, S. 121.
[25] Blumenberg, Hans. 1961/2020. Antiker und neuzeitlicher Wirklichkeitsbegriff. In *Realität und Realismus*, herausgegeben von Nicola Zambon. Berlin: Suhrkamp, S. 9–37.
[26] Blumenberg. Antiker und neuzeitlicher Wirklichkeitsbegriff, S. 9.

philosophischen und wissenschaftlichen, zu halten.[27] Wie genau er dabei vorgeht, davon wird im Weiteren noch zu sprechen sein.[28] Wir wollen zunächst in allgemeiner Hinsicht Folgendes als erste Hinweise aufnehmen: *(1)* „jedes geschichtliche Zeitalter sieht die *Wirklichkeit* unter einem bestimmten *Anspruch*". Dieser Anspruch ist *(2)* das „Selbstverständliche und Fraglose" und als solches ist er „nirgendwo ausdrücklich formuliert".[29] Das Selbstverständliche oder eben dieser Anspruch, der das Verständnis von ‚der' Wirklichkeit implizit orientiert, kann außerdem *(3)* nur nachträglich festgestellt werden, er lässt sich „immer erst vom schon erfolgten Umbruch her herauspräparieren".[30] Des Weiteren lässt sich festhalten, dass *(4)* ein Wirklichkeitsbegriff in dem Moment in eine Krise gerät, da „Ereignisse, Erfahrungen, Probleme auftreten, die den herrschenden Anspruch an die Wirklichkeit seiner Selbstverständlichkeit und Fraglosigkeit entheben", und zwar, indem er „*sich an neuen Erfahrungen [bricht]*, die sich nicht mehr ohne weiteres bewältigen lassen".[31] Entsprechend kann ein Zugang zum Wirklichkeitsbegriff über die Untersuchung derjenigen Phänomene oder Erfahrungen gelingen, die vom bestehenden Wirklichkeitsbegriff *nicht* erfasst werden können. Denn sie widersetzen sich dem geltenden Anspruch und machen ihn problematisch, wodurch seine zuvor impliziten Annahmen tendenziell expliziter zutage treten und damit herausgearbeitet werden können.

Die Aufgabe, so könnte an dieser Stelle festgehalten werden, besteht darin, an dem, was *nicht* als Wirklichkeit gilt, also an solchen Phänomenen, die den Status der ‚Unwirklichkeit' zugesprochen bekommen,[32] zu rekonstruieren, was das unausgesprochene Selbstverständnis einer Zeit ist oder war, darunter insbesondere *vor welchem* (auch theoretischen) *Problemkontext* ein Selbstverständnis sich konstituiert hat. Konzeptionell stellt darum Wirklichkeit im Verhältnis zum ‚Unwirklichen' einen „Kontrastbegriff" oder „Grenzbegriff" dar.[33] Methodisch ist

---

[27] Vgl. Blumenberg. Antiker und neuzeitlicher Wirklichkeitsbegriff, S. 11.

[28] Vgl. Abschn. 3.3.

[29] Blumenberg. Das Problem des Nihilismus in der deutschen Literatur der Gegenwart [Vortrag], S. 44.

[30] Blumenberg. Das Problem des Nihilismus in der deutschen Literatur der Gegenwart [Vortrag], S. 44.

[31] Blumenberg. Das Problem des Nihilismus in der deutschen Literatur der Gegenwart [Vortrag], S. 44.

[32] Vgl. Blumenberg. Antiker und neuzeitlicher Wirklichkeitsbegriff, S. 12; Blumenberg. Wirklichkeit als Grenzbegriff, S. 110.

[33] Blumenberg. Antiker und neuzeitlicher Wirklichkeitsbegriff, S. 12; und Blumenberg, Hans. 1979/2018. Wirklichkeit als Grenzbegriff. In *Phänomenologische Schriften 1981–1988*, herausgegeben von Nicola Zambon. Berlin: Suhrkamp, S. 109–112.

3.1 Die pragmatische Qualität des Wirklichkeitsbegriffs

eine implizite oder, wie Blumenberg schreibt, „indirekte" Verfahrensweise angemessen.³⁴ Eine dazugehörige Frage lautet: Unter welchen geschichtlichen Bedingungen und Vorannahmen – Blumenberg nennt diese auch die „Substruktur des Denkens"³⁵ – formiert sich ein Selbstverständnis? Dem Problem der Wirklichkeit nähert sich Blumenberg demnach als zumeist nicht explikationsbedürftige Größe an:

> „Wirklichkeit ist also einerseits das, was sich von selbst versteht, aber andererseits auch das, was nie als dieses Selbstverständliche verstanden ist bzw. mit geschichtlicher Unausbleiblichkeit zu spät verstanden wird, also erst in einem Augenblick, in dem sich die Selbstverständlichkeit als verhängnisvoll oder steril erwiesen hat".³⁶

Als steril wird in diesem Zusammenhang eine Situation bezeichnet, in der die (noch) bestehende Weise über Dinge und Sachverhalte zu sprechen, nicht mehr als sinnvoll, nicht mehr als ‚den Sachen' adäquat wahrgenommen wird. Die krisenauslösenden Phänomene und entsprechenden Erfahrungen widersetzen sich den gängigen Begriffszusammenhängen, wodurch die sprachlichen Formationen vor dem Hintergrund des nicht mehr selbstverständlichen Wirklichkeitsbegriffs sinnentleert wirken. Wenn Sprache als steril wahrgenommen wird und deshalb der Spruch, dass wir zu den *Sachen* zurück oder „zu den Sachen selbst" kommen müssen, als Kritik an ihr omnipräsent wird, steckt der Wirklichkeitsbegriff bereits seit Längerem in der Krise.³⁷

Wir wollen uns vorläufig darauf konzentrieren, dass es Blumenberg insbesondere um die *Übergänge* geht, die notwendig werden in solchen Zeiten, da soziales Handeln unter der Voraussetzung der Idealisierung eines „‚Und so weiter' und ‚Immer wieder'" gerade *nicht* mehr *ohne Weiteres* stattfinden kann.³⁸ Aufschlussreich an Blumenbergs Verständnis der Krise des Wirklichkeitsbegriffs ist in diesem Zusammenhang, dass er nicht nur auf den wahrnehmbaren Bruch abstellt, sondern vielmehr den Bereich *davor* (die Schwelle) als Teil des Prozesses betrachtet, der nicht unmittelbar wahrnehmbar ist:

---

[34] Blumenberg. Antiker und neuzeitlicher Wirklichkeitsbegriff, S. 11.
[35] Blumenberg. Paradigmen zu einer Metaphorologie, S. 11.
[36] Blumenberg. Antiker und neuzeitlicher Wirklichkeitsbegriff, S. 13.
[37] Blumenberg. Antiker und neuzeitlicher Wirklichkeitsbegriff, S. 11.
[38] Schütz, Alfred. 1932/2004. *Der sinnhafte Aufbau der sozialen Welt. Eine Einleitung in die verstehende Soziologie* (ASW II), herausgegeben von Martin Endreß und Joachim Renn. Konstanz: UVK, S. 202, S. 272–274 und S. 413, hier S. 413.

"In der ontologischen Ordnung ist der Verfall der Werte und Normen erst ein zweiter Schritt, Symptom eines tieferen Zerfalls; aber für das geschichtliche Leben wird zuerst an diesem Symptom, an der Lockerung der ethischen Beziehungen, die Krise fühlbar – und hier hat denn auch Nietzsche seine Vision des heraufkommenden Nihilismus vor allem gewonnen".[39]

Was zuvor angesprochen wurde hinsichtlich der analytischen Zugänge, die Blumenberg zu Wirklichkeitsbegriffen legt, kann an dieser Stelle noch einmal präziser gefasst werden. Wir haben es mit einem Verständnis zu tun, das zwar von den akuten Krisen her auf einen, schon längere Zeit nicht mehr fraglos bestehenden Wirklichkeitsbegriff schaut, um das in der Zeit seiner Fraglosigkeit nicht zur Sprache gebrachte Selbstverständnis besser erkennen zu können. Allerdings dient diese Vorgehensweise, wie er an der Beschäftigung mit der Literatur für das Problem des Nihilismus in der Moderne ausführt, als *Ansatz*, als *erster* Zugang. Über die Analyse jenes *späteren* geschichtlichen Abschnitts eines Wirklichkeitsbegriffs, *in dem er zuerst als Krise fühlbar* ist, in welchem also die Werte und Normen verfallen, wird es dann möglich im geschichtlichen Verlauf zurückzuarbeiten und zu rekonstruieren, welche der fühlbaren Krise *vorausgehenden philosophischen und wissenschaftlichen Entwicklungen* sowie *außerwissenschaftlichen Erfahrungen* die Möglichkeit und später drängende Notwendigkeit des Wandels eines Wirklichkeitsbegriffs bedingt haben. So nähert Blumenberg sich einem möglichst umfassenden Bild der Geschichte eines Wirklichkeitsbegriffs schrittweise, wobei nicht in chronologischer Reihenfolge, sondern systematisch an.[40] Umgekehrt ist dadurch auch besser nachzuvollziehen, welche anderen oder gar neuen Elemente des (darauf) *folgenden Wirklichkeitsbegriffs* sich bereits in der Krise des vorherigen ankündigen und vor allem, welche historisch-sozialen Beweggründe ihrer Kultivierung unterliegen. An ihnen wird der konkrete *Wandel des Sinnhorizonts*, in dem bestimmte Erfahrungen und Annahmen als wirklich und andere als unwirklich gelten, in seiner je konkreten Bedeutung einsichtig. Es geht somit bei Blumenbergs

---

[39] Blumenberg. Das Problem des Nihilismus in der deutschen Literatur der Gegenwart [Vortrag], S. 45.

[40] Vgl. zur Kritik an der strikten Unterscheidung zwischen historischen und systematischen Analysen, auch in Bezug auf Blumenberg, Thomas Meyers Beitrag über Blumenberg als modernen Denker (Meyer, Thomas. 2011. ‚Lesbarkeit' und ‚Sichtbarkeit'. Zu Hans Blumenbergs Versuch, seine Moderne zu retten. In *Erinnerung an das Humane. Beiträge zur phänomenologischen Anthropologie Hans Blumenbergs*, hrsg. Michael Moxter. Tübingen: Mohr (Siebeck), S. 72–85, hier S. 74). Gegen eine bloß chronologische und oberflächliche Betrachtung der Geschichte argumentiert Blumenberg wie erwähnt bereits mit seiner Kritik an morphologischen Begriffsgeschichten, die ihm zufolge auf einen unreflektierten Kontinuitätswillen verweisen (vgl. Blumenberg. Epochenschwelle und Rezeption).

pragmatischen Verständnis der Prozesshaftigkeit der Wirklichkeitsbegriffe um sich wandelne Welt- und Selbstverhältnisse der Menschen, nicht um die abschließende Definition oder Festlegung auf eine allgemeine ontologische Substanz der menschlichen Wirklichkeit.[41]

3.2 Umgangsformen mit Wirklichkeitsbegriffen

Blumenbergs Analysen der Übergänge von einem Wirklichkeitsbegriff zu einem anderen nähern sich dem gedanklichen Rahmen, auf den sich vor *und* nach einer „Epochenschwelle" bezogen und welcher ausdrücklich als der gleiche verstanden wird.[42] Dieser gedankliche Rahmen ist demnach zwar von den kritischen Fragen bestimmt, die zu dieser Übergangszeit nicht mehr ignoriert oder verdeckt werden können, aber sie werden vor der Schwelle anders beantwortet werden müssen als es nachher möglich ist. In einer strukturierten Annäherung an diesen *Komplex von Fragen und Antworten* sollen die „elementaren Aussagebedürfnisse, Welt- und Selbstansichten" herausgearbeitet werden, die den „kongruente[n] Stellenrahmen für ihre Wirklichkeit" bilden, auf den sich vor und nach dem Epochenwandel bezogen wird.[43] In diesem Kontext verzeichnet Blumenberg in seiner Arbeit zur *Legitimität der Neuzeit* verschiedene Phasen, in denen Wirklichkeitsbegriffe unterschiedlich stark zur Debatte stehen. Diese Phasen, die wir bisher nur grob als solche relativer Selbstverständlichkeit und Krisenanfälligkeit oder -haftigkeit begriffen haben, können wir nun mithilfe von verschiedenen Formen des Umgangs mit oder der Arbeit an einem Wirklichkeitsbegriff präzisieren, die im Folgenden typisiert werden.[44] Diese unterschiedlichen Umgangstypen mit Wirklichkeitsbegriffen im Zusammenhang des jeweiligen Grades an Selbstverständlichkeit oder Fragwürdigkeit fordern sich zudem gegenseitig heraus, sodass die Umgangsformen nicht unabhängig voneinander auf Dauer bestehen, sondern sich gegenseitig bedingen. Vorübergehend kann von drei typischen Umgangsformen gesprochen werden: Leichtigkeit, Ernsthaftigkeit und äußerster Ernst.

---

[41] Vgl. unter vielen schon 1951 in Blumenberg. Das Verhältnis von Natur und Technik als philosophisches Problem, S. 253–265; weiterentwickelt in Blumenberg. Paradigmen zu einer Metaphorologie, vgl. hier S. 107–108; und maßgebend in Blumenberg. Anthropologische Annäherung an die Aktualität der Rhetorik, hier insbesondere S. 124.

[42] Blumenberg. *Die Legitimität der Neuzeit*, S. 555.

[43] Blumenberg. *Die Legitimität der Neuzeit*, S. 545.

[44] Vgl. Blumenberg. Unernst als geschichtliche Qualität.

Leichtigkeit

Zeiten, in denen ein Wirklichkeitsbegriff als wenig fragwürdig wahrgenommen wird und der deshalb Stabilität im Umgang mit der Welt stiftet, werden als Phasen relativen „Welt*vertrauens*" bezeichnet.[45] Charakteristisch ist für sie, relativ „unbesorgt" mit dem Wirklichkeitsbegriff umzugehen, sodass genügend Raum zu seiner Auslegung bleibt oder umgekehrt, dass er nicht in dem Maße festgelegt ist, dass Erfahrungen ihm allzu schnell widersprechen können.[46] Eine solche Freiheit zur Auslegung setzt ein nicht unbedeutendes Maß an Ungenauigkeit oder Vagheit voraus, damit viele Sachverhalte und Erfahrungen als wirklich gelten können, die nicht schon im Entstehen dieser Weltauffassung inbegriffen waren. Blumenberg erklärt, dass es sich hier um eine „Welt der Namen und Geschichten" handelt, die viel Interpretationsspielraum lässt.[47] Diese Umgangsform ist geprägt von einer „fruchtbaren Leichtigkeit" im Sinne der „Sorglosigkeit",[48] weshalb die Einstellung zur Welt von entspannter „Heiterkeit" zeugt.[49]

Ernsthaftigkeit

Weil die von Leichtigkeit geprägte Umgangsform mit ‚der Welt' relativ ungenau oder unterbestimmt ist, wird sie kritikwürdig, wenn der sorglose, heitere Umgang verdächtig wird, weniger von Leichtigkeit als von „Leichtfertigkeit" geprägt zu sein.[50] Dadurch wird er zur weiteren Präzision herausgefordert.[51] Die Einstellung zum bestehenden Begriff von Wirklichkeit ist dann charakterisiert von „Umsicht und Vorsorge", die vor dem Hintergrund des Sicherheitsbedürfnisses auf *Prävention* zielt.[52] Diese Umgangsform macht sich zur Aufgabe, „mit ernsthafteren Mitteln an die Wirklichkeit heranzugehen".[53] Sie fordert sozusagen eine weitergehende Begründung des bisherigen Wirklichkeitsbegriffs.

---

[45] Blumenberg. *Die Legitimität der Neuzeit*, S. 550; Hervorhebung von mir/CG.

[46] Blumenberg. *Die Legitimität der Neuzeit*, S. 550.

[47] Blumenberg. *Die Legitimität der Neuzeit*, S. 550. Vgl. Blumenberg. Wirklichkeitsbegriff und Wirkungspotenzial des Mythos, hier insbesondere S. 334–335.

[48] Blumenberg. *Die Legitimität der Neuzeit*, S. 549; vgl. ferner Blumenberg. Paradigmen zu einer Metaphorologie, S. 25–27.

[49] Blumenberg. *Die Legitimität der Neuzeit*, S. 550.

[50] Blumenberg. *Die Legitimität der Neuzeit*, S. 549.

[51] Vgl. Blumenberg. *Die Legitimität der Neuzeit*, S. 550.

[52] Blumenberg. *Die Legitimität der Neuzeit*, S. 550. Ausführlicheres zum Motiv der Prävention vgl. Blumenberg. *Theorie der Unbegrifflichkeit;* sowie in diesem Buch Abschn. 4.2.1.

[53] Blumenberg. *Die Legitimität der Neuzeit*, S. 550.

3.2 Umgangsformen mit Wirklichkeitsbegriffen

Die darin gängig gewordenen, noch losen Ausdrücke und Begriffe werden *mit Zielen verbunden* und der so anvisierte *Präzisierungsvorgang* vollzieht sich dann als eine Art Operationalisierung der vorher ausreichenden, aber nun als zu vage erscheinenden Namen und Geschichten, indem an sie *konkretere Erwartungen* gestellt werden. Die Begriffe sollen zunehmend handlungsanweisend, also nützlich sein: es ist „mit den Vorzeichen des zu Fürchtenden oder zu Hoffenden so umzugehen, daß sie ihrerseits das Vorbezeichnete w[e]rden".[54] Blumenberg spricht von diesem Prozess in Bezug auf den Übergang der Antike zum Mittelalter als „Grundfigur der Selbstabhebung des ‚neuen Ernstes'".[55]

Äußerster Ernst
Dieses Sicherungsbedürfnis, das sich in der ernsthafteren Umgangsform ausdrückt, kann sich zu einer „Anspannung eines *äußersten* Ernstes" ausnehmen, welchen Blumenberg an René Descartes exemplifiziert.[56]

Dieser Umgang visiert eine „ernsthafte[] Nutzbarkeit" des bisherigen Wissens von der Welt an und es werden „strenge" Reduktionen an den Wirklichkeitsbegriffen durchgeführt.[57] Ein Wirklichkeitsbegriff wird dabei immer weiter verengt, um zu festen Definitionen vorzustoßen; durch diese Verengungen wird vieles von dem ausgeschlossen, was im definitorischen Sinne als *unwirklich* gelten muss, allerdings als reale Erfahrungen doch auftreten kann. Unter der Steigerung dieses Anspruchs an die Wirklichkeit entstehen viel schneller Widersprüche zwischen dem, was gerade noch als Wirklichkeit *begriffen* werden kann und was darüber hinaus an Phänomenen *erfahrbar* ist. Die Phase ist „nur noch" charakterisiert von einer „Schärfung und Belebung des Geistes", die jedoch seine genussvolle „Befriedigung" unterbindet.[58] Sie unterliegt einer „rhetorische[n] Anfälligkeit" und „Verfügbarkeit für Simulation", d. h. diese äußerst ernste Einstellung zur Wirklichkeit „kann ‚gemacht' werden": durch das Aufrufen von „Gegenfiguren", und zwar instrumental „zum Zweck der Selbstbestätigung, der Verernstung neuer Ansprüche".[59] So kann der Ausgang einer Epoche herbeigerufen werden, indem sämtliche Figuren der alten Ordnung in einem „Zuruf, jetzt ginge es um Alles und ums Letzte" für den Umgang mit der Gegenwart als inadäquate abqualifiziert werden,[60] „um fürs Ästhe-

---

[54] Blumenberg. *Die Legitimität der Neuzeit*, S. 550.
[55] Blumenberg. *Die Legitimität der Neuzeit*, S. 550.
[56] Blumenberg. *Die Legitimität der Neuzeit*, S. 551; Hervorhebung von mir/CG.
[57] Blumenberg. *Die Legitimität der Neuzeit*, S. 551.
[58] Blumenberg. *Die Legitimität der Neuzeit*, S. 551.
[59] Blumenberg. *Die Legitimität der Neuzeit*, S. 551.
[60] Blumenberg. *Die Legitimität der Neuzeit*, S. 552.

tische oder Politische die Versicherung vom Ende seiner Epoche einzuholen".[61] Diese Situation des ins Extreme gesteigerten, äußersten Ernstes ist krisenhaft, weil in ihr durch die zunehmende Verengung des Wirklichkeitsbegriffs vormals latent gehaltene Widersprüche zu ihm offener in Erscheinung treten und erfahrbar werden. An dieser Stelle können wir vielleicht formulieren, dass die Umgangsweise, die von äußerstem Ernst gekennzeichnet ist, in struktureller Verbindung mit dem Auftreten des Verfalls von Normen und Werten steht. Denn wie gesehen war die Phase, in der die Normen und Werte verfallen, auch davon charakterisiert, dass sie erst zu diesem späteren Zeitpunkt als krisenhafte erfahrbar wurde. Notwendig wird als Folge dessen die Veränderung des Wirklichkeitsbegriffs, um diese Erfahrungen wieder in ihn integrieren zu können.

Die bisher vorgestellten, annäherungsweise typisierten Umgangsformen – Leichtigkeit, Ernsthaftigkeit, äußerster Ernst – können in einem umfassenderen Kontext auch in Beziehung zu Blumenbergs Verständnis von der Möglichkeit zur Emanzipation oder Selbstermächtigung gesetzt werden, welches er etwa in *Arbeit am Mythos* ausführt und hier vorerst nur angedeutet werden soll. Der Gegenpol zu Emanzipationsanstrengungen sowie ihr Ausgangs- und beständiger Gefährdungspunkt stellt der sogenannte *Absolutismus der Wirklichkeit* dar, welcher aufgrund seines Überwältigungspotenzials in einer menschlichen Ohnmachtserfahrung endet.[62] Im Schatten dieses Absolutismus liegen, wenn auch in abgeschwächter Form, diejenigen Umgangsformen, welche auf bloße Selbsterhaltung und Selbstbehauptung zielen und sich ausrichten an einer Logik des *Überlebens* (sowie der Organisation ihrer Absicherung) und nicht auch des *genussvollen* Lebens.[63] Dagegen kann letzteres vielmehr unter dem Gesichtspunkt der Emanzipation als Freiheit des Subjekts gesehen werden, die jedoch von allen zuvor genannten Formen bedingt wird. Blumenberg plädiert folglich dafür, dass die Umgangsformen im Zeichen des Bedürfnisses nach Existenzsicherung (Selbsterhaltung) und ihrer weiteren, technischen Organisation (zur Selbstbehauptung) nicht ausgelassen oder umgangen wer-

---

[61] Blumenberg. *Die Legitimität der Neuzeit*, S. 551.
[62] Vgl. Blumenberg. *Arbeit am Mythos*, S. 9–39, hier insbesondere S. 9–15. Wir wollen später darauf zurückkommen und argumentieren, dass Blumenberg den Absolutismus der Wirklichkeit als Gedankenfigur einführt, die er als theoretischen *Grenzwert* behandelt und nicht als historisch nachvollziehbare Größe. Denn er weist darauf hin, dass dieser Zustand geschichtlich immer schon überwunden sein musste, damit Menschen handlungsfähig sind. Warum er sie dennoch braucht, um eine spezifische politische Verantwortung der Menschen zu klären, wird hier in Abschn. 5.3 ausführlicher behandelt.
[63] Vgl. Blumenberg. *Theorie der Unbegrifflichkeit*, S. 27.

den können.[64] Sie müssen erst durchschritten worden sein, damit ein genussvolles Leben möglich ist.[65]

Für unseren Zusammenhang wichtig ist zunächst, dass mit dem Verweis auf die Verortung der Umgangsformen im Spannungsverhältnis der Pole der Notwendigkeit der Überlebenssicherung und der Möglichkeit eines genussvollen Lebens die Vorstellung von der Prozesshaftigkeit der Wirklichkeitsbegriffe noch einmal mit besonderem Gewicht belegt wird. Diese geschichtlichen Phasen und die ihnen korrespondierenden Umgangsformen geben in gewisser Weise Anhaltspunkte dafür, wie der *Zwischenraum* ausgestaltet sein kann, der von den beiden ‚reinen' Polen der Ausrichtung auf das *Überleben* und der auf das *genussvolle Leben* gerahmt wird. Ohne dabei eine Wiederkehr des Immergleichen zu propagieren, stellt Blumenberg fest, dass die unterschiedlichen Umgangsformen mit einem Wirklichkeitsbegriff in seinen verschiedenen Phasen (zwischen den Polen fragloser Selbstverständlichkeit und Krise) mit Bezug auf ihre *Funktionen* wiederkehren, inhaltlich dagegen in den jeweiligen Epochen *eigenständige Sinnhorizonte* aufweisen. Dieser Gedanke soll im Folgenden an Blumenbergs Verständnis einer sinnadäquaten Analyse des Wandels von Wirklichkeitsbegriffen präzisiert werden.

3.3 Rezeption als Zugang zu den Geschichten der Wirklichkeitsbegriffe

Um die Veränderungen der Wirklichkeitsbegriffe hinsichtlich ihrer Sinngehalte nachvollziehen zu können, schlägt Blumenberg vor, diese rezeptionsgeschichtlich und in (quellen-)kritischer Absicht zu untersuchen. Die Zuwendung hin zu einer solchen, von ihm sogenannten funktionalen Analyse geht mit seiner Abwendung von ontologischen Sachverhalten einher.

Dabei ist ein Gedanke ausschlaggebend, den Blumenberg in Bezug auf sein Verständnis von *Geschichte als Problemgeschichte* oder auch Geschichte als „Hypothek der Probleme" entfaltet.[66] Zugunsten der Aufgabe, über die spezifischen Veränderungsweisen (*was* sich am jeweiligen Wirklichkeitsbegriff *wie* verändert hat) zu verstehen, *warum* sie überhaupt notwendig wurden, rückt er die bloße *Feststellung* von Wandlungen in den Hintergrund, die er insbesondere an

---

[64] Vgl. Blumenberg. *Theorie der Unbegrifflichkeit*, S. 26–27.
[65] Weiteres zur Einordnung des Absolutismus der Wirklichkeit als Erzählfigur Blumenbergs in Abschn. 4.3.1 sowie 5.3.
[66] Blumenberg. *Die Legitimität der Neuzeit*, S. 59.

einer sogenannten morphologischen Begriffs- und Geistesgeschichte kritisiert.[67] Gleichzeitig möchte er nicht deterministisch verabsolutieren, dass es hätte nur so kommen können, wie es dann auch kam. Vielmehr ist ihm der jeweilige Interpretationsraum wichtig, in dem unterschiedliche Möglichkeiten bestehen, etwas als wirklich oder unwirklich zu begreifen. Aus diesem Möglichkeitsraum heraus wird sich für die eine oder andere Interpretation entschieden, was nicht zuletzt mit ihrer jeweiligen (rhetorischen) Anschlussfähigkeit zu tun hat. Das Abschreiten des Möglichkeitsraums eines historischen Sinnhorizonts trägt Blumenberg zufolge zur geschichtlichen Lagebestimmung bei, die er mit der funktionalen Analyse anvisiert: „Allem zuvorzukommen, womit handgemein zu werden fällig werden könnte, bedeutet vor allem, *das eigene Handeln im Horizont der Möglichkeiten zu lokalisieren*".[68]

Sein Rezeptionsverständnis entfaltet Blumenberg in einer seiner frühen Arbeiten mit dem Titel *Epochenschwelle und Rezeption*, die bezeichnenderweise als Sammelrezension selbst zum Gegenstand die Rezeption vierer wissenschaftlicher Texte hat.[69] Das Thema der Rezeption hebt er zuerst einige Seiten in die Studie hinein im Zusammenhang seiner Kritik an Carl Schneiders Studie zur *Geistesgeschichte des antiken Christentums* hervor, und zwar als „Problem der *Rezeption*", welches Schneider außer Acht gelassen hätte.[70] Durch seine Methode, die im wesentlichen „morphologische Identifizierungen" hervorbrächte und darüber hinaus „nur in der Schicht philologisch greifbarer Ausdrücklichkeit" verbleibe, gingen bedeutsame „Sinndifferenzen verloren".[71] Blumenberg setzt dieser an der bloßen Oberfläche arbeitenden Morphologie eine funktionale Analyse entgegen, welche er auf dem Weg seiner Rezeption der Arbeiten von Martin Werner zu Hans Jonas begründet. So zeigt er seinen Leser*innen Schritt für Schritt, hier von Textrezension zu Textrezension auf, was er für eine Begriffsgeschichte als wichtig erachtet, welche die Bedeutung der Begriffsveränderungen erkennen möchte.[72] Daran ist auch

---

[67] Vgl. Blumenberg. Epochenschwelle und Rezeption, S. 97–102.

[68] Blumenberg, Hans. *Beschreibung des Menschen*. Frankfurt am Main: Suhrkamp, S. 589; Hervorhebung von mir/CG.

[69] Nämlich A.-J. Festugières *La Révélation d'Hermés Trismégiste*, Hans Jonas' *Gnosis und spätantiker Geist* und Carl Schneiders *Geistesgeschichte des antiken Christentums* (alle drei aus dem Jahr 1954) sowie Martin Werners *Die Entstehung des christlichen Dogmas* von 1941.

[70] Blumenberg. Epochenschwelle und Rezeption, S. 97.

[71] Blumenberg. Epochenschwelle und Rezeption, S. 97.

[72] Vgl. Niehues-Pröbsting, Heinrich. 2011. Blumenberg und Nietzsche. In *Erinnerung an das Humane. Beiträge zur phänomenologischen Anthropologie Hans Blumenbergs*, hrsg. Michael Moxter. Tübingen: Mohr (Siebeck), S. 191–209, hier S. 194.

Blumenbergs Verständnis des Zusammenhangs zwischen Rezeptionsweisen und ihren (historischen) Sinngehalten konkretisierbar.

Das Problem der Rezeption – Bestimmung der Interessen an Quellen
Blumenberg wirft Schneider konkret vor, dass er in seiner Arbeit das Mittelalter nicht mehr von der Antike differenzieren und in seiner Eigensinnigkeit qualifizieren könne, weil er die *Übernahme antiker Begrifflichkeiten* im Mittelalter als ausreichenden Beweis dafür ansehe, dass im Grunde genommen auch das Mittelalter geistesgeschichtlich der Antike zugeordnet werden könne. Die bloße Übernahme von Begrifflichkeiten im Mittelalter muss aber gerade nicht mit dem gleichen Sinn einhergehen, der mit der antiken Verwendung der Begriffe verbunden wird, so Blumenbergs erster Einwand. Von dort aus gelangt er zur Problematisierung des Umgangs mit den Quellen in einer Geistesgeschichte, welche sie als ‚reine' Dokumente betrachtet, indem sie diese ‚beim Wort' nimmt, ohne die spezifische, geschichtliche *Interessenlage* hinter einer Dokumentation zu reflektieren und in die Analyse als integralen Bestandteil miteinzubeziehen.[73] Dieses „Beim-Wortnehmen der Zeugnisse" führe „zu einer *geschichtslosen Geistesgeschichte*, unter deren Ausdrücklichkeit sich der eigentlich geschichtliche Sinnwandel verhehlt".[74] Die unkritische Übernahme der Betrachtungsweisen, die in den Quellen als scheinbar neutrale präsentiert werden, geht ihren Autor*innen auf den „Leim"; die Rezipient*innen stellen sich folglich in den Dienst der mit den ‚Quellen' intendierten „Homogeneität".[75] Darum sei es laut Blumenberg so „bedenklich", die gesichteten Dokumente „nur auf ihre Homologie hin zu vernehmen":[76] Die Vorstellung von ‚reinen' Quellen ignoriert die spezifische historische Situiertheit der Zeugnisse. Die erste methodische Schlussfolgerung daraus für eine Lagebestimmung, wie sie Blumenberg mit der Geschichte der Wirklichkeitsbegriffe vor Augen hat, ist, „statt einer nur *morphologischen*" vielmehr „eine[] *funktionale*[] Interpretation der Aussagen" zu verfolgen.[77] Wichtig sei zu erkennen, was mit einer Rezeption von etwa antiken Begriffen in einer vorliegenden, etwa mittelalterlichen Quelle gerade *latent* gehalten werden wollte: „es ist eben der *Sinn* der Rezeption, den *Grund* der Rezeption unsichtbar zu machen".[78]

---

[73] Vgl. Blumenberg. Epochenschwelle und Rezeption, S. 100–101.
[74] Blumenberg. Epochenschwelle und Rezeption, S. 101.
[75] Blumenberg. Epochenschwelle und Rezeption, S. 117 und S. 101.
[76] Blumenberg. Epochenschwelle und Rezeption, S. 101.
[77] Blumenberg. Epochenschwelle und Rezeption, S. 101.
[78] Blumenberg. Epochenschwelle und Rezeption, S. 117.

Zwar ist in der bloßen Verwendung von Begriffen ein bestimmter „Sinnhorizont" schon vorgegeben, ihr *spezifischer* Sinn unterliegt jedoch „dem Druck dessen, was gesagt werden *muß*".[79] Ein Begriff ist also nicht festgelegt auf eine einzige unabänderliche Bedeutung, sondern seine unterschiedlichen Bedeutungen ergeben sich aus dem jeweiligen Verhältnis zu einer zu bestimmenden geschichtlichen Problemlage. Insofern kann von einem Rahmen gesprochen werden, innerhalb dessen eine Vielfalt an Interpretationsmöglichkeiten vorliegt, aus der zu einer je gegebenen Zeit unterschiedlich ausgewählt werden kann und muss, um den je drängenden Problemen zu antworten. Diese Fassung des Komplexes von Begriffsverwendungen und geschichtlicher Problemlagen in einer Untersuchung der Rezeptionen ist ein erster Schritt im Prozess, *das eigene Handeln im Horizont der Möglichkeiten zu lokalisieren,* und versucht entsprechend, die Auswahl und Bedeutung der Begriffe anhand der dahinterstehenden Interessen und Ziele zu rekonstruieren. Geschichte so verstanden ist deshalb nicht nur phasenweise, sondern zu jedem Zeitpunkt „*Problemgeschichte*".[80]

Die *Aufgabe einer funktionalen Analyse* wird anschließend näher bestimmt als „die Zuordnung der uns vorliegenden Aussagen zu den je akuten Problemen, und zwar inhaltlich *und* formal", denn die Form sei „nicht weniger Funktion des Interesses der Kontinuitätsbildung als das Begriffsaggregat [...] in der dogmatischen Definition".[81] Begrifflicher Inhalt und formale Performanz werden so in ihrem Sinnzusammenhang gesehen. Martin Werners Analyse zu der *Entstehung des christlichen Dogmas* erfüllt nach Blumenberg diesen Bestandteil einer problemgeschichtlichen Rekonstruktion vorbildhaft.[82] Vorbildlich an ihr sei nicht zuletzt, dass es Werner gelingt, die virulent werdenden Fragen und Probleme einer gegebenen Zeit herauszuarbeiten und die sich darauf formierenden Antworten und Lösungsversuche in ihrer Gebundenheit an diese historische Problemlage zu erkennen.[83]

Das Problem des Wandels eines Wirklichkeitsbegriffs und seiner Sinnstrukturen

Allerdings fehle bei Werner noch eine weitere Dimension der Analyse, die sich fragt und methodisch rekonstruieren kann, *warum eine* spezifische Antwort, d. h. eine andere Interpretation eines Begriffs oder das Einführen eines neuen Gedankens,

---

[79] Blumenberg. Epochenschwelle und Rezeption, S. 101.
[80] Blumenberg. Epochenschwelle und Rezeption, S. 102.
[81] Blumenberg. Epochenschwelle und Rezeption, S. 102.
[82] Vgl. Blumenberg. Epochenschwelle und Rezeption, S. 102.
[83] Vgl. Blumenberg. Epochenschwelle und Rezeption, S. 106.

3.3 Rezeption als Zugang zu den Geschichten der Wirklichkeitsbegriffe 59

zu einer gegebenen Zeit *anschluss- und durchsetzungsfähig* scheint. Die Frage, die sich stellt ist, *wie* es dazu kommt, dass diese Antwort nun plausibel erscheinen kann, denn „[e]s ist ja doch nicht so, daß Ideen beliebig in die Welt gesetzt werden könnten und gläubiger Rezeption nur angeboten zu werden brauchten, um ihren Nährboden zu finden".[84] Unkonventionelle oder neue Verständnisse von bestehenden Begriffen und Ideen bedürfen entsprechend einem „Maß von ‚Ansprechbarkeit'", sprich der Möglichkeit, dass sie überhaupt sich formieren sowie formuliert und öffentlich ausgesprochen werden können, was „nicht als *isoliertes* Faktum gedacht werden kann".[85]

Mit Hans Jonas geht Blumenberg deshalb davon aus, dass die Verwendung eines Begriffs vor dem Hintergrund unterschiedlicher geschichtlicher Problem- und Interessenlagen nicht nur unterschiedliche Funktionen einnehmen kann, sondern dass in ihr *grundsätzlich verschiedene Wirklichkeitsbegriffe* als Vorstellungen von der Stellung der Menschen in und zu der Welt impliziert sind.[86] Die Frage, die sich an Werners Analysen anschließt, wird deshalb folgendermaßen konkretisiert: „Welche Welt- und Daseinsauffassung läßt eine Situation verständlich werden, in der" eine bestimmte Vorstellung „als *die* ‚Lösung' entgegengenommen werden kann?"[87] Es dreht sich also genau hier um die Frage des Sinnwandels, der sich in einem veränderten Wirklichkeitsbegriff niederschlägt, in welchem eine Vorstellung – die als Lösung zuvor nicht denk- und formulierbar galt – nun ausgedrückt werden kann. Laut Blumenberg hat Jonas damit „die *Richtung* der Befragung *umgekehrt*": weniger „wohin" sich etwas verändert, ist dann die ausschlaggebende Frage, sondern die Möglichkeitsbedingungen einer Veränderung stehen im Fokus, nämlich „wie [sie] allererst *möglich* wird".[88] Dies ist nach Blumenberg das Verdienst von Hans Jonas in seiner Studie über die Gnosis:

„Die Sinnstruktur einer geschichtlichen Epoche ist von radikal anderer Artung [als die bisherige *objektgeschichtliche* Gnosis-Forschung annahm]: sie tritt in Zeugnissen in Erscheinung, die auf ihre Elemente hin analysiert und genetisch reduziert werden können, *ohne* daß damit ihr Zusammenschluß als ein sinngeleiteter ‚erklärt' wäre; vielmehr ist ein ‚Vorgriff' mit im Spiel, der die Selektion der Elemente vollzieht, ein regulatives Prinzip ihrer bezeugenden Funktion, das über die historische Dokumentation erschlossen werden kann, aber seinerseits reflexiv diese Zeugnisschicht in ihrer

---

[84] Blumenberg. Epochenschwelle und Rezeption, S. 106.
[85] Blumenberg. Epochenschwelle und Rezeption, S. 106; Hervorhebung von mir/CG.
[86] Vgl. Blumenberg. Epochenschwelle und Rezeption, S. 110–111.
[87] Blumenberg. Epochenschwelle und Rezeption, S. 107.
[88] Blumenberg. Epochenschwelle und Rezeption, S. 107.

Sinnhaltigkeit indiziert: eine ‚existenziale Wurzel als das einheitliche und einheitgebende Prinzip für jeden zeitgeschichtlichen Zeugniskomplex', die ‚a priori zu postulieren' ist".[89]

Jonas trägt zum Verständnis der rhetorischen Funktion der Weiterverwendung bestimmter Begriffe für die Stiftung oder Plausibilisierung eines neuen Sinngehalts bei, indem er aufweist, *in welcher Weise alte Begriffe verwandt werden*, um die Anschlussfähigkeit dessen, was neu ist, zu betonen. Die Weiterverwendung alter Begriffe in neuen Problemkontexten unterliegt einem *Kontinuitätsprinzip*, dessen Wirkung ist, die unkonventionelle Qualität einer Aussage, also ihre Bedeutung latent zu halten, wodurch sie rhetorisch plausibel erscheint: die Weiterverwendung *suggeriert* den relativ unfragwürdigen Anschluss eines unkonventionellen Gedankengangs an einen bekannten ‚Ursprung'. In diesem Sinne ist die von Jonas übernommene Rede von der *existenzialen Wurzel* als das *einheit*gebende Prinzip für zeitgeschichtliche Zeugniskomplexe zu verstehen. Daraus erklärt sich auch der Einwand gegenüber einer chronologisch-morphologischen Verfahrensweise in der Geistesgeschichte. Blumenberg versteht mit der Einsicht in das *funktionale* (nicht substanzielle/ontologische) Kontinuitätsprinzip, welches sich in den historischen Quellen oder bezeugenden Berichten historischer Prozesse im Verfahren der *rhetorischen* Rezeption niederschlägt, Geschichte gerade nicht als linienförmige Kausalkette, in der die Übernahme von zuvor bestehenden Begriffen zugleich quasi-automatisch eine *inhaltliche* Kontinuität verbürgen würde.

Zwei Forschungsdimensionen werden damit für Blumenbergs Erkenntnisinteresse an einer Rezeptionsgeschichte relevant: einerseits explizite Begriffsübernahmen, an denen sich ein Sinn*horizont*, d. h. ein Interpretations*raum* ihrer *möglichen* Deutungen abzeichnet, und andererseits die Einbeziehung ihrer jeweiligen historischen Problemkonstellationen und Interessenlagen, welche Hinweise auf den impliziten Sinnwandel geben. Anhand dieser Interessen, die sich auf ein sozialhistorisches Problem beziehen, lässt sich die *konkrete Bedeutung* der Weiterverwendung eines Begriffs als Wahl *einer* aus dem Horizont mehrerer Sinnmöglichkeiten rekonstruieren. Anders ausgedrückt bezieht sich die Funktionsanalyse, wie sie Blumenberg anvisiert, nicht nur auf die rhetorische Ebene des allgemeinen Kontinuitätsprinzips, das heißt: auf die explizite Dimension der Quelle mittels der *Feststellung* der Weiterverwendung eines Begriffs; sondern es wird auch der konkrete Sinngehalt herauszuarbeiten versucht, welcher sich unter der Ausdrücklichkeit der Begriffsübernahme wandeln kann und unter ihr verborgen wird, das heißt: die implizite Dimension der Quelle in Form der *Bedeutung und Gründe* des Sinn-

---

[89] Blumenberg. Epochenschwelle und Rezeption, S. 109; der Einschub stammt von mir/CG.

3.3 Rezeption als Zugang zu den Geschichten der Wirklichkeitsbegriffe 61

wandels. Die Erkenntnis der Funktion einer Wieder- oder Weiterverwendung von Begriffen (Rezeption) zielt zuletzt darauf zu verstehen, auf welches Welt- und Selbstverhältnis und somit auf welchen Sinn eines Wirklichkeitsbegriffs die Rezeptionen zu einer bestimmten Zeit verweisen.

Veranschaulicht wird dies an der Gruppe der Gnostiker: „Das in einem gnostischen Text valente ‚Interesse' ist von einer ganz neuen Daseinshaltung getragen, auch wenn er durch und durch aus hellenistischer Rezeption gespeist ist".[90] Für Blumenberg wird diese Einsicht deutlich an Jonas' Analyse der Umbesetzung „des Kosmos-Begriffs" in der Gnosis.[91] Daran arbeitet er folgendes näher heraus:

> „Der gnostische Kosmos behält die Attribute des griechischen [...]. Aber dieses Ganze von Bestimmungen erhält eine neue *Funktion*: es blendet, [...] fesselt den Menschen, macht ihn seiner selbst und des Eigentlichen seiner Herkunft vergessen".[92]

Der Kosmos erhält im „gnostischen Grundmythos" eine neue Bedeutung in der Bestimmung des Verhältnisses des Menschen zu ihm: „[d]as Erlebnis der kosmischen Ordnung" wird „ein ‚panisches und schreckhaftes'".[93]

Ohne an dieser Stelle die Begründung dieser Neuausrichtung der menschlichen Stellung im Kosmos in seiner Gänze darlegen zu wollen (also ihre Möglichkeitsbedingungen), soll doch darauf hervorgehoben werden, warum diese Neudeutung des Kosmos bedeutsam war. Sie ermöglichte statt des kosmologischen einen „*eschatologisch[en]*" Sinn des gnostischen Grundmythos, der jenem gegenüber den Vorteil aufwies, nicht konkretisiert werden zu müssen, wodurch die damit verbundene Heilserwartung nicht allzu leicht Enttäuschungen ausgesetzt war.[94] Die praktische, in diesem Fall die existenzielle *Enttäuschung verhindernde Vagheit* der Konzeption der gnostischen Eschatologie, wie sie Blumenberg mit Jonas und über ihn hinaus analysiert, wurde möglich durch die Setzung einer *innerlichen* Heilsinstanz in der „Entdeckung des ‚inkommensurablen Restes' [...] im menschlichen Selbst".[95] Das Heil wird in die Innerlichkeit der Menschen selbst verlegt, um die Erwartung dieses Heils nicht an äußere, objektive Ereignisse knüpfen zu müssen, deren Nichteintritt die Gefahr der völligen Enttäuschung der eschatologischen Erwartungen aufweist und möglicherweise eine grundsätzliche Abwendung von der

---

[90] Blumenberg. Epochenschwelle und Rezeption, S. 111.
[91] Blumenberg. Epochenschwelle und Rezeption, S. 111.
[92] Blumenberg. Epochenschwelle und Rezeption, S. 111.
[93] Blumenberg. Epochenschwelle und Rezeption, S. 112 und S. 111.
[94] Blumenberg. Epochenschwelle und Rezeption, S. 112.
[95] Blumenberg. Epochenschwelle und Rezeption, S. 112.

Eschatologie nach sich ziehen würde. Die Konzeption der Subjektivität des Heils verhindert oder verzögert wenigstens den vollständigen Zusammenbruch der Eschatologie.

Diese gnostisch-eschatologische Fassung der Stellung der Menschen hatte zudem eine „Plurivalenz" zur Folge: aufgrund der vage gehaltenen Konzeption hielt sie relativ viele Möglichkeiten bereit, wie es zum Heil als „Entweltlichung" kommen kann, gerade weil dieses an keinen äußeren Maßstab gebunden war.[96] Die denkbaren Formen des Heilseintritts reichten dabei von einer „*apokalyptische[n]* Verkündigung" über eine „*ekstatische* Vorwegnahme" bis hin zu einer „*asketische[n]* Näherung".[97] Wir können an der Folge der gnostischen Umbesetzung des antiken Kosmos-Begriffs eine strukturelle Ähnlichkeit mit einer der Umgangsweisen mit der Wirklichkeit, nämlich der Leichtigkeit erkennen.[98] Die Verlagerung der Heilsvorstellung in das Subjekt individualisierte diese selbst und ermöglichte damit eine Vielzahl an unbestimmten Heilseintritten. Mit der Vagheit, die aus der Individualisierung des Heils folgte, war nun aber nicht nur die *Gefahr der Negation* der Eschatologie abgewendet, sondern zugleich die *Variationsmöglichkeit des Wirklichkeitsbegriffs* selbst gewonnen, insofern er vom objektiven Beweisdruck intersubjektiv zu verifizierender Ereignisse entlastet wurde *(Beispiel für einen entlastenden Verzicht auf zu viel Wirklichkeit und Realismus)*. Um es simpler auszudrücken: statt eines Wegs ins Heil lagen nun verschiedene Wege vor, von denen man sich zudem den individuell gangbarsten selbst auswählen konnte.

Mit der weiteren Rekonstruktion des Veränderungsprozesses, dem ein Wirklichkeitsbegriff unterliegt, können neben intendierten – hier gnostische Gefahrenabwehr zur Erhaltung der Eschatologie – außerdem nicht intendierte Folgen untersucht werden. Diese können neue Probleme zeitigen, auf die zunächst rhetorisch geantwortet werden muss. Denn die fortgeführte Bearbeitung dieses Wirklichkeitsbegriffs – hier die Integration neuer gnostischer Sinngehalte durch die hellenistische Rezeption – formt ihre Ausgangsformation erneut um. Dies zeigt Blumenberg am Fall der praktischen Umsetzung eines Mythos durch seine Schematisierung in den Mysterienkulten.[99]

---

[96] Blumenberg. Epochenschwelle und Rezeption, S. 112.
[97] Blumenberg. Epochenschwelle und Rezeption, S. 112.
[98] Vgl. hier Abschn. 3.2.
[99] Blumenberg stellt hier über die eben angesprochene „‚Mehrwertigkeit' des Grundmythos" auch dessen „divergierende Wege" heraus, die er annehmen konnte (Blumenberg. Epochenschwelle und Rezeption, S. 113). Einer dieser Wege ist die praktische Umsetzung des Mythos und die durch sie ausgelöste Zuspitzung. Die „Mysterienkulte" stellen eine „kultische Verklammerung von Mythos und Praxis" dar (S. 114). Die pragmatische Funktion, die die Kulte als mythische Praxis übernehmen, sieht Blumenberg darin, dass „sie ein Schema" der

3.3 Rezeption als Zugang zu den Geschichten der Wirklichkeitsbegriffe 63

Was Blumenberg hieraufhin als weitere Aufgabe der Rezeptionsgeschichte nach *(1)* der Untersuchung der *expliziten Begriffsübernahme* und *(2)* deren *implizitem Sinnwandel* als Auswahl einer Bedeutungsmöglichkeit formuliert, ist *(3)* „auch die ‚Leerstellen' der Rezeption einzubeziehen".[100] Diese Aufgabe steht im engen Zusammenhang mit Blumenbergs Konzeption der *Wirklichkeit als Kontrastbegriff*, in der die Wirklichkeit sich erst über einen Umweg und so indirekt über die Größen erschließen lässt, die als *unwirklich* ausgewiesen werden. Es geht dabei nicht um die bloße Feststellung dieser Leerstellen, so wie es bei den Begriffsübernahmen nicht um ihre reine Aufzählung ging, sondern darum, „[w]elches *Gewicht*" der „Heterogeneität", und zwar in ihrem Verhältnis zu „den Homologien" zukommt.[101] Es wird demnach auszuweisen sein, welche Sinngehalte in der Rezeption nicht (mehr) anschlussfähig erscheinen und vor allem warum; zum Beispiel weil sie entweder ihre Plausibilität verloren haben oder erst gar keine gewinnen konnten.

Im Zusammenhang der Kritik an Schneiders und Festugières' Morphologien, welche „die Abhängigkeit der Gnosis vom *Platonismus*" betrachten, formuliert Blumenberg zuletzt hinsichtlich des Problems der Rezeption übergreifend:

„Zu selbstverständlich genügt es, ein Element auf den *Platonismus* zurückzuführen, um es auch schon als *platonisch* gelten zu lassen. Die Geschichte der Plato-Tradition, aufs ganze betrachtet, ist doch eine Geschichte *der* Platonis*men*, nicht *des* Platonis*mus*. Der platonische Dialog enthält einen ganzen Vorrat möglicher Ismen. Heterologien sind hier wichtiger als Homologien".[102]

In diesen Zeilen verdichtet Blumenberg *das Prinzip* der zuvor als wichtig ausgewiesenen Aufgaben einer Geistesgeschichte, welche das Problem der Rezeptio*nen*, müssten wir nun präzisieren, als zentralen Bestandteil ihrer Analysen

---

„‚Anwendbarkeit'" des Mythos zur Verfügung stellen, indem der „Mythos im Ritual" erlebbar gemacht wird (S. 114). Diese Schematisierung im Ritual zeigt einen Schritt im Prozess, durch den etwas Transzendentes *praktische Qualitäten* erhält. In diesem Schema soll sich nämlich das eschatologische Moment nicht im enttäuschenden, weil nicht eintretenden kosmischen Ereignis, sondern im „mystische[n] ‚Erlebnis'" zum Ausdruck bringen (S. 114). Durch seine Schematisierung wird der Mythos selbst jedoch an seine Grenze getrieben und stellt so eigentlich keinen mehr dar: „Der ‚entscheidende Schritt aus dem mythischen Horizont überhaupt heraus' […] wird in seiner inneren Genese dadurch verstehbar, daß die ‚Anwendung' des Mythos, die ihn zu einer ‚Form' innerlich-geistiger, nicht mehr objektivierbarer Vorgänge umbildet, ihrerseits auf den Mythos zurückwirkt und ihn zu einem ‚Schema der innerseelischen Rückbewegung' umzuformen nötigt" (S. 115). Er spricht von diesem Prozess deshalb als „Selbstentmythologisierung des Mythos" (S. 115).

[100] Blumenberg. Epochenschwelle und Rezeption, S. 119.
[101] Blumenberg. Epochenschwelle und Rezeption, S. 119.
[102] Blumenberg. Epochenschwelle und Rezeption, S. 119.

berücksichtigt. Zum einen hält er historische Quellen, hier *Platons Dialoge,* und ihre Rezeptionsgeschichten, hier die (Plato-)*Tradition,* auseinander und verdeutlicht zum anderen, dass in den Schriftstücken Platons oder auf verschiedenen Ebenen eines seiner Texte, genauer in der Plurivalenz ihrer Bedeutungen eine *sinnvolle* Heterologie liegen kann. Blumenbergs funktionale Analyse kommt dem Sinn einer Heterologie auf die Spur, indem sie sich den Sinngehalten in Texten über die unterschiedlichen Funktionen ihrer Elemente annähert, so etwa über die Implikationen, die sich aus den jeweiligen Adressat*innen sowie der spezifischen Problem- und Interessenlage der Schriftsteller*innen für den expliziten Ausdrucksgehalt der Texte ergeben.

Diese Heterologie ist streng zu unterscheiden von der der Plato-*Tradition.* Denn in verschiedenen Rezeptionssträngen, hier Platonis*men* werden diese Plurivalenzen auf je unterschiedliche Aspekte hin zunehmend zu reduzieren oder gar aufzulösen versucht, indem ein Text oder ein Textkorpus meist auf *eine* bestimmte Lesart hin ‚definiert' wird, die nicht dem Sinn der Autor*innen entsprechen muss, da prinzipiell davon auszugehen ist, dass die in den Bezugsquellen vorliegende Hetero*logie* einen spezifischen Sinn trägt. Unter einem Rezeptionsstrang wird folglich ein tendenziell zunehmender Vereindeutigungsprozess verstanden, in welchem abweichende Bedeutungen des Bezugsmaterials in den Hintergrund gerückt (Leerstellen) oder gar als ‚unwirklich' ausgeschlossen werden (Negationen), um *eine* ‚einheitliche' Interpretation vorlegen zu können.

Die gebotene Vorsicht bei der Ausdeutung einer Ambivalenz, die auch innerhalb *eines* Textes auftreten kann, liegt deshalb darin, ihre Aussagegehalte nicht vorschnell zu vereinseitigen:

„Wird aber diese Ambivalenz [der Mimesis-Konzeption] zu einer metaphysischen Eindeutigkeit depotenziert – wie es die Gnosis tut –, dann ist das eben *nicht mehr* ‚platonisch', sondern nur noch instrumentale Plato-Verwendung".[103]

Der Sinn der Rezeption liegt in diesem Fall nicht mehr darin, die Vieldeutigkeit einer oder mehrerer Quellen vor Augen zu halten und diesen sozusagen hermeneutisch gerecht zu werden, im Gegenteil dient sie viel eher dem jeweiligen Zweck der Rezipient*innen, die sie mit ihrer Auslegung verbinden können, also einer anderen, durch diese Rezeption gerade unsichtbar gemachten Problem- und Interessenlage. Die beiden sich unterscheidenden *Sinnstrukturen als Welt- und Selbstverhältnisse* von Bezugsautor*innen einerseits und ihren Rezipient*innen andererseits werden bei Blumenberg unter dem Ausdruck der *Wirklichkeitsbegriffe* gefasst.

---

[103] Blumenberg. Epochenschwelle und Rezeption, S. 119; der Einschub stammt von mir/CG.

Wir möchten an dieser Stelle noch einmal zusammenfassen. Die Rezeptionsgeschichte stellt Blumenbergs Analyserahmen dar, innerhalb derer problemgeschichtlich vorgegangen wird, um die Interessenlagen hinter der Formulierung spezifischer Texte (Bezugsquellen) und der in ihr gegebenen Antworten oder Lösungsvorschläge auf drängende Probleme der Zeit mitbedenken zu können. Die Rekonstruktion einer Rezeption bezieht sich zur Bestimmung ihrer Sinnstruktur auf die Form (Explizität der Quelle), den Inhalt (Implizität der Quelle) sowie die Auslassungen (Leerstellen und Negationen) eines Textes. Ihr geht es mit den Begriffen der Wirklichkeit um Veränderungen der Welt- und Selbstverständnisse, deren Gründe sie erschließt, und sie fragt entsprechend, weshalb sich eine Veränderung auf eine bestimmte Weise vollziehen konnte und welche anderen Möglichkeiten noch bestanden haben.

Wo zunächst nur andeutungsweise der *Zusammenhang von Wirklichkeitsbegriff und Rhetorik* ausgewiesen werden konnte, soll im Folgenden näher darauf eingegangen werden. Dazu wird das einstweilen benannte Konzept der *Umbesetzung* als methodisches Instrument zur Annäherung an die Geschichte der Wirklichkeitsbegriffe erläutert. Zur Vorbereitung darauf wurde Blumenbergs pragmatisches Verständnis von Wirklichkeit bisher in zweierlei Hinsicht rekonstruiert, erstens im Nachvollzug der wesentlich *geschichtlichen* Qualität der Wirklichkeitsbegriffe (Abschn. 3.1), zweitens mit einer vorläufigen Typologisierung der *Funktionen* von Umgangsformen mit ihnen (Abschn. 3.2) und anhand des zu ihrer Analyse notwendigen *methodischen* Rahmens einer quellenkritischen Rezeptionsgeschichte (Abschn. 3.3).

3.4 Umbesetzung als Konzept zur Methode einer anderen Rezeptionsgeschichte

Einer funktionalen Analyse steht, wie im Folgenden gezeigt werden soll, mit dem konzeptionellen Instrument der *Umbesetzung* ein Zugang zur Verfügung, um Einsichten in den Wandel von Sinngehalten eines Wirklichkeitsbegriffs zu erhalten, der in Verbindung zur Rhetorik steht. Denn an rhetorischen Formen können die *Funktionen* einer Rezeption nachvollzogen werden. Mit der Analyse dieser sollen die spezifischen Interessen einer Begriffsverwendung erkannt werden, ohne eine Isolierung von ihrem Inhalt vorzunehmen. Denn Form und Inhalt einer Rezeption werden als Bedingungsverhältnis verstanden.

Einen entscheidenden Hinweis zum Zusammenhang von Wirklichkeitsbegriff und Rhetorik gibt Blumenberg in seiner Arbeit *Anthropologische Annäherung an die Aktualität der Rhetorik*: „Die ‚Umbesetzungen', aus denen Geschichte besteht, werden rhetorisch vollzogen".[104] In der *Legitimität der Neuzeit* exemplifiziert er den „Gedanke[n] der ‚Umbesetzung'" am Übergang von der mittelalterlichen zur neuzeitlichen Vorstellung von ‚der' Geschichte und den damit verbundenen, jeweils unterschiedlichen Funktionen des Säkularisierungsbegriffs. Die Untersuchung einer Umbesetzung, so schränkt er sein Analyseinstrument in diesem Zusammenhang ein, „erklärt *nicht, woher* das neu eingesetzte Element stammt, *nur welche Weihen es empfängt*".[105] Von einer „*Umsetzung*" grenzt er sein Konzept ab, weil es jener im Falle des Übergangs des Mittelalters zur Neuzeit mit dem Begriff der Säkularisierung darauf ankäme zu behaupten, dass „authentisch theologische[] Gehalte in ihre säkuläre Selbstentfremdung", sprich auf den ‚weltlichen' Bereich übertragen wurden.[106] Dagegen nimmt die Umbesetzung eine bestimmte begriffliche Kontinuität nicht als Indikator eines *inhaltlich* jederzeit unveränderlichen Kerns an theologischer *Substanz* in verschiedenen Kleidern oder Varianten an. Stattdessen ist für sie der *Prozess* ausschlaggebend, in dem „Positionen von Antworten" allmählich „vakant geworden[]" sind, die zuvor nicht in der gleichen Weise zur Verfügung gestanden haben.[107] Diese anderen und neuen Antwortpositionen beziehen sich allerdings auf „Fragen", die „nicht eliminiert werden konnten" und die zu verschiedenen Zeiten unterschiedlich dringlich erscheinen können.[108] Blumenberg spricht in diesem Sinne von einem „Fragenüberhang[]" als Merkmal geschichtlicher Übergänge, genauer von einer „Überständigkeit des Systems der Fragen über einen Epochenwandel hinweg und ihr[em] Einfluß auf die *unter neuen Prämissen möglichen* Antworten".[109]

Ein Umbesetzungsvorgang formiert sich ihm zufolge insbesondere in Zeiten der Dringlichkeit dieser überhängenden Fragen, da sie in einem Maß virulent geworden sind, dass sie nicht (weiter) ignoriert werden können und deshalb beantwortet werden müssen. Dabei lässt sich diese sogenannte „Nötigung zur Ausschöpfung des tradierten Ausdrucksbestandes" für die Formulierung von neuen Antworten sowohl auf einen „Sprachmangel" zurückführen als auch auf Interessen an der Latenthaltung des „philosophisch, wissenschaftlich und politisch

---

[104] Blumenberg. Anthropologische Annäherung an die Aktualität der Rhetorik, S. 128.
[105] Blumenberg. *Die Legitimität der Neuzeit*, S. 60; Hervorhebungen von mir/CG.
[106] Blumenberg. *Die Legitimität der Neuzeit*, S. 75.
[107] Blumenberg. *Die Legitimität der Neuzeit*, S. 75. Im Weiteren drückt Blumenberg den damit verbundenen Gedanken wie folgt aus: „Die Konstanz der Sprache indiziert die Konstanz der Bewußtseins*funktion*, aber *nicht* die Identität des *Inhalts*" (Blumenberg. *Die Legitimität der Neuzeit*, S. 98; Hervorhebung von mir/CG).
[108] Blumenberg. *Die Legitimität der Neuzeit*, S. 75.
[109] Blumenberg. *Die Legitimität der Neuzeit*, S. 75; Hervorhebungen von mir/CG.

3.4 Umbesetzung als Konzept zur Methode einer anderen Rezeptionsgeschichte 67

Neue[n]".[110] Wie für Blumenberg an der „entstehende[n] Staatstheorie" erkennbar, ergibt sich ein *Sprachmangel* daraus, dass der bestehende Begriffsapparat sich als inadäquat für die Beschreibung der neuen Prämissen sowie der unter ihnen sich ausbildenden Phänomene und Erfahrungen erweist, jedoch noch keine adäquateren Ausdrucksweisen vorliegen.[111] Ein Interesse, die neuen philosophischen, wissenschaftlichen und politischen Gehalte unter der Weiterverwendung gebräuchlicher Ausdrücke *latent* zu halten, kann insbesondere dann bestehen, wenn (von der Mehrheit oder wenigen Mächtigen) die neuen Sinngehalte als Bedrohung der bestehenden und noch bewahrungswürdig erscheinenden Ordnung wahrgenommen werden.[112]

Vor der Notwendigkeit ist zunächst für die Möglichkeit zur Ausschöpfung des bestehenden Begriffsapparats durch eine Neuausrichtung seiner Elemente, um (später) einem Sprachmangel zu begegnen oder das Ungewöhnliche des neu Gedachten zu verbergen, ein allmählicher Sinnverlust bestehender Vorstellungen kennzeichnend:

> „Dieser Vorgang [der *Vorbereitung* der Denk- und Sagbarkeit neuer Antworten] ähnelt am ehesten der Ritualisierung: Einer traditionell eingeübten Handlungsform ist der sie motivierende Vorstellungsgehalt und damit ihre Verständlichkeit verloren gegangen, das Handlungsschema steht zur Disposition für eine nachträgliche Ausdeutung und Integration in einen neuen Sinnzusammenhang, der sich damit vor allem ihrer sanktionierten Fraglosigkeit bedient und versichert".[113]

Dieser neue Sinnzusammenhang bedient und versichert sich der Fraglosigkeit einer gebräuchlichen Handlungsform nicht von selbst, sondern wird von Menschen sprachlich gestiftet. Das rhetorische Moment an der neuen Sinnstiftung wird hier implizit deutlich, weshalb wir damit beginnend einen näheren Blick auf die Bedeutung der Rhetorik wagen wollen, die zuvor als Verfahrensweise der Umbesetzungen, aus denen Geschichte Blumenberg zufolge besteht, ausgewiesen wurde.[114] Dazu unterscheiden wir im Weiteren Funktionen, die die verschiedenen Formen der Rhetorik übernehmen können, und zwar nach bestimmten Problem- und ihnen korrespondierenden Interessenlagen. Blumenberg hat die Funktionen der rhetorischen Formen nicht in der Weise typisiert vorgestellt, wie sie hier präsentiert werden. Insofern ist die folgende Systematisierung als heuristische und vorläufige

---

[110] Blumenberg. *Die Legitimität der Neuzeit*, S. 87–88.
[111] Blumenberg. *Die Legitimität der Neuzeit*, S. 88.
[112] Vgl. Blumenberg. *Die Legitimität der Neuzeit*, S. 88.
[113] Blumenberg. *Die Legitimität der Neuzeit*, S. 88; der Einschub stammt von mir/CG.
[114] Vgl. Blumenberg. Anthropologische Annäherung an die Aktualität der Rhetorik.

einzuschätzen, welche erstens der weiteren Differenzierung offensteht und für die es zweitens mitzubedenken gilt, dass die Funktionstypen in den konkreten Untersuchungsfällen auch ineinandergreifen können.

Im Vorfeld der Typologie weist uns Blumenberg zunächst im übergreifenden Sinne auf die Voraussetzungen von „rhetorischen Situation[en]" hin, die sich durch sogenannten „Evidenzmangel und Handlungszwang" auszeichnen.[115] Da demnach der Handlungsdruck mit (noch) fehlenden Einsichten in die Sachverhalte koinzidiert, weist die Anwendung von Rhetorik einen pragmatischen Zug auf: zur Ermöglichung der *notwendigen* Denk-, Planungs- und Handlungs*fähigkeit* im Moment des Evidenzmangels überbrückt sie gewissermaßen die Zeit, bis ausreichend Erkenntnisse gewonnen sind, um auf deren Grundlage (auch vernünftig) handeln zu können. Vor diesem Hintergrund kommt der rhetorischen Pragmatik in unbestimmten Situationen besondere Bedeutung zu. Für den weiteren Nachvollzug dieser Gedanken wollen wir im Folgenden auf einige Situationen und Funktionen der Rhetorik eingehen.

Handlungsorientierung

Rhetorik kann in Situationen fehlender Einsichten in ihre Hintergründe, Qualitäten, Ausprägungen und möglichen Verläufe die Funktion der Handlungsorientierung erfüllen. Dies ist zum Beispiel dann nötig, wenn über die genannten Dimensionen zwar (noch) keine Klarheit besteht, aber die Folgen bei Nichteingriff als ausreichend gravierend eingeschätzt werden, dass Maßnahmen zur Prävention oder Eindämmung der Gefahr ergriffen werden müssen. In diesem Fall helfen rhetorische Rückgriffe auf bestehende Ausdrucks- und Handlungsweisen dabei, einen ersten Umgang mit der Bedrohlichkeit der Situationen zu finden, indem sie den Evidenz- und Sprachmangel in pragmatischer Hinsicht verbirgt. Mittels dieser Rückgriffe können alte Ausdrucksweisen und Handlungskonzepte auf die akute Problemlage angepasst werden, wodurch ein gegebener Evidenzmangel nicht weiter auffallen muss. Entsprechend stellt Rhetorik eine Perspektive des Anschlusses und der Eröffnung des Umgangs mit der nicht umfänglich einsichtigen Situation zur Verfügung, die die Handlungsfähigkeit erst herstellt. Auf diese Weise springt sie ein für den begrifflichen Mangel und gewährleistet die Möglichkeit des Weitermachens, wo die Dringlichkeit der Probleme den Druck aufbaut, weitermachen zu müssen, d. h. Antworten zu geben, die theoretisch nicht umfänglich durchdacht werden können.[116] Es ist insofern eine *Verfahrensweise bis auf Weiteres*, wenn sie vorläufig angewendet wird. Als Mittel der Verzögerung kommt ihr der Status eines

---

[115] Blumenberg. Anthropologische Annäherung an die Aktualität der Rhetorik, S. 124.
[116] Vgl. Blumenberg. *Theorie der Unbegrifflichkeit*, S. 91.

3.4 Umbesetzung als Konzept zur Methode einer anderen Rezeptionsgeschichte 69

Provisoriums zu: Rhetorik stellt hier einen Mittelweg dar zwischen dem vollständigen Aussetzen der Praxis bis zum Zeitpunkt nachgeholter Evidenz einerseits[117] und einem vollständig irrationalen, willkürlichen Handeln ohne Referenzpunkt andererseits. In diesem Sinne spricht Blumenberg auch von Rhetorik als einem „vernünftige[n] Arrangement mit der Vorläufigkeit der Vernunft".[118] In solchen Zeiten eines fehlenden zureichenden Erkenntnisgrundes funktioniert die Rhetorik als vernünftige Umgangsweise mit der Ungewissheit und stellt deshalb ein Behelfsmittel für die Praxis in Form der ersten Handlungsorientierung dar.[119]

Theoretische Orientierung
Eine andere Funktion neben der Orientierung zur Planung und Durchführung konkreter Handlungen kann die Anwendung von Rhetorik angesichts eines intellektuellen Orientierungsbedarfs erfüllen. Als theoretisches Reflexionsmittel eröffnen rhetorische Formen einen ersten Zugang zu Forschungsbereichen, auf die herkömmliche Methoden oder Begriffssysteme nicht ohne Weiteres sinnvoll angewendet werden können. Sie nähern sich den Forschungsgegenständen in diesen Fällen über Umwege indirekt an, beispielsweise durch Anekdoten,[120] Metaphorik[121] oder Mythen,[122] um der intellektuellen Verlegenheit einen Ausweg zu bieten. Hier, wie für die Handlungsorientierung in der Praxis, stellt Rhetorik einen Mittelweg bereit zwischen dem resignativen *Abbruch* einer ganzen Denkbewegung und einer *willkürlichen*, d. h. unbegründeten Übertragung bestehender Konzepte und Methoden auf Gegenstände der Reflexion, die mit ihnen nicht adäquat erfasst werden können. Durch letztere würde eine Denkbewegung, insbesondere die wissenschaftliche, der Gefahr ausgesetzt sein, irrational zu werden und somit ebenfalls zum Erliegen zu kommen. Im nächsten Kapitel werden wir hierzu insbesondere auf die rhetorische Form der Metapher näher eingehen, weil sie Blumenberg als „signifikante[s] Element der Rhetorik" gilt.[123]

---

[117] Das heißt das Aussetzen von jeglicher Handlung erstens im Abwarten auf genügend *Erfahrungswissen* oder zweitens bis *Theorie und/oder Wissenschaften* eine vernünftige Klärung der Situation erreichen konnte.
[118] Blumenberg. Anthropologische Annäherung an die Aktualität der Rhetorik, S. 137.
[119] Vgl. Blumenberg. Anthropologische Annäherung an die Aktualität der Rhetorik, S. 131–137.
[120] Vgl. Blumenberg. *Theorie der Unbegrifflichkeit*, S. 16–17 und S. 29–31.
[121] Vgl. Blumenberg. Paradigmen zu einer Metaphorologie; Blumenberg. *Theorie der Unbegrifflichkeit*, S. 88.
[122] Vgl. Blumenberg. Wirklichkeitsbegriff und Wirkungspotenzial des Mythos; Blumenberg. *Arbeit am Mythos*.
[123] Blumenberg. *Theorie der Unbegrifflichkeit*, S. 88.

Verbergung

Die bisherigen beiden Funktionen der Rhetorik wurden als Mittel zur Überwindung *unmittelbarer* lebenspraktischer oder intellektueller Notlagen vorgestellt. Es gibt dagegen auch Situationen, in denen es erwartbar ist, dass Menschen (bis hin zu existenziellen) Gefahren drohen könnten, wenn sie dem bestehenden Wirklichkeitsbegriff als etabliertem Welt- und Selbstverhältnis offen widersprechen. Eine rhetorische Verfahrensweise kann in solchen Fällen dazu dienen, die breite Öffentlichkeit und solche dem bestehenden Wirklichkeitsbegriff stark verhaftete Wissenschaftler*innen über die Sinngehalte im Unklaren zu lassen, die denen des gültigen Wirklichkeitsbegriffs entgegenstehen. So kann sie als *Technik des schützenden Verbergens* dort eingesetzt werden, wo beispielsweise ein Interesse daran besteht, sich als Autor*innen oder öffentliche Sprecher*innen beim Dokumentieren neuer Erkenntnisse oder Vorstellungen, die die alte Ordnung in ihren Grundsätzen infrage stellen, zu schützen vor etwaigen Verfolgungen durch Vertreter*innen der (noch) herrschenden Ordnung beziehungsweise vor bestimmten, zu Gewalt fähigen und bereiten Gruppen.[124] Auch auf dieses Verfahren wird im nächsten Kapitel näher eingegangen.[125]

Erkenntnisverhinderung

Sowohl in der Politik als auch in den Wissenschaften können rhetorische Mittel eingesetzt werden, um unbegründbare Behauptungen zu plausibilisieren, die den eigenen Machtansprüchen dienen und diesen entgegenstehende Einsichten zu verhindern suchen.[126] Im klassischen Sinne wäre diese Form als sophistischer Einsatz von Rhetorik zur Überredung zu verstehen.[127] Schemata beispielsweise entfalten im Bereich der Wissenschaft eine hohe Überzeugungskraft, während sie in isolierter Anwendung ein bestimmtes Maß an Kenntnissen über ihre spezifischen Hintergründe und Erkenntniswege verhindern, die notwendig wären, um sie und die Grenzen ihrer Übertragbarkeit adäquat erfassen zu können.[128] Mit der Postulierung der Erklärungskraft eines schematischen *Rezepts* geht, laut Blumenberg, „das Licht einer

---

[124]Vgl. Blumenberg. *Die Legitimität der Neuzeit*, S. 88 und S. 98; Blumenberg. Anthropologische Annäherung an die Aktualität der Rhetorik, S. 126. Vgl. ferner Strauss, Leo. 1952. *Persecution and the Art of Writing*. Glencoe: The Free Press.

[125]Vgl. dazu hier insbesondere Abschn. 4.4.2.

[126]Vgl. Blumenberg. Paradigmen zu einer Metaphorologie, S. 28–29.

[127]Vgl. Blumenberg. Paradigmen zu einer Metaphorologie, S. 8–9 und S. 84–86; Blumenberg. *Theorie der Unbegrifflichkeit*, S. 81.

[128]Vgl. Blumenberg. *Die Legitimität der Neuzeit*, S. 21–23. Dieses Hintergrundwissen unterscheidet sich von der durch Blumenberg kritisierten Forderung Husserls, eine *vollumfängliche (absolute)* Genese aller philosophischen Grundlagen bestehender wissenschaftlichen Methoden und Techniken anzustrengen; vgl. dazu auch hier Abschn. 3.1.

3.4 Umbesetzung als Konzept zur Methode einer anderen Rezeptionsgeschichte 71

oberflächlichen Evidenz" einher.[129] Politisch betrachtet kann ihr Einsatz zu solchen Erfahrungen führen, für die die anderen Funktionen der Rhetorik gerade Abhilfe verschaffen wollen, nämlich ein Gefühl der Ohnmächtigkeit oder Determination zu schüren. Über die rhetorische Instrumentalisierung kann die Suggestion der Unumgänglichkeit, d. h. Notwendigkeit einer bestimmten Handlung erwirkt werden, die im Zweifelsfall fatale Folgen aufweist.[130] Als Verfahren schafft sie die „kürzeste[] Verbindung zweier Punkte", durch die kein Raum mehr vorhanden ist, um den Forschungsgegenstand umfassender zu ergründen.[131] Dieser Einsatz von Rhetorik stellt ein Verfahren zur Verhinderung von Erkenntniszugängen dar.

Methodische Funktion
Es soll eine vorläufig letzte Funktion der Rhetorik nicht ausgelassen werden, die im Zusammenhang mit Blumenbergs Programmatik einer Rezeptionsgeschichte steht. Sie leistet in diesem Rahmen einen *methodischen* Zugang zu Geschichten von Wirklichkeitsbegriffen anhand intellektueller Denkbewegungen und ist insofern Instrument der funktionalen Analyse Blumenbergs.[132] Deshalb spricht er von Rhetorik als implizites Erkenntnismittel:

> „Dabei ist Rhetorik nicht nur die Technik, [ihre] Wirkung zu erzielen, sondern immer auch, sie durchschaubar zu halten: sie macht Wirkungsmittel bewußt, deren Gebrauch nicht eigens verordnet zu werden braucht, indem sie expliziert, was ohnehin schon getan wird".[133]

---

[129] Blumenberg. *Die Legitimität der Neuzeit*, S. 23.
[130] Vgl. Blumenberg, Hans. 2014a. *Präfiguration. Arbeit am politischen Mythos*, herausgegeben von Angus Nicholls und Felix Heidenreich. Berlin: Suhrkamp.
[131] Blumenberg. Wirklichkeitsbegriff und Wirkungspotenzial des Mythos, S. 372. Zum Zusammenhang des kürzesten Weges zwischen zwei Bereichen mit dem Motiv der Instrumentalisierung vgl. Blumenberg. *Theorie der Unbegrifflichkeit*, S. 19.
[132] Zur funktionalen Analyse im Sinne Blumenbergs vgl. hier Abschn. 3.3.
[133] Blumenberg. Anthropologische Annäherung an die Aktualität der Rhetorik, S. 118; der Einschub stammt von mir/CG. Ohne dass Blumenberg auf eine pädagogische Funktion der Rhetorik explizit eingegangen wäre, könnte die mitbedacht werden. So können zur Prävention einer übermäßigen Überforderung und der damit einhergehenden Gefahr der Resignation rhetorische Formen auch als Mittel zur Begleitung von Erkenntnisprozessen dienen. In Lehrsituationen können auf rhetorische Weise Zugänge zu komplexen Sachverhalten und Gedankengängen geschaffen werden, etwa indem zunächst an alltägliche Erfahrungen angeschlossen wird, um auf sie verweisende sowie über sie hinausweisende Erkenntnisprozesse anzustoßen. Dies wäre ein Mittel zur *gemäßigten Provokation*: es bricht gewohnte Denkmuster sukzessive auf und ersetzt sie nach und nach mit komplexeren Gedankengängen; vgl. dazu hier Abschn. 4.4.2.

Außer im Falle der Verhinderung von Erkenntniszugängen wird mit allen Funktionen der Rhetorik intendiert, nicht zu den potenziell oder akut bedrohlichen oder problematischen Ausgängen unter den gleichen Bedingungen zurückzukehren, sondern weitermachen und über sie hinaus kommen zu können, d. h. Denk- und Handlungsfähigkeiten sicherzustellen.[134]

Von den angeführten *Funktionen* der Rhetorik unterscheidet Blumenberg ihre *Wirkungspotenziale*.[135] Dass die Differenzen zwischen den Absichten der Handelnden, ihren Verfahrensweisen und den geschichtlichen Resultaten,[136] mitberücksichtigt werden müssen, ist Blumenberg klar.[137] Darüber hinaus macht er jedoch auf zwei *prinzipiell verschiedene Möglichkeitsräume* aufmerksam: einerseits der der *Handlungen* und andererseits der ihrer *Wirkungen*, gleichwohl sie für ihn auch nicht beziehungslos nebeneinander stehen. Diese beiden Prinzipien der Möglichkeitsräume, darauf kommt es Blumenberg in seinem Kommentar zu Weisen der Geschichtsbetrachtung an, widersprechen dem Schein einer *geschichtlichen Eindeutigkeit* durch chronologische Datierungen. So sei die an diesen hervortretende „Punktualität des Faßbaren" eher „als Präparat der rhetorischen Inszenierung" der chronologisierenden Verfahrensweise selbst zu begreifen.[138] Der uns inzwischen nicht ganz unbekannte Einwand Blumenbergs besteht darin, dass eine Epoche, besonders in einer chronologischen Darstellung, nur nachträglich als vermeintlich eindeutige Kausalitätsstruktur von Handlung und Wirkung erscheinen kann:

> „Die Handlung steht im Horizont ihrer geschichtlichen *Möglichkeiten*; aber auch ihre Wirkung ist nicht das beliebig zufällige Ganz-Andere. Auch sie steht in einem *Spielraum der Wechselwirkung* des Gleichzeitigen und Ungleichzeitigen, der integrierenden und destruierenden Interdependenz. Die Epoche ist der Inbegriff aller Interferenzen von Handlungen zu dem durch sie ‚Gemachten'. In diesem Sinne der *nicht eindeutigen Zuordnungsfähigkeit von Handlungen und Resultaten* gilt, daß die Geschichte ‚sich macht'. An den Figuren [wie hier an Kopernikus, Descartes oder dem Cusaner] erfassen wir eher die Resultate als die Faktoren".[139]

---

[134] Vgl. Blumenberg. *Theorie der Unbegrifflichkeit*, S. 47.

[135] Vgl. Blumenberg. *Wirklichkeitsbegriff und Wirkungspotenzial des Mythos*.

[136] Vgl. Blumenberg. Paradigmen zu einer Metaphorologie, S. 34–37; Blumenberg. *Die Legitimität der Neuzeit*, S. 60 und S. 545–555.

[137] In dieser Hinsicht schreibt er einleitend: „Der Satz, daß der Mensch die Geschichte mache, bedeutet eben nicht, daß das derart Gemachte nur von den Absichten und den Regeln abhängig sei, aus denen und nach denen es hervorgegangen ist" (Blumenberg. *Die Legitimität der Neuzeit*, S. 554).

[138] Blumenberg. *Die Legitimität der Neuzeit*, S. 545.

[139] Blumenberg. *Die Legitimität der Neuzeit*, S. 555; Einschub sowie Hervorhebungen stammen von mir/CG.

3.4 Umbesetzung als Konzept zur Methode einer anderen Rezeptionsgeschichte 73

Die Epoche wird bestimmt als eine Art Rahmen spezifischer Sinnzusammenhänge von Handlungen und Resultaten (Interferenz), in dem zum einen Handlungen in ihrem Möglichkeitshorizont qualifiziert werden können, d. h. das *Verhältnis von stattgehabten Handlungen zu den alternativen Handlungsmöglichkeiten* im Vorfeld der Entscheidung für sie. Zum anderen können die *Wirkungen* in Form der Integrationen und Destruktionen *in Bezug auf den vorherrschenden Wirklichkeitsbegriff* qualifiziert werden.[140] Weil die Qualifizierungen von Handlungen und Resultaten sinnvollerweise nur bezüglich ihrer je eigenen Referenzpunkte (Wirkliche Handlungen bezüglich der zu ihrer Zeit *möglichen Alternativen*; Potenziale der Wirkung bezüglich des jeweiligen *Wirklichkeitsbegriffs*) vorgenommen werden können, sind Blumenberg zufolge kausale Zuordnungen von Resultaten zu Handlungen einer gründlichen geschichtlichen Betrachtung inadäquat.[141] Gegen eine solche Logik des „Systemvergleich[s]" stellt sich Blumenbergs funktionale Analyse der *rhetorisch sich vollziehenden Umbesetzungen*, aus denen für ihn Geschichte besteht und deren Untersuchung deshalb die jeweiligen historischen Sinnstrukturen, also die Wirklichkeitsbegriffe als Welt- und Selbstverhältnisse erkannt werden können.[142]

Gegen die „Verfahrensweise" des Systemvergleichs und kausaler Ursache-Wirkungserklärungen setzt Blumenberg die „Methode" der „Interpolation", die auch seiner Opposition zur Überbetonung der Kontinuität bestimmter Substanzen oder Ursprünge entspricht und dem von ihm verfolgten Gedanken der Bedeutung von Rezeptionsgeschichten wesentlich nähersteht:

„Keiner von beiden [weder Cusaner noch Nolaner] hat Epoche gemacht, keiner ist Epochen*stifter*. Dennoch sind beide ausgezeichnet durch ihr *Verhältnis zur* Epochenschwelle. Dieses wird nicht mit ihnen oder an ihnen erfaßt, sondern durch Interpolation zwischen ihnen".[143]

---

[140] Gemeint ist damit, inwiefern die Wirkung einer Handlung – die wie am Zitat zu sehen nicht aus ihr alleine, sondern aus der Interferenz zu den Resultaten erklärt werden kann – vom bestehenden Wirklichkeitsbegriff integriert werden kann oder inwiefern sie zur (weiteren) Fragwürdigkeit des Wirklichkeitsbegriffs und damit zu seinem Verfall beiträgt.

[141] Vgl. auch Schütz' Differenzierung zwischen Handeln und Handlung (Schütz, Alfred. 1953/1971. Wissenschaftliche Interpretation und Alltagsverständnis menschlichen Handelns. In *Gesammelte Aufsätze. Bd. 1. Das Problem der sozialen Wirklichkeit*. Mit einer Einführung von Aron Gurwitsch und einem Vorwort von H. L. van Breda. Aus dem Amerikanischen übersetzt und mit einem „Nachwort zur Übersetzung" von Benita Luckmann und Richard Grathoff. Den Haag: Nijhoff, S. 3–54, hier S. 22–32).

[142] Blumenberg. *Die Legitimität der Neuzeit*, S. 555. Vgl. Blumenberg. Anthropologische Annäherung an die Aktualität der Rhetorik, S. 128.

[143] Blumenberg. *Die Legitimität der Neuzeit*, S. 555; Einschub und Hervorhebungen stammen von mir/CG. Zur Interpolation als Verfahren vgl. auch Blumenberg. Beobachtungen an Metaphern, hier insbesondere S. 165–173.

Diese Interpolation kann derart vorgenommen werden, dass die beiden Verhältnisse zu einem gemeinsamen „systematischen Bezugspunkt" untersucht wird, der im Falle des Cusaners und Nolaners die „kopernikanische Reform" bildet.[144] Dieser Bezugspunkt wird verstanden als das (wieder) Zutage-treten einer nicht umfänglich und sicher zu beantwortenden *Frage*, die insbesondere um die Stellung der Menschen zur und in der Welt kreist. Wir könnten uns diese Interpolation vorerst als eine Form des gedachten Dialogs vorstellen, aus dem heraus die Sinnhorizonte in den beiden sich voneinander unterscheidenden Antworten auf eine grundlegende, dringlich gewordene Frage erarbeitet werden kann. Daran ist für Blumenberg relevant, dass die Beleuchtung der Frage durch die Analyse der Antworten ebenso im Vordergrund steht wie die Antworten, die deshalb nicht vorrangig oder gar allein ausschlaggebend sind. Darüber hinaus muss vermerkt werden, dass Blumenberg entgegen einer vermeintlichen Austauschbarkeit der Systeme, die er am gängigen Muster des historischen Vergleichs und der damit einhergehenden Auf- oder Abwertung einer Epoche kritisiert,[145] auf der „Unvertauschbarkeit" der jeweiligen „geschichtliche[n] Position" insistiert und diese als Forschungsgegenstand an die Stelle der Geschichtslosigkeit der Systemvergleiche setzt.[146]

Es geht ihm mit der Interpolation zweier Antworten auf eine Frage insofern um die unterschiedlichen „Verhältnis[se] zu den Möglichkeiten" der Antwortenden, „etwas ‚zur Sprache zu bringen'".[147] Da sich diese Verhältnisse unterscheiden – hier der Cusaner *vor* und der Nolaner *nach* der kopernikanischen Reform sich verschiedenen Denk- und Handlungsbedingungen gegenüber sehen, also die Frage der Antwortenden zwar geteilt wird, aber auf unterschiedliche Erfahrungshorizonte (Wirklichkeitsbegriffe) hin beantwortet werden müssen, ist ihre geschichtliche Position nicht austauschbar. Wenn Blumenberg von der Interpolation *zwischen* zwei Antwortenden als Methode spricht, zielt sie deshalb auf den Grad und vor allem auf die Qualität der Fragwürdigkeit eines spezifischen Welt- und Selbstverhältnisses. Dessen Veränderung wird mit der Interpolation in den Blick genommen, die die Gründe für die Unterschiedlichkeit der Positionen erst erkennen lässt, statt sie vorschnell zu verurteilen.

---

[144] Blumenberg. *Die Legitimität der Neuzeit*, S. 556.

[145] So verdeutlicht Blumenberg, dass die gängige Abwertung des Mittelalters *im Vergleich* zur Antike und Neuzeit aus der ihm inhärenten Ignoranz gegenüber den je konkreten historisch-sozialen Lagen und den damit einhergehenden Denk- und Handlungs(un-)möglichkeiten entsteht. Nur deshalb konnte etwa der „Nolaner zur etwas düsteren Folie für die helle Gestalt des Cusaners" degradiert werden (Blumenberg. *Die Legitimität der Neuzeit*, S. 555).

[146] Blumenberg. *Die Legitimität der Neuzeit*, S. 555 und S. 556.

[147] Blumenberg. *Die Legitimität der Neuzeit*, S. 556.

Annähernde Distanzierungspraxis 4

> „*Welt ist immer und bei allen nur, was dazwischen liegt.*"
> *(Blumenberg, Hans. 1998. Theorie. In Begriffe in Geschichten. Frankfurt am Main: Suhrkamp, S. 193–194, hier S. 194.)*

Wenn wir inzwischen den Zusammenhang von Wirklichkeitsbegriffen, im Sinne von Welt- und Selbstverhältnissen, und Rhetorik so fassen können, dass jene sich in problemgeschichtlichen Rezeptionen durch rhetorische Umbesetzungen formieren, so sind wir in Annäherung daran zunächst *(1)* auf einige Typen von *Umgangsformen* mit Wirklichkeitsbegriffen (Leichtigkeit, Ernsthaftigkeit, äußerster Ernst) und *(2)* auf unterschiedliche *Funktionen* der Rhetorik als pragmatisches Mittel zur Bewältigung von Situationen des Evidenzmangels bei gleichzeitiger Denk- und Handlungsbedürftigkeit (theoretische Orientierung, Verbergung und methodischer Zugang sowie praktische Orientierung und Erkenntnisverhinderung) eingegangen. Außerdem wurden *(3)* Verbindungen dieser Umgangstypen und Funktionen mit Graden der Selbstverständlichkeit von Wirklichkeitsbegriffen (zwischen Krise und weitgehend unhinterfragter Geltung) angedeutet. Allerdings blieb bis jetzt Blumenbergs Verständnis von Rhetorik ‚als solcher' weitestgehend ausgespart.

Im Verlauf der folgenden Ausführungen soll sein Rhetorikverständnis deshalb nachholend thematisiert werden, und zwar als ein Teil der Konzeptionalisierung von Sprache als Distanzierungspraxis. Hierzu wird zunächst an einen Gedanken angeschlossen, der im Ausgang des letzten Abschnitts zur Umbesetzung angeklungen war, nämlich welche Bedeutung dem *Verhältnis von Frage(n) und Antwort(en)* innerhalb einer Denkbewegung zukommt (Abschn. 4.1). Dieses wird als weiteres Element des methodischen Zugangs zum Komplex von Denkbewegungen und Wirklichkeitsbegriffen ergründet und auf dessen *Typologie* hin befragt. Blumenberg erweitert damit die Anlage von rezeptionsgeschichtlichen Untersuchungen, indem das bisher zentrale Konzept der Umbesetzung um eine systematische Perspektive ergänzt wird. In diesem Sinne verbindet sich die historisch-funktionale Analyse mit dem systematischen Anspruch, der sich in der Interpolation als Gegenmethode zum gängigen Systemvergleich angekündigt hat. Hiernach führen wir die Konzeption der Denkbewegungen als Distanzierungspraxen[1] in drei Schritten (Abschn. 4.2) ein und verorten sie, insbesondere anhand seiner Erwägungen zu einer *Theorie der Unbegrifflichkeit*: im anthropologischen Spannungsfeld *zwischen Sicherheits- und Freiheitsbedürfnis* (Abschn. 4.2.1), in der erkenntnistheoretischen Differenzierung der Distanzleistungen von *Begriffen und Metaphern* (Abschn. 4.2.2 und 4.2.3) sowie im methodischen Spannungsverhältnis zwischen sogenannter *Minimal- und Maximalmethode* (Abschn. 4.2.4). Eine genauere Betrachtung erfährt anschließend der Grenzfall der Metapher, indem das erhöhte rhetorische Potenzial von *Mythen* zwischen Erkenntnisgewinn und instrumentalisierbaren Distanzverlust verhandelt wird (Abschn. 4.3), um die Konsequenzen dieser beiden möglichen Rezeptionswirkungen in ihrem politischen Gehalt zu verstehen. Eine als *Zwischenstand* verdichtete Zusammenfassung (Abschn. 4.4.1) ermöglicht, auf die beiden grundsätzlichen *Wirkungsweisen rhetorischer Mittel in ihrem Verhältnis zueinander* einzugehen (Abschn. 4.4.2). Übergreifendes Ziel der folgenden Abschnitte ist es, mit und an einem Teil von Blumenbergs Arbeiten Einsichten in dessen ungewöhnliche und zugleich instruktive Zugangsmöglichkeit zu Ideen- als Rezeptionsgeschichten anhand einiger seiner theoretischen Grundmotive zu erhalten. Gemeinsam mit den vorhergehenden, eher methodologisch orientierten Erwägungen könnten sie sich, so die im Weiteren zu begründende Eingangsvermutung dieser Arbeit, etwa für Analysen der kultursoziologisch interessierten Ideengeschichte(n) als hilfreich erweisen (5.).

Der an den hier besprochenen Arbeiten Blumenbergs entfalteten Lesart liegt die Auffassung zugrunde, dass seine philosophische Denkbewegung sich grundsätzlich als ein Einsetzen für Zwischenpositionen charakterisieren lässt, darunter insbesondere für eine Position, die das Spannungsverhältnis zwischen Subjekt(vierung) und Objekt(ivierung) präsent halten und analysieren möchte. Dieses vehemente Einstehen für „das Zwischen" als „Vermittlung zwischen Subjekt und Objekt" rührt vor allem vom Widerstand gegen jeglichen Absolutismus her oder anders formuliert: vom Widerstand gegen extreme Formen der Vereinseitigung, den Blumenberg in seiner Habilita-

---

[1] Vgl. Blumenberg. *Die ontologische Distanz*, S. 46.

tion ankündigt.[2] Dort wird bei näherem Hinsehen unter die begrifflichen Anleihen bei Martin Heidegger erkennbar, dass Husserl *und* Heidegger – der Sinnstruktur ihrer Denkbewegungen nähert sich Blumenberg über das seiner Habilitation den Titel gebende Konzept der *ontologischen Distanz* an – als Extrempole moderner wissenschaftlicher Einstellungen qualifiziert werden, die sich eines „Ursprünglichkeitswahns verdächtig" machen.[3] Denn beide versteifen sich auf einen *letzten* Grund (in Form des *absoluten Wesens*kerns oder *Ursprungs*) ihres jeweiligen Forschungsgegenstands.[4] Er richtet sich mit seiner impliziten Kritik an den zwei als Protagonisten der Moderne ausgewiesenen Denkern gegen die Möglichkeit der Prämisse und das Ziel einer „Reinheit des Subjekts wie des Objekts", welche unter anderem auch in der Phänomenologie zum Tragen gekommen ist.[5] Blumenbergs Einsatz für dieses ‚Zwischen' wird deshalb zentrale Bedeutung einnehmen für das Verständnis einer Denkbewegung als *Bewegung* im Zwischenraum der Extrempole. Er rückt damit, wie wir bereits zuvor an Teilen seines methodischen Vorgehens sehen konnten, den Umstand in den Vordergrund, dass Denkbewegungen immer auch einbegriffen sind in historisch-soziale Lagen. Anders als die Vorstellung von der Determination durch die jeweilige geschichtliche Situation, versteht Blumenberg Denkbewegungen jedoch als einen Prozess, durch den sich ihre Träger*innen mit ihrer Lage in ein spezifisches Verhältnis setzen. Diese Situationen, wie wir im Weiteren sehen wollen, entspannen sich selbst wiederum zwischen den Polen der notwendigen Selbsterhaltung (Überleben und Existenzsicherung) und der Möglichkeit der freien Variation (Fantasie).

4.1 Das Verhältnis von Fragen und Antworten und ihre Typologie – Anmerkungen zur Interpolation

Wenn Blumenberg im Zusammenhang mit dem rhetorischen Verfahren der Umbesetzung, aus denen, wie er sagt, Geschichte besteht, von einem „Fragenüberhang" spricht, mit dem er auf die „Überständigkeit des Systems der Fragen über einen Epochenwandel hinweg und ihr[en] Einfluß auf die unter neuen Prämissen möglichen

---

[2] Hetzel, Andreas. 2012. Lob der Uneigentlichkeit. Blumenberg und die Rhetorik. In *Journal Phänomenologie* 35, S. 36–51, hier S. 38. Zum narrativen Charakter des *Absolutismus der Wirklichkeit* vgl. Blumenberg. Arbeit am Mythos, S. 9–39 und hier besonders S. 9–16.
[3] Blumenberg. *Arbeit am Mythos*, S. 28. Vgl. Nicholls, Angus. 2015. *Myth and the Human Sciences. Hans Blumenberg's Theory of Myth*. London: Routledge, S. 30–31.
[4] Vgl. Blumenberg. *Die ontologische Distanz*, S. 261–285.
[5] Hetzel. Lob der Uneigentlichkeit, S. 38; Vgl. auch Blumenberg. Lebenswelt und Technisierung unter Aspekten der Phänomenologie, insbesondere S. 24–53; dazu hier der Abschn. 3.1.

Antworten" hinweist, so können wir daran einen Grundsatz desjenigen Verhältnisses erkennen, in das Denkbewegungen eingelassen sind.[6] Es geht um *nicht umfänglich und abschließend definierbare Begriffe von Ideen* (wie zum Beispiel der Gerechtigkeit, Freiheit, Geschichte) und deshalb auch, wie wir im Weiteren sehen wollen, um nicht letztgültig beantwortbare Fragen. Diesen muss, weil sie immer wieder den Gegenstand von je unterschiedlich bedingten Denkbewegungen darstellen, geschichtlich, d. h. zur Erinnerung *vorläufig* und insofern pragmatisch geantwortet werden. In seinen *Paradigmen zu einer Metaphorologie* spricht Blumenberg von „Fragen präsystematischen Charakters" oder „fundierenden Fragen – auch wenn sie nie ausdrücklich gestellt sein sollten", darunter etwa: „Welchen Anteil hat der Mensch am Ganzen der Wahrheit? In welcher Situation befindet sich der Wahrheit Suchende [...]?"[7] Die erste hatten wir zuvor mit Blumenberg als die *grundsätzliche* Frage nach der Stellung der Menschen in der Welt und dem Verhältnis zu ihr gefasst, während die zweite neben der Vorstellung von der Lage *aller* menschlichen Wahrheitssuchenden, vor allem eine *spezifische* umfasst, nämlich die der jeweils konkreten, geschichtlichen Lage der Beobachter*in oder wie er sie im ersten Kapitel seiner *Beobachtungen an Metaphern* auch fasst, die nach der *Lokalisierung* der Beobachter*in als Aufgabe.[8]

Diese Lokalisierung nimmt er in verschiedenen Analysen vor, gleichwohl nicht zum Zwecke der Darstellung geschichtlicher Lagen um ihrer selbst willen, sondern zur „Erschließung der Fragen, auf die Antwort gesucht und versucht wird" und das heißt auch: des eigenen Handelns im Horizont der Möglichkeiten.[9] Durch Interpolation zwischen Dokumenten zweier Theoriefiguren ergründet er die Spezifik ihrer Ausdeutungen der grundlegenden Fragen, die hinsichtlich der gleichen Epochenschwelle (wieder) dringlich geworden sind, aber unter alten und neuen Bedingungen und Prämissen jeweils unterschiedlich beantwortet werden (müssen). Neue Prämissen, denen, wenn wir uns erinnern, *andere Verhältnisse zu den Antwortmöglichkeiten* korrespondieren als den vorherigen Denk- und Handlungsbedingungen, erlauben eine Entwicklung und Konkretisierung von Perspektiven, die von traditionellen Antworten auf die in Rede stehende Frage abweichen, wodurch sich eine neue Sinnstruktur formieren kann. Solche Umbesetzungen der bisherigen Bedeutungen begrifflicher Sinnzusammenhänge finden in Zeiten statt, da „Positionen von Antworten" allmählich „vakant geworden[]" sind und „deren zugehörige Fragen nicht eliminiert werden konnten".[10]

---

[6] Blumenberg. *Die Legitimität der Neuzeit*, S. 75.
[7] Blumenberg. Paradigmen zu einer Metaphorologie, S. 13.
[8] Vgl. Blumenberg. Beobachtungen an Metaphern, S. 161–171.
[9] Blumenberg. Paradigmen zu einer Metaphorologie, S. 13.
[10] Blumenberg. *Die Legitimität der Neuzeit*, S. 75.

4.1 Das Verhältnis von Fragen und Antworten und ihre ...

Wenn wir in diesen Kontext Blumenbergs Untersuchung über die *Arbeit am Mythos* miteinbeziehen, erkennen wir eine interessante Erweiterung der bisher konstatierten Implizität von Fragen in Antworten. Er geht darauf ein, dass sich ein merk- und denkwürdiger Prozess erkennen lässt, in den die Konstellation von Frage und Antwort eingelassen ist, die mit Mythen in ausgezeichneter Weise zu tun hat. Damit hinterfragt er die traditionelle Vorstellung, dass Fragen den Antworten vorausgehen.[11] *Vor* dieser Reihenfolge, so Blumenberg, lässt sich noch ein weiterer Schritt erkennen:

„Die Fragen sind das, was sich *erst* herausstellt, wenn die Leistung der Imaginationen und Aussagen unter den Druck der Zuordnungsforderung gerät, worauf denn Antwort, Bestärkung, Zuspruch, Anweisung gegeben werde".[12]

Imaginative Geschichten werden Blumenberg zufolge zunächst erzählt, um einer „Furcht und Ungewißheit zu begegnen", was bedeutet, „die Fragen nach dem, was sie erregt und bewegt, nicht aufkommen oder nicht zur Konkretion kommen zu lassen".[13] Mythen, die einen Abbau von Furcht und Ungewissheiten leisten, können auf ihre weiteren oder genaueren Sinngehalte *befragt* werden, *nachdem* sie die Entlastung von der übermäßigen Unbestimmtheit einer Situation erwirkt haben. Die mythische *Dogmatik* ist so gesehen erst ein später Mechanismus zur „Verdrängung" *alternativer* Antworten, die sich auf die durch Mythen formulierbaren Fragen und auf sie bezogenen Antworten konzipieren lassen, um *Letztgültiges* zu suggerieren.[14] Die Vorstellung von zu jeder Zeit gegebenen (Ursprungs-)Fragen ist demzufolge eine spätere, die sich insbesondere im Zuge der philosophischen Disziplinierung entwickeln konnte: „Das ermöglichte zu fordern, sie seien ebenso präzise zu beantworten wie sie als gestellt *unterstellt* waren".[15] Diese Unterstellung der ebenso ursprünglichen wie ewigen Gegebenheit von Fragen, so Blumenberg, ist „die Inversion des geschichtlichen Sachverhalts".[16] Dieser bestehe in den er-

---

[11] Vgl. Blumenberg. *Arbeit am Mythos*, S. 203. Vorbereitet findet sich diese bereits in einem frühen Beitrag zu *Studium Generale* 1959 veröffentlicht, in dem er schreibt: „Das Christentum [...] *machte* alles das in der Tradition zur *Frage*, worauf es die *Antwort* darstellen zu können glaubte" (Blumenberg. Kritik und Rezeption antiker Philosophie in der Patristik, S. 269; die Hervorhebung des Worts „machte" stammt von mir/CG).

[12] Blumenberg. *Arbeit am Mythos*, S. 203. Dieser Gedanke korrespondiert einer Umgangsform mit einem Wirklichkeitsbegriff, die wir zuvor angeführt haben: der Ernsthaftigkeit. Vgl. hier Abschn. 3.2.

[13] Blumenberg. *Arbeit am Mythos*, S. 204.

[14] Blumenberg. *Arbeit am Mythos*, S. 202–203, hier S. 203.

[15] Blumenberg. *Arbeit am Mythos*, S. 203; Hervorhebung von mir/CG.

[16] Blumenberg. *Arbeit am Mythos*, S. 203.

zählten Geschichten, die – indem sie die furchtsame Ungewissheit abschwächen – das Aufkommen von (Nach-)Fragen an sie erst ermöglichen. Die gängige Reihenfolge von Frage und Antwort müsse demnach, um sachgemäß betrachtet zu werden, mit dieser erweiterten Einsicht umgekehrt lauten: *(1)* imaginative *Erzählungen* werden als Antworten auf eine furchterregende Ungewissheit vorgetragen, um die Lage zu entspannen und sie vorerst zu bewältigen (Herstellung von Handlungsfähigkeit). In Bezug auf diese Narrative können dann *(2) Fragen* gestellt werden. Zu ihrer Beantwortung werden *(3)* begriffliche Konzeptionen und *Präzisierungen* der ersten imaginativen Geschichten erarbeitet und zuletzt *(4)* Dogmatisierungen *einer* Antwort zur Verdrängung ihrer Alternativen möglich.

Was Typologien zur Untersuchung dieses erweiterten Komplexes von Geschichten, Fragen und Antworten Blumenberg zufolge beitragen können, ist „zu befestigen, was sich geschichtlich als ständige Suche nach dem Spielraum des Möglichen realisiert".[17] So sei der Charakter von Typologien gerade nicht der eines „Warenhausangebot[s]", welcher ihnen wenigstens zum Zeitpunkt der Veröffentlichung seines Aufsatzes *Beobachtungen an Metaphern* (1971) vorgeworfen wurde.[18] Denn dieser Vorwurf unterstellt Typologien, die „Vorstufe eines dezisionistischen Aktes" zu sein.[19] Im Gegenteil sieht Blumenberg die „Funktion von Typologie[n]" darin, hinter diese „schon stattgefundene[n] dezisionistische[n] Prozesse" zu treten und „das vollständige *Feld der Möglichkeiten* zu präsentieren, also noch *dem Vorurteil entgegen zu halten*, was überhaupt an Urteilen möglich gewesen wäre, und ihm nachzubringen, was es noch ist".[20] Eine solche Typologie ermöglicht die sinnadäquate Lokalisierung eines *schon gefällten* Urteils, darunter auch die einer dominierenden (‚wissenschaftlichen') Meinung oder Entscheidung für bestimmte Begriffe und Methoden, indem sie dieses Urteil mit den, zur gleichen Zeit bestehenden, Alternativen ‚konfrontiert'. Mit Typologien kann eine getroffene Entscheidung ins Verhältnis zu dessen Alternativen gesetzt und dadurch ihre Bedeutung qualifiziert werden: „Sicher kann Typologie nie ein Endprodukt von Theorie sein; aber sie ist ein wesentlicher Schritt der Rationalisierung mit der ihr immanenten Frage: welches sind die in einer Position implizierten Negationen?"[21]

Erinnern wir uns zunächst an das Verständnis von *Wirklichkeit als Kontrastbegriff*, dessen methodische Implikation Blumenberg hinsichtlich der erforderlichen Umwegigkeit oder Indirektheit einer Analyse eines Wirklichkeitsbegriffs formu-

---

[17] Blumenberg. Beobachtungen an Metaphern, hier S. 165.
[18] Blumenberg. Beobachtungen an Metaphern, S. 164.
[19] Blumenberg. Beobachtungen an Metaphern, S. 165.
[20] Blumenberg. Beobachtungen an Metaphern, S. 164; Hervorhebung von mir/CG.
[21] Blumenberg. Beobachtungen an Metaphern, S. 165.

liert: „[I]n dem Augenblick, in dem einem praktischen Verhalten, einem theoretischen Satz ihr Realitätsbezug bestritten wird, kommt zutage, unter welchen Bedingungen jeweils von Wirklichkeit gesprochen werden kann";[22] und erinnern wir uns außerdem an seine Anlage der Rezeptionsgeschichte, der zufolge auch die Aufgabe zufällt, nach den *Leerstellen* einer Rezeption zu fragen, dann können wir nun den *Zusammenhang* dieser, den *Wirklichkeitsbegriff* und seine *Leerstellen* betreffenden, Aussagen mit Blumenbergs *Typologieverständnis* betrachten. Blumenberg visiert die Einsicht in die erst mit den Geschichten möglich gewordenen Frage(n) an. Zur Annäherung an ihre Bedeutungsvielfalt untersucht er die Antworten auf sie eingedenk ihrer unterschiedlichen historisch-sozialen Möglichkeitsbedingungen. Die den Antworten inhärenten Wirklichkeitsbegriffe schließen bestimmte Perspektiven, Erfahrungen, Phänomene als unwirkliche aus sich aus (Negationen) oder rezipieren sie nicht (Leerstellen), da sie in die jeweils geltende Sinnstruktur des Wirklichkeitsbegriffs nicht integriert werden können und das Bedürfnis nach Einheitlichkeit, Konsistenz und Kontinuität Widersprüche nur schwer erduldet. Diese Leerstellen oder Negationen gehören dennoch zum Bedeutungsraum der Frage, sodass Blumenberg das *Verhältnis von Homologie* der gefällten Entscheidung für *ein* Urteil und der *Heterologie* der Elemente im Bedeutungsraum der auftretenden Fragen untersucht. Dies verstehen wir als zentrale Größen der Methode der Interpolation.

Dabei zielt eine solche typologisch angelegte Interpolation nicht auf ein unverbundenes Nebeneinanderstellen oder reines Aufzählen der Antwortkomplexe, sondern mit ihr können die jeweiligen, unterschiedlich bedingten Antworten zueinander in Bezug zur Frage gesetzt werden. Zum einen wird dadurch das *Verhältnis zwischen zwei Wirklichkeitsbegriffen geschichtlich qualifiziert*, da mit dem Konzept der Umbesetzungen zu sehen ist, wie erst durch die fortwährende Arbeit an einem Wirklichkeitsbegriff andere Sinngehalte zutage treten können, die zuvor nicht in der Form gedacht und anschlussfähig gemacht werden konnten und die all-

---

[22] Blumenberg. Wirklichkeitsbegriff und Möglichkeit des Romans, S. 48. Er führt daraufhin den besonderen Zusammenhang zwischen der Auffassung von Wirklichkeit als Kontrastbegriff und der (Dicht-)Kunst aus: „Also gerade dadurch, daß dem poetischen Gebilde von allem Anfang unserer Tradition an seine Wahrheit bestritten worden ist, ist die Theorie von der Dichtung zu einem systematischen Ort geworden, an dem der Wirklichkeitsbegriff kritisch hereinspielen und aus seiner präformierten Implikation heraustreten muß" (S. 48–49). Wir können hierin einen weiteren Beleg für unsere vorherige Vermutung sehen, dass die Kunst, darunter die Literatur im Besonderen, einen möglichen und guten Ausgangspunkt für Untersuchungen von Wirklichkeitsbegriffen darstellt. Denn ihr gilt der Wirklichkeitsbegriff nicht „in der gleichen Form selbstverständlich wie etwa im Alltag, in welchem er „als das Selbstverständlichste und Trivialste von der Welt erscheint und was auszusprechen [] nicht der Mühe wert wird" (S. 49). Dieser Zusammenhang von Epochenbewusstsein und Kunst wird später noch einmal eingehender behandelt (vgl. hier u. a. Abschn. 4.3.2).

mählich zu einem anderen Wirklichkeitsbegriff führen können. Zum anderen wird dieses Heraustreten des einen aus dem anderen Wirklichkeitsbegriff *nicht als deterministisches, lineares und deshalb schicksalhaftes Abfolgeverhältnis* aufgefasst, sondern als Entscheidung für oder gegen eine plausible Antwort unter anderen möglichen (mehr oder weniger plausiblen) Antworten vor dem Hintergrund bestimmter Interessenlagen untersucht. Durch diese Rekonstruktion eines *Feldes an (Entscheidungs- oder Urteils-)Möglichkeiten* ist erstens die *historische Lage eines gefällten Urteils* bestimmbar, und zwar mit einer Analyse der Sinnstruktur eines Wirklichkeitsbegriffs. Zweitens wird durch die Interpolation mit den Sinnstrukturen anderer Wirklichkeitsbegriffe eine *systematische* Lokalisierung eines Welt- und Selbstverhältnisses hinsichtlich der *grundlegenden Frage* möglich.

So verstanden erweist sich Blumenbergs Versuch, den Möglichkeitsraum durch typologische Arbeit zu befestigen, als historische Untersuchung in systematischer Absicht, welche die Annäherung an den Bedeutungsraum einer fundierenden Frage über die mit ihr gewonnenen und auf sie formulierten Antworten, ihre Beziehungen zueinander und die jeweiligen Leerstellen und Negationen erzielt. Die Typologie ist insofern theoretisch vorläufig, da sie erst ermöglicht, das bisher Unbesprochene und Ausgeschlossene (Möglichkeiten des gegenwärtigen Wirklichkeitsbegriffs und Alternativen zu ihm) schrittweise zu erschließen. Dieses Unerschlossene weist auf die Bedeutung der historisch-funktionalen und systematischen Analysen für die eigene Gegenwart hin. Wir sehen an der Vorstellung vom Weg der Annäherung an den grundsätzlichen Sinnhorizont einer Frage über die spezifischen historischen Sinnstrukturen der Antworten in diesem doppelten Sinne der Vor- *und* Nachzeitigkeit (dass die Antworten als Geschichten der Frage vorausgehen *und* auf sie hin formuliert werden) andeutungsweise den Charakter, den Blumenberg den Denkbewegungen als umwegige zuschreibt.[23] Folgen wir ihm in theoretischer Hinsicht weiter, können

---

[23] Das Motiv der Vor- und Nachzeitigkeit hatten wir bereits im Zusammenhang von Blumenbergs Behandlung des Phänomens der Technisierung mit dem Hinweis darauf vorliegen, dass die „Sphäre, in der wir *noch* keine Fragen stellen, identisch wird mit derjenigen, in der wir keine Fragen *mehr* stellen" (Blumenberg. Lebenswelt und Technisierung unter Aspekten der Phänomenologie, S. 41). Wir können nun genauer erkennen, wie sich die Sphären benennen lassen: die *Lebenswelt*, in der nach Husserl noch keine Fragen gestellt werden, kann nach Blumenberg identisch werden mit der *Philosophie*, indem sie eine abschließende Antwort oder das Ziel schlechthin in ihrem Besitz glaubt und in dieser Hinsicht keine Fragen mehr stellt. Blumenberg erkennt zuvor mit Husserl und über ihn hinaus, dass die Technisierung selbst aus den theoretischen Voraussetzungen und Bedingungen der Neuzeit entstehen konnte, die in ihren Folgen zurückwirkt auf die Bedingungen der Theorie- und Methodenbildung. Dem entspricht das Paradox, in dem die moderne Unselbstverständlichkeit der Welt (Kontingenz) und des Umgangs mit ihr selbstverständlich wurde, sodass der daraus folgende *unendliche Arbeitscharakter* der Neuzeit nicht nur die Philosophie, sondern auch die (angewandten) Wissenschaften und die materielle technische Produktion – in der Lebenswelt –

wir die Umwegigkeit des Denkens selbst an den sprachlichen Größen der Begriffe und Metaphern erkennen. Ihre Bedeutungen zu bedenken ist wichtig, insofern der Zusammenhang von Denkbewegungen und Rhetorik uns weitere Hinweise gibt, um auch die Welt- und Selbstverhältnisse von Soziolog*innen untersuchen zu können.

4.2 Distanzierungspraxen

Die anleitende Prämisse in Blumenbergs Arbeiten für die Praxis des Denkens als Bewegung ist eine anthropologische, und zwar die von Menschen als „Wesen der *actio per distans*".[24] Damit geht einerseits die Fähigkeit einher, Begriffe zu bilden, und zwar zunächst, um Handlungen planen zu können. Als Größen der Denkbewegung werden Begriffe auf die Vernunft bezogen, indem sie sich auf sie hin *und* von ihr weg bewegen können. Dabei sind sie „nicht die Erfüllung der Intentionen der Vernunft, sondern nur deren Durchgang, deren Richtungnahme".[25] Andererseits liegt eine Gefahr in der begrifflichen „Vollendung", sofern mit dem Abschluss einer „Terminologie" auch eine Abkehr von der Vernunftorientierung einhergeht, denn durch Terminologisierung kann „die Erfüllung der Ansprüche der Vernunft behindert oder gar inhibiert" werden.[26] Bevor wir diesen Komplex von Begriffen zwischen diesen Möglichkeiten, sich der Vernunft zu- oder abzuwenden,

---

betrifft. Blumenberg kritisiert Husserl dann genau an diesem Umstand, nämlich die *typische Fragwürdigkeit* nicht erkannt zu haben *als implizite und herrschende Einstellung* zur oder *in der Lebenswelt*, weil er die Philosophie so streng gegen sie abgrenzte. Damit hat Husserl die Kontingenz, die bereits das Welt- und Selbstverhältnis kennzeichnete, als immer dringlicher gewordenes Problem der Neuzeit durch die Verabsolutierung der theoretischen Größe philosophischer Intention selbst zugespitzt, welches er doch eigentlich mit seiner *Krisis*-Schrift lösen wollte. Daraus folgt für Blumenberg die Notwendigkeit, die Philosophie in Verbindung ihrer historisch-sozialen Situationen und deshalb selbst als historische Größen zu untersuchen, bevor der Philosophie eine voreilige und vollständige Unabhängigkeit von ihren Forschungsgegenständen – wie etwa der Lebenswelt – bescheinigt wird, was das Problem eher verschärft als es in seinen Konsequenzen – auch für die Philosophie – zu verstehen. Den Lebensweltbegriff Husserls ersetzt Blumenberg in diesem Sinne mit dem *Wirklichkeitsbegriff*, sodass die historischen *Verbindungen zwischen philosophischer und lebensweltlicher Praxis untersucht* werden können, ohne vorschnell eine *Identität* beider noch ihre absolute *Gegnerschaft* vorauszusetzen; vgl. dazu hier Abschn. 3.1. Diese Konzeption des Wirklichkeitsbegriffs erlaubt Blumenberg nicht nur die Umwegigkeit der von ihm untersuchten Denkbewegungen anhand der Vor- und Nachzeitigkeit innerhalb von Rezeptionsprozessen zu erklären, sondern auch uns, seine eigene philosophische Denkbewegung nicht vorschnell auf ein Schema zu reduzieren.

[24] Blumenberg. *Theorie der Unbegrifflichkeit*, S. 10.
[25] Blumenberg. *Theorie der Unbegrifflichkeit*, S. 10–11, hier S. 10.
[26] Blumenberg. *Theorie der Unbegrifflichkeit*, S. 11.

ergründen, wollen wir zunächst verstehen, inwiefern Blumenberg Denkbewegungen als Teil menschlicher Distanzierungspraxen konzipiert.

Bereits das Wort der Distanz impliziert, wenn wir einen Moment bei diesem verweilen, ein *Verhältnis von Nähe und Ferne* zwischen (mindestens) zwei Größen, hier zwischen der *Begriffsbildung* und ihrer möglichen, aber nicht notwendigen Zielgröße, der *Vernunft*. Es handelt sich um ein Verhältnis der Vermittlung, insofern eine Distanz zwischen Größen ihre Identifikation ausschließt – ansonsten könnten sie ineinander aufgehen, wodurch die Entfernung zwischen ihnen aufgehoben wäre. Als Prozess beinhaltet eine Distanzierung weiterhin, dass es *unterschiedliche Grade* von Nähe und Ferne geben kann, sodass eine Bewegung zwischen beiden Größen, eine zueinander hin, voneinander weg oder umeinander herum möglich wird. Durch das Konzept der Distanz wird mit der Entfernung *zwischen* zwei Größen gleichzeitig auf ihre *Verbindung* hingewiesen. Sobald eine Vorstellung von einer Entfernung besteht, setzt sie die beiden Größen in einen Zusammenhang, der die Form der Entfernung qualifiziert und einen Fokus auf den ‚Weg' zwischen ihnen legt.[27]

„Der Begriff", heißt es in Blumenbergs *Theorie der Unbegrifflichkeit*, „ist aus der *actio per distans*, aus dem Handeln auf räumliche *und* zeitliche Entfernung entstanden".[28] Es liegen uns mit Raum und Zeit zwei Dimensionen von Distanz vor, die auch – wie im Fall der Herstellung einer Falle[29] – gemeinsam auftreten können. Bei „räumlich[er] oder zeitlich[er]" *Vergrößerung* der Distanz „bleibt nur noch der Begriff, der seinerseits die ganze Skala der sinnlichen Erreichbarkeit vertritt", übrig.[30] Der Begriff fungiert demnach als Vertretung einer abwesenden Größe, indem er sie als anwesend vorstellt. Von dieser Situation ausgehend kann sich *theoretisches* Denken entfalten.

Da Blumenberg die actio per distans dezidiert als grundlegend menschliche Verfahrensweise versteht, bettet er Denkbewegungen in ein spezifisches anthropo-

---

[27] Vgl. bereits Blumenberg. *Die ontologische Distanz*, S. 46, besonders Anm. 18.

[28] Blumenberg. *Theorie der Unbegrifflichkeit*, S. 11.

[29] Eine Falle impliziert, dass Fallensteller und Fallenopfer nicht gleichzeitig am selben Ort sind. Darin liegt in der Anlage der Falle sowohl die räumliche als auch zeitliche Distanz, ermöglicht durch eine notwendige *Erwartung* bei potenziellen Fallenstellenden von der noch (zeitlich) vorhandenen (räumlichen) Abwesenheit des Opfers und dessen potenzieller Anwesenheit. Distanzierungspraxis ist in diesem Fall eine *präventive*: die Falle muss gefertigt werden, *bevor* etwas in die Falle gehen kann, und sie muss *adäquat* gefertigt sein, d. h. es musste wenigstens eine grobe Vorstellung von „Figur und Maße, d[er] Verhaltensweise und Bewegungsart eines erst erwarteten, nicht gegenwärtigen […] Gegenstandes" vorliegen. Dies unterstreicht die planerische Seite der Distanznahme „Falle" (Blumenberg. *Theorie der Unbegrifflichkeit*, S. 10–14, hier S. 10).

[30] Blumenberg. *Theorie der Unbegrifflichkeit*, S. 9.

4.2 Distanzierungspraxen

logisches Verhältnis von Praxis und Theorie ein, welches in Vorbereitung der systematischen Unterscheidung zwischen Begriff und Metapher (Abschn. 4.2.2 und 4.2.3) relevant ist. Hierfür spielt die „teleologische Anthropologie der Griechen und Römer", besonders ihre Vorstellung von Theorie als Blickrichtung gen „*Sternenhimmel*",[31] die über den eigenen „räumlichen und [...] zeitlichen", d. h. den „alltäglich-lebensweltlichen Horizont der Einzeldinge und des Umgangs" hinausgeht,[32] eine wichtige Rolle für die Bewegung des Denkens zwischen der Notwendigkeit der Bewältigung unmittelbar im Alltag anfallender, lebenspraktischer Aufgaben einerseits und der „Muße" zur Theorie andererseits.[33] Die *Bewegung zwischen Praxis und Theorie* ist „kein konfliktfreier Aufstieg [...] von der Objektivierung und Begriffsbildung zur Totalität, zur Idealität", mit dem wir es bei der Annäherung an fundierende Fragen zu tun haben. Das Konflikthafte an diesem Aufstieg wird von Blumenberg spezifiziert als „die Möglichkeit" *und* „die Gefahr", die in „der Vernachlässigung dessen" liegen, „was [...] ‚das Leben' genannt worden ist", worunter auch die Begriffe „die Wirklichkeit, der Realismus, die Praxis, die Existenz" fallen.[34]

Zugleich berühren für Blumenberg grundsätzliche Fragen *die Ideen der Vernunft*, darunter etwa solche, die sich um „die Welt, das Ich, die Zeit, de[n] Raum" drehen.[35] Von ihnen kann kein abschließender Begriff im terminologischen Sinne gebildet werden, weshalb sich eine Idee der Vernunft und ein auf sie bezogener Begriff in einem dauerhaften Distanzverhältnis befinden. Ideen sind keine Größen, die unmittelbar vor uns stehen können und die wir deshalb ergreifen oder begreifen könnten, sondern sie werden *als* Gegenstände behandelt. Diese begrifflichen „Ideen-Regeln" nähern sich ihren Zielgrößen also an, indem sie sie so behandeln, „*als ob* sie Gegenstände wären".[36] Blumenberg macht allerdings darauf aufmerksam, dass Begriffe als „Mittel" zu verstehen – „um von Subjektivität zur Objektivität zu kommen, die in jeder Intersubjektivität, in jeder Vergesellschaftung unvermeidlich wird" – nicht bedeutet,[37] dass „Objektivität [...] die Endgültigkeit der Dissoziation vom Tier" erreicht.[38] Objektivität ist „noch nicht ein Ziel, sie ist zunächst ein Mittel, um miteinander *handeln* zu können".[39] Aus dieser „*in-*

---

[31] Blumenberg. *Theorie der Unbegrifflichkeit*, S. 15.
[32] Blumenberg. *Theorie der Unbegrifflichkeit*, S. 16.
[33] Blumenberg. *Theorie der Unbegrifflichkeit*, S. 10.
[34] Blumenberg. *Theorie der Unbegrifflichkeit*, S. 16.
[35] Blumenberg. *Theorie der Unbegrifflichkeit*, S. 9.
[36] Blumenberg. *Theorie der Unbegrifflichkeit*, S. 9; Hervorhebung von mir/CG.
[37] Blumenberg. *Theorie der Unbegrifflichkeit*, S. 14.
[38] Blumenberg. *Theorie der Unbegrifflichkeit*, S. 15.
[39] Blumenberg. *Theorie der Unbegrifflichkeit*, S. 15.

strumentelle[n] Objektivierung" kann allerdings mehr werden als ein bloßes Mittel:[40] sie erfüllt die Voraussetzung, dass wir uns anderem als dem zu Planenden oder Planbaren zuwenden können. Sie entlastet zuerst von dem, was unmittelbar ansteht, um Zeit zu schaffen für das, was wir Müßiggang nennen können.[41]

In diesem Zusammenhang zeigt sich für Blumenberg „[d]as Ideal der Theorie" etwa bei den Griechen und Römern darin, dass der mit ihr verbundene Himmel „nicht als Mittel zu betrachtende[r] Gegenstand[]", d. h. nicht als nutzbarer Gegenstand aufgefasst wurde; und daraus, dass er *kein* „*Mittel sein kann*" folgt, dass Theorie „die Totalität selbst, die die Mittel umspannt", sein muss.[42] Um die Funktionsweisen von Denkbewegungen zu verstehen, wollen wir im Weiteren die Objektivierung als Mittel der theoretischen *und* lebensweltlichen Praxis näher bestimmen, und zwar hinsichtlich ihrer Distanz zu den genannten Größen der Vernunft, Ideen und Theorie.

4.2.1   ... anthropologisch zwischen Überleben und Genuss

Zum Ende des einleitenden Abschnitts zur *Theorie der Unbegrifflichkeit*, der den folgenden *Exkurs über Ökonomie und Luxus*[43] vorbereitet, formuliert Blumenberg den Anspruch, dass Theorie „das Recht" haben muss, „als eine Realisationsform von Freiheit" in besonderer Hinsicht „realisiert zu werden", nämlich als Freiheit „von der Bindung an die Mittelstruktur der Gegenstände".[44] Würden Gegenstände der Theorie ausschließlich als Mittel betrachtet, wäre sie auf den „Komplex der Selbsterhaltung des Lebens" beschränkt, von deren unmittelbaren Notwendigkeiten die Theorie als Realisationsform der Freiheit jedoch „unabhängig" sein *kann*.[45] Zwei Formen der ‚negativen' Freiheit bedingen diese Realisationsform: „*die Freiheit von Furcht und Freiheit von instrumenteller Objektivierung*", die „ihrer Funktion nach analog" sind, weil beide erstens nicht der Selbsterhaltung der Menschen dienen müssen und zweitens auf „Ideen der Vernunft für Prozesse" bezogen sind, die „langfristig und gesamtgeschichtlich sein können".[46] Wenn diese Ideen, auf welche die Theorie bezogen ist, nicht dem Prinzip oder der Notwendigkeit der *Selbsterhaltung* folgen, worauf zielen sie dann? Freiheit im negativen

---

[40] Blumenberg. *Theorie der Unbegrifflichkeit*, S. 18.
[41] Vgl. Blumenberg. *Theorie der Unbegrifflichkeit*, S. 10, S. 15 und S. 26.
[42] Blumenberg. *Theorie der Unbegrifflichkeit*, S. 16.
[43] Blumenberg. *Theorie der Unbegrifflichkeit*, S. 19–31.
[44] Blumenberg. *Theorie der Unbegrifflichkeit*, S. 18.
[45] Blumenberg. *Theorie der Unbegrifflichkeit*, S. 18.
[46] Blumenberg. *Theorie der Unbegrifflichkeit*, S. 18.

4.2 Distanzierungspraxen

Sinne wird hier über Arnold „Gehlen[s] Anthropologie" *hinaus* als *Ermöglichung* einer ‚positiven' Form der Freiheit verstanden.[47] Mit ihr muss nicht mehr, nicht einmal präventiv, auf eine mögliche Gefahr reagiert, sondern *kann* sich bewusst für die Hinwendung auf etwas (anderes als Notwendiges) entschieden werden: „Die Prävention schafft zugleich die Freiheit, das, was sie zugunsten der Vorwegnahme des Möglichen wahrnimmt, auch als Angebot von Wahlhandlungen zu nehmen, die auf den *Genuß* tendieren".[48] Die Freiheit von Furcht bereitet den Weg für die Fähigkeit, genießen zu können. Damit reicht die Freiheit von Furcht nicht (mehr) aus: „das von Furcht sich befreiende und befreite Wesen genügt sich darin im Resultat nicht", denn Menschen erfahren von der Möglichkeit zur „Beziehung der Genießbarkeit" im Moment der Befreiung von Furcht und erkennen dadurch die mögliche Entbindung von der unmittelbaren Notwendigkeit, das Denken ausschließlich instrumentell im Sinne der Optimierung von Selbsterhaltung(sstrategien) zur Anwendung zu bringen.[49] Diese Möglichkeit eines *Mehr* als Selbsterhaltung und Optimierung wird mit der Befreiung selbst wahrnehmbar.

Wir haben es hier mit einem anthropologischen Modell des *Zwischen menschlicher Befreiung von Notwendigkeiten und Freiheit der Möglichkeiten* oder auch einem Modell der Genussfähigkeit zu tun, das jedoch – einmal realisiert – nicht quasi-automatisch immer auf die Freiheit hin tendiert, sondern sich im Spannungsfeld zwischen Befreiung von Furcht und Freiheit zum Genuss bewegt. Die jeweiligen Potenziale beider Richtungen sind niemals ganz aufgehoben und stehen darüber hinaus miteinander in Zusammenhang: Das Prinzip der Distanzierungspraxis „Prävention" und die ihr korrespondierende instrumentelle Objektivierung bedingen die Existenz und Wahrnehmbarkeit von möglichen Wahlhandlungen, die Genuss zum Ziel haben. Instrumentelle Objektivierung steht demnach als Drehpunkt noch im Dienst der praktischen Selbsterhaltung und stellt zugleich schon Weichen für freie Wahlmöglichkeiten, die über die alltägliche Überlebensorganisation hinausgehen. Insofern ist die binäre Vorstellung von Menschen entweder als reiche oder arme Wesen in ihrer strikten Trennung hinfällig.[50] Blumenberg vertritt mit seinem Konzept der menschlichen Distanzierung auch hier eine Position der Bewegung *zwischen* zwei Extremen, deren Ausschlagen in die eine oder andere Richtung (Selbsterhaltung oder Genuss) auch von je konkreten Situationen abhängt, in denen entweder eher eine unmittelbare Bedrohung oder Wahlfreiheit virulent ist.

---

[47] Blumenberg. *Theorie der Unbegrifflichkeit*, S. 26.
[48] Blumenberg. *Theorie der Unbegrifflichkeit*, S. 27.
[49] Blumenberg. *Theorie der Unbegrifflichkeit*, S. 27.
[50] Vgl. die Überlegung dazu in Anschluss an Nietzsches Bemerkungen zum Verhältnis von Mythos und Rhetorik in Blumenberg. *Theorie der Unbegrifflichkeit*, S. 91.

Interessant ist zudem Blumenbergs Unterscheidung zweier Ökonomieprinzipien: *erstens* das Prinzip, durch das „jede Wirkung auf dem kürzesten Wege und mit dem geringsten Aufwand zu erreichen" versucht wird,[51] und *zweitens* das „erkenntnistheoretische[] *Ökonomieprinzip*", durch das eine Ordnung hergestellt wird, die der Unübersichtlichkeit „der Wirklichkeit" vernünftig entgegenwirken soll, um nicht vor ihr erstarren zu müssen.[52]

Für den ersten Fall, die „reduktiven Theorien" wie die des Positivismus, die darauf abzielen „den Vorteil und *Vorsprung der Selbsterhaltung* dadurch auszubauen, die Reichweite der Prävention zu erweitern", sei eine strukturelle Verbindung zum „*Willen zur Macht*" feststellbar.[53] Dieser Wille wird von Blumenberg konkretisiert als „Überschuß über den Willen zur Selbsterhaltung" hinaus zur Macht, die „als ein Vorgriff der Selbsterhaltung" definiert wird, welcher auf „die Ausschaltung nicht nur wirklicher, sondern auch möglicher Risiken" abzielt.[54] So handle es sich beim Positivismus um „eine Theorie der theoretischen und praktischen Ökonomie",[55] die das *Raffinement* eines Erwartungsmanagements betreibt.[56] Die Organisation von Erwartungen und Handlungen untersteht jedoch nach wie vor, so verfeinert sie auch sein mag, dem Prinzip der Prävention und so dem Ziel der Selbsterhaltung – sie kann demnach nicht als Realisationsform der Freiheit im Sinne des Genusses verstanden werden, sondern nur als ihre Bedingung.

Dagegen sei im zweiten Fall, dem *erkenntnistheoretischen* Ökonomieprinzip als theoretischer Blick gen Sternenhimmel von diesem ersten, instrumentellen Ökonomieprinzip unabhängig: „er enthält kein Moment der Erwartung und Prävention", denn der Sternenhimmel als Gegenstand der Theorie

> „ist auch für jede Handlung, von Praxis, von Technik unerreichbar; er ist ein rein theoretischer, dem Alltag und seinen Anforderungen enthobener, auf keinerlei Berufspraxis bezogener; […] dieser Gegenstand ist eine Totalität oder nahe der Totalität der Welt; der Blick ist *auf das Ganze* gerichtet."

In seiner Verwirklichungsmöglichkeit jedoch wird dieser ideale Blick auf das Ganze dadurch eingeschränkt, dass er „immer wieder durch bestimmte Phänomene

---

[51] Blumenberg. *Theorie der Unbegrifflichkeit*, S. 19.
[52] Blumenberg. *Theorie der Unbegrifflichkeit*, S. 20.
[53] Blumenberg. *Theorie der Unbegrifflichkeit*, S. 21 und S. 19.
[54] Blumenberg. *Theorie der Unbegrifflichkeit*, S. 19.
[55] Blumenberg. *Theorie der Unbegrifflichkeit*, S. 19.
[56] Vgl. Blumenberg. *Theorie der Unbegrifflichkeit*, S. 21.

4.2 Distanzierungspraxen

von dieser Totalität abgehalten wird".[57] Das Ideal philosophischer Theorie, so könnten wir es verstehen, tendiert auf die ‚reine' Theorie, deren Folgen für die Praxis von Blumenberg später ausgeführt wird.

Zuvor differenziert er „den Unterschied von Begriff und Vernunft in Beziehung zu dem von Angst und Furcht" anhand ihrer jeweiligen Funktion: „*Namen* und *Begriff[e]*" erfüllen demnach die Funktion der „*Auslegung der Angst*", während der „*Vernunft*" die Funktion „der *Überwindung der Furcht*" obliegt.[58] Einen Begriff von etwas zu bilden, kann Angst in handhabbare Richtungen kanalisieren, er „verwandelt" das unbestimmte Etwas in *konkretere* Größen der „Bedrohung und Gefahr" und verleiht „ihr Gesichter", sodass er in diesen Gestalten „das erscheinen [läßt], worauf Prävention hingewendet werden kann".[59] Die Bewältigung der durch *Unbestimmbarkeit* ausgezeichneten Furcht liegt dagegen im Bereich des Vernunftprozesses, weil er mit solchen Größen zu tun hat, die nicht abschließend bestimmt werden können, wie Ideen von Welt, Freiheit usw. In diesem Sinne wird die Vernunftgröße der Idee, deren Ausdrücke über den instrumentellen Bereich hinausgehen und als Zielgrößen (im Sinne der *Genussfähigkeit*) behandelt werden, von der Verstandesgröße des Begriffs unterschieden. Deren Funktion besteht, wenn wir uns erinnern, darin, *Handlungsfähigkeit* zwischen Menschen herzustellen und gilt deshalb als objektivierendes Mittel der Intersubjektivität.[60] Auf diese Grundunterscheidung zwischen Vernunfts- und Verstandesgrößen, die Blumenberg von Immanuel Kant übernimmt, um im Folgenden über bestimmte seiner Grenzziehungen hinauszukommen, wird für uns im Zusammenhang der Distanzierungsleistungen von Begriff und Metapher (sowie des Mythos) zurückzukommen sein. Bis dahin sollte die Thematisierung an dieser Stelle zunächst verdeutlichen, in welchem Zusammenhang Blumenberg von ihnen in der *Theorie der Unbegrifflichkeit* spricht, nämlich hinsichtlich der Zuständigkeiten und Funktionen der Vernunft und des Begriffs bezüglich des Abbaus von Furcht und Angst.

Um nun zum eben angedeuteten Verhältnis von Theorie und Praxis zurückzukehren und auszuführen, wie es Blumenberg versteht, kann ein Blick darauf geworfen werden, was passiert, wenn die Unabhängigkeit vom „alltäglich-lebensweltlichen Horizont" einschließlich der instrumentellen Objektivierung *vor-*

---

[57] Blumenberg. *Theorie der Unbegrifflichkeit*, S. 16.
[58] Blumenberg. *Theorie der Unbegrifflichkeit*, S. 33.
[59] Blumenberg. *Theorie der Unbegrifflichkeit*, S. 33.
[60] Vgl. Blumenberg. *Theorie der Unbegrifflichkeit*, S. 39–40.

läufig erreicht ist.⁶¹ Denn hiernach wird eine Verbindung zu diesem Horizont zurück *gesucht*, die sich durch eine neue Qualität auszeichnet:

„Meine These: die Abkehr von der Anschauung steht ganz im Dienst der *Rückkehr zur Anschauung*. Das ist freilich nicht die Wiederkehr des Gleichen [...]. Der Begriff, das Instrument der Entlastung, der entspannten Vergegenwärtigung des Nicht-Anwesenden, ist zugleich das Instrument einer Anwartschaft auf neue Gegenwärtigkeit, neue Anschauung – aber diesmal einer nicht aufgezwungenen, sondern aufgesuchten. Der *Genuß* erfordert die Rückkehr zur vollen Sinnlichkeit unter den Bedingungen des Rückkehrenden. Die Reizentlastungsbewegung wird umgekehrt in eine Reizsuchebewegung, die nur möglich wird aus der zuvor entlasteten Grundstellung heraus. *Der Erfolg des Begriffs ist zugleich die Umkehrung seiner Funktion:* er leitet nur den Prozeß ein, in welchem ein zum Gegenstand gewordenes tremendum, Unbekannt-Schreckendes als genießbarer Gegenstand wiederkehrt".⁶²

Mit diesen Ausführungen Blumenbergs können wir das zuvor erschlossene Modell der Befreiung und Freiheit in dessen Folgen besser einschätzen und weiter präzisieren, wenn wir uns die *Funktionswechsel* im dafür maßgebenden Prinzip der *actio per distans* vergegenwärtigen. Eingedenk dieses möglichen Funktionswechsels erwidert Blumenbergs Bestimmung des *Präventionsbegriffs* dem *Entlastungskonzept* Arnold Gehlens, was nicht nur theoriegeschichtlich relevant ist, sondern insbesondere einem verkürzten Verständnis der Schriften Blumenbergs entgegenwirkt, das allzu schnell auf Ähnlichkeiten zwischen den beiden Philosophen verweist.

Gehlen geht von der „Entstehung des Begriffs als Leistung der *Entlastung* unter den Bedingungen der Reizüberflutung" aus, durch die die „*Rationalität*" der Ökonomie ausschließlich in der Dimension der „Ersparnis der Anschauung, die Anschauung [als] Ersparnis des Betastens" erfasst wird.⁶³ Dagegen konzipiert Blumenberg Prävention als „ein Inbegriff von Entlastungen [...], indem sie *das Mögliche vorweg verarbeitet*", d. h. einordnet und zugleich eine Handlungsauswahl ermöglicht, die bereits die Genussfähigkeit impliziert.⁶⁴ Blumenbergs Problematisierung Gehlens wird deutlicher, wenn er ihm bescheinigt, in allen Begriffen „nichts anderes als die pure Selbsterhaltung" wiederzuerkennen. Der Begriff ist für Gehlen der „Inbegriff der Antworten auf die Frage", wie Ordnungssysteme „überhaupt" fähig sind zu „*überleben*". Von der Vereinseitigung des Entlastungsdogmas und folglich von der Verengung der Rationalität auf

---

⁶¹ Blumenberg. *Theorie der Unbegrifflichkeit*, S. 16.
⁶² Blumenberg. *Theorie der Unbegrifflichkeit*, S. 27–28.
⁶³ Blumenberg. *Theorie der Unbegrifflichkeit*, S. 26; der Einschub stammt von mir/CG.
⁶⁴ Blumenberg. *Theorie der Unbegrifflichkeit*, S. 26.

4.2 Distanzierungspraxen

den Bereich der Selbsterhaltung hebt sich Blumenbergs Prinzip der Prävention erkennbar ab:

„Denn zur bloßen Entlastung tritt hier der Sachverhalt, daß das *Weniger*-wahrnehmen-*Müssen* ganz in den Dienst des *Mehr*-wahrnehmen-*Könnens* tritt, das selbst die Prävention ist, aber zugleich die Wurzel einer weitergehenden Einlassung auf das, was dabei freigestellt zugänglich wird".[65]

Die Bewegungen, die das Denken in Blumenbergs Konzept der Distanzierungspraxis entfaltet, können anschließend anhand ihrer aufeinander bezogenen Funktionen verstanden werden. Auf dem *anthropologischen* Funktionsraum zwischen Überlebensökonomie und Genussfähigkeit und dem korrespondierenden *Spannungs- und Bedingungsverhältnis zwischen Befreiung und Freiheit* basiert das erkenntnistheoretische Spektrum, in dem sich Formen der Wissenschaft, darunter die positivistische, oder der (philosophischen) Theorie anhand der jeweiligen Zielrichtungen und Funktionen differenzieren lassen.

Wir wollen überdies nachvollziehen, inwiefern *verschiedene Typen der* erkenntnistheoretisch bedeutsamen *Distanzierungspraxen* (Begriff und Metapher, inklusive Fantasie und exklusive Definition ebenso wie Minimal- und Maximalmethode) in die Fluchtlinie ihrer jeweiligen funktionalen Extrempole verortet werden können, um ihre inhärenten Tendenzen und Konsequenzen, darunter ihre Ziele, Wirkungsweisen sowie Grenzen besser zu erkennen.

Bei der theoretischen Anlage von Distanzierungspraxen wie auch bei den historischen Analysen, die Blumenberg wie erinnerlich selbst als funktionale bezeichnete, spielen Funktionswechsel von Begriffen, aber auch von Metaphern und Mythen eine zentrale Rolle. Begriffe dienen demnach einer *ersten* Distanznahme, um Wege der erneuten Annäherung an Phänomene und Gegenstände (von denen sich zunächst distanziert wurde) *unter anderen, weil eigenen Bedingungen* zu ermöglichen. Vom Druck unmittelbarer Dringlichkeit der Bewältigung befreit, ist diese erneute Annäherung eine mögliche, dem subjektiven Interesse und Willen frei stehende und gerade *nicht notwendige* Annäherung. Als müßige Annäherung steht sie nicht unter dem Druck der *Reaktion*, sprich dem Druck des kürzesten Weges und der Selbsterhaltung, wenngleich sie diesen wieder hervorrufen kann. So etwa, wenn mit dem weiteren und genaueren Hinsehen und Durchdenken Probleme auftauchen, die die bisherige Fassung der Phänomene krisenanfällig machen und deshalb zu ihrer Bewältigung drängen. Neben der Verbindung des anthropolo-

---

[65] Blumenberg. *Theorie der Unbegrifflichkeit*, S. 26.

gisch begründeten Spannungsverhältnisses zwischen Befreiung und Freiheit, wird für das Prinzip von Denkbewegungen erkennbar, dass Blumenberg nicht von einem linearen Fortschrittsprozess ausgeht, der sich an immerzu einmalig zu bewältigenden Problemstufen entlang vollstreckt. Im Gegenteil bedenkt er die Möglichkeit von Gefahren und Krisen, die den Denkbewegungen prinzipiell aufgrund ihrer Offenheit inhärent sind, von vornherein mit. Dies spannt den Bogen zurück zu seinen historischen Analysen, durch welche die *Veränderungen* von Wirklichkeitsbegriffen fallweise in den jeweiligen Phasen ihrer Fragwürdigkeit/Selbstverständlichkeit herausgearbeitet und *ihre Gründe* sowie *Alternativen* erörtert werden können, die auch der Einschätzung der gegenwärtigen Lage der Beobachtenden, der Philosoph*innen und Wissenschaftler*innen, und ihrer Handlungsmöglichkeiten dienen.

4.2.2 ... erkenntnistheoretisch zwischen Begriff und Metapher I – Begriff

Ohne von Blumenberg selbst unbetitelten Abschnitten oder Kapiteln Überschriften überzustülpen und darunter die Bedeutungsvielfalt zu subsumieren, wollen wir doch die thematische Struktur des Textes zur *Theorie der Unbegrifflichkeit* wenigstens für einen an dieser Stelle der vorliegenden Arbeit relevanten Umfang miteinbeziehen, um sich Blumenbergs Gedankengängen entlang der Unterscheidung von Begriff und Metapher anzunähern. Wir verstehen diesen (Um-)Weg als einen, der durch diese Unterscheidung über sich hinausweist und das oben erarbeitete *Verhältnis zwischen Befreiung und Freiheit* aus dem anthropologischen Modell zwischen Überlebensökonomie und Genussfähigkeit *konkretisiert* und zugleich einen *erkenntnistheoretischen Zugang zur Systematik von Denkbewegungen* eröffnet, der die Relation von Theorie und Praxis mitbedenkt.

Im Abschnitt, der den ersten Einlassungen zum Verhältnis zwischen Begriff und Vernunft über ihre Beziehung zur Angst und Furcht folgt, behandelt Blumenberg *(1)* die *Grenzen* des Begriffs und sein Verhältnis zur Unbegrifflichkeit,[66] woraufhin er *(2)* das *prozessuale Verhältnis* von ideeller Vernunft und begrifflichem Verstand anhand ihrer Beziehungen zur (Un-)Begrifflichkeit und zur Methodologie genauer erläutert.[67] Daran knüpft *(3)* die Auseinandersetzung mit *Kants Ideen- und Symbolbegriff* an,[68] die *(4)* seine Überlegungen zur *Metapher* als logischem Gegenpol zum

---

[66] Vgl. Blumenberg. *Theorie der Unbegrifflichkeit*, S. 34–39.
[67] Vgl. Blumenberg. *Theorie der Unbegrifflichkeit*, S. 40–52.
[68] Vgl. Blumenberg. *Theorie der Unbegrifflichkeit*, S. 53–60.

4.2 Distanzierungspraxen

Begriff [69] sowie *(5)* den „Vergleich der Leistungsfähigkeit von Begriff und Metapher" vorbereitet.[70] In einer Gesamtbetrachtung lässt sich am Verlauf dieses Textes eine strukturelle Verschiebung von der *Verständigkeit*, d. h. den *Begriffen* als Größen der gemeinsamen Handlungsfähigkeit hin zur *Vernünftigkeit*, d. h. zu den *Ideen* als Bedingungsgrößen der Vernunft erkennen.[71] Deshalb soll zunächst auf den Begriff und seinen Modus sowie auf seine Funktionen und Grenzen eingegangen werden, bevor er als Teil des Vernunftprozesses in ihm situiert wird. Anschließend gehen wir ausführlich auf die Metapher ein.

---

[69] Vgl. Blumenberg. *Theorie der Unbegrifflichkeit*, S. 61–74.

[70] Vgl. Blumenberg. *Theorie der Unbegrifflichkeit*, S. 75–79, hier S. 75. Dabei wird der Vergleich der Leistungsfähigkeiten von Begriff und Metapher entlang ihrer „antithetische[n] Verhältnis[se] zur Negation" geführt. Das vorläufige Zusammenlaufen dieser Ausführungen in der Rede von der Negation erinnert nicht zuletzt an den Dreh- und Angelpunkt seiner Auseinandersetzungen mit dem *Wirklichkeitsbegriff*, der, wie gesehen, über dessen Negation, also das, was als unwirklich ausgeschlossen wird, erst indirekt erkennbar ist; und auch in der Anlage seiner *Rezeptionsgeschichte* nimmt die Negation eine Sonderstellung ein, wenn wir noch einmal auf deren Aufgabe hinweisen dürfen, auch nach den Leerstellen in der Rezeption zu fragen (vgl. hier Kap. 3). Thomas Meyer spricht in seiner Einordnung Blumenbergs als genuin modernen Denker und Gelehrten in diesem Zusammenhang von einer „*via negationis*" (Meyer. ‚Lesbarkeit' und ‚Sichtbarkeit', S. 76; vgl. Blumenberg. *Höhlenausgänge*, S. 649). Auch wenn Leerstelle und Negation nicht ohne Weiteres ident gesetzt werden können, weisen sie im Kontext von Blumenbergs Schriften eine besondere Verbindung auf. Denn die Leerstelle bezieht sich in seiner Analyse von Rezeptionsgeschichten auf Sinngehalte, die nicht mehr rezipiert werden, aber noch zugänglich sind. Im Zuge von Präzisierungen oder Verschärfungen der Sinnstruktur eines Wirklichkeitsbegriffs kann es allerdings dazu kommen, dass sie nicht mehr in sie „passt" oder ihr sogar widerspricht, sodass die mit der Leerstelle verbundenen Gehalte zunehmend ausgeschlossen werden. Das Verhältnis von Leerstelle und Negation lässt sich darum bei Blumenberg eher als ein graduelles beschreiben, in dem die Negation einen stärkeren Ausschlussgrad aufweist als die Leerstellen es müssen.

[71] In Anschluss an Kants Appell bezüglich der Idee von Freiheit als „notwendige Voraussetzung der Vernunft" versteht Blumenberg die Verbindung zwischen theoretischer und praktischer Vernunft als Bedingungsverhältnis, insofern die „Enttäuschung der *theoretischen* Vernunft als die einzige Möglichkeit der *praktischen*" begriffen wird und so „Bedingung der Möglichkeit" von Sittlichkeit darstellt (Blumenberg. *Theorie der Unbegrifflichkeit*, S. 39 und S. 44). Auf Ideen, so die Prämisse, könne nicht verzichtet werden, denn sie stellen einen „leer gelassenen Platz[]" zur Verfügung, der insofern leer ist, als er nicht mit Erfahrung angereichert oder „durch Anschauung erfüllt" werden kann. Jedoch ermöglicht dieses theoretische Leerlassen der praktischen Vernunft diese Leerstelle „auszunutzen" (S. 44 und S. 45). Die Möglichkeit der konkreten wissenschaftlichen Praxis, die eine theoretische Vorstellung bestätigt, spiegele sich laut Kant und Blumenberg exemplarisch darin wider, dass Newton „aus dem kopernikanischen System" als *Hypo*these eine „Theorie der Gravitation" entwickelt und sie daraufhin empirisch bestätigen konnte (S. 45–46).

Funktion des Begriffs

Wenn Blumenberg ganz zu Anfang der *Theorie der Unbegrifflichkeit* darauf besteht, es gebe „keine Identität zwischen Vernunft und Begriff", die „Leistung des Begriffs" sei „nur partiell gegenüber der Intention der Vernunft" und insofern lediglich „Mittel, sich zu orientieren und Richtung zu nehmen, worauf es ihr ankommt",[72] dann drückt sich darin ein eigenes Distanzverhältnis zwischen Vernunft und Begriff aus, weil Begriffe eben nicht die „Totalität" von Ideen erfassen können.[73] Um sich diesem Verhältnis anzunähern, geht Blumenberg auf Funktionen und Verfahrensweisen des Begriffs ein.

Der Begriff nimmt eine *Vertretungs*funktion ein für den Fall, dass entweder der Gegenstand ‚nur' *hier und jetzt* abwesend ist, also im Falle von räumlicher und zeitlicher Distanz zu den Gegenständen, deren Anwesenheit aber potenziell möglich ist, oder aber für den Fall, dass sie *niemals* anwesend sein können, wie im Falle von unabschließbaren Ideenvorstellungen.[74] Er ist eine Distanznahme, insofern er eine Verzögerung leistet und damit Zeit verschafft.[75] Eine Voraussetzung für einen gelungenen Begriff ist die Balance zwischen seiner Offenheit „für all das Konkrete, was seiner Klassifikation unterliegen soll" und dem Ausschluss des „ganz und gar nicht Einschlägigen", die Blumenberg als „Elastizität des Spielraums" der Wahrnehmbarkeit oder auch als „Toleranz zwischen Genauigkeit und Ungenauigkeit des Bezugsobjektes" kennzeichnet.[76] Weil erst mit ihm konkrete Handlungen plan- und ausführbar werden, stellt der Begriff eine „dinglich gewordene Erwartung" dar.[77] Abweichungen vom Einzelfall haben im Begriff zwar Raum, wie in einer Klassifikation oder einem Typus, allerdings nicht so viel Raum, dass keine Unterscheidungen von anderen Begriffen mehr getroffen werden können. Deshalb wird der Begriff auch vom Namen abgegrenzt, der das individuell Einzelne und „seine Identität" bezeichnet und im Vergleich eine viel größere „Enge" aufweisen muss.[78]

Die Objektivität, welche der Begriff „sprachlich realisiert[]", ist entsprechend „Instrument organisierten Verhaltens", das, wenn wir uns erinnern, erlaubt, „von

---

[72] Blumenberg. *Theorie der Unbegrifflichkeit*, S. 9 und S. 109.
[73] Blumenberg. *Theorie der Unbegrifflichkeit*, S. 9.
[74] Vgl. Blumenberg. *Theorie der Unbegrifflichkeit*, S. 9.
[75] Vgl. Blumenberg. *Theorie der Unbegrifflichkeit*, S. 109.
[76] Blumenberg. *Theorie der Unbegrifflichkeit*, S. 12 und S. 14.
[77] Blumenberg. *Theorie der Unbegrifflichkeit*, S. 14.
[78] Blumenberg. *Theorie der Unbegrifflichkeit*, S. 12.

4.2 Distanzierungspraxen

der Subjektivität zur Objektivität zu kommen, die in jeder Intersubjektivität, in jeder Vergesellschaftung unvermeidlich wird".[79] Insofern ist er als instrumentelle Objektivierung „noch nicht ein Ziel" der gemeinsamen Handlungsfähigkeit, sondern nur ihr „Mittel".[80]

Tendenz und Grenzen der Begrifflichkeit
Der Begriff unterliegt dem Druck einer prinzipiellen *Definierbarkeit*, da er potenziell die „Ersetzung eines Ausdrucks durch einen anderen" leisten soll und so „ein Äquivalenzverhältnis" zweier Ausdrücke zueinander herstellt.[81] Dabei kennzeichnet Blumenberg die Definition als „Regel, nach der ein Ausdruck äquivalent durch einen anderen ersetzt werden kann", die „*konventionell* oder sogar *gesetzlich* geregelt sein" kann und „*auf dem Standard der Erwartungen [beruht]*".[82] Weil sich während der Verwendung vieler Definitionen zunehmend Schnittpunkte mit anderen Begriffen und dadurch „Unklarheiten" ergeben, die ihren relativ selbstverständlichen Gebrauch erschweren, wird fortwährend an „*eine[r] Art historische[n] Klärung*" gearbeitet.[83] Das Fortschreiben solcher „Wortersetzungsregeln" kann allerdings ausufern, sodass „das Verfahren an eine Grenze stößt"[84] und für einige Ausdrücke, die noch nicht oder gar nicht vollständig zu bestimmen sind, eine „Verlegenheit" bei ihrer Bestimmung auftritt.[85]

Genau genommen haben wir es dabei mit zwei Grenzfällen der Leistung des Begriffs zu tun: *zum einen* erreicht er die Grenze durch dessen exzessive definitorische Verengung und *zum anderen* ist er nicht auf alle Ausdrücke, insbesondere nicht auf vollständig zu bestimmende, anwendbar. Einige Ausdrücke, wie der von *Welt* und insbesondere der von *Freiheit*, gehören teilweise, wie im Falle der Welt, oder gänzlich, wie im Falle der (positiven) Freiheit, dem Ideenraum an und haben zum Merkmal, dass das Verfahren der Wortersetzungsregel auf sie nicht anwendbar ist, weil sie sich der abschließenden Definition entziehen.[86] Das bedeutet, solche Ideen enthalten einen *Bedeutungsüberschuss*, der sich nicht vollständig termi-

---

[79] Blumenberg. *Theorie der Unbegrifflichkeit*, S. 14.
[80] Blumenberg. *Theorie der Unbegrifflichkeit*, S. 15.
[81] Blumenberg. *Theorie der Unbegrifflichkeit*, S. 34.
[82] Blumenberg. *Theorie der Unbegrifflichkeit*, S. 34 und S. 35.
[83] Blumenberg. *Theorie der Unbegrifflichkeit*, S. 35.
[84] Blumenberg. *Theorie der Unbegrifflichkeit*, S. 37.
[85] Blumenberg. *Theorie der Unbegrifflichkeit*, S. 38.
[86] Vgl. Blumenberg. *Theorie der Unbegrifflichkeit*, S. 38–39.

nologisieren lässt. Grundlegende Fragen, deren Bedeutungsvielfalt Blumenberg sich durch die Untersuchung der auf sie gegebenen, unterschiedlichen Antworten annähert,[87] sind insofern mit den Ideen und ihren Bedeutungsüberschüssen verbunden.

Zum Verhältnis zwischen Verstandesbegriffen und Vernunftsideen
Dass Ideen – trotz fehlender Möglichkeiten zur Vervollständigung ihrer Terminologie – für Erkenntnissuchende *anleitend* wirken können, lässt sich nach Blumenberg am *„Begriff des Unbewußten"* veranschaulichen.[88] Dieser habe „einen Zugang in die Empirie" bereitet, wobei sich dieser Zugang als „Verfahrensregel", hier überdies als *Verhaltens*regel erweist, indem er regelt, „wie man sich angesichts eines bestimmten Bewußten […] zu verhalten hat".[89] Das Unbewusste ist ein Begriff, der „auf gar keine andere Weise zu [seinen] Gegenständen komm[t], als daß die Regel selbst den Gegenstand erzeugt".[90] Insofern beschreiben Begriffe nicht nur Gegenstände, sondern können sie auch „konstituieren".[91] Hieran sehen wir genauer, welche Rolle der Negation zukommt: sie konstituiert allererst das Unbewusste als das *Nicht*-Bewusste.

In diesem Sinne können wir die Verfahrensregel für das Unbewusste am Fall einer biografischen Erzählung folgendermaßen zusammenfassen: weil *(1)* die „energetische Geschichte des Subjekts […] prinzipiell *lückenlos*" ist, obwohl *(2)* eine „*Diskontinuität* des Bewußtseins" festgestellt werden kann, ist *(3)* von einer *Überbrückungsleistung* dieses Paradox' der Gleichzeitigkeit von Kontinuität und Diskontinuität auszugehen, welche durch eine nicht-bewusste Größe (hier „durch die energetische Latenz des Unbewußten") ermöglicht wird.[92] Das Unbewusste stellt demzufolge einen „*Hilfsbegriff* für bestimmte technische Operationen" dar, „ohne den diese sehr wohl möglich, aber nicht verständlich wären": er springt ein für rätselhafte, unsichtbare und implizite Sachverhalte.[93] Entsprechend erfüllen solche *an Ideen orientierten Begriffe* – obwohl sie nicht begreifbar im strikten terminologischen Sinne sind – die Funktion, bestimmte praktische Handlungen, dazu zählen auch wissenschaftliche Methoden, nachvollziehbar zu machen. Sie

---

[87] Vgl. hier Abschn. 3.4. und 4.1.
[88] Blumenberg. *Theorie der Unbegrifflichkeit*, S. 41.
[89] Blumenberg. *Theorie der Unbegrifflichkeit*, S. 40 und S. 42.
[90] Blumenberg. *Theorie der Unbegrifflichkeit*, S. 40.
[91] Blumenberg. *Theorie der Unbegrifflichkeit*, S. 40.
[92] Blumenberg. *Theorie der Unbegrifflichkeit*, S. 42; Hervorhebungen von mir/CG.
[93] Blumenberg. *Theorie der Unbegrifflichkeit*, S. 42.

4.2 Distanzierungspraxen

tragen eine Erkenntnisfunktion im Sinne der Eröffnung eines methodischen Zugangs.[94]

Wir können an den bisherigen Leistungen des Begriffs, der *Vertretung* abwesender Größen und der *Verhaltensregel*, zudem zwei unterschiedliche Typen des Begriffs selbst erkennen, die wir expliziter an ihren Zugehörigkeiten unterscheiden wollen: der *Ideenbegriff*, hier in seiner Funktion als Hilfsbegriff, ist der theoretischen Vernunft zugeordnet, dagegen der *(terminologische) Begriff* dem praktischen Verstand, welcher einem Erwartungsmanagement dienstbar ist. So heißt es bei Blumenberg nach seiner Besprechung einiger Überlegungen Kants, dass vom „Verhältnis von Verstand und Vernunft, von Begriff und Idee" gesprochen werden kann, insofern sie einander bedingen, was bedeutet, dass im Hinblick auf die Vernunft die „Arbeit der Begrifflichkeit [] nicht ausgespart und übersprungen werden [kann]".[95]

Dieses Bedingungsverhältnis von begrifflichem Verstand und ideeller Vernunft verdeutlicht er an seinem Methodenverständnis: „Eine Methodenlehre beschreibt die Schritte auf einem Wege nach einer Regel", der Weg wird also „begrifflich" abgeschritten, zugleich „[ist] die Vorstellung des Weges [] bezogen auf eine Totalität", die die Vernunft in Form der Idee zur Verfügung stellt.[96] So wird auch der vorherige Gedanke Blumenbergs etwas klarer, wenn er Begriffe als „Durchgang" und „Richtungnahme" der Intentionen der Vernunft vorstellt.[97] Wir können daraus weiterhin schließen, dass auch Ideen nicht der Vernunft selbst gleichgesetzt werden, sondern ihre Intentionen *angibt* – hier drückt sich, neben der bisher erläuterten Distanz von *Begriff und Vernunft*, ein weiterer Abstand aus, nämlich zwischen *Idee und Vernunft*. Gleichwohl weisen sie nicht den gleichen Distanzierungsgrad auf: zur Vernunft scheint der (Verstandes-)Begriff eine größere Entfernung aufzuweisen als eine (Vernunfts-)Idee. Auf die Bedeutung dessen für wissenschaftliche Methoden wird an anderer Stelle noch einmal zurückzukommen sein, wenn es um eine Differenzierung zweier methodologischer Richtungen geht.[98]

Zunächst können die Folgen dessen für die Erfassung des, bereits im Beginn unserer Beschäftigung mit Blumenberg relevanten, Verhältnisses zwischen Philo-

---

[94] Vgl. Blumenberg. *Theorie der Unbegrifflichkeit*, S. 42. Auffällig dabei ist die Rhetorik, die diesen Hilfsbegriffen der Erkenntnissuchenden im Falle des Unbewussten eignet, sie sind nämlich zur *empirischen Dekodierung* „in einer kodierten Sprache: in Symbolen" verfasst. So auch Metaphern, jedoch zur *immanenten Dekodierung*.
[95] Blumenberg. *Theorie der Unbegrifflichkeit*, S. 46.
[96] Blumenberg. *Theorie der Unbegrifflichkeit*, S. 47.
[97] Blumenberg. *Theorie der Unbegrifflichkeit*, S. 10.
[98] Siehe dazu hier Abschn. 4.2.4.

sophie und Wissenschaften erörtert werden. Trotz oder gerade wegen der Feststellung von Verselbstständigungsmöglichkeiten und -tendenzen wissenschaftlicher Methoden, wie Blumenberg sie zuvor als Ergebnis der notwendigen Trennung von Philosophie und Wissenschaften in der Neuzeit analysiert,[99] lässt er die philosophischen Hintergründe der Methodologien und korrespondierenden Begriffsbildungen nicht unbeachtet. Im Gegenteil bezieht er den Zusammenhang zwischen Philosophie und Wissenschaften in seine Gedankengänge ein, wenn es darum geht zu begründen, warum „das theoretische Bedürfnis durch die Leistung des Begriffs in Urteilen und Urteilsverbindungen nicht erschöpft wird".[100] Deshalb werden Blumenberg insbesondere die Grenzen der Begrifflichkeit in ihrem Verhältnis zur Unbegrifflichkeit der Vernunftsideen thematisch.

Im Überblick leisten *Verstandesbegriffe* hinsichtlich des Ziels des Erwartungsmanagements positiv definierbare Klassifikationen, während *Vernunftsideen* Zugänge zu methodisch kontrollierbaren Begriffsbildungen ex negativo in Form von Hilfsbegriffen eröffnen, die allein positiv nicht zu leisten waren. Für diesen Fall spricht er von Vernunftsideen als „Unbegrifflichkeit *im Dienst des Begriffs*", d. h. „als bloße philosophische Hilfswissenschaft".[101] Während Blumenberg im Fall der Verstandesbegriffe das Vorbild in der *Mathematik* erkennt und im Fall der Vernunftsideen die *Phänomenologie* für vorbildlich hält, geht es jedoch in beiden Fällen strikt genommen noch immer, ob nun auf mehr oder weniger umwegige Weise, ausschließlich um *Begriffsbildungen*, die auf Definitionen oder anders: „sprachliche[] Eindeutigkeit" tendieren, insofern sie entweder als primäres Mittel, wie in der Mathematik, oder als sekundäres Mittel, wie in der Phänomenologie, fungieren.[102]

Allerdings wissen wir aus den vorherigen Äußerungen Blumenbergs, dass Verfahren der Vereindeutigung auf unbegriffliche Ideen selbst nicht anwendbar ist. Wenn wir uns dennoch eine *Vorstellung von einer Idee* wie der von Freiheit machen wollen, braucht es demzufolge eine andere Annäherungsweise an sie und zwar, wie sich herausstellen wird, *in umgekehrter Richtung zum (Hilfs-)Verfahren*, durch das eine Idee einen Begriff verständlich macht. Ein solches Verfahren muss der Unbegrifflichkeit der Ideen – ihren Bedeutungsüberschüssen – Rechnung tragen. Diese Bedingung schließt die Vereindeutigung auf einen möglichst klaren Begriff aus, der zur Definition tendiert. So wie die Idee als Hilfsbegriff für die definitorische *Begriffsbildung* eröffnend wirkt, bedarf es in umgekehrter Richtung einer

---

[99] Vgl. Blumenberg. Lebenswelt und Technisierung unter Aspekten der Phänomenologie, S. 45.
[100] Blumenberg. *Theorie der Unbegrifflichkeit*, S. 34.
[101] Blumenberg. *Theorie der Unbegrifflichkeit*, S. 51; Hervorhebungen von mir/CG.
[102] Blumenberg. *Theorie der Unbegrifflichkeit*, S. 51–52, hier S. 51.

4.2 Distanzierungspraxen

spezifischen Eröffnung eines Zugangs *zur Idee*. Da eine Idee sich, wie gesehen, nicht im Dienst des eindeutigen Begriffs erschöpft, sondern eine Vielfalt an Bedeutungen impliziert, die sich der instrumentellen Objektivität der Begriffe entzieht, müsste eine Zugangsweise zur Idee ihrer *Unbegrifflichkeit* eignen und damit nicht terminologisch funktionieren. Blumenberg zufolge lässt sich ein solcher Ideenzugang im Verfahren der *Metaphorik erkennen*.[103]

Das Prozesshafte der Vernunft
Bevor er konkretisiert, was eine Metapher ist und wie sie sich von den begrifflichen Verfahren, hier *(1)* der *Begriffsbildung* als Regel der Vertretung des abwesenden Gegenstands im Modus des ‚als ob' und *(2)* der *Definition* als Regel der Wortersetzung, unterscheidet, geht Blumenberg auf das ein, was die Prozesshaftigkeit der Vernunft ausmacht. Diese thematisiert er im Rahmen seines kritischen Anschlusses an Kants Gedanken zum *Komplex der Ideen und den ihnen korrespondierenden Symbolen*,[104] welche von Blumenberg als (absolute) Metaphern verstanden werden.[105] Die Kennzeichnung der Metaphern als *absolute* heißt in diesem Zusammenhang „nur, daß sie [...] nicht in Begrifflichkeit aufgelöst werden können".[106] Dass Blumenberg selbst das kantische Symbol als absolute Metapher begreift, ergibt sich aus seiner eigenen Abgrenzung der Metapher vom *Symbol* einerseits und von der *Allegorie* andererseits, wie er sie in den *Paradigmen* vornimmt.[107] Wir werden gleich sehen können, worin genau die Unterschiede zwischen ihnen liegen, besonders hinsichtlich der Grade ihrer potenziellen (politischen) Instrumentalisierbarkeit.

Ausgangspunkt für das Verständnis der Größe der Vernunft in einer Denkbewegung ist bisher, dass sich komplexer als ihre *begriffliche* Dimension die Annäherung an das gestaltet, was Blumenberg in Anschluss an Kant als „Ideen" bezeichnet. Unter diesen versteht er genauer: „Begriffe[], die von der Vernunft hervorgebracht werden und mit deren Hilfe sie ihre Forderungen an den Verstand als das Organ der Begriffe *für* Erfahrung und *aus* Erfahrung richtet (also der Kategorien und der empirischen Begriffe)".[108] Ideen unterscheiden sich von Verstandes-

---

[103] Vgl. Blumenberg. *Theorie der Unbegrifflichkeit*, S. 88.
[104] Vgl. Blumenberg. *Theorie der Unbegrifflichkeit*, S. 56.
[105] Vgl. Blumenberg. *Theorie der Unbegrifflichkeit*, S. 53–60, hier insbesondere S. 58; vgl. ferner Blumenberg. Paradigmen zu einer Metaphorologie, S. 9–11.
[106] Blumenberg. Paradigmen zu einer Metaphorologie, S. 11.
[107] Vgl. Blumenberg. Paradigmen zu einer Metaphorologie, S. 23, S. 55, S. 135 sowie 123–127; und ferner Blumenberg. Anthropologische Annäherung an die Aktualität der Rhetorik, S. 122.
[108] Blumenberg. *Theorie der Unbegrifflichkeit*, S. 55.

begriffen dadurch, dass ihnen nicht in der gleichen Weise „‚objektive Realität' in theoretischer Funktion nach[gewiesen]" werden kann, sie also keinen „nachweisbaren Gegenstandsbezug" aufzeigen.[109] Für Ideen, „deren Realität nur im *Prozeß der Vernunft selbst* begründet sein kann", besteht keine klare und eindeutige Verweisungsstruktur, die mittels exemplarischen „Zeigen[s]" und/oder „Ersetzungsregeln" zu objektiven Kategorien, Klassifikationen und empirischen Begriffen bis hin zu Definitionen führt.[110] Im Gegenteil verfügen diese Ideen über „eine große Variationsbreite ihrer Bestimmtheit *in individuellen und sozialen Kontexten*".[111] Dies ist, was wir eben mit Bedeutungsvielfalt benannt haben, die Blumenberg insbesondere im Unterschied zur terminologischen *Eindeutigkeit* als „Vieldeutigkeit" bezeichnet, durch die *Begriffe von Ideen* in einen „Gegensatz zu der in jeder Begriffsbildung angelegten Nötigung zur Eindeutigkeit" treten.[112]

Instruktiv für Blumenberg ist in diesem Kontext Kants *Analogie zwischen Schema*, das „die korrelative Anschaulichkeit der reinen Verstandesbegriffe" darstellt, *und Symbol*, das „die Anschaulichkeit der reinen Vernunftbegriffe, der Ideen" ermöglicht.[113] Anschaulichkeit mit Symbolen herstellen, um einen Zugang zu Ideen zu ermöglichen, heißt nach Kant, eine „*Form der Reflexion*" herstellen, jedoch nicht, ein Symbol „dem *Inhalte*" des Begriffs gleichsetzen.[114] Die Bedeutung dessen wird an zwei *Ideen vom Staat* einsichtig, der einmal „durch einen beseelten Körper" und ein anderes Mal „durch eine bloße Maschine" veranschaulicht wird.[115] Die Körpermetapher oder die Maschinenmetapher kann *kein Beispiel* für den Staat darstellen, weil durch die Metapher vielmehr eine *Reflexionsregel* über den Forschungsgegenstand ‚Staat' gewonnen und so keine ernsthafte inhaltliche oder materiale Übereinstimmung von Körper oder Maschine und Staat angenommen wird.[116]

Damit verbindet Blumenberg seinen Grundgedanken von der Distanz zwischen Idee und Vernunft: „Die Idee gibt *nicht eine Bestimmung* von Gegenständen, sondern *unseres Verhaltens zu* Gegenständen", sie bewirkt „Beeinflussungen unseres

---

[109] Blumenberg. *Theorie der Unbegrifflichkeit*, S. 55.

[110] Blumenberg. *Theorie der Unbegrifflichkeit*, S. 53–56, hier S. 55, mit dem Zusatz: „wenn sie überhaupt eine solche beanspruchen können", und S. 56.

[111] Blumenberg. *Theorie der Unbegrifflichkeit*, S. 56; Hervorhebungen von mir/CG.

[112] Blumenberg. *Theorie der Unbegrifflichkeit*, S. 56.

[113] Blumenberg. *Theorie der Unbegrifflichkeit*, S. 57.

[114] Blumenberg. *Theorie der Unbegrifflichkeit*, S. 57–58, hier S. 57.

[115] Blumenberg. *Theorie der Unbegrifflichkeit*, S. 58.

[116] Vgl. Blumenberg. *Theorie der Unbegrifflichkeit*, S. 58.

praktischen Verhaltens".[117] In diesem Sinne ist zu rekonstruieren, inwiefern die jeweilige Bedeutung einer prinzipiell vieldeutigen Idee an individuelle und soziale Kontexte gebunden ist. So wie das Schema eine *Korrelation der Verstandesbegriffe* darzustellen unternimmt, werden an Ideen unsere *Verhältnisse zu ihren Begriffen* erkennbar. Wie wir über eine Idee nachdenken, so die zunächst trivial anmutende, aber folgenreiche Feststellung, ist nicht, *was* dieses ‚Etwas' – unabhängig von uns – ‚eigentlich' ist, sondern Ausdruck unseres verwirklichten und möglichen Verhaltens zu diesem. Was wir unter Ideen erfassen, sagt demnach vielmehr über uns als Menschen und ihre historisch-soziale Lagen aus als über den ‚Gegenstand' selbst, der besprochen oder beschrieben wird. Es drückt sich darin ein menschliches *Verhältnis von Denker*innen zu solchen Ideen* wie ‚Welt', ‚Ich', ‚Zeit', ‚Raum', ‚Freiheit', etc. aus und dieses impliziert die oben genannten „Forderungen an den Verstand",[118] der wiederum zu ihrer Erfüllung loszieht. Ohne die Forderungen vollständig erfüllen zu können (da wie erinnerlich Ideen und Begriffe selbst in einem Distanzverhältnis stehen), bildet der Verstand in Bezug auf die Ideen Begriffe, die das praktische Verhalten anleiten, d. h. durch die die jeweilige sozialhistorisch Lage auf spezifische Weisen eingeschätzt und Handlungen ausgerichtet werden.

Insofern stehen Theorie und Praxis als Vernunftprozess in wechselseitigem Verhältnis in dreierlei Hinsicht: *(1)* ‚*direkte*' oder unmittelbar notwendige *Begriffsbildung* in Situationen des Handlungsdrucks, um sich von ihm durch Zeitgewinn beziehungsweise Verzögerung distanzieren zu können; *(2) Ideen als Hilfsgrößen* zur ‚*indirekten*' *Begriffsbildung* im Falle von Phänomenen, die im Spannungsfeld von *Begriff- und Unbegrifflichkeit* liegen; und *(3) Ideen als Reflexionsform menschlichen Verhaltens* zu unbegrifflichen, nicht abschließbaren und dennoch für Menschen und ihr Zusammenleben höchst bedeutsamen Größen.

4.2.3 ... erkenntnistheoretisch zwischen Begriff und Metapher II – Metapher

Die Annäherung an Ideen selbst muss anders als die an Verstandesgrößen angefangen werden, weil sie, wie wir gesehen haben, durch direkte oder indirekte Begriffsbildungen nicht adäquat erfasst werden können. Dies, so Blumenberg, sei mit

---

[117] Blumenberg. *Theorie der Unbegrifflichkeit*, S. 58 und S. 59; Hervorhebungen von mir/ CG. Wir können daran auch den Zusammenhang zur Verhaltensregel erkennen, die sich etwa mit dem Begriff des Unbewussten verbinden lässt.
[118] Blumenberg. *Theorie der Unbegrifflichkeit*, S. 55.

(*absoluten*) *Metaphern* zu leisten, als deren Kennzeichen er hervorhebt, dass ihre „*Kontextresistenz unüberwindbar* erscheint".[119] Bevor er näher darauf eingeht, schickt er eine Prämisse und einen Hinweis vorweg. Die Prämisse besteht darin, dass es „*zugunsten des Begriffs [...] ein Vorfeld der Unbegreiflichkeit geben [muß]*, auch wenn man geneigt sein sollte, unter den Kriterien des möglichen vollendeten Begriffs dieses Vorfeld geringschätzig zu durchqueren und im Zustand der Vollendung ganz und gar vergessen zu machen".[120] In Abgrenzung zu der Möglichkeit, „Unbegrifflichkeit" ausschließlich „im Dienst des Begriffs", also als bloße Hilfsgrößen der Begriffsbildung zu verstehen, gibt er den Hinweis, die „ernstere Situation" zu bedenken, dass „die Arbeit im Vorfeld des Begriffs *nicht zu ihrem Ziel gelang[en]*" kann, wenn es um einen gedanklichen, theoretischen oder wissenschaftlichen Vorgang geht, der auf das Verständnis von Größen abstellt, die sich nicht ins Feld der Begrifflichkeit integrieren lassen, d. h. einem Raum der Unbestimmtheit, Unbegrifflichkeit angehören.[121] So gesehen handelt es sich dann auch nicht um eine Arbeit *im Vorfeld* des Begriffs, sondern um eine Arbeit *in einem eigensinnigen Feld der Unbegrifflichkeit*: im Umgebungsraum der Idee, so könnten wir formulieren, ist ‚direkte' empirische Anschauung nicht möglich und die zu Definitionen tendierende Begriffsbildung, weil sie auf vereindeutigende, ausschließlich objektivierende Anschauung „[a]ngewiesen[]" ist, kann dieser Arbeit nicht angemessen sein.[122]

In diesem Zusammenhang ist es aufschlussreich, dass Metaphern zunächst einmal eine „Störung [...] der Homogenität [...] des Textes" darstellen, indem sie der impliziten „Erwartung" des Textes entgegenstehen.[123] Sie drehen „das Determinationsverhältnis" um: „das Prädikat", das eigentlich einer Idee zugeordnet wird, wie *eine Mühle* der Staatsidee, „determiniert nachträglich und rückwirkend" den Ausdruck für die Idee.[124] Mit der „Entfaltung der Metapher", d. h. der Auswahl einiger Elemente eines Sinnbildes und die Übertragung *ihrer Verfahrensweise* auf die Idee, wird das Denken über sie möglich.[125] So verstanden stellt die Metapher

---

[119] Blumenberg. *Theorie der Unbegrifflichkeit*, S. 65.
[120] Blumenberg. *Theorie der Unbegrifflichkeit*, S. 51.
[121] Blumenberg. *Theorie der Unbegrifflichkeit*, S. 51. Zu den Funktionen der rhetorischen Formen der Unbegrifflichkeit vgl. hier Kap. 3.
[122] Blumenberg. *Theorie der Unbegrifflichkeit*, S. 51.
[123] Blumenberg. *Theorie der Unbegrifflichkeit*, S. 61. Deshalb ist sie auch „Gesetzestext[en]" wenig dienlich im Gegensatz zu begrifflichen Definitionen, auf die Gesetze angewiesen sind.
[124] Blumenberg. *Theorie der Unbegrifflichkeit*, S. 62.
[125] Blumenberg. *Theorie der Unbegrifflichkeit*, S. 62.

4.2 Distanzierungspraxen

ein „Modell in pragmatischer Funktion, an dem eine ‚Regel der Reflexion' gewonnen werden soll", dar.[126]
Die Metapher bietet sich an, wenn es um Ideen geht, weil sie sich wie diese „gegen ihre Auflösung in homogene, dem Kontext widerstandslos integrierte Aussagemittel" wehrt (Störung und Kontextresistenz); insbesondere, wenn sie in schwach determinierten Kontexten gebraucht wird oder „philosophisch[]" gesprochen, wenn über die „Idealität des reinen Vernunftbegriffs", also über „Subjekt[e]" vom Typus der hochgradigen Abstrakta wie Sein, Welt, Geschichte" nachgedacht wird, „in dessen Prädikatensystem die Metapher auftritt".[127] Metaphern werden deshalb bedeutsam in Bezug auf nicht vollständig objektivierbare Größen, welche zugleich keine bloß fiktionalen Größen sind, die ausschließlich individuelle, sondern über sie hinaus *intersubjektive Bedeutung* tragen. Sie kommen zum Einsatz, wenn eine ideelle Größe „unter irgendeinem objektiven Aspekt nicht aufgeht, aber auch nicht die subjektiv-phantastische Zutat eines Betrachters ist".[128] Einer Metapher, die „als Prädikat eines unbestimmten Subjekts auftr[itt]", ist es möglich, „in die Funktion des Subjekts" einzugehen: wenn die Metapher (Mühle) über längere Zeit hinweg mit einer Idee (Staat) in Verbindung gebracht wird, wie rezeptionsgeschichtliche Analysen es nachvollziehen können, kann die Bedeutung einer Metapher die der Idee bestimmen (die Mühle des Staats).[129] In solchen Fällen präformiert die Metaphorik eine Denkbewegung. Wo dem Zielbereich einer Denkbewegung selbst die Erwartungsstruktur entzogen ist, kann die Metapher präformativ das Denken kontrolliert anleiten. Die Möglichkeit der metaphorischen Präformation zeigt die Geschichtlichkeit der Denkbewegungen (in Form von Ideengeschichten) an; diese mittels der Rezeptionsanalyse zu untersuchen ermöglicht Einsichten in die bisher gebildeten, vergessenen oder noch nicht bedachten Verhältnisse zu diesen Ideen.

Mit zunehmender Distanz zur ökonomischen Sphäre des Erwartungsmanagements, sprich zu den „erfüllbaren Intentionalitäten", die begrifflich handhabbar sind, nimmt die Bedeutung von Metaphern zu, weil der Blick auf unbegriffliche „Totalitäten" und ihre Bedeutungsvielfalt gerichtet wird.[130] *Diese Änderungen der Blickwinkel und -richtungen im Verhältnis zur Distanz* wird besonders deutlich in Rückbezug zu Blumenbergs anthropologischen Bild von der Aufrichtung des Blicks um 180 Grad in zwei Schritten: mit der Möglichkeit des aufrechten Ganges

---

[126] Blumenberg, Paradigmen zu einer Metaphrologie, S. 10.
[127] Blumenberg, *Theorie der Unbegrifflichkeit*, S. 65.
[128] Blumenberg, *Theorie der Unbegrifflichkeit*, S. 98.
[129] Blumenberg, *Theorie der Unbegrifflichkeit*, S. 65.
[130] Blumenberg, *Theorie der Unbegrifflichkeit*, S. 98.

als erste Horizonterweiterung vom Boden weg *in die Waagrechte* bis zur Aufrichtung des Blicks *gen Himmel* als zweite Erweiterung zum offenen Horizont *in der Senkrechten*.[131] Kurze und mittlere Distanznahmen in Form der Selbsterhaltung und vor allem Selbstbehauptung – hier der Blick in die Waagrechte – verbleiben zwar im *instrumentellen* Bereich, gleichzeitig sind sie die Bedingungen der Möglichkeit einer *müßigen* theoretischen Perspektive – mit einem Blick gen Himmel.

Funktionen und Grenzschwellen von Begriff und Metapher
Aufgrund ihrer Kontextresistenz und ihres Störcharakters, kann die Metapher die Funktion erfüllen zu „entdeterminier[en]",[132] also einen Zugang zur Vieldeutigkeit einer Sache zu eröffnen. Diese korrespondiert der Anforderung, die die Unbegrifflichkeit und Unbestimmtheit einer Idee im theoretischen Prozess an das Nachdenken über sie stellt.[133] Darüber hinaus können Metaphern durch erkennbare Übertreibung „die Unzulänglichkeit der Versinnlichung mit anschaulich mach[en]".[134] In diesem Fall fungiert sie nicht nur als Reflexionsregel *hinsichtlich einer Idee*, die nicht definiert werden kann, sondern auch als *Mittel zur Reflexion ihrer Verwendungsweise*: sie relativiert sich gewissermaßen, indem sie zeigt, dass sie nicht alles zu erkennen geben vermag, sondern einen spezifischen Zugang zur Idee gewährt.

Darüber hinaus stellt Blumenberg eine *Angewiesenheit des Begriffs auf die Metapher* fest. Die Begründung dieser Angewiesenheit im Moment der Gefahr der *Mystifizierung* eines Begriffs – also in dem Moment, da ihm droht, logisch nicht mehr befragbar zu sein, weil er sich dermaßen verengt hat, dass er irrational und unvernünftig zu werden droht – führt Blumenberg über einen, von Hippolytus

---

[131] Vgl. Blumenberg. *Theorie der Unbegrifflichkeit*, S. 15.

[132] Blumenberg. *Theorie der Unbegrifflichkeit*, S. 61.

[133] Eine gänzlich andere Auffassung von Begriff und Metapher formuliert etwa Susanne Lüdemann. Sie geht von der „ontologischen" Ununterscheidbarkeit von Begriff und Metapher aus, weil sie beide etwas ersetzen würden (Lüdemann, Susanne. 2004. *Metaphern der Gesellschaft. Studien zum soziologischen und politischen Imaginären*. Wilhelm Fink: München, S. 36–37, hier S. 36). Über die Unterscheidung Blumenbergs der Funktionen von jeweils Begriff und Metapher und ihrer Verfahrensweisen – einerseits als *subsumptionslogische Ersetzungsregeln* tendierend auf die Wortersetzungsregel (Definition) durch den Begriff und andererseits als *Regel der Reflexion* durch die Metapher – wird deutlich, dass die Behauptung der Ununterscheidbarkeit und *bloß heuristischer* Unterscheidung nicht trägt. Für weitere Kritik an Verkürzungen der Metaphernanalyse vgl. u. a. Lemke, Thomas. 2010. Gesellschaftskörper und Organismuskonzepte. Überlegungen zur Bedeutung von Metaphern in der soziologischen Theorie. In *Die Ökonomie der Organisation – die Organisation der Ökonomie*, hrsg. Martin Endreß und Thomas Matys. Wiesbaden: VS Verlag für Sozialwissenschaften, S. 201–223, hier S. 202 und S. 210–211.

[134] Blumenberg. *Theorie der Unbegrifflichkeit*, S. 63.

überlieferten Satz des Gnostikers Basilides.[135] In diesem wird die Grenze des Begriffs vom *Sein* an seiner Negation ‚*Nicht(s)*-Sein' deutlich, weil es einer „handfesten Verbildlichung und organische[r] Metaphorik" bedarf, in diesem Fall das „Samenkorn", um zu veranschaulichen, was mit dem Begriff *überhaupt* ausgesagt werden kann: „So machte der nicht seiende Gott einen nicht seienden Kosmos aus nicht Seiendem, indem er ein Samenkorn hervorbrachte, das in sich die ganze Keimanlage (panspermia) des Kosmos enthielt".[136] Wo *im Hauptsatz* „spekulative […] Übersteigerung des Begriffs" betrieben wird, die magisch wirkt, braucht es zur Verständigung über dessen Aussage, die sonst in der „Verlegenheit des Unerklärbaren" steckenbliebe und darüber sinnlos würde, den *metaphorischen Nebensatz*.[137] Organisches Wachstum als Ursprung der Welt impliziert diese Metapher, die in vielen Mythen enthalten ist und insofern Vertrautheit über Assoziationen mit den bekannten Geschichten von der Entstehung der Welt und damit Bedeutung schafft. Darin wird bereits die *Tendenz von Metaphern auf den Mythos* deutlich, in der die Metapher zu einer mythischen Geschichte ausgeweitet werden kann, wenn die Unbestimmtheit ‚der Wirklichkeit', der wir uns gegenüber sehen, ein nur schwer auszuhaltendes Maß annimmt.[138] Da, wo der *Begriff* in seiner extremen Verdichtung oder Reduktion *mystischen Charakter* annehmen kann, kann die *Metapher*, „sobald Fragen an sie [ge]richtet" sind, *zum Mythos* ausgebaut werden. In diesem Sinne wird der folgende Satz Blumenbergs verständlich: „Der Begriff endet in der Mystik, die Metapher im Mythos".[139]

Das anhaltend schwierige Verhältnis der Philosophie zur Rhetorik
Blumenberg wendet ein, dass im Gegensatz zur Gnosis, an der er die Bewältigung der Begriffs*mystifizierung* exemplifiziert, die Philosophie „den Versuchungen zur Ausweitung der metaphorischen Aushilfen widerstand".[140] Folglich steht die Frage im Raum, welches Verhältnis die Philosophie zur Metaphorik hat, darunter wie sie diese einsetzt oder besser, einsetzen kann und warum. Es mag ein vorbereitender Hinweis darauf sein, wenn Blumenberg die Struktur des von Hippolytus überlieferten Satzes des Basilides noch einmal pointiert: „Die erste Hälfte des Satzes schließt alle Fragen aus, die zweite gibt allen Fragen Raum".[141] Wo die Gnosis die

---

[135] Vgl. Blumenberg. *Theorie der Unbegrifflichkeit*, S. 80.
[136] Blumenberg. *Theorie der Unbegrifflichkeit*, S. 80.
[137] Blumenberg. *Theorie der Unbegrifflichkeit*, S. 80.
[138] Vgl. Blumenberg. *Theorie der Unbegrifflichkeit*, S. 67.
[139] Blumenberg. *Theorie der Unbegrifflichkeit*, S. 75.
[140] Blumenberg. *Theorie der Unbegrifflichkeit*, S. 80.
[141] Blumenberg. *Theorie der Unbegrifflichkeit*, S. 80.

Metapher zu einem „System" immer weiter ausdehnt, muss die Philosophie nach ihrer „Begründung" fragen.[142]

Da die Metapher für Blumenberg „das signifikante Element der Rhetorik" ist, diese jedoch als „institutionalisierte[r] Gegentypus der Philosophie" *stilisiert* wurde, geriet auch eine „Metaphorologie" in Verruf.[143] Wo Platon immer wieder als Gründungsfigur der Tradition dieser Trennung von Logik und Ästhetik an der Gegenüberstellung von Philosophierenden und Sophisten aufgerufen wird, muss auf Blumenbergs frühere Forderung für eine (quellen-)kritische Rezeptionsgeschichte verwiesen werden, Denkbewegungen von ihrer nachfolgenden Tradierung zu unterscheiden, da letztere einen Prozess der Vereindeutigung anstrengt, welcher die Mehrdeutigkeiten in den Texten, auf die sich rezeptiv bezogen wird, versucht zu ‚klären'. Da die spezifischen sozial-historischen Beweggründe für Platons Trennung von Logik und Ästhetik im Zuge seiner anhaltenden Rezeption aus dem Blick gerieten, unterliegt seine spezifische Trennung der Gefahr, verabsolutiert zu werden; so geschehen durch einige als Platonismen bezeichnete Traditionsstränge der Platon-Rezeption, über die Blumenberg schreibt, dass sie in inhaltlicher Hinsicht eigentlich nicht mehr platonisch genannt werden dürften.[144] Aus diesem Grund spricht Blumenberg zum einen von der Form des Dialogs (nicht nur) bei Platon als *rhetorischer Form*,[145] zum anderen begründet er an anderer Stelle die Notwendigkeit der dialogischen Rhetorik *inhaltlich* in Bezug auf den spezifischen Wirklichkeitsbegriff der Antike und Platons Verhältnis zu ihm. Nötig sei für Platon die Einführung der scharf anmutenden Trennung zwischen Logik und Ästhetik als Antwort auf die (macht-)politischen Tendenzen der Sophisten gewesen, um die Gefahr dieser für die Wahrheit(ssuchenden) anzumahnen.[146] Möglich war ihm die Trennung *auf diese Weise* vorzunehmen, weil er aufgrund des kosmischen Wirklichkeitsbegriffs, insbesondere aufgrund der „Ethik, die von der Evidenz des Guten ausgeht" (die spätestens im Ausgang des Mittelalters und im Beginn der Neuzeit dem Wirklichkeitsbegriff nicht mehr zur Verfügung stand), nicht auf eine Theorie der Rhetorik als „Theorie und Praxis der Beeinflussung von Verhalten" angewiesen war.[147]

Obwohl diese Theorie der Rhetorik als pragmatisches Verständigungsmittel *nach der Antike* und besonders ab der Neuzeit wichtig wurde, weil die Wirklich-

---

[142] Blumenberg. Theorie der Unbegrifflichkeit, S. 80 und S. 81.
[143] Blumenberg. Theorie der Unbegrifflichkeit, S. 88 und S. 83.
[144] Vgl. Blumenberg. Epochenschwelle und Rezeption, S. 119. Vgl. dazu hier Abschn. 3.3.
[145] Vgl. Blumenberg. Theorie der Unbegrifflichkeit, S. 84.
[146] Vgl. Blumenberg. Anthropologische Annäherung an die Aktualität der Rhetorik, S. 111–113.
[147] Blumenberg. Anthropologische Annäherung an die Aktualität der Rhetorik, S. 112 und S. 113.

4.2 Distanzierungspraxen

keitsbegriffe in dieser Zeit nicht mehr von der antiken Evidenz des Guten ausgehen konnte, hatte sie auch unter den veränderten Bedingungen einen schweren Stand. Dass eine für die Neuzeit sinnvolle Theorie der Rhetorik es weiterhin schwer hatte, Aufmerksamkeit und Gehör zu finden, liegt an der anthropologischen *Radikalisierung* der „erkenntnistheoretische[n] Situation", in die Platon die sophistische Prämisse vom „Recht, das Durchsetzbare für das Wahre auszugeben" als Gegenpol zur Wahrheit gestellt hatte.[148] Diese erkenntnistheoretische Situation wurde jedoch durch einige Platonismen ihres sozial-historischen Kontexts enthoben und ins Extrem gesteigert, das sich in der These vom menschlichen „Mängelwesen[]" ausdrückt.[149] Rhetorik wurde in der Folge entweder machiavellistisch verhaftet, durch die Beschränkung ihrer Funktion auf die Überredungskunst zu *Zwecken der Macht*(aneignung, -steigerung oder -wahrung), oder auf ihre Funktion zur *formalen Unterstützung der Wahrheit* reduziert, durch die sie sich als wohlgeformte durchsetzen sollte.[150] Rhetorik, und Sprache überhaupt, wird so in ihren Funktionen vereinseitigt: entweder dient sie der Erkenntnis*mitteilung* oder *Einfluss*nahme „als Vorstufe von Handlungen".[151] Von letzterer Form geht laut Blumenberg noch immer die herrschende Auffassung (wenn nicht von Sprache selbst, so wenigstens von Rhetorik) aus. Die Annahme der ausschließlich zur Einflussnahme prädestinierten Rhetorik impliziere ein Verständnis von Menschen, die dem Aktionismus so zugeneigt sind, dass sie glauben, sich „die Verweilstufen diesseits von Handlungen gar nicht leisten" zu können.[152] Dieses Verständnis, das Menschen konzeptionell auf das „Feld" beschränkt, „dessen Struktur die eines *homogenen* anthropologischen Horizonts ist",[153] läuft Blumenbergs eigener Auffassung diametral entgegen. Für ihn bewegen sich Menschen zwischen diesen beiden Richtungen, zwischen Handlungsnotwendigkeiten und den Möglichkeiten zum freien (Nach-)Denken.

Ermöglichungslogik durch Funktionswechsel von Begriff und Metaphorik
Die Metapher als zentrale rhetorische Form stiftet, wo der Begriff die *Trennung* der „Sprachbereiche des primären Wirklichkeitsbezugs und der sekundären Möglichkeitsbeziehung" bewirkt, ihre *Verbindung*.[154] Ähnlich der *Doppelfunktion* der *Prä-*

---

[148] Blumenberg. Anthropologische Annäherung an die Aktualität der Rhetorik, S. 111.
[149] Blumenberg. Anthropologische Annäherung an die Aktualität der Rhetorik, S. 112.
[150] Vgl. Blumenberg. *Theorie der Unbegrifflichkeit*, S. 85.
[151] Blumenberg. *Theorie der Unbegrifflichkeit*, S. 86; vgl. auch Blumenbergs methodologische Einwände gegen die Abwertung von Typologien als Vorstufen eines Dezisionismus in Epochenschwelle und Rezeption, S. 164–165; hier näher behandelt in Abschn. 4.1.
[152] Blumenberg. *Theorie der Unbegrifflichkeit*, S. 86.
[153] Blumenberg. *Theorie der Unbegrifflichkeit*, S. 87; Hervorhebung von mir/CG.
[154] Blumenberg. *Theorie der Unbegrifflichkeit*, S. 88.

vention zwischen Befreiung und weitergehender Freiheitsräume oder der des *Begriffs* zwischen Entlastung von unmittelbarer Wirklichkeitsbewältigung und Möglichkeit der Anschauung unter eigenen Bedingungen, ermöglicht auch die *Metapher* eine Übergangssituation. Sie *vollzieht* den „Übergang von der Mangellage zur Luxuslage", also zu einer Lage der Genussfähigkeit, wobei dieser Übergang „als etwas in der Mangellage selbst begründetes und in ihr legitimiertes zu begreifen" sei.[155] Der zweite Teil dieser Aussage kann wie eine strikte Übereinstimmung mit Gehlens Mängelwesenthese wirken;[156] gegen diesen Eindruck können uns jedoch in Erinnerung rufen, dass Blumenberg die Mangellage als *Ergebnis der Befreiung* von einem Leben versteht, das ausschließlich auf unmittelbare Überlebenshandlungen hin konstituiert ist und überdies aufgrund der Präventionsfähigkeit zu keiner Zeit darauf beschränkt war.[157] So wird auch die menschliche Chance in dieser von Menschen *erwirkten*, nicht biologisch manifesten ‚*Mangel*'- als *Freiheitslage* deutlich:

„Natürlich ist es eine ‚traurige Notwendigkeit', der Metapher zu bedürfen und auf ihren ökonomischen Effekt angewiesen zu sein, aber zugleich entdeckt uns doch diese traurige Notwendigkeit, daß wir ausgegriffen haben auf Wirklichkeitsgebiete, die jenseits unserer Dürftigkeit und Bedürftigkeit liegen, also uns unsere Freiheit reflektieren".[158]

---

[155] Blumenberg. *Theorie der Unbegrifflichkeit*, S. 89.

[156] Ein Strang der Blumenberg-Rezeption bezieht die Auffassung, dass er sich und wenn auch mit Abstrichen Gehlens Vorstellung des Mängelwesens anschließt (exemplarisch dafür etwa Stoellger, Philipp. 2011. Imagination der Vernunft. Zum Imaginären der Phänomenologie bei Hans Blumenberg. In *Erinnerung an das Humane. Beiträge zur phänomenologischen Anthropologie Hans Blumenbergs*, hrsg. Michael Moxter. Tübingen: Mohr (Siebeck), S. 62–71, hier S. 152, S. 154 und S. 169; Merker, Barbara. 2011. Was ist der Mensch? Zum Verhältnis von (historischer) Anthropologie, Phänomenologie, Metaphorologie und Epistemologie. In *Erinnerung an das Humane. Beiträge zur phänomenologischen Anthropologie Hans Blumenbergs*, hrsg. Michael Moxter. Tübingen: Mohr (Siebeck), S. 39–61, hier insbesondere S. 1 und S. 4). Dagegen in kritischer Hinsicht und mit Verweis auf Blumenbergs Bezug auf Paul Alsbergs *Menschheitsrätsel*, der in diesem Zusammenhang wichtiger für ihn ist als Gehlen, aber auch wichtiger als Scheler und Plessner, vgl. Savage, Robert. 2011. Aporias of Origin. Hans Blumenberg's Primal Scene of Hominization. In *Erinnerung an das Humane. Beiträge zur phänomenologischen Anthropologie Hans Blumenbergs*, hrsg. Michael Moxter. Tübingen: Mohr (Siebeck), S. 62–71, hier insbesondere S. 66.

[157] Vgl. Blumenberg. Anthropologische Annäherung an die Aktualität der Rhetorik, S. 122; Blumenberg. *Beschreibung des Menschen*, S. 589. Vgl. ferner Nicholls, Angus, und Heidenreich Felix. 2014. Mythos. In *Blumenberg lesen. Ein Glossar*, hrsg. Robert Buch und Daniel Weidner. Berlin: Suhrkamp, S. 214–227, S. 220; Zill, Rüdiger. 2020. *Der absolute Leser*, S. 524.

[158] Blumenberg. *Theorie der Unbegrifflichkeit*, S. 89.

4.2 Distanzierungspraxen

In Metaphern – nach dem hier wiederholten Ausdruck aus seinen, ansonsten überarbeiteten *Paradigmen*[159] – liegt „schon ein Stück des Mutes zur Vermutung über die Natur der Wirklichkeit",[160] deshalb tragen sie sowohl die *Erkenntnismöglichkeit* in sich, nämlich die „eines Leitfadens der Erkenntnis", als auch die *Gefahr* der „Irreführung".[161]

In Anschluss an Nietzsches Ausführungen zum Gebrauch von Mythen und Rhetorik, kennzeichnet Blumenberg die menschliche *Mangellage* denn auch weniger als eine des biologischen Reichtums oder der Armut, sondern als *Zeitmangel*, der als ein solcher erst im Verhältnis zur Vernunft überhaupt wahrnehmbar ist: denn „Vernunft [darf] keinen beliebigen Preis an Zeit abfordern".[162] In *diesem* spezifisch menschlichen Spannungsverhältnis von eigener Endlichkeit und (theoretischer) Vernunft, die diesem Zeitdruck nicht unterworfen werden kann, übernimmt Rhetorik eine zentrale Funktion.[163] Die menschliche Endlichkeit macht nötig abzukürzen, wo noch Zweifel bestehen, die Vermutung noch größer als die Einsicht ist. Deshalb versteht Blumenberg die zur Reflexion eingesetzte Rhetorik und ihr wichtigstes Element, die Metapher als „Gestalt von Vernünftigkeit", die es vermag, mit der Ungewissheit und den durch sie bedingten Zweifeln umzugehen: sie ist „das vernünftige Arrangement mit der Vorläufigkeit der Vernunft".[164]

Gefährdung der metaphorischen Reflexionsregel
In allen Fällen, in denen eine Metapher nicht mehr als Regel zur Reflexion verwendet wird, sondern andere Funktionen erfüllt, wird die Gefahr deutlich, dass eine Denkbewegung zum Erliegen kommen kann. Dies ist das Gemeinsame des Symbols, der Allegorie, des Gleichnisses und der sogenannten Sprengmetapher – sie alle bewirken auf die ein oder andere Weise das (vorläufige) Beenden der Reflexion, sprich die Aufhebung des Distanzverhältnisses von Metapher und Idee.[165] Auf welche Weise sich

---

[159] Blumenberg war mit den *Paradigmen zu einer Metaphorologie* nach einiger Zeit nicht mehr zufrieden und überarbeitete sie in Hinsicht auf eine *Theorie der Unbegrifflichkeit*. Diese sah er verdichtet in den Fallstudien über *Höhlenausgänge, Quellen und Ströme* bis hin zur *Wahrheitsmetaphorik*; vgl. Zill. Nachwort des Herausgebers, S. 189.

[160] Blumenberg. *Theorie der Unbegrifflichkeit*, S. 89. Vgl. Blumenberg. Paradigmen zu einer Metaphorologie, S. 11.

[161] Blumenberg. *Theorie der Unbegrifflichkeit*, S. 90.

[162] Blumenberg. *Theorie der Unbegrifflichkeit*, S. 91.

[163] Vgl. Blumenberg. *Theorie der Unbegrifflichkeit*, S. 91–93.

[164] Blumenberg. Anthropologische Annäherung an die Aktualität der Rhetorik, S. 137.

[165] Vgl. Gehring, Petra. 2014. Metapher. In *Blumenberg lesen. Ein Glossar*, hrsg. Robert Buch und Daniel Weidner. Berlin: Suhrkamp, S. 201–213, hier insbesondere S. 210.

dieser Verlust an Beweglichkeit des Denkens ausnehmen kann, wollen wir im Folgenden sehen und ist vor dem Hintergrund bedeutsam, dass in ideengeschichtlichen Analysen die Unterscheidung des Gebrauchs von Metaphern als Regel der Reflexion und als Reflexion verhinderndes Mittel getroffen werden muss, um den jeweiligen Sinn, der mit ihr verbunden wird, besser erkennen zu können.[166]

Symbol und Allegorie
Blumenberg grenzt die Metapher gegen das Symbol einerseits und gegen die Allegorie andererseits ab. Dies hat etwas zu tun mit der eben angesprochenen Gefahr der Irreführung. Das Symbol „fungiert dadurch, daß es einer Identifizierung dient; aber es ist sinnlos, es auf seinen *Gehalt* hin zu befragen".[167] Die Metapher dagegen setzt einerseits, wie an der Erweiterungsfähigkeit zum Mythos gesehen, ihre Befragbarkeit schon voraus und andererseits drückt sie gerade kein identisches Substanzverhältnis aus. Ihre erkenntnisleitende Funktion ist die Reflexion über *etwas* (anderes) *durch sich hindurch* als Regel. Im Gegenteil dazu bieten Symbole keine anderen oder neuen „Sinnhypothese[n]" an und stehen damit auch der Frage nicht nahe, vielmehr verhindern sie sie.[168]

Allerdings kann die Metapher, wenn sie in ihrer Funktion „reduziert" wird, in das Symbol umschlagen, sie „verliert dabei ihren Aussagegehalt".[169] Am augenfälligsten wird der Unterschied zwischen diesen beiden Formen an ihrer Bewegungsfähigkeit: wo das Symbol „statisch und fixiert sein" muss, um *etwas als etwas* zu erkennen (Identifikationsakt), ist die Metapher „zur Bewegung fähig" und kann „Bewegung darstellen", indem sie *etwas durch etwas hindurch* erst der Reflexion zugänglich macht.[170] In seiner Arbeit zur *Anthropologischen Annäherung an die Aktualität der Rhetorik* drückt er dies folgendermaßen aus: „Ist der Grenzwert des Urteils die Identität, so ist der Grenzwert der Metapher das Symbol; hier ist das Andere das ganz Andere, das nichts hergibt als pure Ersetzbarkeit des Unverfügbaren durch das Verfügbare".[171] Auch der Begriff ist kein Symbol, insofern durch ihn eine Regel der *Vertretung* des Nicht-Gegenwärtigen im Modus des „als ob'

---

[166] Vgl. die Annäherungen an die Funktionen von Rhetorik hinsichtlich der Rezeptionsgeschichte in Abschn. 3.4. Auch darin waren Erkenntnismöglichkeit und -verhinderung als Elemente rhetorischer Funktionsweisen angelegt.
[167] Blumenberg. Paradigmen zu einer Metaphorologie, S. 124.
[168] Blumenberg. Paradigmen zu einer Metaphorologie, S. 124.
[169] Blumenberg. Paradigmen zu einer Metaphorologie, S. 125, hier insbesondere Anm. 190; vgl. Gehring. Metapher, S. 210.
[170] Blumenberg. Paradigmen zu einer Metaphorologie, S. 131.
[171] Blumenberg. Anthropologische Annäherung an die Aktualität der Rhetorik, S. 122.

oder in der Definition als Wortersetzungsregel besteht und deshalb keine Identität hergestellt wird. Potenziell ist allerdings die Gefahr für den Begriff noch größer, zum Symbol zu werden, als für die Metapher, da er abschließend verfährt, während die Metapher für andere Sinngehalte öffnend wirkt.

Die *Allegorie* wirkt nun in umgekehrter Richtung nicht eröffnend, sondern schließend, weil sie eine *nachträgliche* Form der Denkbewegung darstellt. Es wird nicht durch sie hindurch über etwas anderes nachgedacht, sondern ein schon geformter Gedanke *an ihr* nur noch verplausibilisiert. Sie richtet sich deshalb, so formuliert es Blumenberg mit Hans-Georg Gadamer, auf ein *dogmatisches* Denken.[172] Als nachträglicher Verplausibilisierungsakt trägt die Allegorie außerdem einen *willkürlichen* Charakter, der auch der Metapher dann droht, wenn keine „funktionsgerechte Deutung jedes ihrer" Elemente erfolgt: „wenn dagegen verstoßen wird, sinkt sie zur *Allegorie* ab, wo die Räder am Wagen einer *beliebigen* Göttin als die vier Kardinaltugenden bezeichnet werden können u. ä.".[173]

Mit Symbolen und Allegorien sind zwei Gefahrenpole der Metapher bezeichnet, in die sie entweder umschlagen kann, wenn mit ihr *beliebig* verfahren oder wenn sie mit der Idee, zu der sie lediglich einen Weg bereiten soll, *ident* gesetzt wird. Mit einer Identifizierung ist darüber hinaus sogar das Distanzverhältnis einer Denkbewegung gänzlich aufgehoben, jedoch zugleich auch die Zugangsmöglichkeit zur Vernunft, sodass sie in der Identifizierung verharrt, ohne vernünftig zu sein.

Gleichnis
Als einen weiteren Grenzfall dürfen wir das wortwörtlich-Nehmen einer Metapher nennen.[174] Hierdurch haben wir es, ähnlich wie im Fall des Symbols, mit einem Distanzverlust zu tun, insbesondere mit einem Verlust der Reflexionsfähigkeit. Dieser wird von Blumenberg in dem Augenblick als Gefahr bezeichnet, da die Me-

---

[172] Vgl. Blumenberg. Paradigmen zu einer Metaphorologie, S. 23, hier insbesondere Anmerkung 25 und 26.

[173] Blumenberg. Paradigmen zu einer Metaphorologie, S. 135; die Hervorhebung des Wortes „beliebigen" stammt von mir/CG. Die *funktionsgerechte* Deutung der Metaphernelemente steht in Zusammenhang mit Blumenbergs Forderung, in einer funktionalen Analyse von Rezeptionsgeschichten und damit von Wirklichkeitsbegriffen „die Zuordnung der uns vorliegenden Aussagen zu den je akuten Problemen, und zwar inhaltlich *und* formal" vorzunehmen (Blumenberg. Epochenschwelle und Rezeption, S. 102). Die Auswahl einer (bestimmten) Göttin kann deshalb für die Metapher in ihrer Funktion als Reflexionsregel nicht beliebig sein, so wie die Analyse nicht unterlassen kann, die Auswahl dieser und keiner anderen Göttin als Teil der Aussage zu einem akuten Problem zu ergründen.

[174] Vgl. Blumenberg. Paradigmen zu einer Metaphorologie, S. 18, S. 88 und S. 142; Blumenberg. *Theorie der Unbegrifflichkeit*, S. 28.

tapher *vollständig* als „ästhetisches Medium" gebraucht wird.[175] Es ergibt sich so in besonderem Maß die Möglichkeit der „Rückverwechslung", sodass „Schein und Wirklichkeit insofern vertausch[t]" werden, „als sie mit den Änderungen am Schein schon etwas an der Wirklichkeit verrichtet zu haben glauben".[176] Sie wirkt entsprechend nicht mehr als Mittel zum Weiterdenken. Eine Metapher beim Wort zu nehmen, hat einen naturalisierenden Effekt, denn sie wird so „ununterscheidbar von einer physikalischen Aussage".[177] Wenn sie wortwörtlich genommen wird, ist ihre Reflexionsfunktion im strengen Sinne schon aufgegeben und sie wird dadurch „zum Gleichnis [...] erweitert[]".[178] Darin wirkt das Bild bedeutungsschwanger, obwohl es bei genauem Hinsehen „bedeutungslos" ist.[179] Die analytische Bedeutung einer solchen Deformation der Metapher zum Gleichnis ergibt sich dann nur in der Ergründung der „Frage, welche Nötigung darin steckt", die sich strikt gesehen nicht mehr auf die genuine Funktion der Metapher bezieht.[180]

---

[175] Blumenberg. *Theorie der Unbegrifflichkeit*, S. 28.
[176] Blumenberg. *Theorie der Unbegrifflichkeit*, S. 28. Vgl. Blumenberg. *Höhlenausgänge*, S. 728–740.
[177] Blumenberg. *Paradigmen zu einer Metaphorologie*, S. 18.
[178] Blumenberg. *Theorie der Unbegrifflichkeit*, S. 62.
[179] Blumenberg. *Theorie der Unbegrifflichkeit*, S. 62.
[180] Blumenberg. *Theorie der Unbegrifflichkeit*, S. 63. Es kann für eine Metapher, die vollständig in den Bereich der Kunst übergetreten ist, noch darauf hingewiesen werden, dass Blumenberg den Vorwurf der *bloßen Fiktionalität* der Metapher als Vorwand für die Forderung der Rückkehr zu einem vermeintlich angemesseneren Realismus kritisiert und damit zugleich zeigt, dass für ihn auch *unterschiedliche Wirklichkeitsbegriffe gleichzeitig* auftreten können. Sie sei als vollständig ästhetisches Mittel dem Vorwurf ausgesetzt, ‚nur' fiktiv zu sein und nichts mehr mit ‚der' Wirklichkeit zu tun zu haben, was die „Voraussetzung einer eigenen Art der Rhetorik" ist, „die das Ende der Kunst fordert, weil sie damit eo ipso Realität eintauschen zu können glaubt" (S. 29). Diese Forderung zu verwirklichen, „bedeutet aber noch nicht, mit dem Realismus anzufangen – sonst hätte die jahrhundertelange Abbauarbeit an den Vorurteilen längst den ungetrübten Blick auf die voraussetzungslose Objektivität freilegen müssen". An dieser Stelle kommt er auf die Funktionen von Rhetorik zurück, die in unterschiedlichen Wirklichkeitsperspektiven, deren Tendenzen zwischen der auf das Überleben und der auf den Genuss hin liegen, zum Tragen kommen. Er teilt dem Furchtabbau das Ziel zu, das „Unvorhersehbare" in den Griff zu bekommen, d. h. Handlungsfähigkeit herzustellen, wohingegen die Ästhetik es mit der „Überraschung" zu tun hätte, die sie erwirken kann, um das Denken anzuregen (S. 28). Dies hat zwei unterschiedliche Wirklichkeitsbegriffe zur Voraussetzung, die – wie Blumenberg an der Anekdote von der Begegnung zwischen Anaïs Nin und dem Begründer des Surrealismus André Breton verdeutlicht – zur gleichen Zeit bestehen können (S. 29–31). Darin könnten wir einen Nachweis dafür erkennen, dass Blumenberg Wirklichkeitsbegriffe nicht nur in diachroner, sondern auch synchroner Hinsicht heterogen denkt.

4.2 Distanzierungspraxen

Sprengmetaphorik
Blumenberg erklärt die Sprengmetaphorik an einer Vorgehensweise, die die *Kugelmetapher* mit der Vorstellung von *Unendlichkeit* verbindet und sie so über ihre Grenzen hinaustreibt. Dies ist möglich, indem die Metapher gewissermaßen „durchexerzier[t]" wird:[181] „Was wir ‚*Sprengmetaphorik*' nennen wollen […] zieht die Anschauung in einen *Prozeß* hinein in dem sie zunächst zu folgen vermag […], um aber an einem bestimmten Punkt […] ‚sich aufgeben' – zu müssen".[182] Wir können uns dies in etwa so vorstellen, dass das Bild von der Kugel gedanklich so lange ausgedehnt wird, bis sie ihre Grenzen sprengt. Damit kann beispielsweise das Ziel verfolgt werden, „die Transzendenz als Grenze theoretischen Vollzugs und eo ipso als Forderung heterogener Vollzugsmodi sozusagen ‚erlebbar' zu machen".[183] Diese Transzendenz theoretisch zu erleben, geht nur „unter autonomer Setzung der Bedingungen", d. h. durch *experimentelles* Ausweiten oder Einschränken der *Form* der Kugel.[184] Dieses Experimentieren als *Durchexerzieren* ist besonders wichtig, weil es auf die sogenannte *Präparation* hinweist. Denn die eben beschriebene *autonome Setzung* der Bedingungen führt dazu, die Kugel zugunsten einer formalen Übung *aus ihrem Kontext zu heben* und den Sinngehalt eines metaphorischen Gegenstandes für die (in diesem Fall Materialität der) Kugel auszublenden. Dadurch verengt sich der definierte Bedeutungsrahmen für die „Figur" der Kugel auf ihre *Extremformen* oder Schwellenwerte: „zwischen den beiden Unendlichkeiten" wird sie in ein „Schema des pseudohermetischen Satzes" gestellt.[185] Die Kugel wird sichtbar nur noch in unendlicher und damit *unübersehbarer Größe* oder in unendlicher Kleinheit als bloßer *Punkt*. Weder als Punkt noch in unübersehbarem Umfang sind die Eigenschaften der Kugel, die eine Regel der Reflexion inhaltlich anleiten könnten, erkennbar. Sie dient zwar als *gedankliche Zugriffsgröße*, mit der etwas gemacht wird, an ihren Eigenschaften wird jedoch keine Reflexionsregel wie im Fall der Mühle für den Staat gebildet. Ausschlaggebend für diesen gedanklichen Zugriff sind vielmehr die *äußeren Zusätze*, hier der enormen Ausdehnung oder extremen Verkleinerung, als *experimentelle Methode*. Deshalb wird die Kugel *als Metapher* aufgegeben werden müssen.

Vorläufige Zusammenfassung
Der Begriff nimmt zur Konstituierung einer intersubjektiven Verständnisbasis und Herstellung von Handlungsfähigkeit den Weg im Modus des „als ob", der auf die De-

---

[181] Blumenberg. Paradigmen zu einer Metaphorologie, S. 134.
[182] Blumenberg. Paradigmen zu einer Metaphorologie, S. 132–133.
[183] Blumenberg. Paradigmen zu einer Metaphorologie, S. 133.
[184] Blumenberg. Paradigmen zu einer Metaphorologie, S. 133.
[185] Blumenberg. Paradigmen zu einer Metaphorologie, S. 133.

finition, d. h. eine *Wortersetzungsregel* tendiert.[186] Die Metapher dagegen geht zur Öffnung von Zugängen zu Ideen den Weg im Modus des Verstehens *durch* sich selbst hindurch als *Regel der Reflexion einer Idee*.[187] Sie sind aufeinander bezogen als Bedingungsverhältnis, Begrifflichkeit kann nicht zugunsten der Unbegrifflichkeit ausgelassen werden. Sie sind als notwendige ‚praktische' Schritte zu verstehen, um Annäherungen an das Feld der Unbegrifflichkeit zu ermöglichen. Ins Extreme reduziert oder ausgeweitet schlagen Begriff und Metapher in je andere Formen um: der Begriff in die Mystik und die Metapher in den (dogmatischen) Mythos.[188] Beiden Extremen ist gemeinsam, dass sie eine Denkbewegung zum Stillstand bringen, weil sie nicht mehr hinterfragt werden können (oder dies suggerieren). Dies kann dazu führen, dass sie entweder zu unreflektierten Bestandteilen des Alltags werden oder ihnen gegenüber sogar ein Gefühl der Ohnmacht entsteht, eben weil sie absolut gesetzt wurden.

Wo der Begriff durch fortlaufende Präzisierungsarbeit auf das Ausschließen von Unklarheiten zu Zwecken der *Eindeutigkeit* abstellt, eröffnet die Metapher Zugänge zu bedeutsamen Unbestimmtheiten und ermöglicht, sich der *Vieldeutigkeit* in unterschiedlichen metaphorischen Variationen anzunähern. Ein Vernunftprozess formiert sich dazwischen, d. h. zwischen der extremen mystischen Schließung und der extremen mythischen Öffnung, denn die Gefahren der Extreme liegen einerseits für den Begriff in der *dogmatischen Vereindeutigung* und andererseits für die Metapher in der *Überforderung* angesichts einer absoluten Unübersichtlichkeit der Interpretationsmöglichkeiten. In beiden Extremfällen kommt eine Denkbewegung durch den Abbruch der Reflexion zum Erliegen, denen allerdings jeweils mit Begriffsbildung oder Metaphorik entgegengewirkt werden kann – auch darin liegt ihr angesprochenes Bedingungsverhältnis begründet: vernünftige Denkbewegungen sind auf beide Verfahrensweisen angewiesen. Diese Zustände von extremer Einschränkung oder Überforderung sind also keine, die einmal erreicht als deterministische Endzustände ewig andauern. Blumenberg begreift *auf Vernunft gerichtete* Denk*bewegungen* in einem umfassenderen Rahmen als Prozess weg von akuten Notlagen hin zu Freiheiten, die in Wahlmöglichkeiten bestehen und Genussfähigkeit implizieren. Dieser so gefasste Prozess wird zugänglich gemacht über das zugleich anthropologische und erkenntnistheoretische Distanzkonzept.

Der Vernunftprozess wird über verschiedene *Distanzierungsgrade* und -verfahren zu verstehen versucht. Hinsichtlich der unbegrifflichen Vernunftideen weist der Begriff als Instrument zum gemeinsamen Handeln eine höhere Distanz auf als die Metapher. Ideen wiederum weisen sich in Bezug zur Vernunft nicht als ihre Substanz oder ihr Inhalt aus, sondern als ein je spezifisches Verhältnis zu einem Vernunftsbegriff/-aus-

---

[186] Blumenberg. *Theorie der Unbegrifflichkeit*, S. 9 und S. 37.
[187] Vgl. Blumenberg. Anthropologische Annäherung an die Aktualität der Rhetorik, S. 122.
[188] Vgl. *Theorie der Unbegrifflichkeit*, S. 75.

druck. In absteigenden Distanzgraden haben wir es demnach mit der Vernunft zu tun, zu deren Inhalten *(1)* mit der metaphorischen Annäherung an Ideen Verhältnisse ausgedrückt werden, die an den Verstand Forderungen stellt. Diesen wird sich *(2)* mit Begriffen als (handlungsweisenden) Richtungnahmen der Vernunft angenommen. Diese Mittel zur intersubjektiven Verständigung und Handlungsorganisation unterliegen dem Prozess der Präzisierung, welcher deshalb *(3)* auf Definitionen tendiert. Grundlegend für eine Denkbewegung sind dabei die *Distanzierungsverfahren* der Begriffsbildung und Metaphorik, die sich zu den je spezifischen praktischen und theoretischen Situationen auf eigensinnige Weisen verhalten. Die *Situationen* reichen dabei von akuten Notsituationen, die es notwendig machen zu handeln, um zu überleben (zur Selbsterhaltung), über Entlastungssituationen, in denen sich mittels Präventionsstrategien ein ökonomisches Erwartungsmangement (zur Selbstbehauptung) etablieren kann, bis hin zu Situationen, die von der Freiheit geprägt sind, sich dem zuwenden zu können, was wir individuell genießen (‚Selbstentfaltung').[189]

Das *Verfahren* der Begriffsbildung im Modus des ‚als ob' stellt hierzu Regeln der Vetretung abwesender Größen zur Verfügung, mittels denen die Einschätzung der Bedeutung der *potenziellen* Anwesenheit vorgenommen werden kann. Dadurch ist es möglich, Handlungen und Institutionen präventiv zu etablieren, mit denen die mögliche Anwesenheit einer Größe unter entspannten Bedingungen bewältigt werden kann. Die Prävention, insofern sie Zeit verschafft für *mehr* als notwendige Planungen für den Fall des Eintritts unmittelbar zu bewältigender Situationen, befähigt außerdem zum Genuss. Denn eine vom unmittelbaren Handlungsdruck entlastete Situation, die die Prävention herstellt, erlaubt die Aufrichtung des Blicks an – in Hinsicht auf die unmittelbaren Gegebenheiten – Unnützem, d. h. Unbegrifflichem oder anders: den Müßiggang als Rückkehr zur Anschauung *unter eigenen Bedingungen*. Diese ist, sofern sie sich der Vieldeutigkeit der Vernunft nähert, instruktiv für die Verstandesbegriffe. Die Metaphorik als Mittel der müßigen Anschauung verfährt in einem Modus, der eine Idee versucht durch die Metapher hindurch zu ergründen, weshalb sie eine Regel nicht der Vertretung einer potenziell anwesenden Größe, sondern eine Regel der Reflexion von Ideen gibt.

In Blumenbergs Freiheitsbegriff liegt zudem die Vorstellung der Vielfältigkeit von Glücksvorstellungen von Menschen, die gerade keine Allgemeingültigkeit annehmen können, weil sie nicht der Sphäre ökonomischer Existenzsicherung und Prävention angehören, die alle Menschen in annähernd gleicher Weise betreffen.[190] In diesem Zusammenhang spricht er auch von der „nicht rivalisierende[n] Subjektivität der Glücksansprüche" mit der zusätzlichen Bemerkung: „[d]ie *Identität der Glücksansprüche*

---

[189] Vgl. Blumenberg. Ordnungsschwund und Selbstbehauptung, S. 137; Merker. Was ist der Mensch?
[190] Vgl. Blumenberg. *Theorie der Unbegrifflichkeit*, S. 25.

aller wäre die vollkommene Katastrophe, weil sie die schlechthinnige Rivalität aller um dasselbe wäre".[191] In enger Verbindung damit steht auch seine Auffassung vom Frieden, dieser könnte nur *Bedingung* für Glück sein, nicht dessen Versprechen.[192] Ähnlich wie schon in Bezug auf die quellenkritische Rezeptionsgeschichte, die Blumenberg für die Untersuchung von Epochen*schwellen* für adäquat hält, können wir auch in anthropologischer wie erkenntnistheoretischer Hinsicht feststellen, dass Blumenbergs Interesse vornehmlich *Übergangs*phänomenen gilt. Die Lage von Menschen ist für ihn immer bestimmt von ihren Möglichkeiten, zwischen zwei Extremen sich zu bewegen und entsprechend nicht festgelegt zu sein. So geht es auch bei einem Übergang um die ihm inhärenten Ermöglichungsbedingungen von Vernünftigkeit *und* Irrationalität, die an den Funktionswechseln der Größen der Denkbewegungen erkannt werden können: Begriffe stellen den Weg über die Prävention bereit zum freiheitlichen Genuss *und* zur dogmatischen Mystik, so wie Metaphern mit der Eröffnung der Reflexion einer Idee zur mythischen Geschichte erweitert werden *und* in Überforderung durch allegorische Beliebigkeit enden können.

Metaphorik und die Lage des Denkens
In der Wiederaufnahme seiner Arbeit über *die nackte Wahrheit*, die er schon in den *Paradigmen* angefangen hatte, lässt sich ein vorläufiges Resümee der Theorie der Rhetorik erkennen. Metaphern philosophisch zu verwenden, bedeutet darin das, worüber gesprochen werden soll, „zu klären".[193] Die Forderung an Philosophierende, währenddessen „ohne rhetorische Figuren [zu] reden, in völliger Bildlosigkeit", sei nicht zu erfüllen, ohne dass zentrale Inhalte der Philosophie verloren gingen.[194] In erneuter Auseinandersetzung mit Kant und dessen Verständnis von Rhetorik arbeitet er zunächst *zwei gegensätzliche Verwendungsweisen von Metaphorik* während des wissenschaftlichen Denkens und Schreibens heraus: einerseits als „Reizmittel", d. h. als Mittel bei der *Erkenntnissuche*, und andererseits als „Beruhigungsmittel", um die Unzulänglichkeit der Begründung bisher ausgebildeter Begriffe und ihrer Beziehung zueinander in geschlossenen Begriffssystemen zu *verbergen*.[195]

---

[191] Blumenberg. *Theorie der Unbegrifflichkeit*, S. 25.

[192] Blumenberg weist darauf in einer seiner politisch explizitesten Arbeiten hin, vgl. Blumenberg. Wirklichkeitsbegriff und Staatstheorie, S. 140. In umgekehrter Richtung und insofern provokanter formuliert er diesen Gedanken noch einmal anders: So sei die „Unvermeidlichkeit des Friedens nicht seine Gewißheit, aber auch noch nicht seine Attraktivität für die menschliche Glücksphantasie". Glück und Rationalität müssen so gesehen auch nicht zwangsweise miteinander gekoppelt sein.

[193] Blumenberg. *Die nackte Wahrheit*, S. 111.

[194] Blumenberg. *Die nackte Wahrheit*, S. 111.

[195] Blumenberg. *Die nackte Wahrheit*, S. 127.

4.2 Distanzierungspraxen

Hieraufhin formuliert er in ungewohnter Deutlichkeit, was damit analytisch weiter anzufangen sein könnte: „Die Sprache von wissenschaftlichen Autoren wäre daraufhin zu untersuchen, ob sie mehr zum Reizmittel oder mehr zum Beruhigungsmittel der Metapher greifen", ohne es bei einer bloßen „Feststellung quantifizierbarer Fakten" bewenden zu lassen.[196] Vielmehr ließe sich dieser Analyseschritt als „Übergang" nutzen, um einen Anhaltspunkt zu „der allein entscheidenden Frage" zu erhalten, *aus welchen Gründen* für Wissenschaftler*innen die Verwendung von Metaphorik – „aus der Dringlichkeit der Sachen oder aus der Verlegenheit [der] theoretischen Situation heraus" – in ihrer Funktion als Reiz- oder Beruhigungsmittel notwendig wird.[197] Die Frage dazu lautet zusammengefasst wie folgt: „Wie stellt sich in der Metapher *die Lage des Denkens* dar, in die [Wissenschaftler*innen] sich aus mehr oder weniger zwingenden *Gründen* und unter mehr oder weniger unvermeidlichen *Bedingungen* hineinmanövriert ha[ben]?".[198]

Am Falle Kants lasse sich so exemplarisch nachvollziehen, dass er Metaphern als Beruhigung einsetzt, „um nicht nur dem *Erschrecken* der [...] Zeitgenossen Dämpfung zu verschaffen, sondern auch um bestimmte Pflichtleistungen der *Philosophie überhaupt noch möglich* zu machen".[199] Es ging ihm hierbei nicht um das Verbergen der eigenen, ansonsten sichtbaren Fehlleistungen etwa aus unterstellter Eitelkeit, sondern um einen Fall sozialen Handelns im Sinne Max Webers, nämlich „ein[es] solche[n] Handeln[s], welches seinem von dem oder den Handelnden gemeinten Sinn nach auf das Verhalten *anderer* bezogen wird und daran in seinem Ablauf orientiert ist".[200] Kants Metapherneinsatz (Handeln) bezieht sich auf andere *im Hinblick auf eine Lage* des *philosophischen* Denkens, die sich durch ihre Bedrohung auszeichnet. Die Beruhigung, die Kant vor diesem Hintergrund erwirken wollte (Sinn des Handelns), war eine „über die eingetretenen Leistungsminderungen der Vernunft" zu seiner Zeit.[201] Denn diese Leistungsminderungen wurden durch die Feststellung der empirischen Unanschaulichkeit von Ideen erfahrbar und wiesen die Gefahr auf, dass Philosophierende davor *resignieren* könnten. Wo es um Ideen geht und anschauliche „Demonstration" scheitern muss, führt Kant deshalb ‚sein' Symbol ein, welches (wie gesehen Blumenberg als Metapher begreift und) der „Illustration"

---

[196] Blumenberg. *Die nackte Wahrheit*, S. 127.
[197] Blumenberg. *Die nackte Wahrheit*, S. 127.
[198] Blumenberg. *Die nackte Wahrheit*, S. 127; Einschub und Hervorhebungen stammen von mir/CG.
[199] Blumenberg. *Die nackte Wahrheit*, S. 127; Hervorhebungen von mir/CG.
[200] Weber, Max. 1921/1980. *Wirtschaft und Gesellschaft. Grundriss der verstehenden Soziologie*, herausgegeben von Johannes Winckelmann, 5., rev. Auflage. Tübingen: Mohr (Siebeck), S. 1.
[201] Blumenberg. *Die nackte Wahrheit*, S. 127.

dient.[202] Diese Illustration unterscheidet sich von der Demonstration, insofern sie eine *indirekte* Form ist, d. h. „die Mittel der Vorstellung [...] nicht in dieser ursprünglichen Bedeutung verwendet werden".[203] Illustrationen durch Metaphern weisen nicht auf die *Substanz* einer Sache hin, sondern vermitteln einen Eindruck davon, wie die in Rede stehende Sache *funktioniert*. Von Kant selbst, daran entzündet sich Blumenbergs Kritik an ihm, wurde diese Funktion der Metapher als Reflexionsregel allerdings eingeschränkt: sie dient ihm hinsichtlich des *Ideals der Begriffsbildung* nur als vorläufiges Mittel. Sie kommt *ausschließlich* als „Behelfsmittel des Übergangs, das schon in seiner Möglichkeit eines Tages reine Geschichte, nämlich durch den Status der Begriffsbildung überwunden sein müßte" in Betracht.[204] Blumenberg hält der *Verabsolutierung des Ideals der Begriffsbildung* die Auffassung entgegen, die er bei Kant selbst gelernt hatte: dass Begriffe niemals vollständig Ideen entsprechen, diese in keine Wortersetzungsregeln (definitorische Terminologie) übersetzt werden können, womit Metaphern hinfällig würden. Wo Kant Metaphern lediglich als Mittel der Verstandesbegriffe als legitim erachtet und damit allein in den Dienst der Begrifflichkeit stellt, lässt Blumenberg ihnen daneben eine zentrale Rolle für den Bereich der Unbegrifflichkeit zukommen. Dieser sei zudem schlicht nicht in Begrifflichkeit aufzulösen, wenn nur präzise genug an den Begriffen gearbeitet würde: der Eigensinnigkeit des Bereichs der Unbegrifflichkeit muss demnach genauso Sorge getragen werden wie dem der Begrifflichkeit. Entsprechend sind auch verschiedene methodologische Zugänge je nach Richtungnahme notwendig.

Wenn wir Blumenbergs anthropologische Auffassung der Menschen miteinbeziehen, nach der sie in Distanzverhältnisse (zur Welt und zur Vernunft) inbegriffene und durch Distanzierungsverfahren denkende und handelnde Wesen sind, die weder nur als reiche noch arme Wesen verstanden werden können, dann werden seine kritischen Würdigungen Kants – wie im Übrigen auch Nietzsches und Kafkas – nachvollziehbar. Bei allen dreien ließen sich resignierende oder gleichgültige Einstellungen ausmachen, wenn es um den Zusammenhang von Wahrheit, Wissenschaft und Kunst ginge. Bei Kant ergebe sich dies aus dessen Feststellung, dass „die Vernunft der Vehikel und Hüllen überhaupt bedarf" in Verbindung mit seiner Überzeugung, dass diese metaphorischen Mittel (Vehikel und Hüllen) ausschließlich im Bereich der Begrifflichkeit eingesetzt werden dürfen.[205] Damit würde jedoch der *Bereich der Unbegrifflichkeit*, mindestens methodologisch, völlig *aufgegeben*. Kafka und Nietzsche haben dagegen nach einem frühen Vortrag Blumenbergs[206] in unvergleichbarer Weise die

---

[202] Blumenberg. *Die nackte Wahrheit*, S. 127.
[203] Blumenberg. *Die nackte Wahrheit*, S. 128.
[204] Blumenberg. *Die nackte Wahrheit*, S. 128.
[205] Blumenberg. *Die nackte Wahrheit*, S. 130.
[206] Vgl. Blumenberg. Das Problem des Nihilismus in der deutschen Literatur der Gegenwart [Vortrag].

4.2 Distanzierungspraxen

Folgen des ins Extreme gesteigerten und dadurch krisenhaften neuzeitlichen Wirklichkeitsbegriffs in literarischer wie theoretischer Hinsicht zur Sprache gebracht. Bezeichnenderweise weisen sie die Krise an den Folgen der *Radikalisierung* des neuzeitlichen *Objektivierungsanspruchs* aus. Sie seien dennoch von der Gefahr der Resignation und Gleichgültigkeit genauso wenig ausgenommen wie Kant, der mit seiner Beschränkung der Metapher auf den Bereich der Begrifflichkeit dem extremen Objektivierungsanspruch tendenziell zuarbeitet, weil auch sie *die strenge Trennung von Kunst* (oder anders: Ästhetik) *und Wissenschaft* (oder anders: Logik) als gegeben ansahen.[207] Erst wenn die Wissenschaft selbst das Recht zugestanden bekommt – so Blumenbergs Einspruch gegen die resignierenden und ignoranten Aspekte der Denkbewegungen Kants, Nietzsches und Kafkas – neben den Begriffssystemen auch ästhetische Mittel als erkenntnisfördernde Elemente zuzulassen und anzuerkennen, könne die vernünftige und freie Bewegung von wissenschaftlichen Autor*innen zwischen den Sphären der Begrifflichkeit und Unbegrifflichkeit gelingen, in die sie ohnehin eingebunden sind. Dies beinhaltet auch, nicht wie Nietzsche ins andere Extrem zu verfallen und die Kunst statt der Wissenschaft als alleiniges Ideal auszurufen.[208] Denn mit dieser Umkehrung wird lediglich unter anderem Vorzeichen die rigorose Trennung zwischen Kunst und Wissenschaft weiter aufrechterhalten.

Darin können wir ein Angebot Blumenbergs zur vorläufigen Beantwortung der drängenden Frage seiner Zeit lesen, welche Möglichkeiten nach dem Scheitern des modernen Wissenschafts- und Weltbilds noch offenstehen, um nicht in Resignation zu verfallen und die vernünftige Reflexion abzubrechen. Überspitzt formuliert besteht sein Vorschlag in einer Aussöhnung mit der menschlichen Lage *zwischen Subjektivität und Objektivität*. Sein Ansatz zur Untersuchung der in diesem Sinne *intersubjektiven Lage* gilt der anhaltenden Problematik, die durch die Verabsolutierung der Trennung von Logik und Ästhetik entstand und deren Absolutsetzung erst durch den fehlenden Einbezug der Unterschiede zwischen den sozial-historischen Lagen und Wirklichkeitsbegriffen, vor denen Platon einerseits und seine Rezipient*innen andererseits denken und schreiben, möglich wurde. Mit dem Anspruch,

---

[207] Vgl. Blumenberg. *Die nackte Wahrheit*, S. 16–17 und S. 51–54. Vgl. hier weiter oben die Kritik Blumenbergs an der nachhaltig wirkenden Radikalisierung der Trennung zwischen Logik und Ästhetik durch verschiedene Platonismen (nicht durch Platon selbst!), die die Einsicht in die Notwendigkeit der (metaphorischen) Rhetorik für den Denkprozess beeinträchtigt. In methodologischer Hinsicht verweist Blumenberg auf die Bedeutung dieses Umstands ebenfalls an der Unterscheidung zwischen Platon und seinen Rezipierenden (Platonismen) und begründet damit die Notwendigkeit für eine adäquate *historische* Analyse, die *Interessen* für die (Weiter-)Verwendung von Begriffen und Metaphern mit Rücksicht auf die jeweilige *historisch-soziale*, darunter auch die jeweilige intellektuelle *Lage* (Sinnstruktur der Wirklichkeitsbegriffe) zu erfassen (vgl. hier Abschn. 3.3).
[208] Vgl. Niehues-Pröbsting. Blumenberg und Nietzsche, S. 196–197.

den Zusammenhang von Philosophierenden und ihren Lebenswelten nicht aus dem Sinn zu verlieren, löst sich Blumenberg auch von dem zu seiner Zeit nicht mehr notwendigen und problematischen Gedanken der prinzipiellen Unterordnung der Ästhetik unter die Logik und umgekehrt, der Logik unter die Ästhetik. Den zur Eindeutigkeit tendierenden *Begriffen*, den Indiziengebern für die Erforschung des Bereichs der objektiven Begrifflichkeit, stellt Blumenberg die zur Vieldeutigkeit tendierenden *Metaphern* als Indiziengeberin für die Erforschung des Bereichs der ideellen Unbegrifflichkeit nicht nur zur Seite; er weist in seinen Analysen ihre gegenseitige Bedingtheit empirisch nach, theoretisiert dieses Verhältnis, wozu sein Distanzkonzept den zentralen Anstoß gibt, und ermöglicht mit der Metaphorologie die methodisch kontrollierte Reflexion der in der Wissenschaft seit jeher verwendeten Metaphern.

Die nicht restlos überwindbare Distanz der Begriffe und Ideen zueinander kennzeichnen für Blumenberg ihre jeweilige Eigensinnigkeit, weshalb er beide Funktionen der Metaphorik, die beruhigende (als vorläufigen Behelf *im Dienste der zu erzielenden Begrifflichkeit*) und die reizende (als immer wieder vornehmbare Variation ihrer Prädikate *im Dienste der Annäherungsbewegung an die Unbegrifflichkeit*), gleichermaßen als Umwege in unterschiedliche Richtungen (Praxis und Theorie) nachvollziehen kann. Beide Einsätze der Metaphorik sind erkenntnisfördernde Mittel, solange sie nicht für das jeweils andere ausgegeben werden, wofür ihre konkreten Zielrichtungen bewusst gehalten werden müssen. Die Metaphorik ist hierbei hilfreich, da sie sich selbst, in Form und Inhalt, durchschaubar hält oder gemacht werden kann, sofern ihre Verwendung hinsichtlich ihrer entweder praktischen oder philosophischen Ziele ergründet wird. Sie wäre deshalb auch ein Mittel zur Reflexion des eigenen wissenschaftlichen Arbeitsprozesses.[209]

4.2.4 ... methodologisch zwischen Minimal- und Maximalmethode

Die oben angesprochene Analyse der jeweiligen Lage des Denkens lässt sich methodisch weiterverfolgen durch die Betrachtung der Metapher als „hermeneutische[r]' Gegenstand",[210] wie Blumenberg in Anschluss an Georg Christoph

---

[209] Diese Vorstellung sieht er bei Kant schon angelegt: „Die Metaphorik der nackten Wahrheit ist auch bei Kant die Metapher für die Problematik des Bedarfs und Gebrauchs von Metaphern selbst in der Philosophie" (Blumenberg. *Die nackte Wahrheit*, S. 133; vgl. S. 115).
[210] Blumenberg. *Die nackte Wahrheit*, S. 176.

4.2 Distanzierungspraxen

Lichtenberg im letzten Kapitel über *die nackte Wahrheit* formuliert.[211] Darin wird sein eigener systematischer Anspruch noch einmal erneuert, historische Analysen so anzulegen, dass mit ihnen über sie hinauszugehen ist. Dazu bieten sich Metaphern deshalb an, weil sie einen „Überschuß über die Intention" von Autor*innen aufweisen, der darauf befragt werden kann, welche *anderen* Sinngehalte die verwendeten Metaphern noch bereithalten über die „Beantwortung der historischen Frage" hinaus, „was die Intention" einer Autor*in einmal gewesen war, die mit ihrer Verwendung verbunden wurde.[212] Dieser Überschuss ergibt sich wie gesehen aus ihrer nicht abzuschließenden Form, ihrer Nicht-Festlegbarkeit: „ihre[r] Vieldeutigkeit", was auch voraussetzt, ihren *ästhetischen* Charakter anzuerkennen.[213]

Wenn ein Vernunftprozess sich entfaltet zwischen den Bereichen der Begrifflichkeit und Unbegrifflichkeit, denen zwei Zugangsweisen entsprechen, nämlich eine verstandsmäßige über die Begriffsbildung und -präzision und eine vernunftmäßige über die Metaphorik, deren Wirkungen zwischen der definitorischen Schließung und der variierenden Öffnung liegt, so können wir sagen, dass seine (methodischen) Verfahren die Form der Einschränkung und der „Erweiterung" annehmen.[214] Mit Blick auf die jeweiligen Zustände der Erstarrung einer Denkbewegung (Mystik und Mythos), zu denen beide in dem Moment gelangt sind, da sie nicht mehr hinterfragt werden können, wird die Verschränkung von Theorie und Praxis in einer Denkbewegung an der gegenseitigen Angewiesenheit des Begriffs auf die Metapher und umgekehrt verdeutlicht. Die erneute Öffnung eines hermetisch abgeschlossenen, mystischen und dadurch bedeutungslos werdenden Begriffs kann gelingen durch die Variation des ihm zugrunde liegenden und vergessenen

---

[211] Vgl. Blumenberg, *Die nackte Wahrheit*, S. 163–176. Inwiefern dies eine andere Hermeneutik darstellt, nämlich weniger eine des Verstehens selbst als der „Entselbstverständlichung" beschreibt Philipp Stoellger (Imagination der Vernunft, S. 145–147 und S. 160, hier S. 146). Vgl. Blumenberg, *Schiffbruch mit Zuschauer*, S. 90: „Das Gleichnis zeigt mehr als in dem schon steckt, wofür es gewählt wird. Es ist der Paradefall für Hermeneutik, aber in umgekehrter Richtung: nicht die Ausdeutung bereichert den Text über das hinaus, was der Autor in ihn hineingewußt hat, sondern der Fremdbezug fließt unabsehbar in die Produktivität zu Texten ein. Die in der rigorosen Selbstverschärfung der theoretischen Sprache verächtlich gewordene Ungenauigkeit der Metapher entspricht auf andere Weise der oft so eindrucksvollen höchsten Abstraktionsstufe von Begriffen wie ‚Sein', ‚Geschichte', ‚Welt', die uns zu imponieren nicht nachgelassen haben. Die Metapher jedoch konserviert den Reichtum ihrer Herkunft, den die Abstraktion verleugnen muß."
[212] Blumenberg, *Die nackte Wahrheit*, S. 176.
[213] Blumenberg, *Die nackte Wahrheit*, S. 176.
[214] Blumenberg, *Die nackte Wahrheit*, S. 130.

metaphorischen Gehalts oder die Einführung metaphorischer Sinngehalte, die sich derjenigen Sache annähert, die mit einem Begriff verbunden werden wollte.[215] Der metaphorische Rückgriff auf das ästhetische, „imaginative[] Feld" lockert sozusagen den durch den Begriff entstandenen, zu eng gewordenen (Zu-)Griff auf eine bestimmte Vorstellung und dröselt ihre extrem festgezurrten und so *verkürzten* Begriffsfäden auf.[216] Dies ermöglicht einen unbeschwerteren Umgang mit ihm, welcher das Denken wieder ‚beschwingen' kann.[217]

Außerordentlich wichtig ist dabei bewusst zu halten, dass Metapher und Idee nicht ident gehen in der Sache selbst, zwischen ihnen also immer eine Distanz besteht. Ansonsten droht die *Idolisierung* der Metapher, die ihrem Zweck widerspricht, eine „Platzhalterfunktion[]" einzunehmen.[218] Wenn wir uns an den Begriff als Regel der *Vertretung* des potenziell anwesenden Abwesenden erinnern, gewinnt die Differenz zur Metapher über ihre bisherige Erfassung als Regel der Reflexion hinaus mit der Funktion des *Platzhaltens* weitere Konturen. Platz zu halten heißt auch, (intellektuelle) Bewegung dort möglich zu machen oder zu halten, wo er ansonsten ‚besetzt' und die Bewegung damit ‚festgesetzt' wäre oder der Platz gänzlich leer gelassen würde und damit bedeutungslos bliebe. Insofern stellt das Bewussthalten des metaphorischen, gerade *nicht (wort-)wörtlichen* Charakters der Vorstellungen von unbegrifflichen Ideen einen Schutz vor ihrer Idolisierung dar. Das sei laut Blumenberg, wie er mit Kant und über seinen praktischen Vernunftbegriff hinaus formuliert, das Verdienst des Anspruchs der Aufklärung:

„Aufklärung ist es, die *nützliche und nöthige Hülle von der Sache selbst zu unterscheiden* gerade hinsichtlich ihrer Unentbehrlichkeit, weil sonst der Platz der Sache […] durch […] ein Idol besetzt und damit der Endzweck dieser Sache, nämlich des Ideals der reinen praktischen Vernunft gänzlich verfehlt würde".[219]

Die Metapher – sofern noch gewusst wird, dass es sich um eine Metapher handelt – dient dem Schutz vor dem Abbruch des Vernunftprozess durch Idolisierung. Sie hält das Denken in Bewegung, wo es durch das Idol, welches hier stark Blumenbergs Begriff des Symbols im Sinne der Identifizierung ähnelt, erstarren muss. Daran

---

[215] Vgl. Blumenberg. *Die nackte Wahrheit*, S. 50.
[216] Blumenberg. *Die nackte Wahrheit*, S. 164.
[217] Vgl. hier Abschn. 3.2. Dieser unbeschwertere Umgang weist eine strukturelle Verbindung zu der Form der *Leichtigkeit* im Umgang mit dem Begriff von Wirklichkeit auf.
[218] Blumenberg. *Die nackte Wahrheit*, S. 129.
[219] Blumenberg. *Die nackte Wahrheit*, S. 129.

4.2 Distanzierungspraxen

zeigt sich noch einmal das Verständnis Blumenbergs von der Rhetorik in Form der Metapher als „das vernünftige Arrangement mit der Vorläufigkeit der Vernunft".[220]

Umgekehrt kann der Umgang mit einer Situation drohender Unübersichtlichkeit, ausgelöst durch die uneingeschränkte fantasievolle Erweiterung einer Vorstellung, gelingen, indem aus ihr Begriffe abgeleitet werden. In dem Fall wird Begriffsbildung zum Zwecke (objektiver) Übersicht betrieben, um (Denk- und) Handlungsfähigkeit zu gewährleisten. In beiden Fällen – drohender Idolisierung und Unübersichtlichkeit – wird durch das Zusammenspiel von Begriff und Metapher in pragmatischer Funktion dem Denken ermöglicht, beweglich zu bleiben und das heißt auch, die Genussfähigkeit zu bewahren. Das metaphorische Verfahren „begleite[t]" die Begriffsbildung durch eine auf Theorie gerichtete Perspektive, während das Verfahren der Begriffsbildung der Theorie in praktischer Hinsicht zur Verfügung steht.[221]

In seinem Aufsatz über *Wirklichkeit als Grenzbegriff* bezeichnet Blumenberg diese Pole beider methodischer Verfahren der „gegenläufige[n] Einschränkungen und Ausdehnungen" in Anlehnung an Moritz Schlick, Mitinitiator des Wiener Kreises, als „Grenzen von ‚Minimalmethode' und ‚Maximalmethode'", die unterschiedliche „Beweislasten" aufweisen.[222] In der „klassische[n] Spannung von Einheit und Vielheit in allen ausgebildeten Systemen der Philosophiegeschichte" erkennt er den theoretisch-abstrahierenden Ausdruck „der minimalisierenden und maximalisierenden Tendenzen im Wirklichkeitsbewußtsein selbst".[223] Darin seien diese Tendenzen „nur das Abstraktionsprodukt" einer grundsätzlich menschlichen und praktischen Situation.[224] Dieser Ausdruck der minimalisierenden und maximalisierenden Tendenzen im Wirklichkeitsbewusstsein könnte und sollte ihm zufolge „allererst" beschrieben werden.[225] Das Bewusstsein und die jeweiligen diachron oder synchron bestehenden Wirklichkeitsbegriffe seien nämlich „gefährdet durch seine Offenheit zum Reichtum wie zur Verarmung, durch seine Instabilität zwischen unbekannten Grenzen, durch seine wesensmäßig gegenläufige Liquidität".[226] Wir sehen hier, was zuvor bereits angeklungen war und wir nun als das zu beiden

---

[220] Blumenberg. Anthropologische Annäherung an die Aktualität der Rhetorik, S. 137. Vgl. Blumenberg. *Die nackte Wahrheit*, S. 20.

[221] Blumenberg. *Die nackte Wahrheit*, S. 129.

[222] Blumenberg. Wirklichkeit als Grenzbegriff, S. 109.

[223] Blumenberg. Wirklichkeit als Grenzbegriff, S. 112.

[224] Blumenberg. Wirklichkeit als Grenzbegriff, S. 112.

[225] Blumenberg. Wirklichkeit als Grenzbegriff, S. 112.

[226] Blumenberg. Wirklichkeit als Grenzbegriff, S. 112.

Seiten offene Menschenbild Blumenbergs nennen können, welches eine merkwürdige bewegliche Zwischenposition beschreibt, aus der nicht von vornherein klar hervorgehen kann, welcher Weg eingeschlagen wird und dass einen Weg einzuschlagen außerdem nicht zugleich den Ausschluss des anderen bedeutet. Sich „zwischen der Hypertrophie unserer Wünsche und der Ökonomie unserer Selbstgesetzgebungen", d. h. sich zwischen den Polen der Erfüllung unserer Glücksvorstellungen und dem des Selbsterhaltungszwangs zu bewegen, heißt entsprechend, sich nicht vernünftigerweise für eine Methode endgültig und ausschließlich entscheiden zu *können*.[227] Die Gefahr einer Vereinseitigung entweder auf die Maximal- oder Minimalmethode liegt darin, sich tendenziell festzulegen auf ein Bild von Menschen als absolut arme oder reiche Wesen, das in keiner Version der menschlichen Zwischenlage gerecht werden kann. Bevor die Konsequenzen dessen näher ausgeführt werden, erhalten wir zuerst eine genauere Vorstellung davon, was Blumenberg unter der Maximal- und Minimalmethode und darüber unter der rhetorischen Theorie genau versteht.

Die *Maximal*methode eröffnet durch „ein Bündnis von Toleranz und Phantasie, Bildnerei und Literatur, Psychopathologie und Ästhetik, Theologie und Utopie, Synkretismus und Mythopoesie wieder Spielraum" für solche Elemente der Wirklichkeit, die unter dem Anspruch strenger und tendenziell cartesianischer Begriffs- und Systembildung nicht zugelassen werden.[228] Die Folge *ihrer* Vereinseitigung ergibt sich aus ihrem Hang zur „Elephantiasis der Wünsche und Bedürfnisse", die den „Terror der Ansprüche an die verschätzten Gegebenheiten jede Lizenz gewähren" und potenziell in der Resignation endet.[229] Mit diesem durch die Maximalmethode eröffneten Spielraum an *unzähligen* Möglichkeiten gerät der aktuelle Zustand der *Wirklichkeit* in extreme Bedrängnis, insofern gerechtfertigt werden muss, aber nicht kann, *nicht etwas anderes zu sein*, obwohl er es ja sein könnte. Dies meint Blumenberg mit dem zur Resignation verleitenden Terror der Ansprüche als *Hyper*trophie der Wünsche, welcher durch eine uneingeschränkte Ausdehnung der fantastischen Mittel eine (Denk-)Bewegung zum Erliegen bringt.

Auf der anderen Seite steht die Gefahr einer Vereinseitigung der *Minimal*methode, durch die „das Regiment der Letztbegründer und Verfahrenskontrolleure, der Schulmeister" dazu zwingt, genau das aufzugeben, „was auf geringeren Sicherheitsstufen das Leben lebendig und den Appetit auf Genießbares rege hält".[230] Wir könnten sagen, es steht hinter dem so verabsolutierten (Ab-)Sicherungsbedürfnis

---

[227] Blumenberg. Wirklichkeit als Grenzbegriff, S. 110.
[228] Blumenberg. Wirklichkeit als Grenzbegriff, S. 109.
[229] Blumenberg. Wirklichkeit als Grenzbegriff, S. 110.
[230] Blumenberg. Wirklichkeit als Grenzbegriff, S. 111.

4.2 Distanzierungspraxen

der Terror eines vermeintlich absoluten Kontrollverlusts, unter dem sich „auf vorgängige Definitionspflichten und kanonische Regulationen" berufen werden kann, woraus die erschreckende Beschränkung des Lebens auf bloße Selbsterhaltung als *Ökonomie der Selbstgesetzgebungen* (im status quo) folgt.[231] Die auf das Extremste betriebene Minimalmethode schließt alle Elemente der Wirklichkeit aus, die auf den Genuss und damit auch die Theorie hin tendieren, und macht ihrerseits das (Weiter-)Denken über die Grenzen der Existenzsicherung hinaus unmöglich.

Wie es gelingen könnte, der daraus folgenden Notwendigkeit der Position *zwischen* Minimal- und Maximalmethode wissenschaftlich gerecht zu werden, deutet Blumenberg in seinen Erwägungen zur *Theorie der Unbegrifflichkeit* anhand seines Verständnisses von Methodologie an, weshalb wir sie hier noch einmal vollständig vor Augen führen:

„Eine *Methodenlehre* beschreibt die Schritte auf einem Wege nach einer Regel. Insoweit kann sie strikt *begrifflich* vorgehen. Aber die Vorstellung des Weges ist bezogen auf eine *Totalität*, die sich schwerlich anders als *metaphorisch* angeben läßt: der Weg führt durch eine Landschaft, er umgeht oder überbrückt Hindernisse, im günstigen Falle hat er sogar ein Ziel, statt zum Ausgangspunkt zurückzuführen. In der Metaphorik des Weges ist sehr vieles von dem gesagt worden, was über die *Handlung der Erkenntnis* und ihre Chancen auf Erfolg bedacht, aber ungern in der Direktheit einer Behauptung ausgesprochen worden ist".[232]

Wenig überraschend ist die Beschreibung einer Methode, deren Schritte einer Regel folgen, die sie (wenigstens formal) begründet, ihre inhaltliche Begründung allerdings ist verbunden mit der Vorstellung von einer Totalität, an die sich anzunähern das Ziel darstellt. Dies impliziert, zusätzlich zur Definition einer Methode als geregelte Schrittfolge, die erkenntnistheoretischen Aspekte der Methode mitzudenken, zumindest die ihrer Tendenzen und Gefahren bei Vereinseitigung im Sinne der Ausweisung der methodischen Grenzen. Darüber hinaus trägt diese Auffassung dem Umstand Rechnung, dass *die Vorstellung vom, im Ausgang der Untersuchung anvisierten, Ziel im Zuge der Untersuchung selbst einer Veränderung unterliegt*. Im Falle einer Idee bedeutet dies zugleich, dass ihr Inhalt sich im Forschungsprozess verändert, weil sie, wenn wir uns erinnern, weniger die Sache selbst darstellt, sondern vielmehr das Verhalten der Denker*in zur Idee ausdrückt. So ist Blumenbergs Rede davon zu verstehen, *nicht zum Ausgangspunkt zurückzukehren*, wozu außerdem gehört, von dort aus *unter anderen Bedingungen* weiterdenken zu können. Diese qualitative Stufe des Forschungsprozesses bietet andere Möglichkeiten als

---

[231] Blumenberg. Wirklichkeit als Grenzbegriff, S. 110–111.

[232] Blumenberg. *Theorie der Unbegrifflichkeit*, S. 47; Hervorhebungen von mir/CG.

unter den Ausgangsbedingungen. Der Vorgang ähnelt strukturell der Beschreibung der Begriffsbildung als präventive Distanznahme, da die begriffliche Entfernung von ‚der Alltagswelt' Möglichkeiten eröffnet, sich dieser erneut anzunähern, aber unter selbst gewählten, hier objektiv-begrifflichen Bedingungen.[233]

Bereits eingangs der *Theorie der Unbegrifflichkeit* verwies Blumenberg eindrücklich darauf, dass Begriffssysteme mit ihren Definitionen nicht das Ziel darstellen, sondern vielmehr dazu dienen, einen begründeten, nachvollziehbaren (neuen) Ausgangspunkt zu schaffen, von dem aus sich mit größerer Freiheit und Freude, darunter insbesondere auch in ästhetischer Weise ‚der' Welt wieder zugewendet werden kann. *Diese aufgesuchte* Annäherung ist idealerweise davon geprägt, *andere* Möglichkeiten eines bestehenden Wirklichkeitsbegriffs über die ihn bisher umfassenden Begriffe hinaus wahrnehmen zu können. Diese Erkenntnisse können zur Veränderung der praktischen Ausgangslage beitragen, sind aber nicht allein ausschlaggebend.[234] Blumenberg legt im Zusammenhang der beiden grundsätzlichen methodischen Richtungen deshalb nahe, dass dem Forschungsziel zu unterschiedlichen Zeitpunkten im Forschungsprozess, d. h. auf unterschiedlichen Abstraktionsstufen eher minimalisierende oder eher maximalisierende Zugänge angemessen und zielführend sind. Währenddessen ist es notwendig, sich die erkenntnistheoretischen Bedingungen und Möglichkeiten der jeweiligen Pendelbewegung zwischen Entfernung und Wiederannäherung immer einmal wieder vor Augen zu führen.[235] Diese Art des Verständnisses von Denkbewegungen erinnert an die Idee der rekonstruktionslogischen Sozialforschung mit ihren ad-hoc-Hypothesen, die einen ersten Zugang, eine vorläufige Perspektive auf den Forschungsgegenstand zur Verfügung stellen, um sich an ihn annähern zu können, wonach die ersten Hypothesen überarbeitet und präzisiert werden. Sie schaffen einen Zugang zur Welt, ohne genau dort ‚wortwörtlich' stehen bleiben zu können.

In diesem Komplex der *Distanzregulierung* (Entfernung von – Annäherung an) können wir nun Blumenbergs Kritik an der Neuzeit systematischer verorten:

---

[233] Vgl. hier Abschn. 4.2.1.

[234] Vgl. Blumenberg. *Theorie der Unbegrifflichkeit*, S. 27–28.

[235] Auch in seiner ersten expliziteren und kritischen Auseinandersetzung mit der Mythosforschung Anfang der 1970er-Jahre in *Wirklichkeitsbegriff und Wirkungspotenzial des Mythos* und der ihr vorangestellten Problematik, die ein interdisziplinäres Forschungsvorhaben mit sich führt, indem ihnen die „Tugend geringerer Präzision" zugrunde liegt als den Selbstverständnissen der voneinander getrennten Disziplinen mit ihren jeweiligen „wohldefinierten und bewährten Abgrenzung[en]" der eigenen Gegenstände und Perspektiven, die dieser interdisziplinären „Unbestimmtheit" widerspricht, kommt er zu folgender in unserem Zusammenhang pointierenden Aussage: „Der Ausgangszustand möglicher Versuche muß immer einmal wiederhergestellt werden" (Blumenberg. Wirklichkeitsbegriff und Wirkungspotenzial des Mythos, S. 327–328).

"Die Auffassung der Kultur als einer Schutzvorrichtung des Menschen vor sich selbst ist der neuzeitlichen Staatstheorie und ihrem Vernunftbegriff der Selbsterhaltung nachgebildet. Darin liegt auch der Ursprung des Gedankens der *Sublimierung*: Verfeinerung ist nur die Vermeidung der Metapher der Verkleidung".[236]

Die Subsumptionslogik in der Begriffsbildung, die Blumenberg hier mit der Selbsterhaltung anspricht und die auch dem Konzept der Sublimierung zugrunde liegt, beendet sich selbst, sofern keine ästhetischen Mittel zugelassen werden, um ihr dabei zu helfen, sich selbst nach der Einschränkung des Blicks wieder mehr Freiraum zu verschaffen. Dieser wurde über den definitorisch formulierten Ausschluss der Kunst und darin der Rhetorik aus der Wissenschaft verhindert, sodass der ins Extrem gesteigerte Objektivierungsanspruch der Neuzeit allein auf die Logik der Selbsterhaltung und -behauptung hin ausgerichtet sein konnte. Ihm wurde kein weiterführendes Instrument zur Seite gestellt, sodass die Begriffsbildung sowohl über ihre eigenen Grenzen hinaus gesteigert und krisenanfällig wurde als auch (mindestens) bis zu Zeiten Nietzsches, Husserls und Kafkas weiter in der Krise steckt. Allen dreien ist gemein, dass sie erstens beschreiben, wie Kunst *und* Wissenschaft zum Humanen gehören, zweitens festhalten, dass der absolute Objektivierungsanspruch der neuzeitlichen Wissenschaft und die Ästhetik sich kategorisch ausschließen und schließlich das Fazit ziehen, die Objektivierung müsse der Kunst oder umgekehrt die Kunst der Objektivität unterliegen. Blumenberg betreibt in kritischer Würdigung und aufbauend (nicht nur, aber besonders) auf Kant, Nietzsche, Husserl und Kafka wie gesehen gegen dieses Fazit einen ‚Versöhnungsversuch', durch den die Bereiche der Kunst und Wissenschaft, gegen ihre Trennung oder Konkurrenz, als sich gegenseitig ergänzende und zuweilen korrigierende Sphären vorgestellt werden. In Verbindung leisten sie eine Distanzregulierung im Vernunftprozess zwischen Begrifflichkeit, deren Verfahren die Objektivierung ist, und Unbegrifflichkeit, zu der die Metaphorik Zugänge bietet.

4.3 Mythos als Grenzfall zwischen Distanzierung und Distanzverlust

Ergänzend und parallel zu den vorherigen Ausführungen zum *Umschlagen des Begriffs in die Mystik* durch seine extreme Verengung im Zuge der, wie wir nun wissen, verabsolutierten Minimalmethode, möchten wir noch einmal genauer auf den Mythos zu sprechen kommen, der zunächst anhand der *Theorie der Unbegrifflich-*

---

[236] Blumenberg, *Die nackte Wahrheit*, S. 15.

keit als Ende der Metapher durch ihre extreme Übertreibung markiert wurde.[237] Erstens hilft dies dabei, die wichtige Dimension des *Funktionswechsels des Mythos* besser zu begreifen, auch um die zuvor nur latent angelegte Differenz zwischen entdogmatisierend und dogmatisierend eingesetzten Mythen zu explizieren. Zweitens dienen die weiteren Ausführungen zur Verbindung zwischen Metaphorik und Mythos dazu, die *Verschränkung* der bisher eher nebeneinanderstehenden Rekonstruktionen der Methodologie und Theorie Blumenbergs mitzubedenken.

Bereits in den *Paradigmen* geht Blumenberg auf das Verhältnis von *Mythos und Metaphorik* ein.[238] Es handelt sich bei der Metaphorik hier wie bisher um Metaphern, die in theoretischer Absicht eingesetzt werden und sich deshalb auf Ideen beziehen, deren Gehalte nicht begrifflich subsumierbar und zu vereindeutigen sind. Er kennzeichnet den „Unterschied" zwischen Metapher und Mythos vorerst als

„nur ein[en] genetische[n]: der Mythos trägt die Sanktion seiner uralt-unergründbaren *Herkunft* [...], während die Metapher durchaus als *Fiktion* auftreten darf und sich nur dadurch auszuweisen hat, daß sie eine *Möglichkeit* des Verstehens ablesbar macht".[239]

In seinen späteren Arbeiten wird er Mythen expliziter als Fälle von Rezeptionsgeschichten untersuchen, wodurch er zwischen verschiedenen Arbeitsweisen an und mit Mythen unterscheidet, die nicht nur auf den Bereich der Herkunftserzählung beschränkt sind.[240]

Wenn, wie gesehen, die Übertreibung der Metapher in den Mythos führen kann, so hat sie ihren Grund in einem spezifischen Verhältnis von Menschen zur Unbestimmtheit. Sie schlägt in den Mythos um, „*wo sie* [die Unbestimmtheit] *nicht hingenommen werden kann*" oder – wenn wir dies hinzufügen dürfen –, wenn eine unbestimmte Situation als nicht hinnehmbar *stilisiert* wird.[241] Dies ist in Situationen der Fall, in denen die Unbestimmtheit „eine lebensentscheidende Realität" zugeschrieben bekommt und somit in den Raum des Interesses fällt, das eigene Leben oder die eigene Lebensgeschichte abzusichern (also zum Zweck der Selbsterhaltung). Dann ist es notwendig, die unbestimmte Größe zu bestimmen, sie „zu einer appellationsfähigen Instanz [zu] machen", um sich mit ihr ins Benehmen setzen zu

---

[237] Blumenberg. *Theorie der Unbegrifflichkeit*, S. 75.

[238] Vgl. Blumenberg. Paradigmen zu einer Metaphorologie, S. 84–87.

[239] Blumenberg. Paradigmen zu einer Metaphorologie, S. 84–85; Hervorhebungen von mir/CG.

[240] Vgl. Blumenberg. Wirklichkeitsbegriff und Wirkungspotenzial des Mythos; Blumenberg. *Arbeit am Mythos*.

[241] Blumenberg. *Theorie der Unbegrifflichkeit*, S. 67, Einschub und Hervorhebungen von mir/CG.

4.3 Mythos als Grenzfall zwischen Distanzierung und Distanzverlust

können.[242] Darüber hinaus mutiert der Mythos zur *ernsthaften* Praxis, wenn er sich im *Ritual* aktualisiert. In *Epochenschwelle und Rezeption* verdeutlicht er schon früh die Verbindungsweise von Mythos und Ritual, in Anschluss an Hans Jonas' Analyse der Gnosis, an den sogenannten Mysterien*kulten*: „Die kultische Verklammerung von Mythos und Praxis stellt eine ‚Durchgangsform für das Praktischwerden des Spekulativen [...]' dar".[243] Im Ritual wird der Mythos *praktisch* nachvollziehbar und dadurch zu „ein[em] Schema seiner ‚Anwendbarkeit'".[244]

Der Mythos erfüllt dagegen zunächst die (von Blumenberg sogenannte *genuine*) Funktion, die Unbestimmtheit weniger furchtbar zu machen, indem er eine imaginative Geschichte ihrer Herkunft erzählt, da das Unbestimmte und Schreckende vorerst nicht oder niemals ‚logisch' aufgeklärt werden kann.[245] Die mythische Geschichte hebt die Distanz zwischen Imagination und Wirklichkeit dabei in stärkerem Maße auf als die Metapher, die als Fiktion wahrgenommen werden kann. Sofern ein Mythos dennoch in logischer Funktion auftritt, d. h. wo er der Erkenntnis zugewandt ist – wie etwa in Platons Höhlenmythos[246] – und deshalb *als imaginative Geschichte bewusst* gehalten wird, können wir von ihm als Reflexions*geschichte* reden, ähnlich wie wir von der Metapher als Reflexions*regel* sprechen.[247]

So diese Unbestimmtheit entsprechend nicht in der gleichen Weise als lebensentscheidend wahrgenommen wird, muss mit ihr auch nicht im gleichen Maß praktisch umgegangen werden, da der Handlungsfähigkeit keine große Gefahr droht. Es reicht in diesem Fall, „daß dann die Unbestimmtheit aufgewogen wird durch das Aufrücken metaphorisch bezeichneter Eigenschaften in die Subjektstelle".[248] Die Metapher kann hier demnach Reflexionsregel bleiben.

---

[242] Blumenberg. *Theorie der Unbegrifflichkeit*, S. 67.
[243] Blumenberg. Epochenschwelle und Rezeption, S. 114.
[244] Blumenberg. Epochenschwelle und Rezeption, S. 114.
[245] Vgl. Blumenberg. *Arbeit am Mythos*, S. 40.
[246] Vgl. Blumenberg. Paradigmen zu einer Metaphorologie, S. 86.
[247] Vgl. Blumenberg. *Höhlenausgänge*. Zwar gäbe es in diesem Fall auch nur einen ‚kleinen' Unterschied zwischen Metapher und Mythos, aber wir könnten nun eher von einem graduellen statt einem genetischen Unterschied zwischen ihnen sprechen. Denn wo der Mythos in den *Paradigmen* auf die *Herkunft* der Unbestimmtheit beschränkt war und damit auf eine *inhaltliche* Dimension des Mythos, nimmt Blumenberg hier die Unterscheidung vielmehr an ihren jeweiligen *Formen* (als Regel oder Erzählung) vor. In Erinnerung sollten wir uns dabei jedoch rufen, dass für Blumenberg der Zusammenhang zwischen *Form und Inhalt* Untersuchungsgegenstand ist und er insofern mit der Verschiebung der Unterscheidungsebene hin zur Form nicht zugleich den Inhalt außenvor lässt. Vgl. hierzu Blumenberg. Epochenschwelle und Rezeption.
[248] Blumenberg. *Theorie der Unbegrifflichkeit*, S. 67.

Im Sinne Blumenbergs eigener Vorstellung vom Vernunftprozess beschäftigt er sich in seinem Aufsatz über *Wirklichkeitsbegriff und Wirkungspotenzial des Mythos* erneut mit „dessen Vieldeutigkeit", die sich besonders dadurch ausweist, dass sie entweder *bestritten* oder *instrumentalisiert* wird.[249] Die mythische Vieldeutigkeit einmal entdeckt zu haben, erfordert im Weiteren, sich mit „der Katalogisierung des neuen Pluralismus seiner Aspekte" nicht zu begnügen oder „gar bei der Resignation der entstandenen Unbestimmtheit gegenüber" stehenzubleiben.[250] Der Mythos müsse stattdessen „daraufhin befragt werden, welche Veranlassung in ihm selbst und in seinen geschichtlichen Konstellationen liegt, solcher Verflüssigung und Polysemie überhaupt fähig zu sein" und Blumenberg fügt an: „Disposition zur Vieldeutigkeit ist immer auch etwas an der Sache selbst".[251] Das kennen wir in ähnlicher Weise von der nicht reduzierbaren Vieldeutigkeit der (theoretischen) *Idee*, deren Nähe zum *Mythos* insofern eine Philosophie provoziert, die sich strikt vom Mythos abzugrenzen sucht.[252] Es geht Blumenberg damit insbesondere um die Frage, warum „mythologische Gehalte fern von [...] ihrer genuinen Funktion immer wieder als Leitfiguren elementarer Selbst- und Weltbestimmungen aufgegriffen und ausgelegt, variiert und umakzentuiert werden konnten".[253] Eine erste Antwort auf diese Frage formuliert er einige Zeit später in *Arbeit am Mythos*:

> „Mythen sind Geschichten von hochgradiger Beständigkeit ihres narrativen Kerns und ebenso ausgeprägter marginaler Variationsfähigkeit. Diese beiden Eigenschaften machen Mythen traditionsgängig: ihre Beständigkeit gibt den Reiz, sie auch in bildnerischer *oder* ritueller Darstellung wiederzuerkennen, ihre Veränderbarkeit den Reiz der Erprobung neuer und eigener Mittel der Darbietung. [...] Mythen sind daher nicht so etwas wie ‚heilige Texte', an denen jedes Jota unberührbar bleibt".[254]

---

[249] Blumenberg. Wirklichkeitsbegriff und Wirkungspotenzial des Mythos, S. 328.
[250] Blumenberg. Wirklichkeitsbegriff und Wirkungspotenzial des Mythos, S. 328.
[251] Blumenberg. Wirklichkeitsbegriff und Wirkungspotenzial des Mythos, S. 328–329.
[252] Denn indem wir diese Bestimmung von Mythen derjenigen von Kants Ideen und Symbolen (die für Blumenberg Metaphern darstellen) gegenüberstellen, können wir einerseits die strukturelle Nähe zwischen Mythen und Metaphern sowie andererseits, und das ist das Interessante daran, *zwischen Mythen und Ideen* erkennen: „In dem Minimum an standardisierter Bestimmtheit und dem Maximum an zusätzlicher Bestimmbarkeit liegt ihre Disposition". Diese Disposition schwer definierbarer Ausdrücke ergibt sich daraus, „imaginatives und wertendes Material an sich zu ziehen und erst dadurch sich zu spezifizieren. Darauf beruht auch die ganz besondere Geschichtsfähigkeit von Symbolen" und „[d]arin liegt etwas Gemeinsames mit den Ideen, durch keine [...] abschließbare Erfahrung exemplarisch versinnlicht werden zu können" (Blumenberg. *Theorie der Unbegrifflichkeit*, S. 56).
[253] Blumenberg. Wirklichkeitsbegriff und Wirkungspotenzial des Mythos, S. 329.
[254] Blumenberg. *Arbeit am Mythos*, S. 40; Hervorhebung von mir/CG.

4.3 Mythos als Grenzfall zwischen Distanzierung und Distanzverlust

Wichtig daran ist, dass diese Beständigkeit des narrativen Kerns sich erst mit der Zeit über die Rezeptionen des Mythos herausstellt. Das ist ein Vorgang, den Blumenberg als „*dynamisches Prinzip der Sinnstiftung*" bezeichnet.[255] Bezüglich des Verhältnisses von Vielfalt und Einheit als klassisches Thema der Philosophie ist zu beachten, dass Blumenberg mit diesen narrativen Kernen weder die Behauptung verbindet, dass es eine *ursprüngliche Vielfältigkeit* von „Mythologeme[n]" gibt, denen dann ein gemeinsames, einheitliches „Muster[]" entlockt werden kann, noch behauptet er umgekehrt, dass es eine „*ursprüngliche Einheit* einer späteren Vielfalt" gäbe.[256] Es handle sich beim Prinzip *dynamischer* Sinnstiftung um ein „Strukturschema [...] für die *tatsächlich nachweisbaren* Mythen oder mythenähnlichen Konstrukte".[257] An diesen können die Sinnstrukturen der Welt- und Selbstbilder analysiert werden, die in ihnen vorliegen als „Projektion dessen, wie der geschichtlich lebende Mensch sich selbst in seiner ‚Existenz' versteht".[258] Wir sehen an dieser Formulierung erneut, dass Blumenberg erstens Weltbilder als historische Ausdrücke menschlichen Denkens und *Verhaltens zur Welt* untersucht und nicht als Ausdruck von dem, was Welt selbst ist, sowie zweitens, dass Mythen selbst *Geschichte* haben. Mit ihrer Rezeption, egal zu welchen Zwecken, wird zugleich *an ihnen gearbeitet*.

Mit dem Hinweis auf die Unterscheidung zwischen bildnerischer oder ritueller Darstellung, in denen das Überdauern mythischer Gehalte wiedererkennbar ist, werden wir schon auf die Funktionen aufmerksam gemacht, die Mythenrezeptionen erfüllen können. Wie angedeutet stellen sie ein *bildbewusstes Erkenntnismittel* oder *rituelle Dogmatik* zur Verfügung. Diese Einsicht stellt eine Erweiterung der bisherigen Aussage dar, nach der die Grenze der Metapher der Mythos sei. Denn genau genommen ergeben sich daraus *zwei* Richtungen, in die Metaphern in den Mythos umschlagen können: in Richtung ihrer *Erweiterung in eine Geschichte*, die vor dem Hintergrund nicht näher einsehbarer Hintergründe erzählt werden muss, aber zugleich bewusst gehalten wird, dass es sich dabei um ein rhetorisches Mittel handelt; oder dahin, dass über den Bildcharakter des Mythos selbst hinweggetäuscht werden kann. Das liefe auf eine *Identifikation des Mythos mit der Wirklichkeit* hinaus, die wie erinnerlich Distanzverlust und damit in gewisser Weise einen Reflexionsabbruch bedeutet.

---

[255] Blumenberg. *Arbeit am Mythos*, S. 198. Vgl. Nicholls und Heidenreich. Mythos, S. 214.
[256] Blumenberg. *Arbeit am Mythos*, S. 198; Hervorhebungen von mir/CG.
[257] Blumenberg. *Arbeit am Mythos*, S. 198, Hervorhebungen von mir/CG.
[258] Blumenberg. *Arbeit am Mythos*, S. 198.

4.3.1 Mythologische Reflexionsgeschichten und mythische Herkunftserzählungen

Die bisherigen Ausführungen zum Themenkomplex der Mythen bleiben bei Blumenberg eng verbunden mit ihren Funktionen für Wirklichkeitsbegriffe in verschiedenen sozial-historischen Lagen. Seine konkrete Frage ist darum die „nach der Funktion mythologischer Rezeptionsvorgänge als der Indikatoren geschichtlicher Wirklichkeitsverständnisse".[259] Daran wird die Verbindung zwischen dem ersten und zweiten Teil der vorliegenden Arbeit deutlich. Wo zuvor die, von Blumenberg als geschichtlich qualifizierten, *Wirklichkeitsbegriffe* zugänglich wurden über den Nachvollzug ihrer *Rezeptionsgeschichten* durch das Konzept der *Umbesetzung* und den darin erkennbaren Funktionen von Rhetorik, werden diese Überlegungen hier zur Behandlung einer spezifischen rhetorischen Form, nämlich Mythen und genauer Mythologie als Distanzierungspraxis wieder aufgegriffen.

Hierfür ist es wenig hilfreich, sich über Mythen vorrangig unter Gesichtspunkten des Ursprungs oder ihrer Substanz Gedanken zu machen, da sie entweder als ausschließlich *irrationale* Größe gelten müssen oder als Träger des „Urvorgegebenen", so in der Romantik in der Form Schlegels. In Gestalt des Urvorgegebenen wird am Mythos eine *geschichtslose* Veränderungsunfähigkeit suggeriert, sodass „seine Präsenz als seine Wiederkehr, nicht als seine späteste Geschichte" (miss-)verstanden wird.[260] Die Vorstellung vom Mythos als bloßer irrationaler „Terror" oder geschichtsloser „Poesie" – als „Chaos" oder „Phantasie", verkennt seine Disposition zur Vieldeutigkeit und seine potenziellen Funktionswechsel.[261] Ausgehend davon, dass Mythen „immer schon in Rezeption übergegangen verstanden" werden müssen,[262] wird ein Bedingungsverhältnis zwischen den Größen des Chaos und der Fantasie erkennbar, das durch Mythen hergestellt würde:

---

[259] Blumenberg. Wirklichkeitsbegriff und Wirkungspotenzial des Mythos, S. 330.
[260] Blumenberg. Wirklichkeitsbegriff und Wirkungspotenzial des Mythos, S. 331–333, hier S. 332 und S. 333. Die Auffassung des Mythos als weitgehend irrationale Größe vertritt, Blumenberg zufolge, Theodor W. Adorno, wofür er ihn kritisiert, Blumenberg geht aber nicht näher darauf ein, wie er zu dieser Einschätzung kommt.
[261] Blumenberg. Wirklichkeitsbegriff und Wirkungspotenzial des Mythos, S. 331 und S. 333.
[262] Blumenberg. Wirklichkeitsbegriff und Wirkungspotenzial des Mythos, S. 350. Er weist auf die Gefahr hin, wenn sich auf die Suche nach einer ursprünglichen Substanz des Mythos begeben würde: „Um so etwas wie die ‚Rückgewinnung des verlorenen Sinnes' geht es gerade nicht; da gerät man, auf unser Problem bezogen, nur in einen Mythos der Mythologie" (S. 351).

4.3 Mythos als Grenzfall zwischen Distanzierung und Distanzverlust

„Aber könnte das Verhältnis von Chaos und Phantasie nicht auch eine sekundäre, erst *durch* Überwindung und *als* Aufhebung realisierte Freiheit andeuten? Als Aufarbeitung alter Bestände an schreckenden und bedrängenden Vorstellungen wäre Mythologie nicht das Anfängliche sondern gegen dieses sich erhebende Befreiung".[263]

In diesem Prozess der Überwindung eines furchtsamen Zustands und der dadurch möglichen Eröffnung eines leichteren Umgangs mit der Wirklichkeit spielt die Distanzierung erneut eine wesentliche Rolle: „Nicht der Stoff des Mythos, sondern die ihm gegenüber zugestandene Distanz des Zuhörers und Zuschauers ist das entscheidende Moment".[264] Die hier maßgebende Distanz ist in ein Bewusstsein vom Mythos inbegriffen, das ihn nicht als wirkliche, sondern bildhafte Größe versteht. Blumenberg unterscheidet damit zwischen zwei Bewusstseinsformen, die in Verbindung mit Wirklichkeitsbegriffen stehen. Ein *mythisches* Bewusstsein wäre demzufolge eine Form *geringer oder gänzlich aufgehobener Distanz zu Form und Inhalt des Mythos*, Mythos und Wirklichkeit wirken darin ununterscheidbar: „der Horizont bildhafter Vorstellungen wird für das mythische Bewußtsein undurchdringlich, weil die Bilder, in denen es lebt, nicht als Bilder erkannt, sondern in der bloßen Sanktionspotenz erfahren werden".[265] Ähnlich wie die Metapher wortwörtlich genommen werden kann und dadurch ihre spezifische Funktion als Reflexionsregel verloren geht, weil keine Distanz mehr zwischen dem metaphorischen Gehalt und der Sache, der sich die Metaphorik annähern will, besteht, können die mythischen Gehalte mit dem Unbestimmten, auf das sie sich beziehen, *ident* gesetzt werden. In beiden Fällen wird mit der Identifizierung von Explanans und Explanandum die distanzierende Qualität beider rhetorischen Formen aufgehoben.

Blumenberg zeichnet hieran einen Prozess von Mythen nach, der *(1)* von einer Befreiung vom Unbegreiflichen durch *Geschichten*, die es begreifbar machen, *(2)* über die (kanonisierte) *Sanktionierung* der Geschichten bis *(3)* zum *Vergessen* des ernsten Hintergrunds der Geschichten reicht. Das Vergessen lädt *(4)* „zugleich zu ihrer ästhetischen Rezeption" ein und kann in dieser Form entweder genossen oder

---

[263] Blumenberg. Wirklichkeitsbegriff und Wirkungspotenzial des Mythos, S. 333. Dieses Voranstellen des unbestimmten Anfänglichen, welchem die Mythologie bestimmend antwortet, erinnert an das zuvor rekonstruierte und von Blumenberg Konzept der Reihenfolge von Geschichten, auf sie formulierbare Fragen und daraufhin begrifflich präzisierte Antworten (vgl. insbesondere Abschn. 4.1). Wir könnten nun die Reihenfolge entsprechend um das unbestimmte Anfängliche ergänzen.
[264] Blumenberg. Wirklichkeitsbegriff und Wirkungspotenzial des Mythos, S. 335.
[265] Blumenberg. Wirklichkeitsbegriff und Wirkungspotenzial des Mythos, S. 331.

dogmatisiert werden.[266] Dieser Schritt beinhaltet bereits eine Warnung, insofern die einmal zur Entlastung erzählten Geschichten neben der Möglichkeit ihrer ästhetischen Rezeption selbst wieder furchtsamen Charakter annehmen können.[267] Die Entlastung von Schrecken bewirkt ihr zunehmendes Vergessen, weil ihnen nicht mehr das gleiche Gewicht für das eigene Leben zugesprochen werden muss. Die Rezipient*innen müssen den *äußersten Ernst* der Lage, zu dessen Erleichterung die Geschichten zuerst erdichtet wurden, nicht mehr kennen: „diese Freiheit ist durch die Dichtung, wenn die paradoxe Formulierung erlaubt ist, kanonisierte Lizenz geworden".[268] Wo um die Hintergründe der Geschichte nicht mehr gewusst wird, ist der unreflektierte Glauben an die Geschichten nicht mehr weit. Eine kanonisierte Geschichte, die sich im Laufe der Zeit verbietet über die eigene bildliche Qualität zu sprechen, „zwingt ebenso in die Richtung der Abstraktion wie in die der unerbittlichen Ausschließlichkeit" und ihre „Tradition" läuft „auf eine Orthodoxie und ihre Dogmatik" zu.[269] Wo es einmal hieß, dass es so gewesen sein könnte, heißt es dann, dass es tatsächlich so war, die Geschichte wird als verbindliche zu ernst genommen.[270]

Der Unterschied zwischen den beiden grundsätzlichen Traditions- oder Rezeptionssträngen von Mythen liegt also darin, wie die Bezugnehmenden sich zum Bildgehalt verhalten: halten sie ihn lebendig durch „Variation", die sich dadurch auszeichnet, nicht das Gleiche zu wiederholen, oder lassen sie den Bildgehalt vergessen, indem sie die Geschichte (als ‚wirkliche') festlegen und dadurch eine „Entmutigung aller Abwandlungsgelüste" bewirken?[271] Es gibt demnach ein *mythologisches* und ein *dogmatisches* Bewusstsein gegenüber Mythen, das sich entweder der „Inkonstanz" oder Konstanz zuwendet.[272]

---

[266] Blumenberg. Wirklichkeitsbegriff und Wirkungspotenzial des Mythos, S. 335–336, hier S. 335.

[267] Vgl. Blumenberg. Wirklichkeitsbegriff und Wirkungspotenzial des Mythos, S. 338.

[268] Blumenberg. Wirklichkeitsbegriff und Wirkungspotenzial des Mythos, S. 337.

[269] Blumenberg. Wirklichkeitsbegriff und Wirkungspotenzial des Mythos, S. 338.

[270] Vgl. Blumenberg. Wirklichkeitsbegriff und Wirkungspotenzial des Mythos, S. 338–339; vgl. hier Abschn. 3.2.

[271] Blumenberg. Wirklichkeitsbegriff und Wirkungspotenzial des Mythos, S. 340–341, hier S. 341. In Blumenbergs eigenen Worten bedeutet die Variation der Geschichten, dass „die Demonstration von Neuheit und Kühnheit als ermeßbare Distanzen zu einem Vertrautheitshorizont für ein in dieser Tradition stehendes Publikum" verfolgt wird (S. 341). Sie werden variiert, nicht um ‚einzulullen' mit der immergleichen Geschichte, sondern das Publikum zu überraschen und durch die dadurch entstandene Irritation zur weiteren Reflexion anzuregen.

[272] Blumenberg. Wirklichkeitsbegriff und Wirkungspotenzial des Mythos, S. 341.

4.3 Mythos als Grenzfall zwischen Distanzierung und Distanzverlust

Für das dogmatische Bewußtsein weist Blumenberg zudem auf gravierende *politische* Konsequenzen hin, die sich insbesondere durch sogenannte „Spätmythologien" entfalten.[273] Politisch instrumentalisiert werden kann ein Mythos durch Dogmatisierung, „wenn *Mythisierung* von Ideologien versucht wird: als übermächtig und mit allen Gewalten im Bunde soll erscheinen, was aller rationalen Legitimierbarkeit entbehrt und [...] doch wie das Uralt-Wiederkehrende aussehen soll".[274] „[F]iktive[] Spätmythologien" nutzen die unbestimmten Qualitäten dieser uralten „Übergrößen" dazu, sie als „Übel der Welt" auszugeben und zugleich ein ‚window of opportunity' offen zu lassen, indem sie „nicht absolut" gesetzt werden, um sie *noch* „als das [Ü]berwindbare" darstellen zu können.[275] Zur Überwindung der Übel der Welt bedarf es folglich in der Geschichte entsprechend übergroßer Gegenfiguren, um den „übergroßen Feind[]" besiegen zu können.[276] Die Anspielungen auf die Verschwörungsmythen, die Jüdinnen*Juden enthumanisieren, werden deutlich, wenn er in diesem Zusammenhang der fiktiven Geschichten von „einer Verschwörung gegen die Menschheit" spricht, die „keiner Prüfung fähig ist und bedarf".[277]

In dieser ideologischen Ident-Setzung wird der (Spät-)Mythos als Wirklichkeit ausgerufen. Die Distanz zwischen Mythos und der unbegrifflichen Sache wird aufgehoben, indem die übermächtigen mythischen Figuren in wirklichen (Gruppen von) Menschen *symbolisiert* (ident gesetzt) und dämonisiert werden können. Das vermeintlich „uralte Widerkehrende kann *simuliert* werden und so die Rezeption des Mythos zu jener zwanghaften Anamnesis der Latenz machen, mit der Freud" die Möglichkeit zur „Mobilisierung und Übertragung archaische[r] Affekte" auf wirkliche Größen „erklärt".[278] Blumenberg spricht hier von der Simulation nur am Rande, konkretisiert sie jedoch später als Element eines anderen Verfahrens, der sogenannten *Präfiguration*. Diese ist das politisch expliziteste Kapitel seiner Analyse der *Arbeit am Mythos*, welches er selbst nicht publiziert hat und deshalb erst aus dem Nachlass herausgegeben wurde.[279] Auf die Simulation im Zusammenhang der Präfiguration wird gleich zurückzukommen sein, wenn es um die Möglichkeit des methodischen Zugangs zu solchen dogmatischen Mythenrezeptionen geht.

---

[273] Blumenberg. Wirklichkeitsbegriff und Wirkungspotenzial des Mythos, S. 347.

[274] Blumenberg. Wirklichkeitsbegriff und Wirkungspotenzial des Mythos, S. 347; Hervorhebung von mir/CG.

[275] Blumenberg. Wirklichkeitsbegriff und Wirkungspotenzial des Mythos, S. 347.

[276] Blumenberg. Wirklichkeitsbegriff und Wirkungspotenzial des Mythos, S. 347.

[277] Blumenberg. Wirklichkeitsbegriff und Wirkungspotenzial des Mythos, S. 347.

[278] Blumenberg. Wirklichkeitsbegriff und Wirkungspotenzial des Mythos, S. 347; Hervorhebung von mir/CG.

[279] Vgl. Blumenberg, Hans. 2014b. Brief an Götz Müller am 20.07.1981. In *Präfiguration*, S. 62–63.

Für den Moment bleibt darauf hinzuweisen, dass Blumenberg mit der Gegenüberstellung der mythologischen und dogmatischen Funktion von Mythenrezeptionen ihre jeweiligen Wirkungsweisen und Konsequenzen besonders deutlich unterscheidet. Denn für „Homer und Hesiod", die eine *mythologische* Rezeptionsweise vertreten, gilt es festzustellen, dass sie den Mythen gar keinen „Glauben" hätten schenken können, weil sie über die Hintergründe der göttlichen Figuren informiert waren: sie wussten um „ihre Genealogien und Geschichten" und das heißt auch, sie sind der „Erinnerung der Schrecken und Zwänge" (gegen die sie eingesetzt werden) gewahr, weshalb sie „die Freiheit des Mythos in ihrer Spezifität – *als Freude der Variation gegenüber der Macht der Wiederholung*" verstehen.[280] Homer und Hesiod rezipieren sie ästhetisch und genießen sie dadurch als Geschichten.

Im anderen Fall, der *mythisch-dogmatischen* Rezeption, wird die Fiktion *übermächtiger* Größen fortwährend wiederholt, wodurch die Distanz verloren geht. Die durch sie gewonnene *Entlastung* von der Übermacht der Unbestimmtheit und damit Leichtigkeit oder *Freiheit* im Umgang mit ihr stellt, wie gesehen, die genuine Funktion von Mythen dar. Deshalb erkennt Blumenberg im „wiederholende[n] Typus des mythischen Denkens" den „Grenzwert" des Mythos.[281] Sinn wird in diesem Denktypus über die *Wiederholung* gestiftet, indem sie eine „Selektion des Beliebigen auf das Bedeutende hin" erwirkt.[282] In diesem Zusammenhang ist an die *Allegorie* zu erinnern, die Blumenberg gegen die Metapher aufgrund

---

[280] Blumenberg. Wirklichkeitsbegriff und Wirkungspotenzial des Mythos, S. 346 und S. 358; Hervorhebungen von mir/CG.

[281] Blumenberg. Wirklichkeitsbegriff und Wirkungspotenzial des Mythos, S. 359 und S. 356; vgl. ferner Blumenberg. *Präfiguration*, S. 9.

[282] Blumenberg. Wirklichkeitsbegriff und Wirkungspotenzial des Mythos, S. 360. Das Verhältnis von Mythos, Ritual und dem Verfahren der Wiederholung müsste in diesem Kontext noch einmal genauer nachvollzogen werden. Es scheint, als würde Blumenberg *hier* zwei verschiedene Auffassungen vom Verhältnis zwischen Mythos und Ritual über die Frage, welche der beiden Größen zuerst ‚da' war, gegenüberstellen. Er spricht sich in Anschluss an Cassirer für die Verortung des *Mythos* als *nachträgliche Deutung der* immer schon als *Rituale* praktizierten Handlungen aus (vgl. S. 356–360). Ihnen müsste Sinn verliehen werden, weshalb sich genau genommen auch hier, wie schon zuvor gesehen, das Verhältnis von Fragen und Antworten umkehrt. Demzufolge liegen die Fragen implizit in den Geschichten bereit, die als Rechtfertigung der Rituale dienen. Die weiteren *Rezeptionen* dieser Geschichten entdecken die Fragen als *dringliche* (vgl. S. 360). Dies könnte möglicherweise als Erweiterung seiner Ausführungen zu diesem Verhältnis in *Epochenschwelle und Rezeption* gelesen werden, in der er das Ritual als praktische Anwendung des Mythos verhandelte, sodass *dort* das *Ritual* als das *nachträgliche Element des Mythos* erscheint (vgl. Blumenberg. Epochenschwelle und Rezeption, S. 113–116).

4.3 Mythos als Grenzfall zwischen Distanzierung und Distanzverlust

ebendieser Tendenz zur Beliebigkeit abgegrenzt hat.[283] So betrachtet stellt auch die Tradierung ein Selektionsverfahren dar, durch das sie trotz fehlender „Aussichten theoretischer Verifikation" menschlichen „Selbstverständis[sen] zur Artikulation verhilft".[284] Die Gefahr solcher Verfahren besteht in der „Verwechslung des Bedeutsamen und des Wahren".[285] Denn durch den Akt der Wiederholung wird eine Vereindeutigung herbeigeführt, die der Vieldeutigkeit der mythischen Figuren und Geschichten entgegensteht und deshalb die Grenze des Mythos markiert. Im Fall der *ästhetischen* Rezeption wird dagegen dessen Gegenteil bewirkt, nämlich das „Herunterspielen" absoluter Mächte oder Konflikte, um sie in Erinnerung an die vormaligen Schrecken poetisch, d. h. in Distanz zu ihnen, genießen zu können.[286]

Dass sich für die politische Inszenierung mythisch-dogmatische Rezeptionsweisen eher anbieten, wird nicht weiter überraschen: sie dienen dazu Angst zu schüren, die nicht begründet werden kann und – das ist ihr großer ‚Vorteil' – auch nicht begründet werden muss, weil die Mächte als uralte feindliche Größen stilisiert mit realen sozialen Gruppen gleichgesetzt werden und so als echte Gefahr wirken können. Die Fiktion verbirgt sich dabei hinter der Identifikation. Blumenberg kritisiert deshalb auch die Analyse von Literatur „im Stile der Toposforschung", wenn sie sich bei der Interpretation wiederkehrender mythischer Figuren „als einer Art von Leitfossil" darauf beschränkt, die bloße „Konstanz eines sanktionierten Bildungselementes" herauszustellen wie im Fall von der Figur des Prometheus.[287]

Es komme bei der Analyse *(1)* über die *Feststellung der Konstanz* von Wiederverwendungen bestimmter mythischer Figuren und Narrative hinaus insbesondere darauf an, die spezifischen Deformationen, also *(2) Inkonsistenzen* während den Rezeptionsvorgängen zu erkennen. Die so entstehenden Verschiebungen der Sinngehalte der Figur können so *(3)* entlang ihrer *dogmatisierenden und variierenden* (entdogmatisierenden) *Wirkungsweisen* hinsichtlich des Vernunftprozesses verortet und *(4)* die *Gründe* der Veränderungen eruiert werden. Erst so lassen sich innerhalb einer Rezeptionsgeschichte sowohl die formalen und inhaltlichen *Veränderungen* als auch traditionellen *Bestände* in ihrem spezifischen Sinngehalt und

---

[283] Vgl. Blumenberg. Wirklichkeitsbegriff und Wirkungspotenzial des Mythos, S. 361; Blumenberg. Paradigmen zu einer Metaphorologie, S. 135; Blumenberg. Anthropologische Annäherung an die Aktualität der Rhetorik, S. 122. (Vgl. hier Abschn. 4.2.2).

[284] Blumenberg. Wirklichkeitsbegriff und Wirkungspotenzial des Mythos, S. 361.

[285] Blumenberg. Wirklichkeitsbegriff und Wirkungspotenzial des Mythos, S. 361.

[286] Blumenberg. Wirklichkeitsbegriff und Wirkungspotenzial des Mythos, S. 348–349, hier insbesondere Anm. 37; vgl. ferner S. 359.

[287] Blumenberg. Wirklichkeitsbegriff und Wirkungspotenzial des Mythos, S. 348.

ihren (politischen) Konsequenzen verstehen.[288] Eine dogmatisierende Festlegung einer Mythengeschichte mitsamt der damit einhegenden „Kanon[isierung] neuer Obligationen" bewirkt die genaue Umkehrung der mythologischen Funktion, die eigentlich „ein Instrument der Entdogmatisierung" zur Verfügung stellt.[289]

Der Zusammenhang des *dogmatisierenden Umgangs* mit den *Hypotheken* einer historisch-sozialen Lage und seinen Auswirkungen auf einen Wirklichkeitsbegriff, soll hier an einer konkreten historischen Problemlage der Philosophie und Wissenschaften nachvollzogen werden, welche sich laut Blumenberg aus dem Ende der Vorherrschaft der „christlichen Theologie" gespeist hat. Das Problem (die Hypothek) bestand darin, dass „die von der christlichen Theologie hinterlassenen Leerstellen den *nicht eliminierbaren Anspruchsrest* behalten, jene *absoluten* Forderungen theoretischer wie praktischer Art an den Menschen anzunehmen und durchzuhalten".[290] Dieser Absolutheit wurde mit einer „allegorische[n] Dogmatisierung" christlich-mythischer Elemente versucht zu entsprechen, die in einem „Absolutismus der Wahrheit" endete und – wie im Übrigen alle Absolutismen, von denen Blumenberg spricht – auf „den Ernst der mythischen Totalität" tendierte, welchem kein *wissenschaftliches* System gerecht werden kann und der sich besonders zur *politischen* Instrumentalisierung, etwa in Form des „,weltanschaulichen' Mythos", anbietet.[291]

Deutlich wird die enge *Verflechtung absoluter Wahrheitsansprüche und politischer Ideologien*, weshalb sich Blumenberg für einen von Absolutismen freien, in seinem Sinne distanzierten und deshalb auch pragmatischen Wissenschaftsbegriff einsetzt, der sich im Spannungsverhältnis zwischen Wirklichkeit (Begriffsbildung) und ihm gegenüber möglichen, d. h. denkbaren Alternativen (Ästhetik) entfaltet.[292]

---

[288] Vgl. Blumenberg. Wirklichkeitsbegriff und Wirkungspotenzial des Mythos, S. 348–352.

[289] Blumenberg. Wirklichkeitsbegriff und Wirkungspotenzial des Mythos, S. 349–350.

[290] Blumenberg. Wirklichkeitsbegriff und Wirkungspotenzial des Mythos, S. 349; Hervorhebung von mir/CG.

[291] Blumenberg. Wirklichkeitsbegriff und Wirkungspotenzial des Mythos, S. 349 und S. 350.

[292] Vielleicht könnten wir sagen, Blumenberg selbst orientiert sich für die Performanz seines eigenen Textes an Nietzsche, dessen „Wahl der Form" des Mythos für seine Aussagen über Gott und dessen Tod von Blumenberg schon „selbst als Antithese" der „Struktur […] der Geschichte" beschrieben wird (Blumenberg. Wirklichkeitsbegriff und Wirkungspotenzial des Mythos, S. 352). Denn Blumenberg *erzählt* in seiner *Arbeit am Mythos* vom Ursprung der Theorie durch eine Szene der Aufrichtung der Menschen sowie ihrer Blickrichtung und dadurch der Erweiterung des Horizonts. Hier geht er, wie er es für Nietzsche festgehalten hatte, gegen die Struktur *der* Geschichte der Philosophie mit der Struktur eines Mythos vor, um der Begründungslast für die *Möglichkeit* von Theorie als solcher zu entgehen und sich stattdessen über diese Ursprungsfixierung hinaus die Freiheit zu verschaffen, mehr über das Verhältnis von Theorie und Praxis zu erkennen.

4.3 Mythos als Grenzfall zwischen Distanzierung und Distanzverlust

Die spezifische Gefahr, die von den Folgen der ersten Distanznahme (zur Entdogmatisierung der Ohnmacht auslösenden Schrecken durch Erzählen von Geschichten) ausgeht, ist, wie erwähnt, das *vollständige* Vergessen ihrer genuinen Funktion.[293] Neben der *Ermöglichung einer erneuten Annäherung* an die Welt durch die poetische Variation einer Reflexionsgeschichte über die so nur noch mittelbaren (auf Distanz gebrachten) Schrecken, liegt also in diesen Geschichten in umgekehrter Richtung die *unaufhebbare Möglichkeit des Vergessens* und dadurch die *Gefahr der Verabsolutierung der Geschichten* durch eine „Remythisierung", die sich selbst nicht mehr als Mythos erkennen lassen will.[294] Vielmehr gibt eine Remythisierung die Distanzierungspraxis auf, indem die vollständige Ablösung von ihrem eigenen Entstehungskontext die vermeintliche Geschichtslosigkeit der Geschichte suggeriert, durch deren übermächtige, d. h. unverstandene Größen ein akutes, unmittelbares Bedrohungsszenario heraufbeschworen wird.

Blumenberg nimmt Ernst Cassirers Erklärung der *Struktur des Mythos* als „präkategoriale" zum Anlass, eben diese Struktur weiter zu ergründen, und zwar „aus der Differenz des in ihm angelegten Wirklichkeitsverständnisses" heraus.[295] Dem wollen wir ein Stück weit nachgehen, um zu begreifen, wie Mythen mit Wirklichkeitsbegriffen zusammenhängen und darin das Motiv der Distanz zum Ausdruck kommt. Insofern Blumenberg dabei auf den Wirklichkeitsbegriff zurückkommt, legt er sich nicht wie bisher maßgeblich *diachrone Verschiebungen und Umbesetzungen einzelner Inhalte* vor, aus denen neue historische Wirklichkeitsbegriffe entstehen können, sondern geht hier auf verschiedene *synchrone Formen von Wirklichkeitsbegriffen* ein, von denen *eine* Form der Mythos darstellt.[296]

---

[293] Vgl. Blumenberg. Wirklichkeitsbegriff und Wirkungspotenzial des Mythos, S. 359.

[294] Blumenberg. Wirklichkeitsbegriff und Wirkungspotenzial des Mythos, S. 381. „Freilich läßt die zum Ästhetischen tendierende Depotenzierung auch noch zu, daß die Rudimente des gezähmten Schreckens wieder virulent werden. [...] Das ist eine Umkehrung, die dem Verdacht entstammen mag, die Rezeption der Mythologie habe es sich mit der Gewißheit des Überwundenen zu leicht gemacht" – dass etwas *einmal* überwunden wurde, bedeutet also nicht zugleich eine „Immunisierung" zu erlangen gegen die Wiederkehr von Schrecken in anderer Form (S. 393).

[295] Blumenberg. Wirklichkeitsbegriff und Wirkungspotenzial des Mythos, S. 362.

[296] Rüdiger Zill nennt dies in seinem Nachwort zu Blumenbergs Erwägungen über die nackte Wahrheit eine Suche „nach einer anderen Darstellungslogik" (Blumenberg. *Die nackte Wahrheit*, S. 192). Und zwar suche er nach einer anderen Darstellungslogik vor dem Hintergrund seiner „zunehmende[n] Skepsis gegenüber der Annahme linearer Entwicklungen". Allerdings sahen wir auch in früheren Schriften, wie etwa in *Epochenschwelle und Rezeption*, dass die Linearität von Entwicklungen für Blumenberg auch dort nicht im Vordergrund stand.

Zunächst sei am *ästhetisch-mythologischen Wirklichkeitsbegriff* eine „Differenz" zu erkennen, aus der „Formen und Intensität der Rezeption des Mythos herzuleiten" sind.[297] Die Differenz besteht zu anderen Wirklichkeitsbegriffen und zeichnet sich durch das *negative Verhältnis der Mythologie zum Absoluten* aus und damit auch zu absoluten Wissensansprüchen oder zu einer absoluten Glaubensdogmatik, die zur gleichen Zeit existieren können.[298] Die mythologische Differenz ergibt sich laut Blumenberg aus der „Distanz, die der Mythos zu jeder Art von ‚Strenge' – sei es der Furcht oder des Glaubens, der Exaktheit oder der Systematik, der Texttreue oder der bloßen Ausschließung von Satire und Parodie – innehält".[299] Kein Absolutismus, insbesondere in Form des „Attributes ‚Allmacht'" wird vom Mythos akzeptiert werden können, insofern er eine variationsfähige, nicht festgelegte Geschichte ist, die eben deshalb keinen Ausdruck von Allmacht beinhaltet.[300]

Wenn es richtig ist, dass „absolute Macht sich im Diagramm der kürzesten Verbindung zweier Punkte auslegt", dann hat der Mythos, der den Ohnmachtserfahrungen ihr gegenüber – wie sie in Konzepten der Allmacht als deren Kehrseite impliziert sind – entgegenwirken will, eine *umwegige Struktur*. Sie sucht demnach *nicht die kürzeste Verbindung* zwischen zwei Punkten: „Geschichten sind, topographisch vorgestellt, immer Umwege".[301]

Blumenberg würdigt vor diesem Hintergrund den mythologischen Gehalt *in allen* „großen geschichtsphilosophischen Systeme[n]", insofern sich darin die „Form der rationalisierten Umständlichkeit" ausweist, *weil sie erklären müssen, warum die Vernunft nicht den kürzesten Weg genommen hat*, um sich im Zusammenleben der Menschen zu realisieren.[302] Dieser mythologische Umweg in Form der rationalisierten Umständlichkeit wurde „[i]n der Dialektik" mit einer „Logik" ausgestattet, wodurch sie die mythologischen Gehalte – auch vor sich selbst – „verbarg".[303] Blumenberg erklärt hieran die Rhetorik, die auch in philosophischen Systemen trotz gegenteiliger Behauptungen ihrer Vertreter*innen zum Zuge kommen muss, wenn sie von einer *Totalität* sprechen wollen, die sie in Gänze nicht begrifflich fassen können, aber unter dem Druck stehen, ihre Vorstellungen doch zu

---

[297] Blumenberg. Wirklichkeitsbegriff und Wirkungspotenzial des Mythos, S. 362.
[298] Blumenberg. Wirklichkeitsbegriff und Wirkungspotenzial des Mythos, S. 372–375, hier S. 375.
[299] Blumenberg. Wirklichkeitsbegriff und Wirkungspotenzial des Mythos, S. 371.
[300] Blumenberg. Wirklichkeitsbegriff und Wirkungspotenzial des Mythos, S. 372.
[301] Blumenberg. Wirklichkeitsbegriff und Wirkungspotenzial des Mythos, S. 372.
[302] Blumenberg. Wirklichkeitsbegriff und Wirkungspotenzial des Mythos, S. 376.
[303] Blumenberg. Wirklichkeitsbegriff und Wirkungspotenzial des Mythos, S. 376.

4.3 Mythos als Grenzfall zwischen Distanzierung und Distanzverlust

rechtfertigen.[304] Die zuvor dargelegte Funktion der Rhetorik, darunter neben den Metaphern nun auch die Mythologie, für die Verlegenheit des Denkens einzuspringen als *vernünftiges Arrangement mit der Vorläufigkeit der Vernunft*, wird hieran in ihrer *unhintergehbaren* Qualität deutlich.

Dem korrespondiert die Frage, ob nicht da, wo von *Systemen* ‚der' Gesellschaft gesprochen und mit dem Anspruch eines vollumfänglichen Systems aufgetreten wird, ebenso mythologische oder sogar mythische Gehalte in Gesellschaftstheorien vorliegen müssen und darüber hinaus je nach Absolutheitsgrad des Anspruchs in ihnen nicht zugleich auch eine Tendenz zu Allmachtskonzepten vertreten sein können. Anschließend daran kann also der Frage nachgegangen werden, welches Wirkungspotenzial in einem spezifischen gesellschaftstheoretischen Fall die jeweilige Verwendung von mythischem Stoff entfaltet: Wirkt sie hinsichtlich theoretischer Gehalte, die (noch) nicht vollumfänglich begründet werden können, dogmatisierend durch *verkürzende Wiederholung* oder entdogmatisierend durch *umwegige Variation* der mythischen Figuren, Stoffe und Geschichten über die anvisierte Totalität (der Welt, der Gesellschaft, etc.), und vor allem, welches (politische) Selbst- und Weltbild, d. h. Wirklichkeitsverständnis wird darüber ausgebildet und vermittelt?

Der Charme verkürzender *Schemata*, „die Sinnhaftigkeit durch eine im Grunde sinnlose, aber prägnante Figur vortäuschen", liegt auch oder vielleicht gerade für Wissenschaftler*innen darin, dass sie in einer „geschlossene[n] Kreisstruktur" darüber beruhigen, etwas nicht vollständig wissen zu können, indem sie so tun, als ob in den Schemata doch die zentralen Fragen beantwortet werden.[305] Damit rücken die Fragen oder Unklarheiten in den Hintergrund, sie werden im extremen Falle zugunsten des Bedürfnisses nach präziser Anwendung eines Schemas aufgegeben und der vernünftige Denkprozess dadurch abgebrochen. Die Gefahr dieses Abbruchs durch Schemata drückt sich darin aus, dass sie immer wieder zum Gleichen zurückkehren: „Rückkehr zum Gleichen im Gegensatz zum Fortschritt".[306]

Der hier genannte Fortschrittsbegriff wäre in Blumenbergs Sinne nicht als linearer *Fortschritt* zu denken, sondern *als Umweg*, der sich selbst *Distanz zum Ausgangspunkt* verschafft und darin gerade nicht zum Ausgangspunkt zurückführt, um sich selbst zu schließen.[307] Von dieser distanzierten Position unter anderen, eigenen

---

[304] Diesem Begründungsdruck unterliegt demnach auch Blumenberg in dem Maß, wie er sich mit einem grundsätzlichen Verhältnis von Theorie und Praxis auseinandersetzt.

[305] Blumenberg. Wirklichkeitsbegriff und Wirkungspotenzial des Mythos, S. 378.

[306] Blumenberg. Wirklichkeitsbegriff und Wirkungspotenzial des Mythos, S. 378.

[307] Vgl. Niehues-Pröbsting. Blumenberg und Nietzsche, S. 194–195; Monod, Jean-Claude. 2011. Politische Theologie. Blumenberg als ein Leser von Schmitt und Benjamin. In *Erinnerung an das Humane. Beiträge zur phänomenologischen Anthropologie Hans Blumenbergs*, hrsg. Michael Moxter. Tübingen: Mohr (Siebeck), S. 210–225, hier S. 222.

Bedingungen wäre erneut auf das zu blicken, was sich als Frage gestellt hat, was die *Möglichkeit der Variation der Frage* selbst beinhaltet und damit auch der Idee, als Ausdruck des *Verhaltens* zur Vieldeutigkeit der Vernunft, auf die sie abzielt. Dieses Spannungsverhältnis zwischen Schematisierung und Variation erinnert an die Metapher, welche als Beruhigungs- oder Reizmittel eingesetzt werden kann, und macht noch einmal die Nähe zwischen den beiden rhetorischen Formen des Mythos und der Metapher deutlich, deren Unterschied von Blumenberg zunächst als ein *bloß genetischer* beschrieben wurde und wir nun als bloß *graduellen* verstehen. In diesem Sinn werden Reizmittel nicht verstanden als Mittel zur Reizung einer *unmittelbaren Reaktion*, sondern eher als eine das Denken herausfordernde *Provokation*.

Interessant ist in diesem Zusammenhang außerdem, dass Blumenberg die geschlossenen Schemata von „der Unbestimmtheit einer rationalen Form des Und-so-weiter" unterscheidet, die er aber nicht weiter ausführt.[308] Ein soziologischer Anschlusspunkt an die Verbindung der Unbestimmtheit mit dem Konzept eines rationalen Und-so-weiter kann sich möglicherweise durch den Einbezug der Überlegungen Alfred Schütz' ergeben. Bekanntermaßen führte er dieses Konzept im Rahmen der alltagsweltlichen (Wissens-)Praxis näher aus,[309] wobei sich mit Blumenberg anbietet, die Sinnprovinzen, die Schütz als geschlossene versteht, auf ihre Übergangsformen zu befragen. So könnten die Übergänge zwischen begrifflichen und unbegrifflichen oder anders: alltagsweltlichen, wissenschaftlichen und ästhetischen Wirklichkeitsbegriffen in den Blick genommen werden.[310] Darauf wollen wir, nach einer näheren Betrachtung der *Arbeitsweisen am Mythos* und der Zusammenfassung einiger zentraler *Zwischenpositionen*, die wir bisher rekonstruiert haben, im nächsten Kapitel näher eingehen (5).

4.3.2 Arbeit am Mythos zwischen Spiel und Terror?

Wir haben erfahren, dass es zur *Wahrung der mythologischen Distanz* – die es ermöglicht, den Mythos nach der Erfüllung seiner ersten Funktion (Überwindung von Schrecken) als Reflexionsgeschichte genießen zu können im Sinne einer Frei-

---

[308] Blumenberg. Wirklichkeitsbegriff und Wirkungspotenzial des Mythos, S. 378.
[309] Vgl. Schütz. *Der sinnhafte Aufbau der sozialen Welt*, S. 202, S. 272–274 und S. 413; Schütz. Wissenschaftliche Interpretation und Alltagsverständnis, S. 23–25; Schütz, Alfred. 1945/1971. Über die mannigfaltigen Wirklichkeiten. In *Gesammelte Aufsätze. Bd. 1. Das Problem der sozialen Wirklichkeit*. Den Haag: Nijhoff, S. 237–298, hier S. 257–258; Schütz, Alfred. 1959. Husserls Bedeutung für die Sozialwissenschaften. In *Gesammelte Aufsätze. Bd. 1. Das Problem der sozialen Wirklichkeit*. Den Haag: Nijhoff, S. 162–173, hier S. 169.
[310] Vgl. Blumenberg. *Theorie der Unbegrifflichkeit*, S. 29–31.

4.3 Mythos als Grenzfall zwischen Distanzierung und Distanzverlust

heit und Freude an ihrer ästhetischen Variation – ein gewisses Maß an *Wissen um die Hintergründe* der Mythologie braucht.[311] In umgekehrter Richtung müssten wir etwas davon erfahren können, *wie* – neben dem Verweis auf das *Vergessen* dieser Hintergründe – die *Distanz zwischen Mythos und Wirklichkeit aufgehoben* wird, um sie politisch instrumentalisieren zu können. Anders gefragt, welches Verfahren ermöglicht es, dass der Mythos seine umwegige Struktur verliert, um mit ihm eine Verbindung zwischen zwei Punkten auf kürzestem Wege zu erreichen? Denn wenn wir uns erinnern, dass „absolute Macht sich" bei Blumenberg „im Diagramm der kürzesten Verbindung zweier Punkte auslegt", dann wäre die Inanspruchnahme – wenn nicht von absoluter Macht, aber doch wenigstens entscheidender Macht – auf die *Verkürzung der Geschichte* angewiesen.[312]

Wir können in Blumenbergs *Paradigmen* bereits *Hinweise zu den Bedingungen der Distanzreduktion* erkennen, die sich jedoch maßgeblich auf die Metapher beziehen. Die Reduktion der metaphorischen Vieldeutigkeit im Prozess zur Vereindeutigung konnte durch ihre Grenzwerte, die rhetorischen Formen des *Symbols* und *Gleichnisses*, zustande kommen. Das statische und fixierende Symbol lässt ‚etwas als etwas' erkennen und läuft deshalb auf den absoluten Distanzverlust in der *Identsetzung* von Sache und Metapher im Symbol hinaus. Noch ähnlicher ist dem dogmatisch wirkenden Mythos das Gleichnis, weil es die Gefahr der *Verwechslung von Schein und Wirklichkeit* birgt und sich dadurch ein naturalisierender Effekt einstellt. Wie wir wissen, kommt es dabei zur Herstellung von Bedeutsamkeit durch Selektion eines eigentlich bedeutungslosen (weil beliebigen) Bildes.[313] Zudem spricht Blumenberg im Kontext der Erweiterung von *Präventionsstrategien* (von der reinen Selbsterhaltung hin zur Selbstbehauptung) mittels der Verfeinerung des Erwartungsmanagements – auch mit Blick auf streng positivistisch ausgerichtete Wissenschaftsprogramme – von einem „Willen zur Macht", wenn eine „Ausschaltung nicht nur wirklicher, sondern auch möglicher Risiken" angestrebt wird.[314]

Im Falle des dogmatisch werdenden Mythos im Sinne der politischen Instrumentalisierung laufen nun einige Aspekte zusammen, welche wir eben als Hinweise auf Distanzverluste und damit auf die Ermöglichung der Instrumentalisierung von Mythen aufgenommen haben. Zum einen sieht Blumenberg begünstigende Umstände für die Dogmatisierung eines Mythos in einer Situation gegeben, die es

---

[311] Möglicherweise deutet Blumenberg in dieser Hinsicht an, dass dies über den Funktionswandel in der ästhetischen Sphäre als *Überraschung* möglich werden kann (vgl. Blumenberg. *Theorie der Unbegrifflichkeit*, S. 27–29).

[312] Blumenberg. Wirklichkeitsbegriff und Wirkungspotenzial des Mythos, S. 372.

[313] Vgl. hier Abschn. 4.2.2. und die Ausführungen zu Heideggers Schneckenhaus in Kap. 2.

[314] Blumenberg. *Theorie der Unbegrifflichkeit*, S. 19.

unmöglich macht, ihre Unbestimmtheit, auf die er sich eigentlich in vieldeutiger Weise bezieht, auszuhalten. Es handelt sich also um Situationen, in denen, wie zuvor beschrieben, die Unbestimmtheit entweder *wirklich ängstigen* und deshalb handhabbar gemacht werden muss oder *als ängstigende dargestellt* wird (und in denen diese Darstellung Glauben findet).[315] Aufgrund ihrer tatsächlichen oder suggerierten *lebensentscheidenden* Qualität sind die Umgangsweisen mit diesen unbestimmten Situationen maßgeblich orientiert an den Mitteln der (ernsthaften und äußerst ernsten) Selbsterhaltung und -behauptung und ihren vornehmlich instrumentellen Zwecken.

Hiermit korrespondiert die sogenannte *Präfiguration*, welche Blumenberg als „ein singuläres Instrument der Rechtfertigung in schwach begründeten Handlungssituationen" beschreibt.[316] Mythisierung bietet sich in diesen Situationen an, weil durch sie „Bedeutsamkeit" geschaffen werden kann, wo sie eigentlich unklar oder unsicher ist.[317] Mit ihr werden Erwartbarkeiten erzeugt, indem „mit dem ausdrücklichen Akt der Wiederholung eines Präfigurats die Erwartung der Herstellung des identischen Effekts verbunden wird".[318] Dadurch fungiert die Mythisierung als „Entscheidungshilfe: was schon einmal getan worden ist, bedarf unter der Voraussetzung der Konstanz der Bedingungen nicht erneuter Überlegung"; im Gegenteil erscheint die Situation unter Einsatz der Präfiguration bereits als „vorentschieden" und „verleiht einer Entscheidung, die von äußerster Kontingenz, also Unbegründbarkeit sein mag, Legitimität".[319] Die Paradoxie liegt darin, dass wir es mit einer Situation *äußerster Kontingenz* zu tun haben und es gleichzeitig die *Konstanz der Bedingungen* braucht, um relative Verlässlichkeit der Erwartung durch das Vorbild zu stiften und dadurch die Handlung rational wiederholen zu können. Die Präfiguration als „kontingente[r] Akt der Selektion" und deshalb als *beliebige* Selektion schafft es, über die „Kontingenz" hinwegzutäuschen: „Sie beruhigt über Motivation, schirmt gegen Unterstellungen ab, indem sie als gar nicht mehr dispositionsfähig hinstellt, was zu entscheiden war".[320] Die Situation erscheint durch eine Präfiguration als *vorentschiedene*.

Mit der Anwendung des präfigurativen Verfahrens wird demnach angestrebt, der zum Umgang mit der Situation zur Auswahl stehenden Handlung die bestehende Fragwürdigkeit zu entziehen: „wer sie in Frage stellt, mißachtet, worauf

---

[315] Vgl. Blumenberg. Epochenschwelle und Rezeption.
[316] Blumenberg. *Präfiguration*, S. 14.
[317] Blumenberg. *Präfiguration*, S. 14.
[318] Blumenberg. *Präfiguration*, S. 9.
[319] Blumenberg. *Präfiguration*, S. 9 und S. 10.
[320] Blumenberg. *Präfiguration*, S. 11 und S. 14.

4.3 Mythos als Grenzfall zwischen Distanzierung und Distanzverlust

sie sich beruft".³²¹ Die Präfiguration weist damit Parallelen zum *Symbol* auf, welches im Gegensatz zur Metapher auf den *Abschluss von Fragen* tendiert.³²² Worauf sich berufen wird, muss eine besondere Autorität, eine besondere Sanktionsfähigkeit verliehen werden, d. h. eine „Prägnanz der Bezugsfigur" aufweisen.³²³ Ein solches „Präfigurat"³²⁴ kann laut Blumenberg ein historisch bedeutsames „Datum" oder „Ereignis" sein, insbesondere aber eine „Handlung", die mit einer historisch bedeutsamen *Person* assoziiert wird. Wirkmächtiger ist ein Präfigurat zudem, wenn ihr „rhetorisches Profil erhöh[t]" wird durch die zuvor angesprochene „Simulation".³²⁵ Die *Struktur* der aktuell in Rede stehenden Handlung selbst und ihre *Bedingungen* werden durch eine Simulation der Struktur und den Bedingungen des Präfigurats *angeglichen*, womit sie sich der Dogmatisierung anbieten: „Form und Richtung des eingeleiteten Prozesses, aber auch die Definition von Rechten und Lasten in der Ausgangssituation, erhalten dann so etwas wie eine natürliche Physiognomie".³²⁶ Daran erkennen wir eine weitere Parallele, hier zum *Gleichnis*, denn auch sie naturalisiert, was bei näherem Hinsehen zweifelhaft anmuten muss. Was an Kontingenz und „persönlicher Willkür" im unbegründbaren Handlungsvorschlag enthalten ist, wird über die Präfiguration und die sie unterstützende Simulation in den Hintergrund gerückt, um die Determination, die Alternativlosigkeit der Handlungsrichtung glaubwürdig zu machen. Dabei werden die sie begleitenden Risiken verschleiert, indem die Präfiguration Erfolg verspricht und dadurch Sicherheit vortäuscht.³²⁷

---

³²¹ Blumenberg. *Präfiguration*, S. 15.
³²² Vgl. Blumenberg. Paradigmen zu einer Metaphorologie, S. 123–124.
³²³ Blumenberg. *Präfiguration*, S. 14.
³²⁴ Blumenberg. *Präfiguration*, S. 15.
³²⁵ Blumenberg. *Präfiguration*, S. 14 und S. 15.
³²⁶ Blumenberg. *Präfiguration*, S. 15.
³²⁷ Vgl. Blumenberg. *Präfiguration*, S. 41. Das stellt den größten Unterschied zu einer positivistischen Form des Erwartungsmanagements dar, die die *wirklichen und möglichen* Risiken durch präventive Modellierungen tatsächlich ausschalten will. Allerdings liegt darin auch ihre größte Nähe zueinander. Denn die Systeme selbst tendieren auf abstrakte Begriffssysteme, die – solange sie nicht durch die Wiederannäherung an die Sachen, die die Begriffe erfassen wollen, unter anderen Bedingungen korrigiert und weiterentwickelt – in ihrer statischen Anwendung, und insbesondere in Form von *Schemata*, selbstreferenziellen Charakter annehmen können, deren Erwartungen nicht notwendigerweise den wirklichen Gegebenheiten korrespondieren, auf die sie sich eigentlich beziehen wollen. Insofern würden sie selbst *bloße Beruhigungen* über die Kontrollmöglichkeit der bestehenden und potenziellen Risiken darstellen, ohne eine Rückbindung an objektive Wirklichkeitsgehalte aufweisen zu können.

Was bisher in Form der „nachträgliche[n] Mythisierung" als Präfiguration verhandelt wurde, kann Blumenberg zufolge durch „Selbstmythisierung" schon vorbereitet werden.[328] Als exemplarischer Fall präfigurativer Selbstmythisierung gilt ihm Friedrich II., der durch sie die „Andeutung einer singulären geschichtlichen Funktion" vornahm, die später wiederaufgegriffen wurde, so zum Beispiel vom George-Kreis.[329] Interessanterweise ergibt sich für den Tod einer solchen Person die Möglichkeit zur *Mythisierung der mit ihr verbundenen überlebensgroßen Projekte*, die sich dann zur „überbietende[n] Erfüllung, eine das Vorbild zur Vollendung steigernde[n] Nachfolge" anbieten.[330] Diese Großprojekte sterben nicht mit der Person, sondern sie werden *aufgrund ihrer Unvollendetheit unsterblich* und dadurch (mithin auch erst) die Person: der Tod ermöglicht die „Entbindung von der Kontingenz der Fakten und Freisetzung für die Zeitunabhängigkeit seiner Geltung".[331] Hiernach können die in der akuten geschichtlichen Situation selbst schwierig zu verbergenden spezifischen Bedingungen besser ausgeblendet werden. Der Einsatz der präfigurativen Mythisierung setzt die vollständige Abkopplung des Präfigurats von seinem historischen Kontext voraus und kann so zur positiven oder negativen Blaupause für spätere Handlungen unter unsicheren Bedingungen werden, die genug „Interpretationsspielraum" lässt, um die eigene Situation an sie angleichen zu können.[332]

Die Präfiguration dogmatisiert den Mythos, da sie *seine genuine Funktion als Distanzierungspraxis* in Form der erleichternden Depotenzierung der (Ohn-)Mächtigkeit in ihr Gegenteil *umkehrt*: Distanz wird aufgehoben, indem die *mythisierte* Figuration (Daten, Ereignisse und Handlungen sowie die mit ihnen jeweils verbundenen Personen) mit der Wirklichkeit gleichgesetzt wird, wodurch die eigene Situation den Charakter absoluten Ernsts annimmt. Sie wirkt besonders ängstigend, wenn die fiktive Geschichte nicht als *mythologisches* Vermittlungsinstrument, sondern als Realität inszeniert wird, die einen unmittelbar selbst wieder betrifft. An Hitlers Verwendungen von Präfigurationen rekonstruiert Blumenberg, dass sie bis „zum vollendeten Irrealismus" führen können.[333] Die in seiner *Arbeit am Mythos* implizit ausgewiesene politische Gefahr für diejenigen, die dieser (Selbst-)Inszenierung folgen, konkretisiert Blumenberg in seinen Fallanalysen zu Friedrich II., Napoleon und Hitler. Er warnt davor, einen einmal erlangten Zustand der *(ästhetisch-)mythologischen Rezeption* nicht schon als beschlossene

---

[328] Blumenberg. *Präfiguration*, S. 18.
[329] Blumenberg. *Präfiguration*, S. 18–19, hier S. 19.
[330] Blumenberg. *Präfiguration*, S. 140.
[331] Blumenberg. *Präfiguration*, S. 26.
[332] Blumenberg. *Präfiguration*, S. 141.
[333] Blumenberg. *Präfiguration*, S. 46.

Trennung der Philosophie von Mythen zu begreifen und damit „die Gefährdung, ja die Sehnsucht" zu verdrängen, „auf die Stufe der Ohnmacht, gleichsam in die archaische Resignation, zurückzusinken".[334] Eben diese Ohnmacht und Resignation kann mit einer *(dogmatisch-)mythisierenden Rezeption* bewirkt werden.

Diese grundlegenden Einsichten begründen die Notwendigkeit, die (fortwährende) *Arbeit am Mythos* auch als Aufgabe der Philosophie oder in den Wissenschaften wahrzunehmen. Denn Blumenberg weist auf die Konsequenzen hin, die mit der Verleugnung einhergehen, dass auch ihre Vertreter*innen auf rhetorische Elemente, insbesondere Metaphorik und Mythologie zurückgreifen (müssen). Vor dem Hintergrund von Blumenbergs Einsichten in ihre unterschiedlichen, darunter auch emanzipatorischen Funktionsweisen, sind diese rhetorischen Elemente in Philosophie und Wissenschaften jedoch weder von vornherein als irrationale Verblendungen oder bloßer Terror zu verdammen. Gleichsam verbindet sich damit die Forderung, sich der politischen Verantwortung anzunehmen, die Wissenschaftler*innen tragen, jede absolute Macht (auch und besonders in der Form der Forderung nach absoluter Wahrheit) zu depotenzieren und sich nicht von den Möglichkeiten der eigenen Instrumentalisierung leichtfertig freizusprechen.[335] Darin liegt die spezifische Verantwortung, die sich bei der Analyse, insbesondere von Ideengeschichten ergibt, nämlich zur *Interpretation,* die über die Toposforschung im engen Sinne hinausgeht. Sie untersucht die je konkreten (ästhetischen und politischen) Wirkungsweisen der Verwendung metaphorischer und mythologischer Elemente, die als Rhetorik in Situationen intellektueller Verlegenheit notwendig werden, um im Sinne des *vernünftigen Arrangements mit der Vorläufigkeit der Vernunft* weiterdenken zu können.

4.4 Zwischenpositionen

Zur Vorbereitung der Rückkehr zu *soziologischen* Denkbewegungen mit Blumenberg, bietet es sich an, einen vorläufigen Zwischenstand zu markieren, der einen Blick auf die bisher rekonstruierten Einsichten zur *Rolle der Rhetorik in den Wissenschaften* und bei der *Untersuchung von Wirklichkeitsbegriffen* wirft. Die von Blumenberg aufgezeigten Umwege können helfen, die Kultivierung von Ideengeschichten besser zu begreifen als Praxen des Denkens über das, was Menschen betrifft, und damit diese intellektuelle Umgangsweisen mit dem, was wir Welt nennen, in spezifischen Lagen von Denkbewegungen zu situieren.

---

[334] Blumenberg. *Arbeit am Mythos,* S. 15.
[335] Vgl. Blumenberg. *Arbeit am Mythos,* S. 16.

4.4.1 Historische Rekonstruktion und systematische Verortung – Rezeption und Distanz

In *historischer* Rücksicht haben wir mit der Konzeption von *Rezeptionen* eine Zugangsweise zum Nachvollzug dessen, wie und warum Wirklichkeitsverständnisse in rhetorischen *Umbesetzungen* ihre Sinnstrukturen *verändern* können, obwohl *und* weil an ihnen innerhalb *gewohnter* Begriffssysteme gearbeitet wird. Blumenberg geht davon aus, dass alle Wirklichkeitsbegriffe als spezifische Antwortkonstellationen verstanden werden können, in denen es in vielfältiger Weise (mit Fokussierungen auf unterschiedliche Teilfragen) um die Frage nach dem Welt- und Selbstverständnis von Menschen geht. Vorausgesetzt wird, dass diese Frage nicht abzuschließen ist, wodurch sich erst ein historischer Aushandlungsprozess entspannt, der mehrere Wirklichkeitsbegriffe als Formen sozialer Verhältnisse zur Welt und damit der Menschen zueinander umfasst. Wir sahen an Blumenbergs Methode der *typologischen Interpolation* die Möglichkeit zur funktionalen Analyse (statt geschichtsloser Systemvergleiche), die die *Sinnstruktur eines Wirklichkeitsbegriffs* in Beziehung setzt zu seinem *Sinnhorizont*, in welchem auch andere Welt- und Selbstverhältnisse möglich waren. Um die Entscheidung für einen Wirklichkeitsbegriff verstehen zu können, muss deshalb auf den *Möglichkeitsraum* geblickt werden, innerhalb dessen er sich konstituieren konnte und zu dem er sich verhält. Mit dieser Lokalisierung der spezifischen Interessen in ihrem Möglichkeitsraum kann die Sinnstruktur des Wirklichkeitsbegriffs rekonstruiert werden. Daraus erklärt sich der *Wirklichkeitsbegriff als Grenzbegriff*: durch das, was er ausschließt und damit als unwirklich erklärt, ist zu erkennen, was selbstverständlich und deshalb meist implizit unter Wirklichkeit verstanden wird.

Unter die Forschungsdimensionen einer Rezeptionsgeschichte mittels einer typologischen Interpolation fallen deshalb: der Zusammenhang von *Form* (expliziter Dimension: Begriffsübernahmen) und *Inhalt* (impliziter Dimension: Sinnwandeln) eines Textes, seine Zuordnung zu den *akuten Fragen* und Problemen (zur Problemlage), die *Leerstellen* (das Ausgelassene oder Freigelassene) und *Negationen* (das Ausgeschlossene). Das Konzept der *Umbesetzung* ermöglicht es dabei, den Fokus auf die *Gründe* für die so und nicht anders gewordene Veränderung eines Wirklichkeitsbegriffs zu legen, und zwar anhand des *Übergangs* von einem zu einem anderen Wirklichkeitsbegriffs *in Bezug auf ihre gemeinsamen Fragen und Probleme*, auf die Antworten – unter unterschiedlichen Bedingungen, d. h. unterschiedlichen Verhältnissen zu den Möglichkeiten – gefunden werden müssen. Die Leerstellen und Negationen geben zudem Aufschluss über den weiteren Bedeutungs- oder Möglichkeitsraum der Frage und insofern auf ihre Vieldeutigkeit. Blumenberg ergründet auf diese Weise das *Verhältnis der Homologie einer Rezeption*, ihre Tendenz auf die Vereindeutigung der Pluralvalenz, *zur Heterologie* der

4.4 Zwischenpositionen

Fragen und der Texte, seiner Begriffe und rhetorischen Elemente, auf die sich eine Lesart bezieht. Hierdurch wird es in systematischer Weise möglich, konkrete Anschlussmöglichkeiten an eine Antwort und über sie hinaus in ihren Konsequenzen für Theorie und Praxis – auch in der Gegenwart – einzuschätzen, um *das eigene Handeln im Horizont der Möglichkeiten zu lokalisieren*.

In *systematischer* Hinsicht liegt uns mit der Konzeption der *Distanz* eine Zugangsweise vor, um Denkbewegungen als Distanzierungspraxen anhand dreier verschiedener Typen von Spannungsfeldern zu situieren. Die hier ausgewiesenen, wiewohl sie als heuristische Größen über ihre Ziele und Logiken getrennt wurden, korrespondieren einander, wie wir insbesondere mit Bezug auf die von Blumenberg fokussierten Übergangsformen und damit einhergehenden Funktionswechsel der rhetorischen Mittel sehen konnten.

Bisher wurde ein *anthropologisches* Spannungsfeld gekennzeichnet zwischen dem Pol der *Ökonomien* der Selbsterhaltung und -behauptung und dem der Möglichkeiten zum *Genuss*, die einander bedingen. Das *erkenntnistheoretische* Spannungsfeld korrespondiert dem anthropologischen, insofern die Sphäre der Begrifflichkeit durch den instrumentellen Charakter der ihr eigenen (terminologischen) *Begriffsbildung* eher einer Verfahrenslogik der Vereindeutigung verbunden ist, die der von Ökonomien der Selbsterhaltung und -behauptung nahesteht. Dagegen eignen einem Zugang zur Vieldeutigkeit der Sphäre der Unbegrifflichkeit Mittel, die selbst der Variation fähig sind. Denken zielt demnach sowohl auf Kategorien, Typen und Definitionen als auch auf philosophische Ideen. Insofern vollziehen *Metaphern und Mythen* als Reflexionsregeln und -geschichten eher eine Eröffnung oder Erweiterung als eine begriffliche Schließung, die weniger einer ökonomischen Umgangsweise mit dem Gegebenen dienlich ist als dem Genuss durch die Freude an den Variationsmöglichkeiten. So wie Ökonomie und Genuss bedingen sich auch Begriffsbildung und Metaphorik. Die Vereinseitigung der begrifflichen Verfahrensweise endet im radikalen Ausschluss und dadurch in mit sinnentleerter Bedeutsamkeit aufgeladener *Mystik*, während die metaphorische Verfahrensweise ihre Grenzen in sinnentleerter fantastischer *Hypertrophie* findet.

Die enge Verbindung der erkenntnistheoretischen Sphären, die als Begrifflichkeit und Unbegrifflichkeit bezeichnet waren, mit dem *methodologischen* Spannungsfeld zwischen Minimal- und Maximalmethode ist leichter zu erkennen. In diesem arbeitet sich das Denken einerseits zu Definitionen durch fortlaufende *Präzisierung der Kategorien und Begriffe* vor und minimiert Deutungsmöglichkeiten zur Herstellung größtmöglicher Eindeutigkeit. Andererseits visiert das Denken ästhetische Variationen durch *Ausschöpfen metaphorischer Sinngehalte* an und tendiert deshalb zur Maximierung der Deutungsmöglichkeiten. Die Präfixe minimal und maximal zeigen dabei genau die Extreme der allmählichen begrifflichen *Ausschluss-* oder metaphorischen *Erweiterungs*bewegung an.

Für alle Spannungsfelder gilt, dass je *näher* das Denken an die jeweiligen Extreme heranreicht, eine Situation der *Unmittelbarkeit* entsteht, in der die Distanz aufgehoben und damit eine Denkbewegung zum Stillstand gebracht wird. Sie erstarrt entweder aufgrund einer extremen Einschränkung (in einem Zustand des ‚Zuwenig') oder aufgrund einer extremen Überforderung angesichts einer nicht mehr überblickbaren Unübersichtlichkeit (in einem Zustand des ‚Zuviel'). Distanzierungspraxen werden entsprechend als Verfahren der *Vermittlung* verstanden, um der Vereinseitigung in die eine oder andere Richtung vorzubeugen. Sie sind Verhaltensweisen angesichts einer *intersubjektiven* Lage, die dadurch gekennzeichnet ist, sich nicht einseitig auf absolute Objektivität *oder* Subjektivität festlegen zu *können*, und zugleich dadurch, sich nicht festlegen zu *müssen*.

Rhetorischen Charakter nehmen diese Distanzierungspraxen in Momenten der Verlegenheit an, in denen nicht so weitergemacht werden kann wie bisher, aber vor dem Hintergrund drängender praktischer Probleme weitergemacht werden *muss*, oder in denen es darum geht, weiterdenken zu *wollen*, obwohl *letzte* Einsichten oder Erkenntnisse unmöglich sind. Deshalb sind rhetorische Mittel besonders für die Denkeröffnung als Zugänge zur Sphäre der Unbegrifflichkeit unverzichtbar. Verlegenheiten bilden die „Voraussetzung der rhetorischen Situation", die Blumenberg durch „Evidenzmangel und Handlungszwang" kennzeichnet.[336] Rhetorische Distanzierungspraxen bieten in solchen Situationen gesichtswahrende Auswege an, können also unterschiedliche *Funktionen* erfüllen, insbesondere, um ausstehende Entscheidungen *(1) zu verzögern* oder umgekehrt eine Handlungsmöglichkeit als die plausibelste darzustellen und dadurch *(2)* eine Entscheidung *herbeizuführen*[337] sowie *(3)* dem Denken während einer intellektuellen Verlegenheit, die sich von der existenziellen Notlage unterscheidet, mit Umwegen durch Metaphorik eine *andere Möglichkeit des Anschließens* aufzuweisen.[338] Rhetorische

---

[336] Blumenberg. Anthropologische Annäherung an die Aktualität der Rhetorik, S. 124.

[337] Vgl. Blumenberg. Anthropologische Annäherung an die Aktualität der Rhetorik, S. 124 und S. 120. Als „Mandat zum Handeln" weist Blumenberg diese Form der rhetorischen Wirkung dem zu, was in der klassischen Deutung insgesamt als sophistische Rhetorik verstanden wurde (S. 131).

[338] Mythen könnten für erkenntniszugewandte Denker*innen als Möglichkeit der Überwindung ihrer Denkstarre nur in Situationen in Betracht kommen, in denen die Unbestimmtheit überhaupt nicht akzeptiert werden kann, weil ihre Bestimmung zu wichtig für das Selbstverständnis geworden ist, als dass über sie ohne Weiteres hinweggegangen werden könnte. Dies ist besonders dann der Fall, wo an absoluten Ursprungsfragen angekommen wurde und sich von diesen ohne *beruhigende* Herkunftserzählung nicht gelöst werden kann, um wieder über sie hinaus zu kommen. Dann ist es aber besonders notwendig, sich der distanzierenden Funktion zur *vorläufigen* Stabilisierung gewahr zu halten, um nicht für bare

4.4 Zwischenpositionen

Mittel können einerseits beruhigend auf das Denken wirken, weil etwas als nicht mehr hinterfragungswürdig ausgegeben wird, und andererseits anstoßend, indem durch sie weitergehende Fragen aufgeworfen werden. Beide *Wirkungsrichtungen* der Rhetorik sind Blumenberg zufolge je nach historisch-sozialer Lage der Wissenschaftler*innen im Sinne der Vernünftigkeit notwendig.

Allerdings zeigt sich an den Folgen der Beruhigung in besonderem Maße die *Gefahr*, sie zu Machtzwecken auszunutzen, weil sie Fragen ohne Not auch dann als unzulässig ausgeben kann, wo sie wieder zugelassen und wenn nicht in Gänze geklärt, so doch wissenschaftlich behandelt werden können. Weil die Beruhigung auf die Verkürzung der Wege (des Denkens) tendiert, hat sie eine besondere Affinität zum *Willen zur Macht*. Deshalb kommt der *nicht unmittelbar* ‚nützlichen' Bildung die besondere Güte zu, dass sie der Verabsolutierung der Denkgewohnheiten entgegenwirkt.[339] Blumenbergs Gedanken zur neuzeitlich-modernen Technisierung des Lebens verdeutlichen exemplarisch unter Berücksichtigung der (systematischen) Übergänge innerhalb der erwogenen Spannungsfelder die *Gleichzeitigkeit* der Ermöglichung und Gefährdung der Freiheit:

Technik als Mittel zum *Zeitgewinn* und damit zur Ermöglichung der Muße bewirkt zugleich eine *Verkürzung* des Denkens,[340] durch die die Einsicht in die Hintergründe des technischen Mittels verloren gehen und so das Zusammenrücken von „Befehl und Effekt" bis zur Unmittelbarkeit und deshalb auch „Verwechselbarkeit" bewirkt wird.[341] Nicht zufällig werden an der Technisierung die Parallelen zur Instrumentalisierungsfähigkeit des Mythos deutlich, die *mit der Erfüllung seiner genuinen Funktion erst möglich* wird, nämlich die Furcht abzubauen (entspannende Distanzierung: Zeitgewinn) und sie deshalb vergessen zu können (Verkürzung). Zunächst als humanistisches Mittel *gegen die Ohnmächtigkeit*, dann auch durch

---

Münze genommen zu werden, d. h. sie ist immer mit ein wenig Humor zu nehmen. Fehlender Humor ist denn auch, was er an Adorno kritisiert, wenn er sagt, dass es ihm selbst einmal trotz des „fast vollständig[en]" Verbots „angesichts der von Adorno festgestellten Unerträglichkeit der Welt und ihrer gesellschaftlichen Verblendungszusammenhängen zu lachen gelang" (Blumenberg. *Theorie der Unbegrifflichkeit*, S. 37).

[339] Vgl. Blumenberg. Anthropologische Annäherung an die Aktualität der Rhetorik, S. 130.

[340] Etwa weil wir uns nicht jedes Mal Gedanken machen müssen, wie genau und warum ‚das Licht' angeht, wenn wir einen Schalter betätigen. Eingeschränkt wird das Denken auf das Wissen um den Effekt, der ausgelöst wird, wenn ich dieses oder jenes mache. Die Hintergründe gehen verloren, das sollte uns aufmerken lassen, wenn wir an den Mythos und die Notwendigkeit denken, *genug* um die Hintergründe zu wissen, um uns nicht der Instrumentalisierung zugänglich zu machen, d. h. *angemessene* Distanz wahren zu können.

[341] Blumenberg. Lebenswelt und Technisierung unter Aspekten der Phänomenologie, S. 39–40, hier S. 39; vgl. Blumenberg. Anthropologische Annäherung an die Aktualität der Rhetorik, S. 131.

ihre ästhetische Umwegigkeit *gegen Verabsolutierungen* von Effektivitätsbestrebungen gerichtet, kann der Mythos später in *Dogmatik* umschlagen, die neue Schrecken hervorbringt (Befehl und Effekt: Verwechslung von Bild und Wirklichkeit).[342] In den Bereich der mit ideengeschichtlichen Analysen im Sinne Blumenbergs kritisch zu hinterfragenden Beruhigungsmittel fallen insbesondere folgende rhetorische *Grenzformen* der Metapher und des Mythos: die *Allegorie* aufgrund ihrer Beliebigkeit, die durch gewohnheitsmäßige Plausibilisierung Bedeutsamkeit (eigentlich sinnentleerter Bilder) schafft, und zudem *alle Formen, die zur Gleichsetzung der Wirklichkeit mit dem Bild* von ihr oder der Geschichte über sie disponiert sind und deshalb Distanzverhältnisse aufheben. Unter diese Formen fallen das Symbol, das Gleichnis und der dogmatisierende Mythos.[343]

Wenn Blumenberg von Gefahren der Funktionswechsel von *Metaphern und Mythen* spricht, so wie gesehen, auch von ihren Möglichkeiten. Für die ihre Elemente übergreifende *Rhetorik* weist Blumenberg daraufhin, dass sie sich selbst „durchschaubar zu halten" vermag, weil sie „Wirkungsmittel bewußt" werden lässt, „indem sie expliziert, was ohnehin schon getan wird".[344] Dies gilt nun aber nicht nur für die Verwendung rhetorischer Mittel zum Erkenntnisgewinn in der *Eröffnung* weiterführender Fragen (in Situationen der intellektuellen Reizung als Provokation), sondern auch für ihren Einsatz zum *Ausblenden* von Fragen (Beruhigung). Letzterer verhindert durch die Herstellung von Vertrautheit mit der Situation Resignationen, welche aufgrund von plötzlich (wieder) dringlich gewordenen, aber begrifflich nicht auflösbaren Unbestimmtheiten drohen. Rhetorik als Technik kann also angesichts von erkennbaren Unbegründbarkeiten auch dort rekonstruiert werden, wo sie nicht im ästhetischen oder theoretischen Sinne zur Reflexion durch überraschende Irritationen anregt und als solche in bewusster Distanz zur Sache zu Tage tritt. Denn bei genauem Hinsehen sind selbst die durch Mythisierung historischer Daten, Ereignisse, Handlungen und Personen hergestellten *Präfigurationen* erkennbar, insofern sie begrifflich überhaupt nicht nachvollzogen werden können und deshalb gut versteckten Behauptungen gleichen. In diesem Sinne verweist Rhetorik, trotzdem sie die Vernünftigkeit gefährden kann, immer auch auf sich selbst und bietet sich deshalb als Untersuchungsgegenstand in hervorragender Weise an.

---

[342] Vgl. Blumenberg. Anthropologische Annäherung an die Aktualität der Rhetorik, S. 128; Blumenberg. Wirklichkeitsbegriff und Staatstheorie, S. 134.

[343] Insbesondere das *Gleichnis* und der *dogmatisierende Mythos* können genauer auf ihre Unterschiede hin untersucht werden. Zuweilen scheint es so, als würde Blumenberg sie synonym verwenden (vgl. Blumenberg. Paradigmen zu einer Metaphorologie) und dann wieder scheinen sie sich zu unterscheiden im Grad ihrer Dogmatisierungsfähigkeit (vgl. Blumenberg. *Arbeit am* Mythos, S. 201).

[344] Blumenberg. Anthropologische Annäherung an die Aktualität der Rhetorik, S. 118.

Ihre Wirkungen reichen demnach von *(1)* der *Stabilisierung* des jeweils gültigen Wirklichkeitsbegriffs (etwa durch Verzögerung), an dessen etablierten Distanzverhältnissen graduell weitergearbeitet wird und dessen Veränderung deshalb nicht sofort auffallen muss, über *(2)* die *Steigerung der ernsthaften Fragwürdigkeit* eines Wirklichkeitsbegriffs sowie über *(3)* seine ästhetische, genussvolle *Variation* bis hin *(4)* zur *Verabsolutierung* eines Wirklichkeitsbegriffs, durch die das Distanzverhältnis zwischen Rhetorik und Wirklichkeit aufgehoben erscheint.

4.4.2 Beruhigung und Reizung zugleich?

Zuletzt möchten wir mit Blumenbergs Betonung der menschlichen Zwischenposition(en) in den drei Spannungsverhältnissen auf einen weiteren Aspekt in diesem Sinne, allerdings in Anschluss an Leo Strauss' *Persecution and the Art of Writing* hinweisen.[345] Darin geht er unter anderem auf die Möglichkeit und zuweilen Notwendigkeit ein, mit *einem* Text *beide* Wirkungen zu erzielen, die wir zuvor für die Metaphorik mit Blumenberg rekonstruieren konnten.

Die Gleichzeitigkeit von Beruhigung und Provokation ist insbesondere in Situationen relevant, in denen Intellektuelle einer gravierenden oder gar existenziellen Bedrohungslage ausgesetzt wären, wenn sie Gedanken formulieren, die sich gegen einen bestehenden Wirklichkeitsbegriff richten.[346] Wenn wir Strauss folgen, bedarf es dann einer Schreibtechnik, mit der es gelingen kann, sich *vordergründig* dem aktuell gültigen Wirklichkeitsbegriff gegenüber vermeintlich *opportun* zu zeigen, während sich bei genauerem Hinsehen *entdogmatisierende* Sinngehalte, also dem gültigen Wirklichkeitsbegriff widersprechende Aussagen erkennen lassen.[347] Strauss führt aus, dass „exoteric teaching was needed for protecting philosophy", die exoterische Lehre also einen Schutz („armor") darstellen kann, „in which philosophy had to appear" aufgrund von „political reasons", d. h. angesichts des Umstands, dass „[t]here was no harmony between philosophy and society".[348] Blumenbergs Erklärung der Gründe für Kants Einsatz der Metaphorik im beruhigenden Sinne steht Strauss' Gedanken der Schutzfunktion einer *exoterischen* Lehre nahe.[349]

---

[345] Strauss. *Persecution and the Art of Writing*.
[346] Vgl. hier Abschn. 3.2 und 3.4.; Strauss. *Persecution and the Art of Writing*, S. 17.
[347] Vgl. Strauss. *Persecution and the Art of Writing*, S. 17–18.
[348] Strauss. *Persecution and the Art of Writing*, S. 18 und S. 17.
[349] Vgl. auch Blumenbergs Erwägungen zum Typ der sogenannten „schonenden Aufklärung" in *Höhlenausgänge*, S. 547–550.

Kants Ziel, das er mit seiner beruhigenden Metaphorik der „Illustration" (im Gegensatz zur „Demonstration" als *begriffliche* Form der Anschaulichkeit) verfolgte, war, innerhalb des Wirklichkeitsbegriffs seiner Zeit, welcher Anschaulichkeit voraussetzte, *die Möglichkeit der Anschaulichkeit von unbegrifflichen Ideen*, welche er als „unentbehrlich[]" für das philosophische Denken hielt, *explizit* aufrechtzuerhalten, obwohl er eigentlich von der Unmöglichkeit ihrer Anschaulichkeit ausging.[350] Kant brauchte die beruhigende Metapher, um „nicht nur dem Erschrecken der [...] Zeitgenossen Dämpfung zu verschaffen", weil diese „durch *vermeintliche* Vernunftleistungen des metaphysischen 18. Jahrhunderts verwöhnt[]" waren, d. h. ihr Welt- und Selbstverhältnis fest an diese Vernunftleistungen geknüpft war; er brauchte sie überdies, „um bestimmte *Pflichtleistungen der Philosophie* überhaupt noch möglich zu machen, die auch Kant *mit moderierter Vernunft* jedenfalls aufrechterhalten wollte".[351]

Diese Möglichkeit weist auf einen grundsätzlichen Unterschied beim *Lesen* hin, an dem mit Hilfe von Strauss eine weitere Implikation des bisherigen Rezeptionsverständnisses von Blumenberg expliziert werden kann. Denn das, was bei ihm zuvor unter historischen *Interessen* als Dimension einer sinnadäquaten Rezeptionsgeschichte aufschien,[352] wird bei Strauss am Verhältnis von schreibenden Denker*innen und deren unterschiedlichen Rezipient*innen verdeutlicht. Dabei sind die Voraussetzungen für das Verfassen *eines* Textes mit dem Ziel, *zwei unterschiedliche Publica* zu adressieren, hoch anspruchsvoll. Es setzt unter anderem voraus, dass die Autor*innen *(1)* um den typischen *Wirklichkeitsbegriff*, d. h. die unhinterfragten Selbstverständlichkeiten ihrer Zeit wissen; dass sie basierend auf ihren „investigations" *(2) Einsichten* haben, die diesem widersprechen; dass sie *(3)* eine

---

[350] Blumenberg. *Die nackte* Wahrheit, S. 128. Blumenberg spricht dabei im Sinne seines Themas *der nackten Wahrheit*, die zugleich die Bedeckungsmöglichkeit impliziert, davon, dass „eine Blöße zu bedecken" sei, „wenn den Begriffen der Vernunft nichts in der Anschauung entspricht". Es müsse weitergedacht werden können, obwohl die Feststellung der wesentlichen Unanschaulichkeit von Ideen bei Kant den Begriff von Wirklichkeit und Wissenschaft seiner Zeitgenossen erschüttern würde. Deshalb versucht er diesen Gedanken zu *moderieren* (in beiden Sinnrichtungen zu denken, also Moderation rhetorisch als Vermittlung und inhaltlich als Mäßigung des extremen Ausmaßes des Gedankens), indem er den Ideen die Möglichkeit ihrer Illustration lässt: „Dann muß Anschauung anderswo hergenommen, *ersatzweise* dem Vernunftbegriff *unterlegt* werden". Das ist in diesem Fall die spezifische Bedeckung, die Kant seiner ‚Wahrheit' gibt, um der Philosophie ihre Bewegungsfähigkeit zu lassen, damit sie vor lauter Resignation angesichts der Unanschaulichkeit ihrer Inhalte nicht zum Erliegen kommt (Hervorhebungen von mir/CG).
[351] Blumenberg. *Die nackte* Wahrheit, S. 127; Hervorhebungen von mir/CG; vgl. Strauss. *Persecution and the Art of Writing*, S. 33.
[352] Vgl. hier Abschn. 3.4.

4.4 Zwischenpositionen

„peculiar" *Technik des Schreibens* außerordentlich gut beherrschen, um auf der expliziten Textebene etwas anderes als auf impliziter Ebene zu erkennen zu geben; und zuletzt, dass sie *(4)* selbst davon ausgehen oder hoffen, *einige Leser*innen* seien in der Lage und Willens, die impliziten Aussagen nachzuverfolgen und zu verstehen (andernfalls wäre die Anstrengung hinfällig, diese Aufgabe überhaupt auf sich zu nehmen).[353]

Die Rezeption des expliziten Aussagegehalts, Strauss bezeichnet ihn als *exoterischen*, von dem wir annehmen, dass er dem Wirklichkeitsbegriff, so wie er vorherrscht, nicht *offen* widerspricht, ist demnach *allen* Leser*innen zugänglich. Diese Lesart setzt keine größere Anstrengung voraus und auch keine Haltung, die es ermöglicht, sich irritieren oder überraschen zu lassen.

Diese Anstrengung jedoch auf sich zu nehmen heißt, sich während der Rezeption die Möglichkeit impliziter, bei Strauss *esoterischer* Sinngehalte offen zu halten, die nur durch gründliches Lesen des Textes Schritt für Schritt rekonstruierbar sind.[354] Für ihre metaphorischen Figuren sowie mythologischen Geschichten gilt dabei im Sinne Blumenbergs, dass die sie einsetzende Autor*in erstens um ihre Hintergründe, d. h. *Genealogien und Funktionen* weiß und sie sowohl zur Beruhigung auf expliziter Ebene als auch zur Provokation auf impliziter Ebene einsetzen kann. Dass sich Metaphern und Mythen dafür aufgrund ihrer Vieldeutigkeit, Variationsfähigkeit und unterschiedlichen Funktionspotenziale grundsätzlich eignen, sollte inzwischen deutlich geworden sein. Dass die *Wirkungsweisen* sich darüber hinaus *nach Typen von Rezipient*innen* unterscheiden, wird bei Blumenberg nicht ganz so klar. Er deutet dies zwar an, so etwa in einer Anekdote über die Begegnung des Surrealisten André Breton mit der Schriftstellerin Anaïs Nin, an der er zeigt, dass beide zur gleichen Zeit unterschiedliche Wirklichkeitsbegriffe zum Maßstab der Einschätzung einer spezifischen Situation heranziehen.[355] Allerdings dient diese Passage Blumenberg eher dazu, die „Verwechselbarkeit von Fiktion und Realität" hervorzuheben, die im praktischen Leben unter Umständen eine fatale Bedrohung darstellt.[356]

Blumenberg mit Strauss in diesem Punkt zu ergänzen, birgt die Möglichkeit zu konkretisieren, *unter welchen Bedingungen* – auch bezüglich des Verhältnisses zu den jeweils gültigen Wirklichkeitsbegriffen – die Deutung von Texten es entweder bei expliziten Aussagehalten bewenden lassen kann oder es notwendig ist, nach weiterführenden, impliziten Sinngehalten Ausschau zu halten. Präzisiert wird

---

[353] Vgl. Strauss. *Persecution and the Art of Writing*, S. 22–37, hier S. 24.
[354] Vgl. Strauss. *Persecution and the Art of Writing*, S. 24–25 und S. 36.
[355] Vgl. Blumenberg. *Theorie der Unbegrifflichkeit*, S. 29–31.
[356] Blumenberg. *Theorie der Unbegrifflichkeit*, S. 29.

damit auch, was Blumenberg meint, wenn er davon spricht, über die bloße Feststellung von Kontinuitäten etwaiger rhetorischer Figuren in der Toposforschung hinauszukommen, hin zur Interpretation der Sinnverschiebungen. Zudem berührt Strauss' Konzept der Kunst des Schreibens das Verhältnis zwischen der *Heterologie* eines Quelltextes und der *Homologie* seiner traditionellen Rezeptionen, deren Differenzierung Blumenberg bereits früh – wie wir an seiner Unterscheidung von Platon und den Platonismen nachverfolgt haben – ein wichtiges Anliegen war.

Die Funktion, die der expliziten Textdimension zugeordnet werden kann, ist, Leser*innen mit festen Prämissen ihres Denkens nicht so zu erschüttern, dass dadurch defensive Reaktionen ausgelöst werden. Denn diese könnten dazu führen, die Aufgaben und Möglichkeiten der theoretischen Arbeit einzuschränken. Der ‚Schutz' derjenigen, die Unsicherheiten oder Unbestimmtheiten weniger gut aushalten können oder anders gesagt, die Klarheit und Deutlichkeit vor aller Unbestimmtheit in besonderem Maß präferieren, stellt so auch einen Schutz für das Bestehen der Möglichkeit zum Weiterdenken dar, das sich dem Bereich der Unbegrifflichkeit zuwendet. Diejenigen, die Unbestimmtheiten interessieren und Freude daran haben, Selbstverständlichkeiten zu befragen, sind tendenziell für ästhetische Elemente offen, die überraschende Irritationen bewirken können. Diesen provokativen Elementen kann im Text sukzessive nachgegangen werden, um die (den expliziten Aussagen nicht ohne Weiteres integrierbaren oder) oppositionellen Sinngehalte zu erkennen.

Auch mit Blumenberg wird deshalb verständlich, warum Strauss von einer Schreib*kunst* spricht. Ihr korrespondierendes Verfahren bezeichnet Strauss als „writing between the lines", welche in Zeiten der (politischen) Verfolgung von „all writers who hold heterodox views" notwendig wird und deren heterodoxe Elemente im Text tendenziell all denjenigen offenstehen, „who love to think".[357] Der Ausdruck des zwischen-den-Zeilen-Schreibens ist nun laut Strauss interessanterweise „clearly metaphoric" gemeint, dessen Bedeutung nicht-metaphorisch zum Ausdruck bringen zu können einer „discovery of a terra incognita" gleiche; sie sei zwar nicht erforscht, aber wichtig.[358] Eine vorbereitende Orientierung hinsichtlich dieses Forschungsvorhabens könne ihm zufolge nur geleistet werden, wenn „writings of the rhetoricians of antiquity" konsultiert würden.[359]

---

[357] Strauss. *Persecution and the Art of Writing*, S. 24.

[358] Strauss. *Persecution and the Art of Writing*, S. 24.

[359] Strauss. *Persecution and the Art of Writing*, S. 24. Nicht nur dieser Auffassung nachzugehen, auch der über das, was Freiheit eigentlich bei den beiden Autoren jeweils heißt, scheint eine nähere Untersuchung wert. Denn da, wo Strauss kritisch feststellt, dass „in a large number of cases" unter Freiheit des Denkens folgendes verstanden wird: „the *ability to*

4.4 Zwischenpositionen

Ohne die Denkbewegungen beider Autoren hier in einen vertiefenden Dialog über die Rhetorik und ihre Funktionen zu versetzen, ist festzustellen, dass bei Blumenberg die Auffassung von einer unbegrifflichen Sphäre, der tendenziell gar keine nicht-metaphorischen Ausdrücke entsprechen können, ungleich stärker fokussiert wird als bei Strauss, sodass Blumenberg vom Anspruch auf eine präzise begriffliche Erfassung *der Ideen* ein gutes Stück absehen kann. In einem solchen Gedankenexperiment, das Blumenberg und Strauss in einen Dialog versetzt, wäre zu prüfen, ob nicht Blumenberg eine Haltung verkörpert, die Strauss an den humanistischen Soziolog*innen kritisierte, die „solche Fragen, die ihr Denken ernsthaft über den Relativismus hinausführen würden" nicht stellen, weil bei ihnen „ein[] quasireligiöse[r] Affekt[]" greift „als Ergebnis der Sorge, mit diesen Fragen einen Namen aufzurufen, der in der ‚community' als Ausdruck der Verletzung eines Tabus gilt und Sanktionen hervorrufen mag", nämlich „Absolutismus".[360] Denn als einigermaßen gesichert kann gelten, dass Blumenberg vor dem Hintergrund seines Anliegens, über den Nihilismus hinauszukommen, der zu seiner Zeit, wie er sagt, noch immer die geistige Lage der Gegenwart bestimmt und in einem bestimmten Sprachmangel zum Ausdruck kommt,[361] alles, was verabsolutiert werden könnte, aufgrund der damit einhergehenden Ohnmachts- und Resignationsgefahr ablehnt.[362]

Thomas Meyer pointiert treffend eine mögliche Schwierigkeit der Beschäftigung mit Blumenbergs immer wieder ansetzenden Variationen und Umwegen, in und auf denen seine Anthropologie und Erkenntnistheorie ineinander verschlungen vorliegen: er „trifft keinerlei Aussagen über das mögliche weitere Schicksal ‚der

---

choose between two or more *different views* presented by the small minority of people who are public speakers or writers" (S. 23; Hervorhebungen von mir/CG) und dadurch andeutet, dass auch etwas anderes unter Freiheit des Denkens verstanden werden kann, könnte Blumenberg schnell als ein Fall unter den vielen gelten, die einen solchen eingeschränkten Freiheitsbegriff vertreten (vgl. Gostmann, Peter. 2018. ‚Humanism is not enough'. Leo Strauss und die Soziologie. In *Humanismus und Soziologie*, hrsg. Ders. und Peter-Ulrich Merz-Benz. Wiesbaden: VS Verlag für Sozialwissenschaften, S. 247–333, hier S. 279–280). Dies berührt auch das Problem des Relativismus, mit welchem Blumenberg mindestens spielt. Dennoch ist darauf hinzuweisen, dass auch er die Wahlfreiheit nicht eingeschränkt auf Perspektiven, die von einer Gruppe öffentlicher Sprecher- oder Autor*innen *vorgegeben* werden.

[360] Gostmann. ‚Humanism is not enough', S. 326.

[361] Vgl. Blumenberg. Das Problem des Nihilismus in der deutschen Literatur der Gegenwart [Vortrag].

[362] Vgl. Blumenberg. *Die nackte Wahrheit*, S. 16–17 und S. 51–54; Blumenberg. Wirklichkeitsbegriff und Wirkungspotenzial des Mythos, S. 328; Blumenberg. *Arbeit am Mythos*, S. 15.

Menschen'".³⁶³ Stattdessen stellten sich diese Umwege eher als „Thesaurus" dar, deren tiefere Zusammenhänge, wenn überhaupt, nicht ohne größte Anstrengungen einsichtig werden.³⁶⁴ Demnach bergen auch Blumenbergs (Um-)Wege, in ihrer schwer einzuordnenden Fülle von Anspielungen, Variationen und Geschichten, eine Gefahr der Resignation. Sich nicht ohne Weiteres einordnen zu lassen, ist allerdings vor dem Hintergrund der Präferenz Blumenbergs ebenso wenig zufällig. Denn sie gilt angesichts der Lage seiner Zeit, die noch immer nicht über die strenge Trennung zwischen Kunst und Wissenschaft, Ästhetik und Logik, hinausgekommen ist, den Ergründungsmöglichkeiten der unbegrifflichen Unbestimmtheit in *ihrem* Zusammenhang mit der (terminologischen) Begriffsgeschichte. Wir bleiben trotzdem und deshalb bei Blumenbergs Verständnis des Verhältnisses von Rhetorik und ihren Funktionen zu Wirklichkeitsbegriffen, wenngleich eher unter soziologischem als philosphischem Fokus.

---

[363] Meyer. ‚Lesbarkeit' und ‚Sichtbarkeit', S. 85.
[364] Meyer. ‚Lesbarkeit' und ‚Sichtbarkeit', S. 85.

In soziologischer Hinsicht 5

Wie wir bis hierher sehen konnten, wird mit es mit dem Konzept der Distanzierung in ideengeschichtlichen Analysen möglich, rhetorische Formen, Verfahren und Funktionen im Zusammenhang mit den präsentierten Inhalten der Arbeiten einer Denker*in oder denen einer Rezeptionsgeschichte von Intellektuellen zu ergründen, und zwar auch hinsichtlich latent gehaltener politischer Konsequenzen. Vor dem Hintergrund, dass Sozialwissenschaftler*innen *unmittelbar* von ihren eigenen Forschungsgegenständen betroffen sind, liegt die Vermutung nahe, dass Einsichten in ihre eigenen rhetorischen Distanzierungspraxen in besonderem Maße relevant sind.[1] So spricht beispielsweise Thomas Lemke davon, „dass keine Beschreibung der Gesellschaft ohne Metaphern auszukommen vermag".[2] Gerhard Wagner und Peter-Ulrich Merz-Benz formulieren und analysieren diesen Umstand konkret in Bezug auf „die Tradition der Gesellschaftstheorie, die Auguste Comte begründete und die von Herbert Spencer, Emile Durkheim, Talcott Parsons und Niklas Luhmann fortgeführt wurde":

> „[W]ie immer man zum Gesellschaftsbegriff steht, die Geschichtsschreibung der Soziologie hat von der Tatsache auszugehen, dass es eine einflussreiche Theorietradition gibt, deren Vertreter diesen Begriff mit Hilfe einer Metapher bestimmten".[3]

---

[1] Vgl. Renn, Joachim. 2016. Die Lesbarkeit der sozialen Welt. Hans Blumenberg und die hermeneutische Situation der Soziologie. In *Hans Blumenberg. Pädagogische Lektüren*, hrsg. Frank Ragutt und Tim Zumhof. Wiesbaden: Springer VS, S. 147–163, hier S. 150.
[2] Lemke. Gesellschaftskörper und Organismuskonzepte, S. 202.
[3] Merz-Benz, Peter-Ulrich, und Wagner, Gerhard. 2007a. Die Gesellschaft als sozialer Körper. Zur Sozio-Logik metaphorischer Transfiguration. In *Jahrbuch für Soziologiegeschichte*, hrsg. Carsten Klingemann. Wiesbaden: VS, S. 89–118, hier S. 89.

Mit Blumenberg könnte entsprechend der Zusammenhang solcher Metaphern und den Begrifflichkeiten untersucht werden, in dem Gesellschaften zu verstehen versucht werden, sowie die Wirklichkeitsbegriffe, die sich darin Ausdruck verleihen. Eine solche Analyse möchte nicht so sehr darauf hinaus, glossarartig eine „Tool-Box der politischen Metaphorologie" zu erstellen, in der gängige Metaphern in den Sozialwissenschaften zusammengestellt werden, die sich als „Netz" miteinander verknüpfen lassen.[4] Aus ähnlichen Gründen kann auch ein Programm mit dem vielversprechenden Titel *Systematische Metaphernanalyse als Methode der qualitativen Sozialforschung*, wie es Rudolf Schmitt vorschlägt, nicht behandeln, worauf es uns hier ankommt.[5] Denn darin steht die vorgeschlagene Methode in engem Zusammenhang mit der sogenannten kognitiven Linguistik in Anschluss an George Lakoff und Mark Johnson, deren Interesse ausschließlich dem „Bereich der alltäglichen Metaphorik und des alltäglichen Denkens" gilt.[6] Insbesondere geht es uns nicht um eine Erhöhung der „Wirksamkeit von Zeitdiagnosen", die auf ihrem „Weg zur Öffentlichkeit" auf Metaphern angewiesen ist.[7] Vielmehr möchten wir an Blumenberg orientiert einen Beitrag zur kultursoziologisch interessierten Untersuchung von Ideengeschicht*en* der Sozialwissenschaften leisten. Damit wird das Rhetorische nicht als bloße Strategie zur Erzeugung größerer Plausibilität im sophistischen Sinne verstanden, sondern als pragmatischer Umgang mit auftretenden theoretischen Verlegenheiten sowie als Indikator für die Verhältnisse von Wissenschaftler*innen zu ihren sozial-historischen Lagen. Ein solcher Beitrag umfasst die Aufgabe, die Inbegriffenheit der Forscher*innen in die eigenen Forschungsgegenstände zu erkennen, hier entsprechend die „Soziologie" selbst als „Teil der Gesellschaft" zu untersuchen.[8] Dabei kann, wie gesehen, Rhetorik als Erkenntnismittel dienen (Eröffnen von Zugängen) *und* als unhinterfragte Selbstverständlich-

---

[4] Heidenreich, Felix. 2020. *Politische Metaphorologie. Hans Blumenberg heute*. Wiesbaden: Springer VS, S. 92–94.

[5] Schmitt, Rudolf. 2017. *Systematische Metaphernanalyse als Methode der qualitativen Sozialforschung*. Wiesbaden: Springer VS.

[6] Schmitt. *Systematische Metaphernanalyse als Methode der qualitativen Sozialforschung*, S. 27. Dies stellt nach Blumenberg schon deshalb eine Schwierigkeit dar, sofern diese Analyse sich auf einen Bereich bezieht, die einer anderen Logik folgt (Alltagslogik der Ungenauigkeit) als die im Bereich intellektueller Denkbewegungen (Logik der Wissenschaften als Eindeutigkeit oder der Philosophie als Mehrdeutigkeit). Vgl. Blumenberg. Sprachsituation und immanente Poetik. Eine einfache Übertragung der einen Analyse auf die andere ist deshalb nicht ohne Weiteres möglich.

[7] Junge, Matthias. 2016. Einleitung. In *Metaphern soziologischer Zeitdiagnosen*, hrsg. Matthias Junge. Wiesbaden: Springer VS, S. 1–3, hier S. 1.

[8] Renn. Die Lesbarkeit der sozialen Welt, S. 127; vgl. S. 157.

5 In soziologischer Hinsicht

keit als Teil eines wissenschaftlichen common-sense wirken (Abschluss der Fragen). Mit dem bisher Erarbeiteten sind dazu grundsätzlich drei Richtungen denkbar. Es können erstens *Kanonisierungsprozesse* soziologischer Literatur rekonstruiert werden, in denen ihre Protagonisten zuweilen selbst zu mythischen Figuren der Geschichte der Disziplin umgedeutet werden. In diesem Fall müsste unterschieden werden zwischen der Verwendung von rhetorischen Mitteln in den ‚*Originaltexten*' (Form und Inhalt in Bezug auf ihre Funktion sowie ihre Wirkung) und ihrer *Rezeption*. Die Hypothese nach Blumenberg wäre, dass sich die Rezeptionsgeschichte tendenziell als Dogmatisierung ausnimmt (aber nicht muss), indem die Gedankengänge sukzessive schematischeren Charakter annehmen und von ihren spezifischen Kontexten gelöst werden, um prägnanter und eindeutiger zu machen, was zuvor polyvalenten Charakter tragen konnte (Distanzverlust). Gleichzeitig ist die Möglichkeit einer anderen Verwendungsweise rhetorischer Formen nicht zu unterschlagen, also die Möglichkeit, dass auch der Umgang mit einem Bild- und Sinngehalt, auf den sich Rezipient*innen beziehen, selbst variierend gebraucht werden kann (Distanzerhalt oder -erweiterung).[9] Es wäre in der einen wie anderen Bezugsweise von Bedeutung, wie sich dadurch die Sinngehalte verändern, auch wenn sie als ‚gesicherte' Elemente präsentiert werden (Kontinuitätsprinzip).

Eine andere Form der Analyse kann sich auf *eine Denkbewegung* im Verlauf mehrerer oder gar aller Arbeiten eines oder einer Sozialwissenschaftler*in hinweg beziehen. Durch ihre Rekonstruktion würde das Verhältnis zur sozial-historischen Lage erarbeitet. Hierfür ist ein Blick auf diejenigen Sinngehalte zu richten, die nicht (mehr oder noch nicht) ausgeschöpft oder sogar ausgeschlossen werden (Leerstellen und Negationen). Damit ist es möglich, den Sinn einer Arbeit in ihrem Möglichkeitsraum als spezifischen zu situieren sowie Anschlussstellen zur weiteren Arbeit an den bestehenden Konzepten auszuweisen. Zuletzt ist denkbar, Forschungs*gruppen* oder -kollektive auf den gemeinsamen, sich unterscheidenden und sich gegenseitig ergänzenden Bezug auf rhetorische Figuren zu untersuchen, um das Verhältnis der Gedankengänge zueinander, und darüber hinaus zu anderen Forscher*innen oder Forschungsgruppen zu bestimmen.

---

[9] In dieser Richtung könnte auch Thomas Lemkes Anschluss an seine Kritik einer negativen biologistischen Verkürzung einer Metapher(nanalyse) des Körpers verstanden werden. Ihm zufolge sei dagegen „zu fragen, ob sich ein positiver Bezug auf die Organismusmetaphorik denken lässt, der sich von der Vorstellung einer vorab bestehenden ursprünglichen Ganzheit und Identität zu befreien vermag" (Lemke. Gesellschaftskörper und Organismuskonzepte, S. 211). Körper und Organismen nicht biologistisch zu denken, kann so auf einen anderen Sinngehalt verweisen als bisher mit ihm verbunden war.

Wir wollen es für rezeptionsgeschichtliche Analysen vorerst bei dieser groben Übersicht bewenden lassen[10] und einen Faden aufnehmen, den wir bisher nur angedeutet haben, nämlich die Frage nach einem möglichen Beitrag Blumenbergs zu Alfred Schütz' Konzeption der (Geschlossenheit der) Sinnprovinzen. Da Schütz zum einen *Webers Verständnis* des *subjektiv gemeinten Sinns sozialen Handelns theoretisch fundiert* und erweitert hat, zum anderen dezidert ebenjenen *lebensweltlichen Bezug* in seine Untersuchungen wiederaufgenommen hat, den Blumenberg an Webers Wissenschaftslehre als (sich aus seinem Verhältnis zum Neukantianismus erklärende) Leerstelle auswies, und überdies *Husserls Phänomenologie* sowohl für Blumenberg als auch Schütz einen wichtigen Bezugsrahmen bilden, wollen wir im Folgenden Blumenberg und Schütz auf experimentelle Weise in einen gedanklichen Gesprächszusammenhang setzen (Abschn. 5.1). Gleichwohl kann hier nur *eine* Seite des Gesprächs abgebildet werden, insofern dieses Buch von der Idee angeleitet ist, soziologische Potenziale Blumenbergs auszuloten, die im Gespräch mit Schütz *exemplifiziert* werden. Während der Lektüre mit Blumenberg ergeben sich deshalb gewissermaßen ‚einseitige' Irritationen an Schütz' Schriften.

Sein Verständnis der Wirklichkeit gründet unter anderem auf dem Gedanken, dass sie auf mannigfaltige Weisen erfahren werden kann und deshalb unterschiedliche Sinnstrukturen aufweist. Vor diesem Hintergrund wollen wir uns im weiteren Verlauf vor allem auf Schütz' Konzeption der Sinnprovinzen fokussieren und ihre möglichen Verbindungen zueinander betrachten. Uns leitet dabei die Frage nach den Übergangsweisen von einem zum anderen Sinnbereich, da sie Blumenberg auf eigensinnige Weise behandelt und für Schütz ein Problem darstellen. Im Verlauf unseres Gesprächs soll erkennbar werden, inwiefern es sich bei dieser Problematik möglicherweise um ein spezifisches ‚Erbe' Husserls in Schütz' Denkbewegung handelt, obwohl seine kritische Würdigung Husserls viele Aspekte behandelt, die auch Blumenberg beschäftigen.[11] Die strenge *Trennung*, die Husserl zwischen Philosophie und Lebenswelt aufrechterhält – da er, wie Blumenberg kritisiert, die Intention des Bewusstseins *absolut* setzt und darüber den Anteil seiner Philosophie an den Problemen der Lebenswelt nicht erkennt – lässt sich bei Schütz, wenngleich in Form der *Konkurrenz* der Sinnbereiche abgeschwächt, wiederfinden: er versteht

---

[10] Für eine programmatische Zusammenfassung theoretischer, methodologischer und methodischer Dimensionen der metaphorologischen Analyse hinsichtlich der Soziologie als Wirklichkeitswissenschaft vgl. hier Kap. 6.

[11] Vgl. Schütz, Alfred. 1957/2009. Das Problem der transzendentalen Intersubjektivität bei Husserl. In *Philosophisch-phänomenologische Schriften 1. Zur Kritik der Phänomenologie Edmund Husserls* (ASW III.1), herausgegeben von Gerd Sebald, nach Vorarbeiten von Richard Grathoff, Thomas Michael. Konstanz: UVK, S. 227–266.

diese Sinnprovinzen mit Henri Bergson als verschiedene Spannungsgrade *eines Bewusstseins.* Blumenberg hingegen setzt sich den Begründungslasten nicht aus, die Schütz' Arbeit bewegen, um die Frage und Problematik der Substanz des *Sinns* und *Handelns* bei Weber als „Ontologie der Lebenswelt" theoretisch zu klären.[12] Blumenbergs ‚Sorglosigkeit' hinsichtlich dieser Frage geht seine Abwendung von Ursprungs- und Substanzfragen voraus, insofern ihre rigorose Behandlung Setzungen absoluter Größen erst notwendig macht. Stattdessen schließt er an historische Analysen an und legt sich über die engere Begriffsgeschichte hinaus die Frage nach Funktionswechseln von Begriffsbildungen und Metaphern vor, mittels der er die historischen Sinnstrukturen von Wirklichkeitsbegriffen untersucht. Auf der Ebene der intersubjektiv verfassten *Geschichte(n)* gelingt es ihm, die Frage nach den historisch verwirklichten und möglichen Zusammenhängen zwischen Philosophie und Lebenswelt zu stellen, das heißt: nach dem Anteil der Philosophie und Wissenschaft *an gesellschaftlichen Problemen* und umgekehrt, nach Anteilen gesellschaftlicher Welt- und Selbstverhältnisse *in wissenschaftlichen Vorstellungen.*

Der Konkretisierung der *Problematik* der Übergänge zwischen Sinnprovinzen im Ausgang unseres Gesprächs mit Schütz, lassen wir den Versuch folgen, *Übergangsverfahren* zwischen den gesellschaftlichen Funktionsbereichen der Ökonomie, Kultur, Wissenschaft und Kunst zu konzipieren (Abschn. 5.2). Ihrem Verhältnis zueinander nähern wir uns zunächst über die jeweiligen *Distanzierungspraxen,* wie sie für die einzelnen gesellschaftlichen Bereiche feststellbar sind. Hierfür schließen wir an eine Unterscheidung zwischen *Kultur und Kunst* im Verhältnis zur *Ökonomie und Natur* an, wie sie Peter-Ulrich Merz-Benz und Gerhard Wagner systematisiert haben.[13]

5.1 Blumenberg im Gespräch mit Schütz – Zwischen Sinnprovinzen, Sorge und Genuss, Zeit und Raum

Als überprüfbare Grundlage des folgenden Gesprächs wollen wir zunächst Schütz etwas Raum geben, nachdem bisher ausschließlich Blumenbergs Denkbewegung im Mittelpunkt stand, und sehen, was er unter Wirklichkeit versteht, indem wir

---

[12] Schütz. Das Problem der transzendentalen Intersubjektivität bei Husserl, S. 254.
[13] Merz-Benz, Peter-Ulrich, und Wagner, Gerhard. 2005. Kultur und Kunst. Zur Systematisierung einer Unterscheidung. In *Kultur in Zeiten der Globalisierung. Neue Aspekte einer soziologischen Kategorie,* hrsg. Peter-Ulrich Merz-Benz und Gerhard Wagner. Frankfurt am Main: Humanities Online, S. 231–264.

seiner Bestimmung des Verhältnisses der Welt des Alltags und der Kommunikation zur Wissenschaft und Kunst nachgehen (Abschn. 5.1.1).

Blumenberg wird hiernach hinsichtlich des sich herausstellenden Problems der Kommunikation ins Gespräch gebracht, um einerseits das Motiv der Sorge – Schütz' Grundmotiv sozialen Handelns – auch in sozialwissenschaftliche *Modellierungen* explizit einzubeziehen und es andererseits durch das Motiv des Genusses zu ergänzen (Abschn. 5.1.2). Denn das für Blumenberg grundsätzliche Spannungsverhältnis menschlicher Denk- und Handlungspraxen zwischen Sorge und Genuss kann das Verständnis von *Kommunikation* irritieren, die Schütz konzeptionell an die Alltagswelt bindet. Die anschließende Reflexion dieser Irritation legt zwei Veränderungen des Schütz'schen Kommunikationskonzepts hinsichtlich der *Verortung und der Funktionen von Kommunikation* nahe. Hierüber wird die Vorstellung von der relativen Geschlossenheit der Sinnbereiche, wie sie von Schütz selbst als *Modell* und nicht als Definitivum konzipiert wird, aufgeweicht. Neben Erwägungen zu den Konsequenzen dieser Aufhebung der Konkurrenz der Sinnprovinzen, die die damit erkennbaren Gefahren eines *wissenschaftlichen Alltags* berühren, schlagen wir vor, Schütz' zeitlicher Differenzierung zwischen Handeln und Handlung auch eine räumliche Dimension zur Seite zu stellen, die in der von ihm verwendeten Metaphorik schon angelegt ist (Abschn. 5.1.3). Darüber erfassen wir *exemplarisch* eine strukturelle Verbindung zwischen Alltag und Wissenschaft mit Schütz und Blumenberg. Eingedenk der Möglichkeit *gradueller* statt sprunghafter Übergänge zwischen den jeweiligen Einstellungen, die den verschiedenen Sinnbereichen korrespondieren, kann es gelingen, einen Blick auf wissenschaftliche Praxis zu werfen, der sich ihren lebensweltlichen Bezug im Sinne Blumenbergs vor Augen hält.

5.1.1 Das Verhältnis der Alltagswelt und Kommunikation zur Wissenschaft und Kunst

Hans Blumenberg und Alfred Schütz teilen prinzipiell das Interesse an Menschen und ihren Verhaltensweisen, worunter für beide auch das Denken fällt. So schreibt Schütz vom „‚vergessenen Menschen' der Sozialwissenschaften", zu dem „wir stets […] zurückkehren" können, weil „die soziale Welt", die es gilt zu untersuchen, „unter jedem beliebigen Aspekt stets ein komplizierter Kosmos von menschlichen Tätigkeiten bleibt".[14] Dabei besteht ihm zufolge *das* „Grundmotiv" allen

---

[14] Schütz, Alfred. 1940/1972. Die soziale Welt und die Theorie der sozialen Handlung. In *Gesammelte Aufsätze. Bd. 2. Studien zur soziologischen Theorie.*, herausgegeben von Arvid Brodersen. Den Haag: Nijhoff, S. 3–21, hier S. 7.

5.1 Blumenberg im Gespräch mit Schütz – Zwischen Sinnprovinzen, ...

menschlichen Handelns in der Sorge.[15] Wir wollen in diesem Zusammenhang sehen, wie Schütz konzeptionell sein Verständnis von Wirklichkeit anlegt.

In seiner Arbeit *über die mannigfaltigen Wirklichkeiten* weist er trotz seiner Annahme von der Geschlossenheit sogenannter Sinnbereiche, die sie konstituieren, auf den Umstand hin, diese seien

> „lediglich Titel für verschiedene Spannungen ein- und desselben Bewußtseins, und es ist das selbe Leben, das weltliche Leben in der ungebrochenen Einheit von der Geburt bis zum Tod, dem wir uns in verschiedenen Modifikationen zuwenden".[16]

Drei Aspekte wollen wir dazu vorerst anmerken: zunächst geht hieraus hervor, wie Schütz die verschiedenen, Wirklichkeiten konstituierenden, Sinnbereiche verortet, nämlich als Teile *eines* Menschen. In der Behandlung der unterschiedlichen Bewusstseinsspannungen bezieht sich Schütz auf Bergson, der sie „von der Handlungs- bis zur Traumebene" untersuchte und dabei unterschiedliche „Spannungsgrade" feststellte, wovon der höchste Grad der „Handlungsebene", der niedrigste der Traumebene zukäme.[17] Zum anderen kommt dem „geschlossene[n] Sinnbereich, der die ‚Welt des alltäglichen Lebens' genannt wird", eine besondere Stellung zu, denn er sei die „ausgezeichnete Wirklichkeit", in der sich die Richtung der Aufmerksamkeit auf die sogenannte „Wirkwelt" bezieht, womit „die Welt der physischen Dinge" einschließlich unserer „Körper" gemeint ist.[18] Zur Alltagswelt gehört zudem die *Sozialwelt* insofern, als dass sie durch *Verwandlungen* von „physischen Gegenstände[n] der Natur in sozio-kulturelle Gebilde" konstituiert wird.[19] Der höchste Spannungsgrad des Bewusstseins, damit zugleich die Handlungsebene, wird in der Alltagswelt angesiedelt und als Zustand des „*hell-wach*"-Seins beschrieben, welcher die Aufmerksamkeit darauf richtet, „seine Entwürfe zu verwirklichen, seine Pläne durchzuführen" und dadurch „zu leistendem Wirken" zu kommen.[20]

---

[15] Schütz, Alfred. 1943/1972. Das Problem der Rationalität in der sozialen Welt. In *Gesammelte Aufsätze. Bd. 2. Studien zur soziologischen Theorie*, herausgegeben von Arvid Brodersen. Den Haag: Nijhoff, S. 22–50, hier S. 42.

[16] Schütz. Über die mannigfaltigen Wirklichkeiten, S. 297.

[17] Schütz. Über die mannigfaltigen Wirklichkeiten, S. 243.

[18] Schütz. Über die mannigfaltigen Wirklichkeiten, S. 297, S. 264, S. 267 und S. 260.

[19] Schütz, Alfred. 1955/1971. Symbol, Wirklichkeit und Gesellschaft. In *Gesammelte Aufsätze. Bd. 1. Das Problem der sozialen Wirklichkeit*. Den Haag: Nijhoff, S. 331–411, hier S. 394.

[20] Schütz. Über die mannigfaltigen Wirklichkeiten, S. 244.

Von *Sinn*bereichen spricht Schütz – um den Gedanken der „sub-universa" von William James, zu entpsychologisieren[21] – vor dem Hintergrund der Annahme Husserls, dass „nicht die ontologische Struktur der Gegenstände, sondern der Sinn unserer Erfahrungen die Wirklichkeit konstituiert".[22] Außer dem ausgezeichneten Sinnbereich des Alltags werden von Schütz in Abwandlung von James' Aufzählung folgende geschlossene Sinnbereiche genannt: „die Welt der Träume, der imaginären Vorstellungen und der Phantasie, insbesondere die Welt der *Kunst*, die Welt der religiösen Erfahrung, die Welt der *wissenschaftlichen Kontemplation*, die Spielwelt des Kindes und die Welt des Wahnsinns".[23] Alle weisen einen je eigenen, „besonderen Erkenntnisstil" auf, was bedeutet, dass „alle Erfahrungen", die in ihnen gemacht werden, jeweils „in sich stimmig und miteinander verträglich sind", jedoch „nicht mit dem Sinn im alltäglichen Leben vereinbar sind".[24] Die Geschlossenheit der Sinnbereiche ergebe sich demnach aus den je „spezifischen Wirklichkeitsakzent[en]": der Sinn eines „Wirklichkeitsbereichs", der die Wirklichkeit konstituiert, unterscheidet sich von denjenigen der anderen Bereiche.[25] Daraus folgt, dass „was innerhalb des Sinnbereichs P verträglich ist" nicht mit dem „innerhalb des Sinnbereichs Q verträglich" ist, sondern „von P aus gesehen, falls P als wirklich gilt, würden [...] alle zu Q gehörigen Erfahrungen als lediglich *fiktiv*, ungereimt und unverträglich erscheinen".[26]

Zusätzlich zu der so konzipierten Geschlossenheit der Sinnbereiche setzt Schütz einen Mangel „an Transformationsregeln" voraus, die „die verschiedenen Sinnbereiche in wechselseitigen Bezug setzen könnte[n]".[27] Die Konsequenz aus diesen zwei Setzungen ist für unsere Erwägungen bedeutsam: „Der Übergang von einem zum anderen [Sinnbereich] kann nur durch einen ‚*Sprung*', wie Kierkegaard es nennt, geleistet werden. Dieser offenbart sich in der subjektiven Erfahrung als ein *Schock*".[28] Sprung und Schock seien zu verstehen „als eine radikale Veränderung unserer Bewußtseinsspannung, die in einer anderen *attention à la vie* gründet",[29]

---

[21] Schütz. Über die mannigfaltigen Wirklichkeiten, S. 237–238.
[22] Schütz. Über die mannigfaltigen Wirklichkeiten, S. 264.
[23] Schütz. Über die mannigfaltigen Wirklichkeiten, S. 266 und vgl. S. 237; Hervorhebungen von mir/CG.
[24] Schütz. Über die mannigfaltigen Wirklichkeiten, S. 266.
[25] Schütz. Über die mannigfaltigen Wirklichkeiten, S. 267.
[26] Schütz. Über die mannigfaltigen Wirklichkeiten, S. 267; Hervorhebung von mir/CG. Vgl. Blumenberg. *Theorie der Unbegrifflichkeit*, S. 27–29.
[27] Schütz. Über die mannigfaltigen Wirklichkeiten, S. 267.
[28] Schütz. Über die mannigfaltigen Wirklichkeiten, S. 267; Hervorhebungen und Einschub stammen von mir/CG.
[29] Schütz. Über die mannigfaltigen Wirklichkeiten, S. 267.

5.1 Blumenberg im Gespräch mit Schütz – Zwischen Sinnprovinzen, ... 167

welche nach Schütz in Rückgriff auf Bergson „unsere Ausrichtung und Aufmerksamkeit auf das Leben" darstellt und wichtig für Schütz' *Relevanzsysteme* ist.[30] Eine andere Ausrichtung der Aufmerksamkeit führt so gesehen auch zu einer anderen Ordnung des Relevanzsystems, was zugleich „keine statische Implikation" beinhalten soll, wie Schütz anmerkt, sodass die Geschlossenheit der Wirklichkeitsbereiche durchaus „keine voneinander getrennte[n] Weisen des Bewußtseinslebens" bezeichnet.[31] Dagegen können wir an einem Tag, wie er sagt, „die verschiedensten attentionalen Einstellungen dem Leben gegenüber" einnehmen, etwa eine alltägliche, ästhetische und wissenschaftliche usw.[32] Dies betont er auch zehn Jahre später in seiner Studie *Symbol, Wirklichkeit und Gesellschaft*.[33]

Es ergeben sich daraus einige Fragen, so etwa nach der *Begründung der notwendigen Unverträglichkeit der Sinnbereiche* und besonders nach dem *Mangel an Transformationsregeln*. Das Beispiel des Theaterbesuchs, das Schütz anführt, um den Schock und Sprung von einem ins andere Relevanzsystem zu veranschaulichen, ist vor dem Hintergrund dieser Fragen problematisch. Dazu wollen wir uns zunächst das Beispiel, wie es Schütz darstellt, vor Augen führen: „Für die Dauer des Theaterstücks ist Hamlet für uns wirklich Hamlet und nicht Laurence Olivier, der ‚die Rolle von Hamlet spielt' oder Hamlet ‚darstellt'".[34] Was bedeutet die Aussage, dass Hamlet für uns über die Dauer des Stücks *wirklich* Hamlet ist? Denn weder *ist* Hamlet für uns zu diesem Zeitpunkt ein Zeitgenosse, obwohl wir zur gleichen Zeit seine Geschichte präsentiert bekommen, noch teilen wir einen gemeinsamen Raum (Bühne und Zuschauerränge sind meist getrennt), obwohl wir ihn sehen können. Wir können außerdem nicht den Verlauf des Stücks beeinflussen: es wird im Rahmen dessen aufgeführt werden, wie es von anderen (also meist nicht von Zuschauer*innen) im Großen und Ganzen geplant wurde. Auf all das verweist auch Schütz in seiner Studie zu Cervantes' *Don Quijote* und dem Realitätsproblem.[35] Wir wissen jedoch auch während der Theatersituation, dass der Alltag *nicht fiktiv* ist, obwohl er für uns während der Dauer dieser außeralltäglichen Beschäftigung nicht im Vordergrund steht. Hamlet ist während des Theaterstücks nur

---

[30] Schütz. Über die mannigfaltigen Wirklichkeiten, S. 243; zur Wichtigkeit dieser Ausrichtung der Aufmerksamkeit für seine Relevanzsysteme vgl. S. 244–245.
[31] Schütz. Über die mannigfaltigen Wirklichkeiten, S. 267, Anm. 1, und S. 297.
[32] Schütz. Über die mannigfaltigen Wirklichkeiten, S. 267, Anm. 1.
[33] Schütz. Symbol, Wirklichkeit und Gesellschaft, S. 397.
[34] Schütz. Symbol, Wirklichkeit und Gesellschaft, S. 393.
[35] Vgl. Schütz, Alfred. 1953/2003. Don Quijote und das Problem der Realität. In *Theorie der Lebenswelt 1. Die pragmatische Schichtung der Lebenswelt* (ASW V.1), herausgegeben von Martin Endreß und Ilja Srubar. Konstanz: UVK, S. 289–323, hier insbesondere S. 304–306.

insofern *wirklich* für uns, als wir uns auf die *Geschichte* einlassen; uns wird es durch die Aufführung ermöglicht, seine Geschichte *nach*-zu-erleben. Wir nehmen Anteil an der Geschichte Hamlets *für uns*. Gewöhnlicherweise haben wir uns freiwillig dazu entschieden, uns dieser Geschichte ‚auszusetzen'. Es ist eine entspannte, sorglose Situation, wenn wir ins Theater gehen *können*, und diese selbst schockiert uns nicht – mit Blumenberg formuliert ist ein Theaterbesuch Teil der Wirklichkeit unter Aspekten ihrer Genussfähigkeit.

Das Relevanzsystem zu wechseln, muss demnach nicht bedeuten, den Sinnhorizont des anderen Relevanzsystems zeitweise vollständig zu vergessen oder aufzugeben. Auch darauf verweist Schütz selbst.[36] Alle Relevanzsysteme behalten sozusagen im Hinterkopf das alltägliche, von dem unser (Über-)Leben abhängt. So gesehen sind alle Relevanzsysteme außerhalb des Alltags nicht außerhalb von ihm, sondern, so könnten wir sie vielleicht benennen, seine Erweiterungen.

Demnach können jedoch auch Transformationsregeln zur wechselseitigen Bezugnahme der Sinnprovinzen nicht grundsätzlich ausgeschlossen werden. Hinsichtlich dieses Problems verweist Schütz auf die Möglichkeit sogenannter „Enklaven" als „d[ie]jenigen Regionen, die zu einem Sinnbereich gehören, der in einem anderen eingeschlossen ist".[37] Beispielsweise stelle eine solche Enklave das „Entwerfen innerhalb der Welt des Wirkens" dar, für das „theoretische[] Kontemplation" notwendig ist, allerdings ohne „eine wissenschaftliche Einstellung" zu beinhalten.[38] Eine wissenschaftliche, theoretische Einstellung sei hierfür nicht nötig, da innerhalb der Wirkwelt, auf die sich die Kontemplation in diesem Fall bezieht, ein praktisches Interesse vorherrscht.[39] Das theoretische Entwerfen ist insofern *Enklave* in der „Welt des Wirkens und nicht etwa ein[] geschlossene[r] Sinnbereich".[40]

Um einen geschlossenen Sinnbereich zu konstituieren, müsste die theoretische Kontemplation, frei von „praktischen Zweck[en]", ein eigenes Erkenntnisinteresse mit eigenem -stil verfolgen, nämlich die Beobachtung und das Verstehen der Welt oder eines ihrer Ausschnitte durch methodisch angeleitete Theoriebildung.[41] Schütz unterscheidet hier streng zwischen wissenschaftlicher „Tätigkeit" und wissenschaftlicher „Einstellung".[42] Die erste umfasst wesentlich mehr als die zweite, da-

---

[36] Vgl. Schütz. Über die mannigfaltigen Wirklichkeiten, S. 297.
[37] Schütz. Über die mannigfaltigen Wirklichkeiten, S. 267, Anm. 1.
[38] Schütz. Über die mannigfaltigen Wirklichkeiten, S. 267–268, Anm. 1, hier S. 268.
[39] Vgl. Schütz. Über die mannigfaltigen Wirklichkeiten, S. 282.
[40] Schütz. Über die mannigfaltigen Wirklichkeiten, S. 282.
[41] Schütz. Über die mannigfaltigen Wirklichkeiten, S. 282.
[42] Schütz. Das Problem der Rationalität in der sozialen Welt, S. 28.

5.1 Blumenberg im Gespräch mit Schütz – Zwischen Sinnprovinzen, ...

runter fällt nämlich auch Kommunikationsakte über wissenschaftliche Forschung wie Vorträge, Gespräche usw.[43] Der „Beobachter" in wissenschaftlicher Einstellung ist dagegen

> „[a]ls Wissenschaftler (und nicht als Mensch, der mit Wissenschaft zu tun hat) wesentlich einsam. Er hat keinen Gefährten, und wir können sagen, daß er sich außerhalb der sozialen Welt mit ihren mannigfaltigen Beziehungen und Interessensystemen gestellt hat".[44]

Dass Schütz wissenschaftliche Tätigkeit und wissenschaftliche Einstellung auseinanderhalten muss, rührt auch daher, dass Kommunikation zur Herstellung einer „Wir"-Beziehung, die durch „das ‚wechselseitige Sich-aufeinander-einstimmen'" entsteht,[45] eine Tätigkeit ist, die für ihn ausschließlich zum Sinnbereich des Alltags gehört,[46] wobei die Wir-Beziehung selbst wiederum schon die Alltagswelt transzendiert.[47] Denn durchaus sei „intersubjektive Beteiligung und sogar wechselseitiges Handeln" in den *nicht alltäglichen* Sinnbereichen möglich, jedoch können sie sich immer nur „an Hand von Gegenständen, Gegebenheiten oder Geschehnissen" entspinnen, welche der „ausgezeichneten Wirklichkeit unserer Sinne und der Außenwelt" zuzuordnen seien.[48] Die Frage drängt sich auf, inwiefern intersubjektive Beteiligung und wechselseitiges Handeln sich von Kommunikation unterscheiden. Da aber alles dies grundsätzlich an die Alltagswelt gebunden bleibt und Kommunikation sich auf Wirkhandlungen gründet,[49] können wir wenigstens vorläufig von ähnlichen Strukturen der intersubjektiven Beteiligung, des wechselseitigen Handelns und der Kommunikation ausgehen. So müsste, folgen wir Schütz' Auffassung von der *theoretischen Kontemplation* (ohne wissenschaftliche Einstellung) als Enklave innerhalb der Alltagswelt, umgekehrt auch von der *alltäglichen Kommunikation* (ohne alltagsweltliche Einstellung) als Enklave innerhalb

---

[43] Vgl. Schütz. Das Problem der Rationalität in der sozialen Welt, S. 28; Schütz. Über die mannigfaltigen Wirklichkeiten, S. 294–295.
[44] Schütz. Das Problem der Rationalität in der sozialen Welt, S. 41.
[45] Schütz, Alfred. 1951/1972. Gemeinsam Musizieren. In *Gesammelte Aufsätze. Bd. 2. Studien zur soziologischen Theorie*, herausgegeben von Arvid Brodersen. Den Haag: Nijhoff, S. 129–150, hier S. 132.
[46] Vgl. Schütz. Über die mannigfaltigen Wirklichkeiten, S. 295; Schütz. Symbol, Wirklichkeit und Gesellschaft, S. 392 und S. 395.
[47] Vgl. Schütz. Symbol, Wirklichkeit und Gesellschaft, S. 367.
[48] Schütz. Symbol, Wirklichkeit und Gesellschaft, S. 395 und S. 396.
[49] Vgl. Schütz. Über die mannigfaltigen Wirklichkeiten, S. 250.

eines wissenschaftlichen, ästhetischen, religiösen oder anderen außeralltäglichen Sinnbereichs gesprochen werden können.[50]

Das Problem, welches sich aus den sich gegenseitig ausschließenden *Einstellungen* ergibt, liegt in dem angelegten *Konkurrenzverhältnis* zwischen den Sinnbereichen: „Es bestehen also gleichzeitig mehrere miteinander konkurrierende Wirklichkeitsbereiche – der Wirklichkeitsbereich unseres Alltags, derjenige unserer Phantasiewelt, der der Kunst, der Wissenschaft usw.".[51] Aber inwiefern können diese Annahmen von der Geschlossenheit der Sinnbereiche ebenso wie von Kommunikation als ausschließlich alltäglicher Praxis, *in der Konsequenz des gegenseitigen Ausschlusses*, welcher dann aber doch zeitweise wieder in Enklaven aufgehoben werden muss, zutreffen? Diese Fragen stellen sich, auch wenn Schütz davon einschränkend als *Modell in theoretischer Absicht* (und nicht als reale Größe) spricht. Die *eingeschränkte Geltung* des Modells hängt für Schütz inhärent mit seiner Annahme vom gegenseitigen Ausschluss von Alltag und Wissenschaft zusammen.[52] Trotzdem Schütz betont, dass die Geschlossenheit nicht mit „voneinander getrennte[n] Weisen des Bewußtseinslebens" zusammenfällt und damit keine „völlige Auslöschung der Erinnerung" im Sprung vom einen in den

---

[50] Vgl. auch die Rede vom *gemeinsamen* Sprung in einen anderen Sinnbereich bei Schütz. Über die mannigfaltigen Wirklichkeiten, S. 297; Schütz. Symbol, Wirklichkeit und Gesellschaft, S. 395.

[51] Schütz. Symbol, Wirklichkeit und Gesellschaft, S. 392.

[52] Vgl. Schütz. Das Problem der Rationalität in der sozialen Welt, S. 49–50. „Es ist ein Mißverständnis des wesentlichen Charakters der Wissenschaft zu denken, daß sie mit der Realität zu tun hat, wenn wir die Alltagswelt als das Muster der Realität betrachten" (S. 49). Die Welt der Wissenschaft oder „die Gedankenwelt im allgemeinen […] ist nicht die Welt, in der wir handeln, in der wir geboren wurden und in der wir sterben. Aber sie ist die wirkliche Heimat jener wichtigen Begebenheiten und Leistungen, welche die Menschheit zu allen Zeiten Kultur genannt hat" (S. 50). Dies wiederum widerspricht in der Tat jenem Zitat, das wir an den Anfang gestellt haben als wir von der Geschlossenheit der Sinnbereiche sprachen und das aus einer zwei Jahre später erschienenen Arbeit stammt: Die Sinnbereiche sind hier ja „lediglich Titel für verschiedene Spannungen ein- und desselben Bewußtseins, und es ist das selbe Leben, das weltliche Leben in der ungebrochenen Einheit von der Geburt bis zum Tod, dem wir uns in verschiedenen Modifikationen zuwenden" (Schütz. Über die mannigfaltigen Wirklichkeiten, S. 297). Als verschiedene Modi des Denkens gegenüber dem Leben oder der Welt lassen die Sinnbereiche sich nun unter *ein* individuelles Bewusstsein stellen, in dem die Einheit der mannigfaltigen Welten versucht wird wiederherzustellen. Wie sie ineinandergreifen oder voneinander ausgehen, wird indessen nicht behandelt. Darauf, also als in seinem Kontext nicht zu behandelnder Gegenstand, weist er auch ausdrücklich hin. Denkbar ist, dass hier das Motiv der Einsamkeit wieder aufkommt. Schütz geht vom Einzelnen aus, das Ich und das Du können darin einen geteilten Sinnhorizont sozusagen vermuten, nicht aber faktisch teilen.

5.1 Blumenberg im Gespräch mit Schütz – Zwischen Sinnprovinzen, … 171

anderen Sinnbereich verbunden ist, fehlt eine Erklärung dafür, was die noch zuhandene Erinnerung für das Verhältnis zweier oder mehrerer Wirklichkeitsbereiche bedeutet und was darunter verstanden werden soll, dass durch den Sprung das, „[w]as vorher wirklich schien […] jetzt mit einem anderen Stab gemessen werden [mag] und sich dabei als unwirklich oder als nur scheinbar wirklich erweisen" kann.[53] Es besteht also die Schwierigkeit, die ausschlussreiche Konzeption der *Sinnbereiche* mit der sie alle vereinenden Instanz, dem individuellen *Bewusstsein* zusammenzudenken, für das die Sinnbereiche wie erinnerlich lediglich unterschiedliche Bewusstseinsspannungen darstellen.

In einem Abschnitt seiner Analyse unter der Überschrift *Die Welt der wissenschaftlichen Theorie*[54] behandelt Schütz diese Schwierigkeit am – im „Verhältnis zwischen Sozialität und theoretischem Denken" aufkommendem – „dialektische[n] Problem", welches aus der Prämisse einer grundlegenden Einsamkeit von Wissenschaftler*innen hervorgeht.[55] Es handelt sich um das für Wissenschaftler*innen sich ergebende Problem der Möglichkeit vom „*Zugang* zur Welt des Wirkens" und um das der *Mitteilbarkeit*, hier „die Sozialität des theoretischen Denkprozesses selbst".[56] Schütz geht davon aus, dass „Theoriebildung erstens nur innerhalb einer Welt wissenschaftlichen Dialogs möglich [ist]" und zweitens diese Welt „als Ergebnis fremder theoretischer Handlungen vorgegeben ist".[57] Was darin zunächst unerwähnt bleibt, ist eine Form gemeinsamer, sozusagen synchroner Theoriebildung, die etwa in einer Forschungsgruppe denkbar wäre. Wissenschaftlicher Dialog als kommunikativer Akt ist für Schütz zunächst eine *nachträgliche* Angelegenheit der Verifikation oder Falsifikation der erarbeiteten Ergebnisse, er folgt auf den ‚eigentlichen' Denkprozess. Deshalb bedarf er der „*reine[n]* theoretische[n] Einstellung" nicht.[58] Wissenschaftliche Kommunikation als kommunikativer *Akt* bedarf nämlich der „natürlichen Einstellung", d. h. einer Rückkehr „in die Alltagswelt", auf die theoretisches Denken keinen „unmittelbaren Zugriff" haben kann.[59] Daraus ergibt sich ferner „das Problem der indirekten Kommunikation":[60] etwas auszudrücken, dem kein direkter Ausdruck eignet. Die Frage, die sich aus Blumenbergs Sicht stellen würde, wäre entsprechend, ob nicht alle Kommunika-

---

[53] Schütz. Über die mannigfaltigen Wirklichkeiten, S. 297 und S. 298.
[54] Schütz. Über die mannigfaltigen Wirklichkeiten, S. 281–289.
[55] Schütz. Über die mannigfaltigen Wirklichkeiten, S. 292.
[56] Schütz. Über die mannigfaltigen Wirklichkeiten, S. 292 und S. 294; Hervorhebung von mir/CG.
[57] Schütz. Über die mannigfaltigen Wirklichkeiten, S. 294.
[58] Schütz. Über die mannigfaltigen Wirklichkeiten, S. 294–295; Hervorhebung von mir/CG.
[59] Schütz. Über die mannigfaltigen Wirklichkeiten, S. 295.
[60] Schütz. Über die mannigfaltigen Wirklichkeiten, S. 295.

tion indirekten Charakter trägt. Denn indem sie durch Benennung, Begriffsbildung usw. Distanz zum Objekt schafft, durch die *in der Form der abwesenden Anwesenheit* (im Modus des ‚als ob') *es erst vermittelbar* (verstehbar) wird, d. h. der Begriff das Objekt gedanklich *vertritt*, kann darüber gesprochen, Handlungen geplant und ein Handeln aufeinander abgestimmt werden. Wir haben hier allerdings vorgegriffen und wollen zunächst Schütz' Kommunikationsbegriff weiter folgen, an dem das Problem der sich ausschließenden Sinnprovinzen in besonderer Weise zutage tritt.

Zeichen und Symbol als Mittel zur Bewältigung von Transzendenzerfahrungen

Kommunikation beruht auf *Zeichen*, so führt Schütz seine Analyse über mannigfaltige Wirklichkeiten in *Symbol, Wirklichkeit und Gesellschaft* weiter.[61] Diese verweisen auf „Gegenstände, Gegebenheiten und Geschehnisse", die „sich unmittelbar oder mittelbar auf das leibliche Dasein eines Anderen beziehen".[62] *Unmittelbare* Beziehung zum Anderen ist möglich, wenn sich zwei Menschen am gleichen Ort zur gleichen Zeit aufhalten. *Mittelbare* Beziehung impliziert entsprechend zwar die Abwesenheit des Anderen in Raum und Zeit, dieser kann aber als anwesend vorgestellt werden, beispielsweise durch Erinnerung an ihn.[63] Kommunikation durch Zeichen bezieht sich Schütz zufolge auf „Geschehnisse[] in der *Außenwelt* […], die vom Mitteilenden erzeugt worden und dem Deutenden zugänglich sind".[64] Dieser Gedanke begründet die Zugehörigkeit von Kommunikation zur alltäglichen Wirklichkeit.

Neben dem Zeichen, das Kommunikation ermöglicht, welche der Welt der alltäglichen Wirklichkeit zugehört, nennt Schütz das *Symbol*, welches den anderen Wirklichkeitswelten, den *außeralltäglichen* Sinnbereichen eigen ist. „[A]nalog zu unserer wahrnehmbaren Welt", der Alltagswelt, wird mittels Symbole versucht, „Erfahrungen, die den geschlossenen Sinnbereich der Alltagswelt transzendieren", zu verstehen.[65] Wir sollten dabei die zuvor angeführte Anmerkung von Schütz mitbedenken, nach der bereits die „Wir-Beziehung" unter zwei Menschen „die Alltagsexistenz beider Partner in dieser Beziehung [transzendiert], obwohl sie der wechselseitigen Einbezogenheit des einen in die biographische Situation des an-

---

[61] Vgl. Schütz. Symbol, Wirklichkeit und Gesellschaft, S. 362.
[62] Schütz. Symbol, Wirklichkeit und Gesellschaft, S. 369.
[63] Vgl. Schütz. Symbol, Wirklichkeit und Gesellschaft, S. 369.
[64] Schütz. Symbol, Wirklichkeit und Gesellschaft, S. 369; Hervorhebung von mir/CG.
[65] Schütz. Symbol, Wirklichkeit und Gesellschaft, S. 380.

5.1 Blumenberg im Gespräch mit Schütz – Zwischen Sinnprovinzen, ... 173

deren entspringt".[66] Diese gemeinsame Beziehung, die mehr als den einzelnen Menschen beinhaltet, von dessen (für andere unzugängliche) Einzigkeit allerdings alle Überlegungen ausgehen, „gehört nicht dem geschlossenen Sinnbereich der Alltagswirklichkeit an und kann nur vermittels symbolischer Prozesse erfaßt werden".[67] Wenn nun aber Kommunikation dem geschlossenen Sinnbereich der Alltagswirklichkeit zugeordnet und diese bereits in der Relation zweier Menschen transzendiert wird, dann wird konsequenterweise Kommunikation als *Akt eines einzelnen Menschen* unter Einbezug der anderen gedacht und nicht als *gemeinsames Handeln*.

Bei Blumenberg dagegen gestaltet sich Begriffsbildung (darunter fallen besonders die Zeichen im Sinne Schütz') von Beginn an als ein gemeinsamer Akt, da begriffliche Objektivierungen „Mittel" darstellen, „um miteinander *handeln* zu können", ja „Mittel, um von der Subjektivität zur Objektivität zu kommen, die in jeder Intersubjektivität, in jeder Vergesellschaftung unvermeidlich wird".[68] Da wo Schütz die notwendige, aber bloße *Annahme des Einzelnen* setzt, dass die Anderen annähernd verstehen werden, was gemeint ist, wenn ein bestimmter Begriff verwendet wird, setzt Blumenberg den Begriff als das Mittel nicht des Einzelnen, sondern der intersubjektiven Verständigung schlechthin – Alltag besteht aus gemeinsamen Handeln. Das bedeutet, für ihn ist Begriffsbildung oder -verwendung weniger relevant als ein Mittel des Einzelnen *in Bezug auf Andere*, vielmehr versteht er sie als Mittel eines Wir, sprich der (in diesem Sinne intersubjektiven) Beziehung selbst, zum Zweck gemeinsamen Handelns.

Schütz und Blumenberg nähern sich, wenn wir so wollen, dem Sinn der Erfahrungen, der Wirklichkeit erst konstituiert (Schütz) oder anders, dem des Wirklichkeitsbegriffs als Verhältnis zur Welt (Blumenberg) von zwei unterschiedlichen Richtungen. Während Blumenberg sich den *geteilten* historisch-sozialen Lagen sowie den *spezifischen*, in Texten vorliegenden Verhältnissen zu ihnen (Wirklichkeitsbegriffen) im Zusammenhang ihrer Alternativen zuwendet (Interpolation) und die Bedingungen und Gründe der *Veränderungen* der Sinnstrukturen (Umbesetzungen) untersucht, analysiert Schütz von der anderen Seite her die Konstitution der Alltagswelt *einer Einzelnen* und ihre Eingebundenheit in eine intersubjektive, *soziale Welt*. Deshalb kommt Blumenberg etwa das Problem der Missverständnisse zwischen zwei einzelnen Subjekten nicht als grundlegendes in den Sinn, während Schütz nicht auf die Verschiebungen historisch-sozialer Sinnstrukturen eingeht. Blumenberg rekonstruiert insbesondere – wie an der Form der

---

[66] Schütz. Symbol, Wirklichkeit und Gesellschaft, S. 367.
[67] Schütz. Symbol, Wirklichkeit und Gesellschaft, S. 367.
[68] Blumenberg. *Theorie der Unbegrifflichkeit*, S. 15 und S. 14.

Rhetorik zur theoretischen Orientierung gesehen – Umgangsformen angesichts der *Bewältigung von – historisch sich ereignenden – Verlegenheiten oder Krisen*, die von vornherein mehr als eine Person betreffen. Bei Schütz sind es dagegen formalere *Transzendenzerfahrungen*, entweder zwischen Du und Ich oder Alltagswelt und Symbolwelten, die durch Zeichen oder Symbole *bewältigt* werden müssen.[69]

Um Schütz' *Symbolverständnis* weiter zu klären, wollen wir es uns deshalb als eben solches *Bewältigungsmittel* von Transzendenzerfahrungen, die in „andere geschlossene Sinnbereiche" fallen oder besser, „auf andere Wirklichkeitsschichten […] verweisen", verständlich machen.[70]

Bisher war die Bezugsgröße aller Transzendenzerfahrungen, insbesondere der beiden, die sich auf die Beziehung zwischen Ich und Du beziehen, der Alltag.[71] Als erste dieser beiden Transzendenzerfahrungen in Bezug auf den Alltag wird die Erfahrung von Gegenständen, Geschehnissen und Gegebenheiten genannt, die *außerhalb* „meiner Reichweite", aber in der Reichweite des anderen liegen, welche durch die „Idealisierung der Austauschbarkeit der Standpunkte" *bis auf Weiteres* gelöst werden kann.[72] Die zweite ist die *Einzigartigkeit* der jeweiligen biografischen Situation, der Teil der Biografie, der niemals mit einer anderen ident sein kann und deren Besonderheit die sich über Unterschiede in den jeweiligen subjektiven Relevanzsystemen niederschlägt. Diese Einzigartigkeit muss allerdings kein allzu großes Problem darstellen, weil das Relevanzsystem eines anderen Menschen „von mir verstanden werden kann".[73] Wie wir gesehen haben, bedeutet schon die „Wir-Beziehung" eine Transzendenz der „Alltagsexistenz beider Partner in dieser Beziehung", welche „nur vermittels symbolischer Prozesse erfaßt werden [kann]".[74] Aber auch die physische Welt als Naturwelt *und* die soziokulturelle Welt, die, wie wir vorher sahen, der Alltagswelt zugehören, werden nun als „die Wirklichkeit meines Alltags transzendierend" aufgefasst.[75] Diese Welten transzendieren meine Alltagswelt in dem Augenblick, da sie *meine Reichweite und mein Relevanzsystem* (inklusive der sozialen Repräsentationen, die ich als Träger übernehme) *überschreiten*.[76] Diese Weltausschnitte der „Natur und die der Gesellschaft" sind dann keine von einem Ich zu gestaltenden „Elemente, sondern Bestimmungen mei-

---

[69] Vgl. Schütz. Symbol, Wirklichkeit und Gesellschaft, S. 379.
[70] Schütz. Symbol, Wirklichkeit und Gesellschaft, S. 380.
[71] Vgl. Schütz. Symbol, Wirklichkeit und Gesellschaft, S. 380.
[72] Schütz. Symbol, Wirklichkeit und Gesellschaft, S. 366.
[73] Schütz. Symbol, Wirklichkeit und Gesellschaft, S. 367.
[74] Schütz. Symbol, Wirklichkeit und Gesellschaft, S. 367.
[75] Schütz. Symbol, Wirklichkeit und Gesellschaft, S. 377 und S. 381.
[76] Vgl. Schütz. Symbol, Wirklichkeit und Gesellschaft, S. 381.

5.1 Blumenberg im Gespräch mit Schütz – Zwischen Sinnprovinzen, ...

ner Situation", die ich „hinnehmen muß" und zugleich „etwas, mit dem ich zurechtkommen soll".[77]

Da Schütz zufolge die Welt der Natur und Gesellschaft vorgegeben ist und ihre „Ordnung" sich uns im Alltag „entzieht", „offenbart" sie sich nur „in Bildern", hier in Symbolen.[78] Diese Bilder werden allerdings sofort nach ihrer Entstehung „als selbstverständlich hingenommen, gerade so wie die Transzendenzen, auf die sie verweisen", weil sie über diese „beunruhigenden Erscheinungen" *beruhigen*.[79] Die Beruhigung kann sich, so wollen wir hier anmerken, wohl nur für den Fall so komplikationslos einstellen, in dem die neuen Bilder *nicht als Widerspruch* zu den bisher bestehenden wahrgenommen werden, sondern sie gewissermaßen fortführen. Andernfalls müsste zunächst einmal das Verhältnis von altem und neuem Bild geklärt werden, damit das neue selbstverständlich werden kann. Auch Schütz spricht – ähnlich wie Blumenberg bei seiner Behandlung der Unbegrifflichkeit durch Metaphorik, aber anders als er in Anschluss an Karls Jaspers Definition von Symbolen – davon, dass die beunruhigende Erscheinung, die sich dann bildlich versucht wird zu erklären, „auf eine Idee hinweist".[80] Das Bild setzt sich Schütz zufolge aus „ein[em] Gegenstand, eine[r] Gegebenheit oder ein[em] Geschehnis" aus der Alltagswelt zusammen.[81] Symbole kämen aus einem Bereich, der „universal" gültig für alle Menschen scheint, weshalb sie *anthropologisch* untersucht werden können, oder sie seien spezifisch für „verschiedene[] Kulturen zu verschiedenen Zeiten".[82] Interessant ist hierfür ein Satz zum Verhältnis von Zeichen und Symbol, der zwar im Text eingeklammert vorliegt, aber in unserem Zusammenhang von großer Bedeutung ist:

---

[77] Schütz. Symbol, Wirklichkeit und Gesellschaft, S. 381. Vgl. Schütz, Alfred. 1959/1972. Tiresias oder unser Wissen von zukünftigen Ereignissen. In *Gesammelte Aufsätze. Bd. 2. Studien zur soziologischen Theorie*, herausgegeben von Arvid Brodersen. Übertragung aus dem Amerikanischen von Alexander von Baeyer. Den Haag: Nijhoff, S. 259–278.

[78] Schütz. Symbol, Wirklichkeit und Gesellschaft, S. 382.

[79] Schütz. Symbol, Wirklichkeit und Gesellschaft, S. 382.

[80] Schütz. Symbol, Wirklichkeit und Gesellschaft, S. 383.

[81] Schütz. Symbol, Wirklichkeit und Gesellschaft, S. 383.

[82] Schütz. Symbol, Wirklichkeit und Gesellschaft, S. 383–384, hier S. 384. Für Schütz steht fest, dass es eine Besonderheit der „gegenwärtigen abendländischen Kultur" sei, dass ein „Miteinander verschiedener symbolischer Systeme, die in loser oder gar keiner Verbindung miteinander stehen," bestehe, was sich aus dem „Versuch" ergeben hat, „den Kosmos mit den empirischen Methoden der Naturwissenschaften zu deuten" (S. 384). Diese Besonderheit gründe sich außerdem insbesondere auf „Galileis Entdeckungen und Newtons drei Gesetze", die für Schütz mit Whitehead „wissenschaftliche Theorie" überhaupt erst durch „den Grundbegriff des ,*gedanklich isolierten Systems*'" ermöglicht hätten (S. 384).

„Während Zeichen sich definitionsgemäß auf intersubjektive Situationen beziehen, hängen Symbole nicht notwendig von Kommunikation ab und treten in der Tat auch häufig außerhalb kommunikativer Vorgänge auf".[83]

Das passt insofern zu Schütz' Ausschluss der Kommunikation von der Symbolwelt durch ihre Zuordnung zur Alltagswelt, allerdings stellt sich damit die Frage, inwiefern Symbole nicht von Kommunikation abhängig gedacht werden können oder wo sie außerhalb von kommunikativen Vorgängen auftauchen (und für was)? Bedeutet dies, dass jedes einzelne Subjekt für sich selbst Symbole für eigene Erfahrungen von beunruhigenden Erscheinungen bildet? Inwiefern ist die Erzeugung von Symbolen als nicht-kommunikativer Akt denkbar? Wie strukturiert sich ein geschlossener Sinnbereich, wenn nicht durch kommunikative Akte? Darauf können wir an dieser Stelle noch keine Antworten formulieren, weshalb wir für den Moment den weiteren Erwägungen zum Symbol- und Kommunikationsbegriff folgen.

Schütz stellt zwar die *unterschiedliche* Gestaltung der *Beziehung zwischen Bild und Idee* „je nach dem Erkenntnisstil" eines Sinnbereichs fest.[84] Jedoch gebe es für Symbolverwendungen in *allen* Symbolwelten *Allgemeingültiges* zu verzeichnen, wozu unter anderem eine wesentliche „Vieldeutigkeit" von Symbolen zähle,[85] die sich aus der Veränderungsfähigkeit ihrer Bedeutungen ergibt.[86] *Verschiedene Alltagsgegenstände* können der Veranschaulichung *einer Idee* dienen und es folgt daraus zudem die umgekehrte Möglichkeit der sogenannten „figurativen Übertragung", durch die *ein alltäglicher Gegenstand* auf *unterschiedliche Ideen* übertragen wird.[87] In beiden Fällen – bei der Verwendung sowohl unterschiedlicher Bilder für eine Idee als auch eines Bilds für verschiedene Ideen – verändern sich die Bedeutungen des Symbols mit. Die „Schwierigkeit" bleibt bestehen, die sich beim Versuch der Übersetzung einer transzendenten Erfahrung „in mehr oder minder genaue Begriffe des urteilenden Denkens" zeigt, und zwar aufgrund der wesentlichen Vieldeutigkeit des Symbols und der „Unschärfe" der Transzendenzerfahrung, hier der Idee, auf die es sich bezieht.[88] Wir können an dieser Stelle die strukturelle Ähnlichkeit der Beschreibung des Symbols von Schütz und der Bestimmung der Metapher von Blumenberg erkennen. Es geht beiden um das Problem, die Ideen, auf die

---

[83] Schütz. Symbol, Wirklichkeit und Gesellschaft, S. 389.
[84] Schütz. Symbol, Wirklichkeit und Gesellschaft, S. 389.
[85] Schütz. Symbol, Wirklichkeit und Gesellschaft, S. 390.
[86] Schütz. Symbol, Wirklichkeit und Gesellschaft, S. 351.
[87] Schütz. Symbol, Wirklichkeit und Gesellschaft, S. 352 und S. 390.
[88] Schütz. Symbol, Wirklichkeit und Gesellschaft, S. 390.

Symbole oder Metaphern verweisen, begrifflich nicht *genau und präzise* bestimmen zu können, für Blumenberg aber: um das *Phänomen der unbegrifflichen Sphäre* selbst.

Mittels der Kontrastierung von Zeichen und Symbol zeigt Schütz später, warum Symbole den außeralltäglichen Sinnbereichen angehören, dagegen die Zeichen der Kommunikation und damit der Alltagswelt zugeordnet sind. Demzufolge unterscheiden sie sich an den Bereichen, *in die sie verweisen*: Zeichen und Bezeichnetes kommen aus ein und der „gleichen Wirklichkeitsebene" und gehören immer „zur ausgezeichneten Wirklichkeit des Alltags".[89] Symbole, wie wir wissen, *verweisen* einerseits *auf Ideen*, die eben nicht zur Alltagswelt gehören. Anderseits *speisen sich Symbole aus der Alltagswelt* und darunter insbesondere aus der Naturwelt (denn wie erinnerlich kann selbst die soziokulturelle Welt in ihren Bezeichnungen nur durch den Rückgriff auf die Naturwelt konstituiert werden). Während also der *Sinn*, der ausgedrückt werden soll, *außeralltäglich* ist, d. h. einem „anderen geschlossenen Sinnbereich [...] gehört", sind die *Ausdrucksmittel alltäglich*.[90]

In Anschluss an diese Konzeption der geschlossenen Sinnbereiche sowie an die Unterscheidung zwischen Zeichen und Symbolen als „Mittel zur Bewältigung von Transzendenzerfahrungen", merkt Schütz an, dass der einzige Grund, warum wir einen anderen als den „Alltagsverstand" zur Bewältigung unserer Erfahrungen benützen würden, ein „Schockerlebnis" wäre, durch den wir „dazu *gezwungen*" seien, „die Grenzen dieses ‚geschlossenen' Sinnbereichs zu durchbrechen und den Wirklichkeitsakzent auf einen anderen Bereich zu übertragen".[91] Wir seien den Transzendenzerfahrungen „mitten im Alltag *ausgeliefert*" – wie „im Übergang zur Welt des Theaters" oder wenn wir beim Anblick eines „Gemälde[s]" „in die Welt des Bildes eintreten" oder beim „Sprung in die Traumwelt" im Moment des „Einschlafen[s]" sowie beim „*Beschluß* des Wissenschaftlers, nicht mehr mit Leib und Seele am Geschehen ‚dieser Welt' teilzunehmen, sondern es leidenschaftslos zu betrachten".[92] Hierzu wollen wir uns einen Einwand erlauben. In allen Beispielen, ausgenommen das des Einschlafens als Übergang in die Traumwelt, sind wir in der Regel weder zu diesen Schockerlebnissen gezwungen worden, noch sind wir ihnen ausgeliefert. Wie Schütz selbst für den Übergang zur Wissenschaftswelt schreibt, handelt es sich um Beschlüsse und noch dazu freie, da diese Erfahrungen allesamt in Bereichen gemacht werden, die vom Standpunkt des Alltags (dem Bereich der

---

[89] Schütz. Symbol, Wirklichkeit und Gesellschaft, S. 396.
[90] Schütz. Symbol, Wirklichkeit und Gesellschaft, S. 396.
[91] Schütz. Symbol, Wirklichkeit und Gesellschaft, S. 379 und S. 397; Hervorhebung von mir/CG.
[92] Schütz. Symbol, Wirklichkeit und Gesellschaft, S. 397; Hervorhebung von mir/CG.

Selbsterhaltungspraxen) aus, wenn wir es zuspitzen wollten, müßige Bereiche sind, insofern sie einer unmittelbaren, in Bezug auf die Selbsterhaltung existenziellen Notwendigkeit entbehren.

Das für Schütz in diesem Kontext auftretende „Bergsonsche[] Problem der Koexistenz verschiedener Ordnungen" als Konkurrenz mehrerer geschlossener Sinnbereiche erläutert er „am ‚fiktiven Charakter' der Alltagswelt [], der ihr verliehen wird, wenn sie vom Standpunkt der Symbolsysteme anderer […] Sinnbereiche betrachtet wird".[93] Dazu bezieht Schütz sich auf die *Wissenschaftswelt* in Form „der theoretischen Physik" sowie die Welt der *Kunst* in Form der „Dichtkunst als Bezugsschema".[94] Bereits „in der Alltagserfahrung" seien die „Naturphänomene", mit denen sich die *Physik* wissenschaftlich auseinandersetzt, „durch Abstraktions-, Verallgemeinerungs- und Idealisierungsvorgänge völlig in ein [gedanklich isoliertes] System umgewandelt worden".[95] Alltägliche Umgangsformen, insbesondere ihre Typisierungen bezüglich der für uns relevant erscheinenden Ausschnitte aus der Naturwelt, gründen auf Abstrahierungsverfahren, die ein Zeichensystem oder einen Begriffsapparat zur Verfügung stellen.[96] Physik nun – und das trennt sie vom Alltagsverständnis – würde dieses alltägliche Zeichensystem in ein Symbolsystem wandeln.[97] Das heißt, weil Physik aus Gleichungen besteht und diese nach bestimmten Regeln gebildet werden, „verfährt sie mit den Symbolen nach dem Prinzip, daß deren Gültigkeit und Brauchbarkeit völlig unabhängig ist davon, ob sie mit dem Alltagsverstand und *seiner* Wirklichkeit in irgend einem Zusammenhang stehen".[98]

Für die *Dichtung* verdeutlicht Schütz seine Feststellung dieser Unabhängigkeit der Symbolsysteme der Wissenschaft und Kunst vom Alltag (und damit von Kommunikation) noch einmal eindrücklicher an Zitaten von T. S. Eliot und Goethe. Mit ihnen kommt er zur Schlussfolgerung, „daß innerhalb eines geschlossenen Sinnbereichs des Kunstwerks die *wechselseitige Beziehung der Symbole als solche* das Wesen der Dichtung bildet", die mit der alltäglichen Bedeutung eines Gegenstands nichts zu tun haben müssen.[99] Einsichtig ist dies vor dem Hintergrund, dass sich die Symbole nicht auf etwas Alltägliches beziehen, trotzdem sie sich daraus speisen,

---

[93] Schütz. Symbol, Wirklichkeit und Gesellschaft, S. 398.
[94] Schütz. Symbol, Wirklichkeit und Gesellschaft, S. 398.
[95] Schütz. Symbol, Wirklichkeit und Gesellschaft, S. 398; der Einschub stammt von mir/CG.
[96] Vgl. Schütz. Wissenschaftliche Interpretation und Alltagsverständnis menschlichen Handelns, S. 8–11.
[97] Vgl. Schütz. Symbol, Wirklichkeit und Gesellschaft, S. 398.
[98] Schütz. Symbol, Wirklichkeit und Gesellschaft, S. 398–399, hier S. 399.
[99] Schütz. Symbol, Wirklichkeit und Gesellschaft, S. 400; Hervorhebung von mir/CG.

5.1 Blumenberg im Gespräch mit Schütz – Zwischen Sinnprovinzen, ...

sondern auf Ideen. Die „Verbindung zu diesen [Alltags-]Gegenständen ist abgebrochen worden", sie würden „nur als Verständigungsmittel gebraucht": „Obwohl sich Dichtung in der Umgangssprache mitteilt, sind die Ideen, die durch diese Sprache symbolisiert werden, Elemente einer Wirklichkeit im geschlossenen Sinnbereich".[100] Es stellt sich an dieser Stelle die Frage, inwiefern dies dann keine Kommunikation darstellen kann, also warum nicht auch Dichtung kommuniziert, nur eben andere Sinngehalte als alltägliche. Mit anderen Worten ist daran die Unterscheidung zwischen Schütz' Größen der Kommunikation und Verständigung unklar. Dazu schreibt er, erneut mit Bezug auf Karl Jaspers, dass Symbole nur „für jene verständlich sind, die den existenziellen Schlüssel dazu besitzen" und in diesem Fall „[...] Gemeinschaft ohne Kommunikation" entstehen könne.[101] Es wird nicht weiter ausgeführt, was es mit diesem existenziellen Schlüssel auf sich hat, wer die Träger*innen dieses Schlüssels sein sollen und wodurch sich diese Trägerschaft genauer auszeichnen müsste. Denn was zuvor schon ausgedrückt wurde und durchaus im Widerspruch zu dieser geheimnisvollen und exklusiven Gemeinschaft steht, ist Schütz' Erkenntnis, dass die Symbole und ihre Beziehungen untereinander „von verschiedenen Schriftstellern ganz widersprüchlich interpretiert" werden können.[102]

Damit betont er noch einmal die wesentliche Vieldeutigkeit von Symbolen und die Schwierigkeiten, die sich aus ihr ergeben. Jedoch muss die Vieldeutigkeit der symbolischen Bedeutungen niemanden *per se* ausschließen. Für die Unterscheidung zwischen Physik und Dichtung deutet dies darauf hin, dass Dichtung wesentlich offenere und variationsreichere Sinngehalte beinhaltet, während mit physikalischen Gleichungen in ihren Prinzipien und durch ihre Regeln darauf abgezielt wird, so präzise wie möglich Definitionen zu erarbeiten. Physik und Dichtung unterscheiden sich demnach jedoch an ihren Zielen, nicht durch ihre jeweilige formale Geschlossenheit. Um ihre Ziele zu erreichen, haben sie unterschiedliche Verfahrensweisen eingeschlagen, die diesen angemessen gedacht werden. In allen Fällen, sowohl für die Wissenschaft als auch für die Kunst wie für den Alltag bleibt im Zentrum ihre Sinnhaftigkeit nicht an den jeweiligen Bereich gekoppelt, der so oder so bezeichnet sein mag, sondern was daraus für Menschen, ihre Stellung in der Welt und ihr Miteinander (das gemeinsame Leben) folgt. Insofern ist das Wesen der Dichtung nicht die wechselseitige Beziehung der Symbole *als solche*, die unabhängig von Kommunikation gedacht werden kann, sondern was die Beziehung der Symbole für das Verständnis der menschlichen Lage entweder im Allgemeinen

---

[100] Schütz. Symbol, Wirklichkeit und Gesellschaft, S. 400.
[101] Schütz. Symbol, Wirklichkeit und Gesellschaft, S. 400.
[102] Schütz. Symbol, Wirklichkeit und Gesellschaft, S. 400.

oder im spezifischen Fall bedeuten mag, d. h. um es mit Schütz' eigenen Worten zu sagen: die Symbole, ebenso wie die Zeichen müssen sinnvoll sein, um die eigene „Situation in der Wirklichkeit des Alltags" zu „definieren".[103] Damit kann sowohl die Situation des einzelnen Subjekts als auch einer Gruppe, einer Gesellschaft oder der Menschen als Spezies unter anderen gemeint sein. Genauso wenig wie der Alltag kann Kunst noch Wissenschaft von Kommunikation unabhängig gedacht werden. Es konnte auch jetzt noch nicht geklärt werden, inwiefern Verständigung und Kommunikation etwas grundlegend Unterschiedliches bezeichnen. Wir wollen deshalb für das weitere Verständnis der Sinnbereiche und ihrer Beziehungen zu Zeichen und Symbolen, so wie Schütz es anlegt, den Versuch wagen, uns über die *unterschiedlichen Sinngehalte* anzunähern, die die Wirklichkeitsbereiche signieren, bevor wir Schütz und Blumenberg in einen expliziteren ‚Dialog' miteinander setzen.

Erfahrbarkeit von Intersubjektivität durch Zeichen und Symbole
Schütz geht darauf ein, dass es *einerseits* „sozial gebilligtes Wissens" gibt, für das das „Lernen der Muttersprache eine besonders wichtige Funktion" einnimmt und deutlich werden kann, was jeweils als „gebilligte relativ-natürliche Weltanschauung" in einer Sprache im Unterschied zu einer anderen gilt.[104] Diese naturalisierte Weltanschauung bezeichnet Schütz als „fraglos hingenommene[] Welt", die sich in einer Alltagssprache ausdrückt. Diese kann sich ihm zufolge ebenso in wissenschaftlichen Fachsprachen ausdrücken;[105] etwa in etablierten Begriffen oder traditionellen Methoden, die ohne erneute grundsätzliche Prüfung weiterverwendet werden.

„*Andererseits*", schreibt er, „hängt die Bestimmung dessen, was mitteilungswert und mitteilungsbedürftig ist, von den typischen, praktischen und theoretischen Problemen ab, die gelöst werden müssen" und die sich je nach sozialer Rolle und damit auch *nach Verteilung des Wissens unterscheiden* können.[106] Zu einer sol-

---

[103] Schütz. Symbol, Wirklichkeit und Gesellschaft, S. 402.

[104] Schütz. Symbol, Wirklichkeit und Gesellschaft, S. 402 und S. 403.

[105] Schütz. Symbol, Wirklichkeit und Gesellschaft, S. 402. Darauf verweist Blumenberg, wenn wir uns erinnern, als er die Folgen der Methodisierung behandelt im Nachgang der neuzeitlichen Trennung von Philosophie und Wissenschaften. Besonders deutlich wird dieser Aspekt an seiner Kritik an Husserl, der zufolge er zwar eine phänomenologische Methode eingeführt, jedoch zugleich mit seiner theoretischen Setzung der Bewusstseinsintention als absolute Größe die neuzeitliche Weltanschauung ins Extrem gesteigert hat.

[106] Schütz. Symbol, Wirklichkeit und Gesellschaft, S. 403; Hervorhebung von mir/CG.

5.1 Blumenberg im Gespräch mit Schütz – Zwischen Sinnprovinzen, ...

chen Mitteilung notwendige sprachliche Begriffe sind davon geprägt, dass sie einen „von offenen Rändern umgebenen Kern" beinhalten.[107] Dieser Kern enthält Typisches, dessen Offenheit für andere Bedeutungen sich aus den darin vorgenommenen Abstraktionen und Verallgemeinerungen erklärt. Das Typische bezeichnet das, was erstens „von der Gruppe als selbstverständlich hingenommen und somit von ihr sozial gebilligt wird" und zweitens „im Sozialisierungsprozeß erlernt" wird.[108] Typik ermöglicht deshalb Erwartbarkeit hinsichtlich der gesellschaftlichen Struktur und Ordnung, in der ich mich durch sie bewegen lerne.[109]

Die Frage, die Schütz im Anschluss daran erwägt, ist, wie wir diesen alltäglichen Begriffen, die „nicht weiter geklärt[]" sind, darüber „Sinn" zuschreiben, *dass* „ihre Bedeutung [] in unserer sozio-kulturellen Umwelt als selbstverständlich hingenommen [wird]".[110] Zu ihrer Klärung geht er davon aus, dass gemeinhin „die Sozialwelt auf zwei Ebenen [...] erlebt wird": zum einen durch „*einzelne* Mitmenschen und ihre Bewußtseinsakte (*cogitationes*) als Wirklichkeiten in der Welt des Alltags", und zwar mittels auf Zeichen gründender Kommunikation, und zum anderen durch „*[s]oziale Kollektive* und institutionalisierte Beziehungen" als „*gedankliche Konstruktionen des Alltagsverstands*, deren Wirklichkeit in einem anderen" Sinnbereich verortet wird.[111] Die *Symbole*, die zur Erfassung von *Kollektiven* und *institutionalisierten* Beziehungen dienen, werden bekanntlich selbst aus der Alltagswirklichkeit gebildet „und motivieren in ihr unser Handeln".[112] Dies erklärt Schütz am Beispiel der „Regierung", denn sie wird im alltäglichen Leben „repräsentiert" durch „Einzelmenschen: Abgeordnete[], Richter[], Steuereintreiber[], [...] Beamte[]" usw., denen wir begegnen und in denen sich uns die soziale Ordnung ausschnittsweise präsentiert.[113] Aus der Alltagswelt stammt zudem „die gemeinsame Situation, wie sie von den Beteiligten definiert wird", jedoch wird sie symbolisiert anhand einer „Idee" von der Qualität der „Wir-Beziehung", für die der „umfassendste Begriff" möglicherweise die „*Partnerschaft*" ist.[114] Damit unterscheidet Schütz zwischen *Wir-Beziehung als Idee* von Partnerschaft, beispielsweise als „Kameraden, Liebende, Mitleidende usw.", und der für sie zur

---

[107] Schütz. Symbol, Wirklichkeit und Gesellschaft, S. 404.
[108] Schütz. Symbol, Wirklichkeit und Gesellschaft, S. 404.
[109] Vgl. Schütz. Symbol, Wirklichkeit und Gesellschaft, S. 405.
[110] Schütz. Symbol, Wirklichkeit und Gesellschaft, S. 407.
[111] Schütz. Symbol, Wirklichkeit und Gesellschaft, S. 407; Hervorhebungen von mir/CG.
[112] Schütz. Symbol, Wirklichkeit und Gesellschaft, S. 407.
[113] Schütz. Symbol, Wirklichkeit und Gesellschaft, S. 407–408.
[114] Schütz. Symbol, Wirklichkeit und Gesellschaft, S. 408.

Repräsentation *grundlegenden gemeinsamen Situation*, nämlich als „ihre gemeinsame Erfahrung, ihr gemeinsamer Nutzen, ihre gemeinsamen Leiden und Freuden".[115]

In Anschluss an Eric Voegelin folgert Schütz, dass „die soziale und politische Ordnung durch besondere" Symbole erlebt wird und erlebt werden muss, weil diese Ordnung so viele Menschen umfasst, dass ihre gemeinsame Situation nur noch sehr lose, wenn überhaupt, wahrnehmbar ist.[116] Wir verstehen ihn so, dass diese gemeinsame Situation nicht mehr als *unmittelbare* Wir-Beziehung im Sinne der Partnerschaft, etwa zwischen zwei miteinander in Kontakt stehenden Menschen, erlebt werden kann. Symbole dienen dann der „Repräsentation" der Ordnung durch Einzelmenschen, die nur deshalb als Repräsentant*innen erscheinen können, weil mit ihrer Sichtbarkeit Konstitutions- und Verfahrensregeln der Ordnung *vermittelt* werden. So würden etwa Menschen, die als Mitglieder „in einem Parlament" erkannt werden, nicht nur als *Repräsentant*innen des Parlaments* wahrgenommen, sondern als solche verwiesen sie noch dazu auf den *Ordnungsgedanken, der sich mit der Vorstellung von einem Parlament verbindet*, nämlich etwa die ihrer Gründung „auf dem allgemeinen Wahlrecht".[117]

Schütz weist mit Voegelin darüber hinaus *erstens* daraufhin, dass zusätzlich zur (inneren) gesellschaftlichen Ordnung, die durch Einzelmenschen als Repräsentationsfiguren symbolisiert wird, außerdem die *Ordnung der Gesellschaft selbst* etwas repräsentiert, nämlich *eine transzendente, hier kosmische Ordnung*.[118] Die Frage wäre dann, ob nicht diese Repräsentationsbeziehung *zwischen zwei Symbolen* (Symbol der *gesellschaftlichen* Ordnung als das der *kosmischen*) der Beziehung von Symbolen untereinander ähnelt, wie sie Schütz für die Dichtkunst konzipierte. Jedoch bliebe auch dann die Frage nach dem spezifischen Sinn für die der Ordnung angehörigen Menschen offen. *Zweitens* bringt er zum Ausdruck, dass solche Symbolisierungen „,Selbstinterpretation[en]' der Gruppe" sind und die Interpretation der Symbole durch Wissenschaftler*innen und andere Gruppen, sogenannte „Fremdgruppe[n]", nicht mit der Selbstinterpretation der Gruppe übereinstimmen können.[119] Diese Unterschiede beruhen auf den unterschiedlichen Relevanzsystemen von Alltag und Wissenschaft sowie der Gruppen untereinander. Die jeweiligen Sinngehalte der einzelnen Wirklichkeitsbereiche, sowohl in Alltag als auch Wissenschaft und Kunst, konnten allerdings auch bei näherer Betrachtung (ihrer Zeichen

---

[115] Schütz. Symbol, Wirklichkeit und Gesellschaft, S. 408.
[116] Schütz. Symbol, Wirklichkeit und Gesellschaft, S. 409.
[117] Schütz. Symbol, Wirklichkeit und Gesellschaft, S. 409.
[118] Vgl. Schütz. Symbol, Wirklichkeit und Gesellschaft, S. 410.
[119] Schütz. Symbol, Wirklichkeit und Gesellschaft, S. 410.

und Symbolen als Mittel zur Bewältigung der Transzendenzerfahrungen) weder nähere Hinweise auf die *Spezifik der Übergangsverfahren* von einem in den anderen Sinnbereich geben noch zur Klärung unserer Frage nach den Kriterien zur *Unterscheidung von Kommunikations- und Verständigungsmitteln.*

Im Schluss seiner Studie formuliert Schütz „eine der Hauptaufgaben der philosophischen Anthropologie", die in einer „Analyse" der „Transzendenzen" der Alltagswelt besteht. Diese Transzendenzen schlagen sich in der intersubjektiven Wir-Beziehung wie auch in den außeralltäglichen Sinnbereichen nieder.[120] Hierzu verweist er auf das „Bedürfnis" wie auf die „Fähigkeit" von Menschen, durch Zeichen und Symbole „in den verschiedenen Transzendenzen, die über [ihr] eigentliches *hic et nunc* hinausreichen [...] zurecht zu kommen".[121] Es geht bei allen diesen Transzendenzerfahrungen für Schütz um die *Notwendigkeit ihrer Bewältigung* im Rahmen der, wie wir in Anschluss an Blumenberg sagen würden, Selbsterhaltungspraxen als Erwartungsmanagement. Mit diesem Fokus kann Schütz jedoch die *Möglichkeiten* nicht in Betracht ziehen, die sich durch diese den (subjektiven) Alltag transzendierenden Erfahrungen und Sinnbereiche sowie durch ihre Mittel ergeben, insbesondere in Kunst und Wissenschaft, die eine Unabhängigkeit von der Logik des Alltags auszeichnet. Dennoch schließt er sie damit auch nicht gänzlich aus, sondern sie bilden eine Leerstelle. Hinsichtlich der Sozialwissenschaften schreibt Schütz, sie könnten – anders als die philosophische Anthropologie – „nur nach einer Klärung der Kategorien alltäglicher Erfahrung recht begründet werden".[122] Symbole können und sollen dabei in der sozialwissenschaftlichen Forschung zwar nicht vollständig vernachlässigt werden. Jedoch müssen sie laut Schütz zunächst eingeschränkt werden, d. h. die „Formen und Funktionen" der Symbole sollen „innerhalb der Sozialwelt" untersucht werden, und zwar „in Übereinstimmung mit den Regeln der Begriffs- und Theoriebildung in diesen Wissenschaften".[123]

5.1.2 (Wieder-)Aufnahme der Grundmotive: Sorge und Genuss

Die Sozialwelt müsste, insofern sie außerhalb der Reichweite des Subjekts liegt und dadurch dessen Alltag transzendiert, selbst einen eigenen Sinnbereich konstituieren.[124] Als solcher wirkt die Sozialwelt als Bestimmungsfaktor auf die subjek-

---

[120] Schütz. Symbol, Wirklichkeit und Gesellschaft, S. 411.
[121] Schütz. Symbol, Wirklichkeit und Gesellschaft, S. 411.
[122] Schütz. Symbol, Wirklichkeit und Gesellschaft, S. 411.
[123] Schütz. Symbol, Wirklichkeit und Gesellschaft, S. 411.
[124] Vgl. Schütz. Über die mannigfaltigen Wirklichkeiten, S. 250.

tive Alltagswelt zurück. Darum können die Sozialwissenschaften, aus Schütz' eigener Argumentation heraus, mindestens diesen sozialen, wir würden überdies argumentieren, auch die anderen, also die wissenschaftlichen, religiösen, ästhetischen Sinnbereiche als Forschungsgegenstände nicht prinzipiell ausschließen. Die grundsätzliche Untersuchungsmöglichkeit der Sozialwelt über ihre Alltagsqualität hinaus wird allerdings, wenn wir Schütz ernst nehmen, im Verhältnis dazu betrachtet, dass die Begründung der *Sozial*wissenschaften nur *nach* einer Klärung der Kategorien der *Alltagserfahrung* erfolgen kann. Hier stellt also Schütz den Sozialwissenschaften zur Hauptaufgabe jedenfalls für den Moment (also mindestens im Jahr der Studienveröffentlichung 1955) die Einschränkung ihres Forschungsgegenstands auf die Alltagserfahrung, zugespitzt formuliert: auf den Bereich der Selbsterhaltung und -behauptung (Erwartungsmanagement). Dagegen würden wir mit Blumenberg argumentieren, gehört zur Alltagswelt neben der Lösung von Problemen zur Organisation des unmittelbaren (Über-)Lebens *zugleich* die ihr inhärente und sie selbst erweiternde Möglichkeit von Bereichen des Genusses. Die Provokation läge mit Blumenberg entsprechend darin, dass für ihn zur Alltagserfahrung *prinzipiell* mehr gehört als bloße Transzendenz*bewältigung*. Das wollen wir mit Blumenbergs Konzept der anthropologischen Situation zwischen Selbsterhaltung und Genuss begründen. Die Konsequenz daraus legt es nahe, sowohl die Sorge – die von Schütz einerseits als Grundmotiv des Alltagshandelns begriffen,[125] andererseits aus seinem „Modell eines Handelnden" ausgeschlossen wird, indem er Menschen als figürliche „Homunculi" typisiert[126] – in sozialwissenschaftliche Konzepte wiederaufzunehmen als auch den Genuss als zweites Grundmotiv einzuführen. Mit diesen Grundmotiven kann es gelingen, die Bewältigung der Sorge und damit Selbsterhaltung nicht als letzte Ziele oder Motive der Alltagswelt festzulegen, sondern der Alltagswelt einen beweglicheren Sinnhorizont zwischen den Motiven der Sorge und des Genusses zu eröffnen.

Damit käme der Kommunikation eine veränderte Rolle in der Alltagswelt zu. Neben der Bewältigung von intersubjektiven Transzendenzen wäre es zusätzlich möglich, solche alltäglichen Gespräche als Kommunikationsakte zu untersuchen, die beispielsweise unter Freund*innen ohne spezifischen (praktischen) Zweck geführt werden, also nicht beschränkt werden auf gegenseitige Abstimmungsprozesse, die bloß der Herstellung der Verständigungsfähigkeit zwischen ihnen dienen. Dieses Phänomen ist durchaus nicht so leicht mit Schütz' Modell zu begreifen und die Frage bleibt offen, was denn nach dem gegenseitigen aufeinander

---

[125] Vgl. Schütz. Das Problem der Rationalität in der sozialen Welt, S. 42.
[126] Schütz. Wissenschaftliche Interpretation und Alltagsverständnis menschlichen Handelns, S. 46 und S. 47.

5.1 Blumenberg im Gespräch mit Schütz – Zwischen Sinnprovinzen, ... 185

Einstimmen noch folgt: wozu stimmen wir uns aufeinander ein?[127] Es wird schwer mit Bewältigungslogiken in Kommunikationsmodellen den Sinn etwa solcher freundschaftlichen Gespräche nachzuvollziehen, in denen die Partner*innen umgangssprachlich ‚von Hölzchen auf Stöckchen' kommen. Beispielsweise mögen sie sich in einem Moment noch zu einem alltäglichen Problem austauschen, etwa die Behandlungen von einer Krankheit bei einer Fachärztin, und im nächsten Moment auf Entprivatisierungsmöglichkeiten des Gesundheitssektors zu sprechen kommen, ohne dass für eine der beiden Gesprächspartner*innen das Ziel bestünde, dieses Unterfangen konkret zur Wirkung zu bringen (in die Tat umzusetzen). Das gemeinsame Kommunizieren muss sich also nicht immer auf bedrohliche Transzendenzerfahrungen beziehen, die zur Bewältigung anstehen. Denn es könnte der Fall sein, dass die Freund*innen nicht für die Sicherstellung ihrer existenziellen Selbsterhaltung von der Entprivatisierung des Gesundheitsbereichs abhängen, weil sie zum Beispiel wirtschaftlich privilegiert sind. Beide unterhielten sich entsprechend über einen Gegenstand im Modus müßigen Sinnierens über die Veränderung eines gesellschaftlich relevanten Bereichs, wobei die darin sich markierende Idee einer anderen als der bestehenden Gesellschaftsordnung nach Schütz symbolisch vermittelt werden müsste. Nun haben die beiden Gesprächspartner*innen diesen Umschwung in der Unterhaltung von einem konkreten alltäglichen Problem zu einer, wenn wir so wollen, abstrakteren, die Ordnung der Gesellschaft betreffenden Idee aber nicht als Schock erfahren. Der Übergang gestaltet sich gewissermaßen fließend. Würden sie aber nicht dennoch mit einer anderen Einstellung als der alltäglichen gemeinsam über diese Idee sprechen müssen, weil sich aus einer alltäglichen Einstellung heraus der praktische Zweck oder Nutzen dieser Unterhaltungssequenz nicht ergibt? Und wäre dann nicht zu fragen, inwiefern Kommunikation nicht doch außeralltäglich sein kann? Kommunikation als müßige Praxis wäre entsprechend nicht ausschließlich dem Alltagsmotiv der Sorge zuzuordnen und dennoch gehört diese müßige Praxis in vielerlei Hinsicht in den Bereich des alltäglichen sozialen Lebens – als Erweiterung und in ihrem Potenzial, auf die Alltagswelt zurückzuwirken.

Daraus folgt zum einen die Notwendigkeit der Überarbeitung des Alltagsbegriffs zur Integration des Genusses als zweites Motiv der Alltagswelt und die Überarbeitung des Kommunikationskonzepts zur Behandlung der Möglichkeit von Kommunikation in der Weise, dass sie nicht auf die Bewältigung der Transzendenzerfahrung allein beschränkt bleibt. So wären auch solche Situationen nachvollziehbar, die erstens von Sorge befreit sind und zweitens eine *Lust* an der Transzendenzerfahrung ermöglichen. Der Genuss dieser Transzendenz setzt demnach nicht vo-

---

[127] Vgl. Schütz. Gemeinsam Musizieren.

raus, dieser schon in anderer Einstellung systematisch nachzugehen, also mit ‚rein' wissenschaftlicher oder künstlerischer Einstellung sich anderen Gesellschaftsformen zuzuwenden. Gleichzeitig entzieht sich dieses müßige Sinnieren, das dazu noch gemeinsam stattfindet, der Einordnung zu einer Enklave innerhalb der vereinzelten Alltagswelt. Dies ist die einzige bisher von Schütz präsentierte Möglichkeit, soweit wir es überblicken, um theoretische Kontemplation im Bereich der Alltagswelt verorten zu können. Als Enklave in der Alltagswelt gelten zu können, setzt voraus, dass sie ohne wissenschaftliche *Einstellung* vonstattengeht, indem sie praktischen Zwecken dienlich ist, etwa beim Entwurf eines konkreten Plans zum Hausbau. Wir können diese Überlegung zu der Möglichkeit einer Form der Einstellung *zwischen* ausschließlich alltäglicher, *sorgender Einstellung und wissenschaftlicher oder ästhetischer Einstellung* umkehrend fragen, ob Kommunikation in den Sinnbereichen der Kunst und Wissenschaft möglich ist, die (nicht als Enklave) alltägliche Bewältigungsfunktionen für nicht alltägliche Zwecke übernimmt. Könnte Kommunikation nicht auch das müßige, sich gegenseitig ergänzende Gespräch (in welcher Form sei vorerst unberücksichtigt) in einer wissenschaftlichen Einstellung beinhalten? Es wäre denkbar, dass sich im wissenschaftlichen Dialog oder im Gruppengespräch die Teilnehmenden auf eine Idee oder ein Forschungsphänomen in wissenschaftlicher Einstellung beziehen und sie gemeinsam erforschen. Dies würde die Notwendigkeit der Konstruktion einsamer Wissenschaftler*innen entbehren.[128]

5.1.3 Aufhebung der Konkurrenz der Sinnprovinzen

Neben der Erweiterung des Alltagsbegriffs um die Dimension der genießbaren Praxen inklusive der ihnen entsprechenden Kommunikationsformen wollen wir noch einen anderen Aspekt vertiefen, den wir zuvor nur angeschnitten haben und der gewissermaßen eine Kehrseite der Freude und Gemeinsamkeit in den verschiedenen Sinnbereichen bildet. Denn in Schütz' Prämisse der prinzipiellen Freiheit des wissenschaftlichen Sinnbereichs von alltäglichen Einstellungen durch den Übergang in ihn mittels des Schocks in der Übernahme einer wissenschaftlichen Einstellung, liegt die Gefahr zu verkennen, dass sich in dem Bereich selbst Routinen ausbilden können, die der wissenschaftlichen Einstellung widersprechen.

---

[128] Vgl. Schütz. Das Problem der Rationalität in der sozialen Welt, S. 41; Schütz. Wissenschaftliche Interpretation und Alltagsverständnis menschlichen Handelns, S. 41–46.

Die Möglichkeit von Alltagsroutinen und unorthodoxer Problemlösungen in der Wissenschaft

Wenn wir nicht von vornherein von der Ausschließlichkeit der wissenschaftlichen Einstellung beim Forschen restlos überzeugt sind, d. h. vom Desinteresse und einer gewissen Situationslosigkeit der Wissenschaftler*innen,[129] so dürfte ein Blick auf die Ungeschlossenheit der Sinnbereiche, wenn wir so wollen, lohnen. Entsprechend müssten die Übergänge vom Sinnbereich des Alltags in den der Wissenschaft und zurück näher untersucht werden, und zwar eingedenk der Möglichkeit, dass sich so etwas wie ein eigener wissenschaftlicher Alltag und Praxen der Bewältigung von Erfahrungen ausbilden können. Diese Praktiken können, müssen aber durchaus nicht immer der Logik wissenschaftlicher Redlichkeit folgen und das aus verschiedenen Gründen. Wenn wir uns für den Moment von der Geschlossenheit der Sinnbereiche, die Schütz selbst ja dezidiert nur in idealtypischer Absicht angelegt hat, abwenden wollen, ergibt sich folgende Frage: Wie lässt sich sicherstellen, dass wir als menschliche Wissenschaftler*innen die dem Forschungsbereich angemessenen Theorien und Methoden zur Erforschung sozialwissenschaftlicher Probleme entwickeln und verwenden?

Das bedeutet zugleich das Konzept der idealen wissenschaftlichen Einstellung als leidenschaftslosen Beobachter infrage zu stellen, das von einer gewissermaßen subjektfreien (homunculi) Einstellung ‚reiner' Objektivität ausgeht. Denn aus dieser Annahme entsteht genau das Problem der Unsichtbarkeit bei gleichzeitiger Allgegenwärtigkeit eines *spezifischen* wissenschaftlichen Geistes. Wir würden uns damit vormachen, als Wissenschaftler*innen unbetroffen von historisch-sozialen Lagen zu sein oder umgekehrt, der Wissenschaft ihre Geschichte(n) absprechen. Verlassen wir die Annahme der rigorosen Geschlossenheit der Sinnbereiche, können wir außerdem die Annahme von Schocks und Sprüngen in andere Sinnbereiche nicht ohne Weiteres stehen lassen. Wenn wir beispielsweise als Wissenschaftler*innen vor einem Problem stehen, das sich nicht über eine bewährte Methode oder im tradierten Rückgriff auf einen theoretischen Kanon lösen lässt, oder gar vor einem Problem, das sich aus der gewählten Methode im Zusammenhang des Forschungsgegenstands für sie selbst ergibt, finden wir uns in einer Situation wissenschaftlicher Unsicherheit wieder. Wir können zwei *extreme* Richtungen ausweisen, die sich anbieten, um dieser Unsicherheit zu begegnen. Es ist zunächst denkbar, dass wir das Problem weiterhin im Rahmen einer Methode zu bewältigen suchen, obwohl sich (wenigstens bei näherem Hinsehen) gezeigt hat, dass dieser Weg das zu Erforschende nicht an-

---

[129] Vgl. Schütz. Wissenschaftliche Interpretation und Alltagsverständnis menschlichen Handelns, S. 41–46.

gemessen erfasst, sondern im Gegenteil, das zu Erforschende sich *dieser* Methode entzieht. Dies entspricht einer rhetorischen Umgangsweise des Typs der (Selbst-) Überredung, durch die es gelingt, dass wir die Widersprüche, Irritationen und entstandenen Forschungsprobleme *ignorieren* können, um weiterzumachen wie bisher, keine anderen Wege beschreiten zu müssen, die erneut Unsicherheiten auslösen könnten oder den eingeschlagenen Weg wesentlich verlängern würde. Strikt gesehen wäre dieser Umgang *unwissenschaftlich im Sinnbereich der Wissenschaft*, da hinsichtlich des Problems die Angemessenheit der Methode unhinterfragt bliebe und insofern ein (un)wissenschaftliches Und-so-weiter darstellt: ein Umgehen des Problems im Sinne *der Abkehr vom Problem* selbst.

Oder aber wir versuchen uns diesem Problem durch Variation der gewählten Verfahrensweise oder durch unorthodoxe Gedankenexperimente zuerst einmal nur anzunähern, d. h. ohne den Anspruch, es sozusagen ‚in einem Rutsch' vollumfänglich zu bestimmen. Das entspräche auch einer rhetorischen Umgangsweise, aber des Typs, der die Irritation zum Anlass nimmt, sich ihr zu widmen. Sie setzt einen höheren Grad an Konzentration voraus, weil wir uns nicht auf bereits beschrittene theoretische und methodische Wege verlassen können und zusätzlich zum Fokus auf das zu Erforschende auch auf die Art und Weise unserer Annäherung gründlicher achten müssen, um eine unangemessene Bestätigung unserer eigenen Vorannahmen zu vermeiden. Wir befinden uns dabei also in einer Situation, in der ein *für bestimmte Probleme bewährtes* wissenschaftliches Und-so-weiter für andere Probleme nicht ohne Weiteres Wissenschaftlichkeit gewährt, sie verlangt uns mehr ab als erwartet. Diese Praxis könnte als *Umweg hinsichtlich des Problems* verstanden werden.

Die Gewährleistung des Postulats der Sinnadäquanz in der rekonstruktionslogischen Forschung
Wir wollen im Folgenden begründen, inwiefern diese Umwegigkeit in der Betrachtung der wissenschaftlichen Sinnprovinz auch für die Erfüllung des, von Schütz in Bezug auf Webers Wissenschaftslehre dargelegten, Postulats der Sinnadäquanz[130]

---

[130] Vgl. Schütz. *Der sinnhafte Aufbau der sozialen Welt*, S. 408–409, S. 413, S. 420–438. Darin heißt es: „*So aufgefaßt bezieht sich das Problem der Sinnadäquanz also nur auf die Anwendung fertig konstituierter Idealtypen auf ein konkretes Handeln, indessen der Soziologe bei der Konstruktion eines personalen Idealtypus völlig freie Hand hätte*, weil er dessen Bewußtsein eben so ausstattet, daß es das typische Verhalten als subjektiven Sinnzusammenhang zu erleben fähig ist" (S. 422). „Freilich vollzieht sich die Enthüllung dieses Konstitutionsprozesses [des Sinngehalts] vermittels der typisierenden Technik nicht in lebendigen intentionalen Akten [...], sondern bloß an einem Modell eines solchen Bewußtseins, bloß an dem personalen Idealtypus" (S. 430). „Diese Idealtypen haben nicht auf ein individuelles alter ego oder auf eine Mehrheit von alter egos Bezug, die historisch oder

5.1 Blumenberg im Gespräch mit Schütz – Zwischen Sinnprovinzen, ...

Eingang in ein Konzept sozialwissenschaftlicher Modellbildung finden sollte. Dabei verwerfen wir das Konzept der Homunculi hinsichtlich ihres idealtypischen Charakters durchaus nicht, sondern qualifizieren sie im Sinne des an Blumenberg herausgearbeiteten Konzepts der sich gegenseitig ergänzenden Begriffsbildung *und* Metaphorik sowie der (genussvollen) Rückkehr unter anderen Bedingungen. Dies beinhaltet methodisch einen weiteren Schritt in Anschluss an Schütz (und damit eine Sinnverschiebung seiner Methode), nämlich die Variation der zuvor aufgestellten Begriffe, die für Blumenberg eine wissenschaftliche Ausgangslage, einen ersten Zugang bilden und erst unter ihren Bedingungen erneut auf das zu Erforschende geblickt werden kann. Zusammenfassend wäre die Bildung von Idealtypen und Homunculi eine notwendige Vorstufe wissenschaftlicher Forschung, nicht ihr Ziel.[131] Sie stellt die Erarbeitung eines wissenschaftlichen Standpunkts dar, die deshalb wissenschaftlich ist, weil sie sich erstens größeren Begründungslasten aussetzt als Alltagspraxen und zweitens, was damit zusammenhängt, kontrollierbar ist für andere Wissenschaftler*innen. Sie ist deshalb kontrollierbar, weil die einzelnen Schritte der Begriffsbildung oder -konstellierung idealerweise von anderen Wissenschaftler*innen mit- und nachvollzogen werden können. Im Grunde genommen bedeutet dieser Schritt eine *Erarbeitung konkreter wissenschaftlicher Einstellung hinsichtlich des Forschungsphänomens*. Unter diesen Bedingungen ist es möglich, wissenschaftlich mit dem zu Erforschenden ins Gespräch zu kommen. Verstehen wir dieses ‚Gespräch' als Überarbeitungsprozess, dann stünde an seinem (vorläufigen) Ende die Präzisierung der ersten Begriffsbildungen oder -apparatur. Die Sinnadäquanz der wissenschaftlichen Theorie und besonders ihrer Modelle mit den „Konstruktionen" im Forschungsbereich, also ihre Verständlichkeit „im Rahmen des Alltagsdenkens" wäre dann nicht nur beschränkt auf die Erarbeitung von Modellen der Sozialwelt aus ihr selbst heraus mittels sukzessiver Abstraktion von ihr, sondern vermeidet zudem durch eine Rückkehr zur Sozialwelt unter wissenschaftlichen Bedingungen eine Verselbstständigung der wissenschaftlichen Modelle, die nicht mehr mit der Alltagswelt in Verbindung stehen.[132]

---

räumlich lokalisiert werden müßten. Sie sind Aussagen über das in voller Anonymität verlaufende Handeln (Verhalten) eines Man: besser Jedermanns, wann und wo immer sich ein solches Handeln abspielen mag" (S. 433).

[131] Vgl. Blumenberg. *Theorie der Unbegrifflichkeit*, S. 27; Merz-Benz, Peter-Ulrich, und Wagner, Gerhard. 2007b. Idealtypus und Verstehen. Max Webers Logik der Handlungsdeutung In *Jahrbuch für Soziologiegeschichte*, hrsg. Carsten Klingemann. Wiesbaden: VS Verlag für Sozialwissenschaften, S. 53–66.

[132] Schütz. Wissenschaftliche Interpretation und Alltagsverständnis menschlichen Handelns, S. 50.

Das Postulat der Adäquanz ist durch ein dreischrittiges Verfahren, *(1) Begriffsbildung* aus dem Forschungsgegenstand selbst als graduelle Distanzierung von Alltagslogik in wissenschaftliche Logik, *(2)* Anfertigung eines *Modells* vom Forschungsgegenstand als wissenschaftliche Ausgangslage oder wissenschaftlicher Standpunkt, *(3)* Dialog zwischen Modell und Forschungsgegenstand mit dem Ziel der präzisierenden oder korrigierenden *Überarbeitung des Modells*, besser gewährleistet als beim einmal errichteten Modell stehenzubleiben. Dies ist sogar vereinbar mit Schütz, der diese Möglichkeit des Rückkehrens vereinzelt auch formuliert, jedoch vor dem Hintergrund seiner Prämissen konzeptuell nicht weiter ausführt.[133]

Ergänzung der zeitlichen durch eine räumliche Dimension der Denkbewegung

Blumenbergs Verständnis des Denkprozesses zwischen Begriff und Metapher sowie von ihren jeweiligen Grenzformen, besonders der (symbolischen) Mystik und dem (dogmatischen) Mythos, versuchen wir nun anhand der sie verbindenden räumlichen Konzeption der Distanz als Ergänzung der zeitlichen Konzeption sozialen Handelns von Schütz zu lesen.[134] Diese soll sich abschließend der noch immer offenen Frage nach den *Übergängen* eines Sinnbereichs in andere Sinnbereiche annähern, ohne die Voraussetzung des Schocks und Sprungs mitzumachen, um den Blick auf die *Praxis des Erkenntnisprozesses* im Bereich der Wissenschaft zu wenden. Dazu liegt der Fokus zunächst auf den von Henri Bergson kritisierten Metaphern, die Schütz aufgreift, um die Zeitlichkeit des Handelns und der Handlung zu erfassen. Deshalb werden im Folgenden mehrere längere Zitate angeführt, um die Metaphorik mitvollziehen zu können.

Schütz kritisiert in seiner Arbeit über *das Wählen zwischen Handlungsentwürfen* mit Henri Bergson die sogenannte „assoziationistische Psychologie" hinsichtlich ihrer Verwendung der räumlichen Metapher des Weges und seiner Verzweigungen, um Entscheidungsverfahren zwischen mehreren Handlungsmöglichkeiten darzustellen, da er an ihrer Deutung eine unzureichende zeitliche Differenzierung feststellt.[135] Die Handlungsalternativen „X und Y" sind für Schütz:

---

[133] Vgl. Schütz, Alfred. 1945/1971. Einige Grundbegriffe der Phänomenologie. In *Gesammelte Aufsätze. Bd. 1. Das Problem der sozialen Wirklichkeit.* Den Haag: Nijhoff.1971, S. 113–135, hier S. 120.

[134] Schütz, Alfred. 1951/1971. Das Wählen zwischen Handlungsentwürfen. In *Gesammelte Aufsätze. Bd. 1. Das Problem der sozialen Wirklichkeit.* Den Haag: Nijhoff, S.77–110.

[135] Schütz. Das Wählen zwischen Handlungsentwürfen, S. 99.

5.1 Blumenberg im Gespräch mit Schütz – Zwischen Sinnprovinzen, ...

„nur Symbole für verschiedene Tendenzen meiner Persönlichkeit in aufeinanderfolgenden Phasen meiner *durée*. Es gibt streng genommen keine entgegengesetzten Zustände, sondern eine Folge sukzessiver und verschiedener Phasen, die das Ich durchläuft, in denen es wächst und sich kontinuierlich erweitert; [...] Daher ist die Rede von zwei Tendenzen oder von zwei Richtungen rein metaphorisch: in Wirklichkeit gibt es weder zwei Tendenzen noch zwei Richtungen, sondern nur ein Ich, das gerade durch seine Unschlüssigkeit lebt und sich entwickelt, bis das freie Handeln sich von ihm löst wie eine reife Frucht".[136]

Die Annahme der assoziationistischen Psychologie von einer oszillierenden Bewegung zwischen zwei Handlungsmöglichkeiten im Prozess der Abwägung sei nach Schütz falsch:

„Sie stellen sich diese beide Möglichkeiten so vor, als wären es zwei zusammen existierende Punkte im Raum, als verzweigte sich an einem bestimmten Punkt der vom Bewußtsein des Ichs bis hierher zurückgelegte Weg, und als müßte das Ich sich an diesem Kreuzweg entscheiden, welchem Weg es folgen soll".[137]

Seine Kritik an dieser Vorstellung bezieht sich auf den *Ausgangspunkt*, an dem eine Abwägung beginnt. Sie hat mit Schütz' Konzept des Modus des „futuri exacti" von Handlungsentwürfen zu tun, in dem die *Handlung* zuerst als vollendete, als Resultat vorgestellt wird, wonach die Schritte (Methode des Handelns) auf diese vorgestellte Handlung hin ausgerichtet wird, wobei sich im *Vollzug des Handelns* sowohl die Schritte ändern können als auch die Zielvorstellung selbst (Handlung).[138] Er unterscheidet dabei bekanntermaßen zwischen dem *Entwurf der Handlung* und dem *Vollzug des Handelns* in der Wirkwelt. Der Fehler der assoziationistischen Psychologie bestehe demzufolge in ihrer Verkennung der *zeitlichen Struktur* eines Entwurfs, die recht betrachtet keine zwei oder mehrere *nebeneinander* (gleichzeitig) bestehenden Handlungsentwürfe zulassen kann. Im Gegenteil sei es der Fall, dass Handlungsentwürfe immer nur *nacheinander* vorgestellt werden können und deshalb *ein* gemachter Entwurf einen anderen, und zwar auf ihn folgenden informiert. Der „Fehlschluss" liege nicht darin, dass „sich in den Zeitpunkt [versetzt]" wird, „zu dem das Handeln schon abgeschlossen war", sondern der „Aktivitätsverlauf des Handelnden" so vorgestellt wird,

---

[136] Schütz. Das Wählen zwischen Handlungsentwürfen, S. 99.
[137] Schütz. Das Wählen zwischen Handlungsentwürfen, S. 99–100.
[138] Schütz. Das Wählen zwischen Handlungsentwürfen, S. 101. Vgl. Schütz. Wissenschaftliche Interpretation und Alltagsverständnis menschlichen Handelns, S. 23–25.

"als hätte die Verzweigung der Wege existiert, bevor das Abwägen stattfand und die Entscheidung erfolgte. Die ablaufende Zeit und die vergangene Zeit, innere Dauer und Raum-Zeit werden so vermengt und die Unumkehrbarkeit und Unwiederholbarkeit der Zeit mißachtet. Es gab keine Verzweigung, keine abgesteckten Wege, bevor das Handeln ausgeführt war, es gab nicht einmal eine Richtung und erst recht keinen Weg. Nur das ausgeführte Handeln hat den Weg gelegt. *Abwägen kann nicht als eine Oszillation im Raum gedacht werden*; es besteht vielmehr in einem *dynamischen Prozeß, in dem sowohl das Ich als auch seine Motive in einem kontinuierlichen Zustand des Werdens sind*".[139]

Nun setzt Schütz – wiederum Bergson korrigierend – eine andere Metapher gegen die der *Wege*, nämlich die *Karte*:

"die Wege hinter der Verzweigung, um in Bergsons Bild zu bleiben, sind abgesteckt worden, jedoch nur in Linien auf einer Karte und nicht als Pfade in der Landschaft. Das Ich wächst und erweitert sich, indem es einen Entwurfe nach dem anderen phantasierend durchgeht".[140]

Damit verdeutlicht er den Unterschied zwischen dem Zustand der zukünftigen Vergangenheit der *abgeschlossenen* Handlung und der *Prozessualität* der Gegenwärtigkeit des ablaufenden Handelns. Die Vorstellung der assoziationistischen Psychologie wird damit in gewisser Weise wieder zugelassen, aber eben nicht als *konkrete* landschaftliche Wege (Pfade) in der Wirkwelt, sondern in der Vagheit der Linien auf einer Karte in der Fantasiewelt:

"Diese verschiedenen erwarteten Handlungen sind nun problematische Möglichkeiten in einem vereinigten Feld *modo potentiali*, sie ko-existieren scheinbar und stehen nun zur Wahl. Aber ihre Koexistenz ist in der Tat nur eine scheinbare, die entworfenen Handlungen sind als koexistent bloß phantasiert; sie sind weder vorgefertigt noch gleicherweise verfügbar in meiner Reichweite. Trotzdem unterliegen sie meiner Kontrolle und behalten ihre Quasi-Koexistenz, bis ich mich für eine von ihnen entschieden habe".[141]

Was Schütz unterscheidet, sind zwei verschiedene Praktiken: das Entwerfen im Sinnbereich der Fantasie und das Handeln im Sinnbereich des Alltags. Dazu braucht er die Karte zur Veranschaulichung der Entwürfe im Verhältnis zur Metapher des Weges, die für ihn ausschließlich für das Handeln, welches sich tatsächlich in der Ausführung befindet und für verwirklichte Handlungen angemessen ist

---

[139] Schütz. Das Wählen zwischen Handlungsentwürfen, S. 100; Hervorhebungen von mir/CG.
[140] Schütz. Das Wählen zwischen Handlungsentwürfen, S. 101.
[141] Schütz. Das Wählen zwischen Handlungsentwürfen, S. 101.

5.1 Blumenberg im Gespräch mit Schütz – Zwischen Sinnprovinzen, ...

und deshalb allein für die Wirkwelt zutrifft. Beide Metaphern sind zulässig, jedoch nur für den je eigenen Sinnbereich. Bemerkenswert daran ist auch, dass zur Verdeutlichung der Zeitperspektiven trotz seiner Kritik zwei räumliche Metaphern und eben keine zeitlichen verwendet werden.

Was Schütz nicht weiter behandelt, ist die Möglichkeit, eine Entscheidung nicht ‚frei' treffen zu können.[142] Denn in „Zweifelssituation" müsste sich ihm zufolge der Abwägungsprozess bis zur Klärung der Zweifel zunächst auf unbestimmte Zeit verlängern.[143] Was passiert aber, wenn dieser ‚Verzögerung' ein echter oder gefühlter Handlungsdruck entgegensteht, unter dem eine Entscheidung nicht aufgeschoben werden kann? Diesen Umstand wollen wir noch einmal auf die eingangs erwähnte, und einzig dezidiert zeitlich konnotierte *Metapher vom Reifungsprozess einer Frucht* beziehen, die Schütz von Bergson aufgreift, um den Abwägungsprozess bis zur Entscheidung (das Lösen der Frucht vom Baum oder Strauch) als *freies* Handeln zu veranschaulichen.[144] Unter Bedingungen des Zeitmangels ergibt sich nämlich das Problem, dass die Frucht nicht bis zum Abfallen, d. h. bis zur Entscheidung eines losgelösten, freien Handelns, reifen kann, sondern gewissermaßen vor ihrem eigenen Abfallen ‚abgerissen' werden muss.

Eine solche Situation, in der sozusagen auf das ‚Freiwerden' des Handelns nicht gewartet werden kann, bezeichnet Blumenberg wie erinnerlich als rhetorische Situation, die durch die Gleichzeitigkeit von „Evidenzmangel und Handlungszwang" bedingt ist.[145] Es bedarf zur Bewältigung dieser einer Verfahrensweise, welche er „ein vernünftiges Arrangement mit der Vorläufigkeit der Vernunft" nennt, für das die Rhetorik und darin ihre ausgezeichnete Form, die Metapher zur Verfügung steht.[146] Für diese „rhetorischen Situation[en]" stellt die Metapher nämlich einen Zugang zum Problem als „Form der Reflexion" dar oder ein „Modell in pragmatischer Funktion, an dem eine ‚Regel der Reflexion' gewonnen werden soll".[147] Diese Verfahrensweise kommt sowohl in alltäglichen als auch wissenschaftlichen und philosophischen Auseinandersetzungen zum Einsatz. Wie gesehen kann sich jedoch ihre Funktion bei weiterer Verwendung verändern. Wo sie zunächst zur Überwindung der Gefahr einer Denk- und Handlungsstarre (einer Situation der

---

[142] Vgl. Schütz. Das Wählen zwischen Handlungsentwürfen, S. 102–109.

[143] Schütz. Das Wählen zwischen Handlungsentwürfen, S. 109. Zu den Gründen für eine Zweifelssituation siehe hier S. 105.

[144] Vgl. Schütz. Das Wählen zwischen Handlungsentwürfen, S. 99.

[145] Blumenberg. Anthropologische Annäherung an die Aktualität der Rhetorik, S. 124.

[146] Blumenberg. Anthropologische Annäherung an die Aktualität der Rhetorik, S. 137.

[147] Blumenberg. Anthropologische Annäherung an die Aktualität der Rhetorik, S. 124 und Blumenberg. Paradigmen zu einer Metaphorologie, S. 10.

Unmittelbarkeit) dient, kann sie nach dieser Befreiung vom unmittelbaren Zeitdruck darüber hinaus die weitere Reflexion anleiten und freies Handeln zu einem späteren Zeitpunkt gewissermaßen vorbereiten und so ihre Möglichkeit wahren. Umgekehrt kann die Metapher aber auch wortwörtlich verwandt werden, wodurch die Reflexion abgebrochen und die dann erfolgte Handlung ident gesetzt wird mit dem Bild. Daraus folgt als gravierende Konsequenz die Annahme der Unumgänglichkeit der einen, eigentlich nur als vorläufig bestimmten Möglichkeit des Handelns.

Wenn wir die zeitliche Reifungsmetapher nicht nur auf die Entscheidungsfindung für die Alltagspraxis, sondern auch auf die wissenschaftliche Erkenntnis anwenden können und Schütz' instruktive räumliche Metapher der *Kartografie* als angemessene Veranschaulichung des Vorstellungsverfahrens in der Fantasiewelt miteinbeziehen, dann stellt sich die Frage, wie sich dieser *Erkenntnisprozess* konkret gestaltet. Sofern wir annehmen, dass (philosophische oder wissenschaftliche) Theoriebildung selbst eine Praxis darstellt, die nicht zuerst auf die Wirkwelt abzielt, bedeutet dies, dass wissenschaftliche Denkpraxis sowohl *Linien* auf einer Karte imaginiert *als auch Pfade* beschreitet. Den Zusammenhang dessen wollen wir erklären.

Beide Metaphern – Karten und Pfaden/Wegen – lassen sich Schritte im Erkenntnisprozess, wie wir ihn mit Blumenberg verstehen, zuordnen. Wir haben mit der Kartografie eine metaphorisch veranschaulichte Methode zur Hand, die der Begriffs- und damit auch Modellbildung korrespondiert. Dieser Schritt im Erkenntnisprozess dient der Gewinnung einer ersten Übersicht: wir können durch sie, wie mit einer Karte, eine Vogelperspektive einnehmen, dem zufolge nach der Erstellung einer Karte ‚von oben' auf *unsere Vorstellungen* von den in Rede stehenden Forschungsphänomenen blicken. Die Linien auf der Karte dienen zur Orientierung in unserem Forschungsfeld. Hinsichtlich des zu untersuchenden Phänomens ist es im Anschluss an die Verzeichnung von Linien auf einer Karte erforderlich, *mit ihnen* auch die *Pfade zu beschreiten*, die wir zuvor angelegt haben. Dies entspräche einer Rückkehr in die Welt, die gleichsam impliziert, die Vogelperspektive aufzugeben, ohne zu vergessen, dass wir sie erstellt haben und mit uns tragen. Anhand der Karte beschreiten wir die *Wege in einer Landschaft*, deren Relief wir uns vorgezeichnet haben, und können dabei die Karte beim Beschreiten der Pfade überarbeiten. Dies entspricht Blumenbergs Vorschlag der „*Rückkehr zur Anschauung*" als der, sich aus der „Abkehr" von ihr (für das Erstellen einer Karte durch Begriffs- und Modellbildung) ergebenden, Forderung nach der „Rückkehr zur vollen Sinnlichkeit *unter den Bedingungen des Rückkehrenden*".[148] Die Karte bildet demzu-

---

[148] Blumenberg. *Theorie der Unbegrifflichkeit*, S. 27; Hervorhebungen von mir/CG.

5.1 Blumenberg im Gespräch mit Schütz – Zwischen Sinnprovinzen, ...

folge die Bedingungen ab, die wir uns selbst gegeben haben. Für den Zusammenhang der *Wege* durch eine *Landschaft* mit deren *Zielen* soll noch einmal Blumenbergs Verständnis vom Verhältnis von Methode zum zu untersuchenden Phänomen in Erinnerung gerufen werden:

> „Eine Methodenlehre beschreibt die Schritte auf einem Wege nach einer Regel. Insoweit kann sie strikt begrifflich vorgehen. Aber die Vorstellung des Weges ist bezogen auf eine Totalität, die sich schwerlich anders als metaphorisch angeben läßt: der Weg führt durch eine Landschaft, er umgeht oder überbrückt Hindernisse, im günstigen Falle hat er sogar ein Ziel, statt zum Ausgangspunkt zurückzuführen. In der Metaphorik des Weges ist sehr vieles von dem gesagt worden, was über die *Handlung der Erkenntnis* und ihre Chancen auf Erfolg bedacht, aber ungern in der Direktheit einer Behauptung ausgesprochen worden ist".[149]

Für die an die Metapher der *Kartografie* und das Beschreiten der als *Linien* verzeichneten *Wege* zur weiteren Untersuchung anschließende Frage nach der Art und Weise der Rückkehr zur Anschauung, d. h. welche Schritte auf welchem Weg gemacht werden sollen, sagt das Zitat etwas Bedeutendes aus. Die Methoden stellen die Nachvollziehbarkeit und Kontrollierbarkeit der Schritte, die wir auf einem Weg zu gehen haben, sicher und geben Orientierung für die Rückkehr in die zu beforschende Landschaft. Darüber hinaus sind die Linien, welche wir in der Karte verzeichnen und die Blumenberg als Vorstellung des Weges fasst, auf eine Totalität bezogen, im besten Fall auf ein Ziel.

Er merkt hierzu warnend an, dass die Forderung, „in allem die Definition der Begriffe vorauszuschicken", der zufolge vor dem Forschen zunächst die Begriffe *abschließend* definiert werden müssten, im Zweifelsfall beinhaltet, gar nicht erst das Forschen *beginnen* zu können und/oder falsche Definitionen zu liefern.[150] Viel angemessener wäre es, in Rückbezug auf Kant Begriffe als „Werkzeug" zu verstehen, das sich „im Laufe der Arbeit" verändern kann.[151] Das impliziert eine entsprechende Offenheit zur Korrektur im Forschungsprozess selbst, währenddem wir also „sehen [müssen], wie man das Werkzeug *der Aufgabe entsprechend* verändert und immer genauer anpaßt".[152] Begriffsbestimmungen zeugen deshalb von einer vorläufigen Qualität, sie dienen als Grundlage „zur Probe" und können erst einmal nur „versuchsweise" aufgestellt werden.[153] Insofern sei dieser Schritt mit Leichtig-

---

[149] Blumenberg. *Theorie der Unbegrifflichkeit*, S. 47; Hervorhebungen von mir/CG.
[150] Blumenberg. *Theorie der Unbegrifflichkeit*, S. 50.
[151] Blumenberg. *Theorie der Unbegrifflichkeit*, S. 50.
[152] Blumenberg. *Theorie der Unbegrifflichkeit*, S. 50; Hervorhebungen von mir/CG.
[153] Blumenberg. *Theorie der Unbegrifflichkeit*, S. 50.

keit, wenngleich nicht mit Leichtfertigkeit auszuführen.[154] Wer Wirklichkeitswissenschaft betreiben will, sollte demnach nicht bei ihren Abstraktionen stehenbleiben, sondern auch zur Wirklichkeit zurückkehren.
Die Frage, die sich für Blumenberg dabei in Hinsicht auf die Bedeutung der Unbegrifflichkeit stellt, ist, „mit welchen Mitteln denn – sofern noch nicht mit den[en] des abgeklärten Begriffs – der Weg dieser Verdeutlichung [des Begriffs und zu untersuchenden Phänomens] zurückgelegt werden kann".[155] So heißt es weiter:

> „*zugunsten des Begriffs muß es ein Vorfeld der Unbegreiflichkeit geben*, auch wenn man geneigt sein sollte, unter den Kriterien des möglichen vollendeten Begriffs dieses Vorfeld geringschätzig zu durchqueren und im Zustand der Vollendung ganz und gar vergessen zu machen".[156]

Mit Verweis auf die so verstandene „Unbegrifflichkeit im Dienst des Begriffs" ist also *einerseits* die Warnung beinhaltet, die Rückkehr zur Anschauung nach Erstellung vorläufiger Begriffsdefinitionen weder auszulassen noch zu unterschätzen.[157] Vielmehr würde sich während der Rückkehr anbieten, neben und zugunsten der Absicht der Präzisierung von Begriffen einen wachen Blick für das, *was einem unter den veränderten Bedingungen begegnet*, zu behalten. Das bedeutet mithin ästhetische Erkenntnisweisen zu berücksichtigen, die wie wir gesehen haben, im besonderen Maße die Arbeit mit Metaphern umfasst und die Irritation unserer Modelle bewirkt. *Andererseits* spricht Blumenberg, neben der Möglichkeit der *Unbegrifflichkeit im Dienst des Begriffs*, den Umstand an, dass bestimmte Ideen sich der vollständigen Begriffsdefinition ganz entziehen: „Aber eine ernstere Situation noch muß ins Auge gefaßt werden, nämlich die, daß die Arbeit im Vorfeld des Begriffs *nicht zu ihrem Ziel gelangt*, entweder de facto oder sogar aus der Notwendigkeit der Sache heraus". Bedenken wir dazu die Annahme der „Angewiesenheit des Begriffs auf Anschauung", so ergibt sich die *begriffliche* „Verfehlung" schon daraus, dass sich eine abschließende Terminologie für die mehrdeutige „*Idee*", eine unanschauliche Totalität wie die der Welt, Ich, Freiheit usw., schlicht nicht realisieren lässt.[158] Für den Fall der Ideen bleibt der variierende Umgang mit ihnen: eine Annäherung an ihre Vieldeutigkeit in der Variation der Begriffe und Definitionen, vor allem mithilfe von Metaphern als Regeln der Reflexion. Für alle anderen Fälle kann der Weg

---

[154] Vgl. hier Abschn. 3.2.

[155] Blumenberg. *Theorie der Unbegrifflichkeit*, S. 51; der Einschub stammt von mir/CG.

[156] Blumenberg. *Theorie der Unbegrifflichkeit*, S. 51.

[157] Indem wir etwa alles, was dem Begriff nicht entspricht, aber in der Anschauung im Feld doch zu ihm gehörig erscheinen kann, leichtfertig als Sonderfall aussortieren.

[158] Blumenberg. *Theorie der Unbegrifflichkeit*, S. 51.

einer zunehmenden Präzisierung der Begriffe für nicht-ideelle Phänomene erfolgen. Wir verstehen einen Erkenntnisprozess deshalb nicht unbegründet in Anschluss an die Wegmetapher und ihre kartografische Ausstattung als Reise, während der die Zielvorstellung ebenso wie Fortbewegungsmittel sich verändern können.

Praxis im Alltag und in der Theorie
Wir wollen zum Schluss noch einmal die Möglichkeit aufgreifen, die wir zuvor hinsichtlich der Ergänzung der Konzepte des zeitlichen Zusammenhangs zwischen Handeln und Handlung von Schütz erwähnt hatten und die in der räumlichen Dimension des Distanzkonzepts von Blumenberg liegt. Denn was sich mit dem Distanzkonzept in gewisser Weise perforieren lässt, ist zum einen die *Vorstellung unumgänglicher Grenzen*, vor allem zwischen den Sinnbereichen des Alltags, der Wissenschaft und Kunst, und zum anderen *die Annahme ihrer Unverträglichkeit*, nach der ein Bereich aus der Logik eines anderen Bereichs als fiktiv wahrgenommen würde. Was Blumenberg an den Übergängen und Beziehungen der Dimensionen in den drei Spannungsfeldern des Distanzkonzepts zur Geltung bringt,[159] ist eine eigentümliche *Zwischenlage* von Menschen, die sich sowohl in Alltagspraxen als auch in philosophischen und wissenschaftlichen Erkenntnispraxen ausdrückt. In dem Maße, wie der Alltag, so Blumenberg, immer schon mehr bietet als bloße Herstellung von Erwartbarkeiten zur Absicherung und Raffinierung der Selbsterhaltungsorganisation, werden die strengen Grenzen zwischen den Sinnbereichen des Alltags, der Wissenschaft und Kunst bereits auf konzeptioneller Ebene durchlässig. Das Aufweichen der Annahme von der gegenseitigen *Unverträglichkeit* der Sinnbereiche beinhaltet nicht zugleich die Behauptung der *Vereinbarkeit* der jeweiligen Eigenlogiken oder Regeln, die in den Sinnbereichen gelten, sondern nur, bereits von Beginn an mögliche Zwischenformen zu mitzubedenken – das heißt auch konzeptionell von idealen Typologien als Ideal der Sozialwissenschaften abzuweichen.

Das hat *erstens* den Vorteil, dass die problematische Annahme des Schocks und Sprungs vom Alltag in andere Sinnbereiche als einzige Weise der Veränderung der alltäglichen Einstellung aufgegeben werden kann. So wird es möglich, graduelle Veränderungen zwischen extremen (als ‚reinen') Einstellungen einzubeziehen.

---

[159] Im anthropologischen Spannungsverhältnis der Übergang zwischen Ökonomie und Luxus oder zwischen *Sorge und Genuss*, im erkenntnistheoretischen die wechselseitige Beziehung zwischen den Dimensionen der *Begriffe und Metaphern* in den Sphären der Begrifflichkeit und Unbegrifflichkeit sowie im methodologischen die zwischen *Minimal- und Maximalmethode* als Verfahren der Einschränkung und Erweiterung.

Zweitens werden bestimmte Gefahren für das wissenschaftliche Arbeiten erkennbar, wie etwa die Möglichkeit der Herausbildung eines unerkannten (und unkontrollierten) wissenschaftlichen Alltags, der der beanspruchten Wissenschaftlichkeit im Weg steht. *Drittens* sind genussvolle Praxen als Teil des Alltags nachvollziehbar, die nicht einer einzigen Einstellung folgen, sondern in denen sich möglicherweise alltägliche mit anderen, etwa theoretischen oder ästhetischen Einstellungen verbinden. So würde in die pragmatische Vorstellung vom Alltag, überspitzt formuliert, als ewiger Problembewältigungspraxis unter dem Motiv der Sorge auch das ‚Schöne' mit dem Motiv des Genusses eingehen, wie beispielsweise die Mußigkeit von Freundschaften als Praxis ohne (ausschließlich) instrumentellen Zweck und Nutzen oder auch das unsystematische, passagenhafte Nachdenken über andere mögliche Gesellschaftsmodalitäten und -formen. Mit Blumenberg gesprochen würden wir neben der Bewältigung des *Unvorhersehbaren* durch Umwandlung in Erwartbarkeitsstrukturen außerdem Raum für das *Überraschende* als Schönes in entspannten Situationen lassen, in dem die eigene Freiheit reflektiert werden kann.[160]

Hinsichtlich des *Erkenntnisprozesses* wird bei Blumenberg im genannten Sinne seiner Möglichkeiten und Gefahren dessen *Verfahrensweise* behandelt. In seiner Auseinandersetzung wird die Vorstellung des desinteressierten Beobachters nicht nur im Verhältnis zu ihrer sozial-historischen Lage *historisch* situierbar, sondern darüber hinaus lässt Blumenbergs *theoretische* Konzeption der Denkbewegungen durchaus zu, sie auch *räumlich* zu verorten. Bemerkenswerterweise weist er 1958 in seiner Arbeit über *Epochenschwelle und Rezeption* strukturell rassistische Verkürzungen in der Rezeption des Christentums von Carl Schneider auf, der es als Kontinuierung „der hellenistischen Geisteswelt" verstand.[161] Blumenberg

---

[160] Vgl. Blumenberg. *Theorie der Unbegrifflichkeit*, S. 27–29.
[161] Blumenberg. Epochenschwelle und Rezeption, S. 97–100, hier S. 97. Er beschreibt Schneiders Rezeption als Heraufschreiben eines „Antagonismus zwischen dem im Christentum sich erfüllenden Hellenismus und jener depravierten Form des Christentums, die aus einem Bündnis jüdischer Rudimente mit römisch-stoischem Materialismus und afrikanischer Rabulistik entsteht" (S. 99). Schneiders Rezeptionsweise berge eine Vorstellung vom „Untergang des Christentums in Ägypten", die von einem „abseitigen Provinzialismus" herrührt, den er selbst nicht erklärt (S. 99). Dies führe in eine „eigentümliche Geschichtslosigkeit dieser Geistes‚geschichte'" und bewirke „eine grausame Schwarz-Weiß-Malerei, die sich von Stildifferenzen leiten läßt" (S. 100). Blumenberg versucht daraufhin zu verstehen, „*warum*" Schneider „hier eine solche Antithetik heraustreibt", die darin mündet, dass „wesentlich den Afrikanern zur Last gelegt" wird, was Schneider selbst in seiner Auffassung von „der homogenen Statik des Hellenismus" an Veränderungen des Hellenismus im Übergang zum Christentum nicht erfassen konnte, weil er den Hellenismus im Christentum kontinuiert sehen will. Darüber kommt Blumenberg auf die Aufgabe einer kritischen Quellen-

untersucht insbesondere spezifische (intellektuelle) Interessenlagen, die sich aus den geschichtlichen und theoretischen Problemlagen der Zeit ergeben, ohne sie deterministisch auf diese zu beschränken. Dies wird an den Erläuterungen zum *Kontinuitätsprinzip* deutlich und der Möglichkeit der unter diesem sich latent vollziehenden *Veränderung der Sinnstrukturen*. Blumenberg unterscheidet außerdem die Erkenntnisform *instrumenteller Objektivierungen* als verkürzende Wege des Denkens, die positivistische Wissenschaften mit dem Willen zur Macht verbindet, von einer Form, die dabei nicht stehenbleibt, indem sie zur *sinnlichen Anschauung* ‚umwegig' – unter anderen Bedingungen – zurückkehrt und die bestehenden Objektivationen überarbeitet, d. h. auch anders ausrichten kann. Umwegigkeit, wie sie sich etwa im Begriff der Nachdenklichkeit für Blumenberg ausdrückt, ist für ihn ein humanisierendes Mittel, das es ermöglicht, auch über scheinbar nutzlose oder überflüssige Denkbewegungen sich zu distanzieren von der Logik, die auf eine Reiz-Reaktion tendiert und eben deshalb in ihren Konsequenzen unmenschlich sein muss. Inwiefern die Räumlichkeit des Distanzkonzepts, wie zuvor erarbeitet, Blumenberg interessant macht für soziologische Untersuchungen der (sozialwissenschaftlichen) Erkenntnispraxis, darauf soll im Folgenden eingegangen werden.

5.1.4 Vorläufige Zusammenfassung

Wenn wir die Arbeiten Blumenbergs mit denen von Schütz in Beziehung setzen, können wir einerseits die Alltagswelt über die (Bewältigung der) Sorge hinaus konzeptionell um das Motiv des Genusses erweitern. Andererseits ist die Konzeption der Enthobenheit der Wissenschaft von der Alltagswelt insofern einzuschränken, als dass die pragmatischen Umgangsweisen, rhetorischen Situationen und Mittel mit ihren emanzipatorischen *Potenzialen und Gefahren* bezüglich möglicher Dogmatisierungen für wissenschaftliche Erkenntnisprozesse systematisch mitgedacht werden. Diese können dann anhand ihrer Distanzierungsverhältnisse und -grade in verschiedenen Spannungsfeldern untersucht werden.

---

rezeption, die Schneiders grausame Fehlleistung erklären kann: er ist einer unter dem homogenisierenden Kontinuitätswillen stehenden, rhetorischen (allegorischen) Rezeption des Hellenismus im Christentum selbst auf den Leim gegangen und hat die spezifischen Interessenlagen sowie die Heterogenität der Zeugnisse unter ihrer homogen erscheinenden Oberfläche vernachlässigt. Um es kurz zu machen: er hat nicht gründlich genug gelesen und analysiert (vgl. S. 100–102).

Durch die Fokussierung auf den Vermittlungscharakter sowohl von Begriffsbildung zur Herstellung von *Handlungsfähigkeit* zwischen Menschen als auch von Rhetorik zur Sicherstellung der *Denkbewegung und Handlungsfähigkeit*, richtet sich die Aufmerksamkeit nicht so sehr auf das einzelne Subjekt, sondern die Beziehung *zwischen* Subjekten in ihren Verhältnissen zur Welt. Wenn die verschiedenen Zwischenlagen im Vordergrund stehen, ist die Zentrierung auf Einzelne nicht notwendig, und Kommunikation – wie etwa im Beispiel der Begriffsbildung zur Prävention durch Herstellung und Stellen von Fallen – wird als *gemeinsamer* Akt begriffen. Dieser Akt des Denkhandelns wird weiterhin nicht nur als Herstellung einer gemeinsamen Handlungsbasis untersuchbar, sondern auch als organisiertes Verhalten, nämlich erstens als Etablierung der *Distanzierung von* unmittelbaren Notsituationen, die überdies Zeit verschafft, um sich zweitens Möglichkeiten der *Annäherung an* zunächst unpraktische, aber schöne oder freudvolle Gehalte des Lebens zuzuwenden, die wiederum praktisch im Sinne der Nutzbarkeit für das Alltagsleben werden können. Kommunikation ist funktional gesehen weder ausschließlich auf Transzendenzbewältigung noch auf ihre wirkweltliche Ausrichtung eingeschränkt. Damit wird sie auch in anderen Sinnbereichen abseits der Alltagswelt möglich und kann sich ausrichten an den Regeln und der Logik in diesen, also etwa an einer wissenschaftlichen oder künstlerischen Einstellung.

Es soll an dieser Stelle auf die in diesem Zusammenhang noch einmal bedeutsame Implikation der Vorstellung von *Unmittelbarkeit und Mittelbarkeit* bei Blumenberg für Schütz geblickt werden. Denn wenn wir durch Blumenbergs Distanzkonzept auf eine Wir-Beziehung blicken, dann würde diese nicht als direkte oder „unmittelbare[] soziale[] Beziehung" erscheinen können wie bei Schütz,[162] sondern höchstens als eine *Beziehung relativer Nähe und* eine entsprechend institutionalisierte als Beziehung relativer *Ferne*. Das mag keinen Anschein größerer Differenz zwischen den Positionen erwecken, zeichnet aber in der Konsequenz für einen nicht zu vernachlässigenden Unterschied. Es folgt daraus nämlich, dass mit Blumenberg die Vorstellung von der vollständigen Übereinstimmung der Subjekte hinsichtlich ihrer biografischen und sozialen Situation oder „zwischen ihren Relevanzsystemen" nicht als *Ideal* für das Gelingen einer Kommunikation erachtet werden kann.[163]

Eine so vorgestellte ideale *Identität* der Deutungsweisen in einer Beziehung zwischen zwei Größen,[164] würde für Blumenberg eine Situation der *Unmittelbarkeit* hervorrufen. Was wäre in der Beziehung von Mensch zu Mensch oder Gruppe

---

[162] Schütz. Über die mannigfaltigen Wirklichkeiten, S. 252.
[163] Schütz. Symbol, Wirklichkeit und Gesellschaft, S. 373.
[164] Vgl. Schütz. Symbol, Wirklichkeit und Gesellschaft, S. 365.

zu Gruppe über ein bloßes Gleich-sein noch möglich? Diese Beziehung liefe tendenziell auf *Sprachlosigkeit* hinaus, Kommunikation wäre geradenach unmöglich. Diese Situation müsste angesichts der Distanzlosigkeit Angst und Furcht hervorrufen oder wenigstens die Gefahr der Denk- und Handlungsstarre beinhalten. Das heißt, im Konzept der Menschen als distanzierende Wesen (actio und perceptio per distans) kann gegenseitige Annäherung immer nur bis zu einem gewissen Grad erfolgen, ohne bedrohlich zu werden. Das würde zugleich das Problem bei Schütz lösen, dass das Ideal der Identität in Kommunikationssituationen weder benötigt noch der kommunikativen Beziehung zuträglich gedacht wird.

Kommunikationsprobleme sind für die meisten Fälle (also alle Fälle abseits extremer definitiver Verengung oder willkürlicher Ausdehnung) als leicht lösbare im Rahmen der *alltäglichen* Möglichkeiten angelegt, die die Begriffe und Metaphern bieten. So ist die Begriffsverwendung im Alltag bei Blumenberg, ähnlich wie die Bestimmung des Typus bei Schütz, dadurch charakterisiert, dass er sich kategorial ausnimmt. Das bedeutet, dass der Begriff einen Bedeutungsrahmen vorgibt, innerhalb dessen verschiedene Ausprägungen fallspezifisch zulässig sind. Wir dürfen deshalb annehmen, dass – falls die konkrete Verwendung eines Begriffs von einer Person Irritationen bei einer anderen auslöst – während der Kommunikation relativ problemlos die gegenseitigen Deutungen in Bezug auf den gemeinsamen Fall, also des jeweiligen Gesprächsthemas geklärt werden können. Nach einer solchen Klärung beinhaltet die Kommunikation funktional Mehr als bloße Transzendenzbewältigung aufgrund der Nicht-Identität zweier Subjekte.

5.2 Übergänge zwischen Ökonomie, Kultur, Wissenschaft und Kunst

Im näheren Hinblick auf das Problem der *Übergänge* wollen wir nun abseits der engeren Wege Schütz' und in Anschluss an Peter-Ulrich Merz-Benz' und Gerhard Wagners systematischer Unterscheidung zwischen Kunst und Kultur[165] die Distanzierungsmodi in den Bereichen der Ökonomie, Kultur, Kunst und Wissenschaft einbeziehen, wie sie mit Blumenberg konzipierbar sind.

Merz-Benz und Wagner fassen Kunst zunächst als „besondere[n] Aspekt der Kultur" auf, d. h. als „Diskurs nach bestimmten Regeln, die nicht für die Kultur im Allgemeinen gelten".[166] Demnach teilen Kunst und Kultur zwar das Kriterium der sogenannten „aboutness", insofern beide „über etwas" sprechen und deshalb

---

[165] Merz-Benz und Wagner. Kultur und Kunst.
[166] Merz-Benz und Wagner. Kultur und Kunst, S. 258.

„Symbolcharakter" tragen, jedoch weist die Kunst darüber hinaus eine Unabhängigkeit vom „Nützlichkeitskreislauf" auf, die die Kultur nicht im gleichen Maß für sich beanspruchen kann.[167]

Mit Blumenberg lässt sich in diesem Kontext außerdem erkennen, dass in der Kultur für die Lösung eines Problems zwar der Gebrauchscharakter einer Sache im Vordergrund steht, sich jedoch *mit seiner Bewältigung* auch die Möglichkeit anderer Auseinandersetzungen frei wird, worunter insbesondere ästhetische Praxen fallen. Mit der *Etablierung* einer Sache als gängige Lösung für ein Problem und Mittel zum Zeitgewinn wird diese Möglichkeit zunehmend sichtbar und zugleich unwahrscheinlicher.

Mit Blick in die Geschichte und auf ihre Gebrauchsgegenstände kann dieser Aspekt der Unwahrscheinlichkeit vergegenwärtigt werden. Dazu sehen wir zunächst, in Erinnerung an das Phasenmodell zwischen Selbstverständlichkeit und Krise eines Wirklichkeitsbegriffs, dass die Etablierung einer einmal gebräuchlich gewordenen Sache die Phase ihrer Selbstverständigung markiert. Die Wahrscheinlichkeit, dass diese selbstverständliche Sache als solche zum Gegenstand der Kunst wird, ist geringer (aber niemals unmöglich) als zu einem Zeitpunkt, da die Sache als nicht (mehr) selbstverständlich wahrgenommen wird. Denn mit dem ‚Verlust' der Selbstverständlichkeit, ist ihre Bedeutung weniger festgelegt und kann damit neu verhandelt werden: ihr Sinn kann leichter variiert werden. Die Sache kann demnach ihre Selbstverständlichkeit verlieren, *wenn* ihr praktischer Sinn infrage gestellt ist, so zum Beispiel aufgrund einer neuen Sache, die die vorherige als vorherrschende Gebrauchssache ablöst, da sie das Problem effizienter löst und dadurch vergleichsweise mehr Zeit verschafft. *Dass* eine Sache ihre Selbstverständlichkeit verliert, ist allerdings nicht nur an ihre Ersetzung durch eine effizientere Problemlösung geknüpft. Ihre Bedeutung kann auch abnehmen, wenn sie im Verlauf ihrer Anwendung selbst Probleme zeitigt. Sie mag in dem Fall zwar viel zur Lösung hinsichtlich *eines* Problems beitragen, büßt aber an Selbstverständlichkeit ein, weil sie größere Probleme mitproduziert als sie zu lösen vermag. Diese Lösung kann solch gravierende Folgen hervorrufen, dass eine *neue Situation des Handlungszwangs* entsteht. Damit geht ihr ursprünglicher Sinn verloren, nämlich die Entlastung (Distanz) vom unmittelbaren Handlungsdruck.

Blumenberg verdeutlicht darüber hinaus am Mythos als „Paradefall" einen etwas anderen Übergang von Kultur in Kunst, nämlich indem der Mythos mit der *Erfüllung* seiner kulturellen Funktion (Furcht abzubauen) seine müßige, ästhetische Anschauung ermöglicht.[168] So gesehen kann er in den Bereich der Kunst

---

[167] Merz-Benz und Wagner. Kultur und Kunst, S. 258.

[168] Blumenberg. *Theorie der Unbegrifflichkeit*, S. 27.

5.2 Übergänge zwischen Ökonomie, Kultur, Wissenschaft und Kunst

eintreten, weil er als *Gegenstand* für die Kunst frei geworden ist, nachdem er seine genuine kulturelle Aufgabe erfüllt hat. Hier verliert er seinen ursprünglichen Sinn mit zunehmendem zeitlichem Abstand zur stattgehabten Überwindung der Schreckenssituation. Der Mythos öffnet sich der ästhetischen Verarbeitung oder für den ästhetischen Genuss seiner Geschichte selbst, wenn die Schrecken nur noch ahnungsweise, also nicht mehr als wirkliche Schrecken unmittelbar präsent sind. Wenn die Gründe für die Geschichte gänzlich in Vergessenheit geraten sind, können die Mythen für politische Zwecke und zur Dogmatisierung einer Situation, d. h. zum Aufbau neuer Schreckensbilder genutzt werden. Das entspräche einem Übergang vom Bereich der Kunst in den der Politik. Die Implikationen dieses Übergangs wollen wir an dieser Stelle nicht ausführlicher diskutieren.[169] Ersichtlich ist, dass der Zugang zur Frage nach den Übergängen mittels der inzwischen bekannten, *funktionalen Perspektive* Blumenbergs eröffnet wird. Er geht davon aus, dass mit der Erfüllung seiner Funktion, das Mittel einen anderen Sinn erhalten kann und damit einem anderen gesellschaftlichen Zusammenhang zur Verfügung steht. Die Funktionswechsel der kulturellen Instrumente (sprachliche Begriffe bis hin zu materiellen Dingen) bedingen die Möglichkeit der Übergänge zwischen den Sinnbereichen – hier der Kultur in die Kunst.

Die Distanzkonzeption Blumenbergs, die anhand des Spannungsverhältnisses zwischen Begriffen und Metaphern (*Vermittlungsformen* als Praxen der *Distanzierung* von Situationen der Unmittelbarkeit) und im Verhältnis zu ihren Grenzwerten (Formen des *Distanzverlusts* in Praxen der Annäherung an Situationen der *Unmittelbarkeit*) konstituiert wird, könnte zur Erklärung der „Schnittstelle[n]"-Position beitragen, die die Kultur „zwischen den Bereichen der Kunst und der Nicht-Kunst (der Ökonomie)" einnimmt.[170] Denn mit ihr wird nachvollziehbar, *wie und warum* sich der Übergang von etwas, das zuvor „dem Nützlichkeitskreislauf entstamm[te], nun aber für etwas stehen bzw. ‚über etwas'" sein kann, vollzieht.[171] Dabei wollen wir nicht ausblenden, dass Blumenberg die Unterscheidung zwischen Natur und Ökonomie als Bereiche des *Nützlichkeitskreislaufs* (neben der zwischen Kultur und Kunst als Bereiche des „*symbolische[n]* Kreislauf[s]") nicht in der Klarheit trifft, wie sie von Merz-Benz und Wagner formuliert wird.[172] Diese Differenz bezüglich der Unterscheidung zwischen Natur und Ökonomie würden

---

[169] Vgl. dazu hier Abschn. 4.3.
[170] Merz-Benz und Wagner. Kultur und Kunst, S. 260.
[171] Merz-Benz und Wagner. Kultur und Kunst, S. 260.
[172] Merz-Benz und Wagner. Kultur und Kunst, S. 263; Hervorhebung von mir/CG.

wir jedoch eher als graduelle Differenz denn als Unvereinbarkeit begreifen, da sie nicht prinzipiell gegen das Distanzkonzept spricht.[173]

Als *Gründe für den Übergang* von Gebrauchsgegenständen aus dem Bereich der *Ökonomie in die Kultur* führen Merz-Benz und Wagner folgende zwei an:

> „weil sie entweder *selten geworden* sind oder *immer schon mehr waren,* als bloße Gegenstände der Nützlichkeit; gemeint sind ‚alle die Artefakte, die nicht wegen ihres Gebrauchswerts allein hergestellt wurden, sondern gedacht waren auch als Augenweide und als Verweis auf Unsichtbares'".[174]

Auf zwei Gründe dafür, *warum* etwas selten wird, haben wir bereits hingewiesen. Auch die Auffassung von Gebrauchsgegenständen, die von Beginn an ästhetischen Wert tragen, steht dem Gedanken Blumenbergs zum Begriff nahe, da dieser mit seiner ökonomischen Funktionalität bereits ein ‚Mehr' ermöglicht. Dies kann im Weiteren auch für solche Gebrauchsgegenstände oder -begriffe bedeutsam sein, die zuerst *nur* als solche gelten, d. h. ohne von Beginn an auch als ‚Augenweide' konzipiert worden zu sein. Das Distanzkonzept kann, so soll im Folgenden versucht werden zu begründen, Einblicke gewähren in die Verfahrensweise, durch die etwa solche Gegenstände aus dem Nützlichkeitskreislauf (Natur und Ökonomie) für die Kunst thematisch werden können. Dazu zählt auch der Bereich an sprachlichen Phänomenen, also solchen, die nicht Gegenstände im materialen Sinne sind und trotzdem Übergänge aus der (Ökonomie in die) Kultur in die Kunst vollziehen. Wie „[i]m Zuge dieses Übergangs [] sukzessive von ihrem Nützlichkeitsfaktor abstrahiert [wird]",[175] können wir mit dem Distanzkonzept untersuchen, da hierin die Funktionswandel auf die Übergänge der Sinnbereiche verweisen. Gemeint ist damit der Wandel der Funktionen sowohl von Begriffen, aus denen hergestellte Gebrauchsgegenstände, etwa Fallen sich wie erinnerlich erst entwickeln lassen, d. h. von *sprachlichen Größen* inklusive ihrer rhetorischen Formen (Metaphern und Mythen), als auch von *materialen, technischen Gegenständen*. Durch das Phasenmodell (inklusive dem darin verzeichneten Komplex von Vergessen, Erinnern und Instrumentalisieren) weist eine solche Untersuchung eine *zeitliche* Dimension auf; durch die jeweiligen Spannungsfelder, innerhalb denen sich Menschen in einem historischen Sinnhorizont über ihre sprachlichen und gegenständlichen Artefakte bewegen, beinhaltet sie eine strukturelle, *räumliche* Dimension. Dazu lautet unsere Ausgangsthese: Sobald ein Problem sprachlich oder material gelöst wurde und zu

---

[173] Vgl. Blumenberg. *Theorie der Unbegrifflichkeit*, S. 19–26, hier S. 26.

[174] Merz-Benz und Wagner. Kultur und Kunst, S. 260; Hervorhebungen von mir/CG.

[175] Merz-Benz und Wagner. Kultur und Kunst, S. 260.

5.2 Übergänge zwischen Ökonomie, Kultur, Wissenschaft und Kunst

gewöhnlichen Mitteln im Alltag, also etwa im ökonomischen Bereich geworden sind, die Aufgabe oder Funktion (Problemlösung) erfüllt wurde,[176] werden die Mittel frei, auch anders verwendet, d. h. mit anderem Sinn verbunden und perspektiviert werden zu können.

Nun nennen Merz-Benz und Wagner drei mögliche Übergänge vom Nützlichkeits- in den symbolischen Kreislauf und exemplifizieren sie:

(1) aus dem Bereich der *Natur*, unter die auch zum „Abfall" gewordene „kulturelle Artefakte und sogar Kunstwerke" zählen, über den Bereich der *Ökonomie* in den Bereich der *Kultur* wie die „recyclete Cola-Flasche [...], die für irgendjemand zum Symbol für den so genannten American Way of Life wird";[177]
(2) aus der *Natur* in die *Kultur*, etwa wenn „eine stillgelegte Zeche im Ruhrgebiet" als „Symbol für das industrielle Zeitalter des ausgehenden 19. Jahrhunderts" gilt;[178]
(3) aus der *Natur* in die *Kunst*, darunter fallen zum Beispiel aus Marmor geschaffene Kunstwerke.[179]

Wir wollen nun in Bezug darauf mit Blumenberg drei Gedanken formulieren: erstens zur *Begründung* des Übergangs vom Nützlichkeitskreislauf in den symbolischen, zweitens hinsichtlich eines ergänzenden Beitrags zum *positiven Gehalt des Kunstbegriffs* und drittens zur Auslotung des *Unterschieds im Verständnis des Symbolbegriffs* bei Merz-Benz und Wagner einerseits und bei Blumenberg andererseits.

Die Annahme der *zunehmenden Abstraktion vom Wert der Nützlichkeit* im Übergang vom, die Natur und Ökonomie umspannenden, Nützlichkeitskreislauf zum symbolischen Kreislauf, der die Kultur und Kunst umfasst, kann durch Blumenbergs Distanzkonzept begründet werden mit dem Prinzip der *Vollzugweise dieses*

---

[176] Abseits der Differenzierung verschiedener Problemformen (z. B. einmalig zu lösende Probleme und solche, die immer wieder auftauchen, aber durch Routine der Problemlösung im Sinne Husserls und Schütz' *Und-so-weiter* und *Ich-kann-immer-wieder* gelöst werden) könnten demnach einerseits ihre *Implikationen für mögliche Funktionswandel* bedacht werden. Andererseits kann es Probleme geben, die zwar immer wieder auftauchen, aber eine qualitativ andere Lösung je nach Situation immer wieder neu gefunden werden muss, weil sie sich der Routinebehandlung entzieht. Dann müsste es eine umwegigere Form der Behandlung des Problems geben. Vielleicht könnte es sich in diesem Kontext lohnen, die These einer sich etablierenden, also gewissermaßen ‚gewöhnlichen' *Form metaphorischen Denkens* weiterzuverfolgen.
[177] Merz-Benz und Wagner. Kultur und Kunst, S. 261.
[178] Merz-Benz und Wagner. Kultur und Kunst, S. 261–262, hier S. 262.
[179] Merz-Benz und Wagner. Kultur und Kunst, S. 262.

Übergangs. Diese sahen wir angedeutet an der Problemlösung, die eine Möglichkeit reflexiver Auseinandersetzung auf kultureller und künstlerischer, aber auch wissenschaftlicher Ebene eröffnet. Dabei wäre denkbar, wie wir später noch erläutern, dass die Sinnbereiche eine je eigensinnige Form der Distanzierungspraxis und die der Kunst und Wissenschaft zusätzlich eine Form der erneuten Annäherungspraxis aufweisen.

In Vorbereitung darauf versuchen wir zunächst die *Eigenlogik des Kunstbereichs*, der sich wie erinnerlich durch eigene Regeln von denen der Kultur abhebt, für die weitere Differenzierung von *Kultur* (über die Distanzierungspraxis des Begriffs) und *Kunst* (über die Distanzierungs- und Annäherungspraxis der Metapher) sowie Kunst und *Wissenschaft* (über die Distanzierungs- und Annäherungspraxis der Definition) näher zu bestimmen. Kunst wird als „Bereich des Nutzlosen" bzw. „als Sphäre des Zweckfreien" gegen den „Bereich des Nützlichen", den der „Zweckdienlichkeit" und so von der Ökonomie abgegrenzt.[180] Wie Merz-Benz und Wagner mit Rückbezug auf Pierre Bourdieu erklären, ist die Unabhängigkeit von der ökonomischen Logik das Kennzeichen dieser Nutzlosigkeit.[181]

Mit Blumenberg können wir versuchen, dieser negativen Bestimmung der Kunst (die Abwesenheit ökonomischer Logik) einen *positiven Gehalt* mit seiner These von der müßigen, sinnlichen Rückkehr zur Welt unter anderen Bedingungen ergänzend zur Seite zu stellen. Wenn es stimmt, dass mit der Sicherung der ökonomischen Organisation der Selbsterhaltung *Zeit* für andere Tätigkeiten geschaffen wird, die sich nicht der instrumentellen Objektivierung unterwerfen müssen, dann kann sie dazu genutzt werden, sich *der Welt unter entspannten Bedingungen sinnlich zuzuwenden*. Kunst wäre dann eine Form der müßigen Auseinandersetzung mit der Welt, darunter auch mit gesellschaftlichen Verhältnissen. Ihre Bedingung ist ein Umschwung weg von der notwendigen Bewältigung des Unvorhersehbaren hin zur aufsuchbaren *Überraschung*. Die Metapher stellt dabei ein Übergangsmittel von der Kultur zur Kunst dar, insofern sie sich *(1)* zur Entdogmatisierung eignet und *(2)* „auch ein ästhetisches Medium" ist, da sie „die Negation nicht [kennt]", sodass es mit ihr *(3)* möglich ist, „uns unsere Freiheit" zu „reflektieren".[182] Sie tendiert insbesondere zur Kunst, weil sie in einem Modus der „Ausschweifung" verfährt und deshalb auf *Heterogenität* angelegt ist, die es verhindert, sie auf eine definitive Deutungsweise festzulegen.[183] Hinsichtlich der ästhetischen Qualität der

---

[180] Merz-Benz und Wagner. Kultur und Kunst, S. 259.

[181] Vgl. Merz-Benz und Wagner. Kultur und Kunst, S. 259.

[182] Blumenberg. *Theorie der Unbegrifflichkeit*, S. 28, S. 76 und S. 89; Hervorhebung von mir/CG.

[183] Blumenberg. *Theorie der* Unbegrifflichkeit, S. 88. Die wissenschaftliche Denkform stellt

5.2 Übergänge zwischen Ökonomie, Kultur, Wissenschaft und Kunst

Metapher formuliert Blumenberg dazu interessanterweise konkret als ein Teil der Behandlung der (Theorie der) Unbegrifflichkeit die Aufgabe, „zu beschreiben und zu erklären [...], wie das Ästhetische in seiner Gesamtheit aus dem metaphorischen und mythischen Substrat hervorgeht".[184] In der Wissenschaft dagegen werden Metaphern und Mythen als Hilfsmittel gebraucht, um einen (drohenden) Abbruch der Reflexion, also Denkstarren zu verhindern, indem sie eine Regel zur Reflexion bereitstellt. Metaphern geben der ins Stocken geratenen Denkbewegung eine Orientierung zur Ausrichtung des weiteren Denkens. Wir wollen mit der Zusammenfassung der bisherigen Ausführungen eine Erweiterung der, von Merz-Benz und Wagner eingeführten, Bestimmung der *Diskursregeln der Kunst* versuchen.

Mit dem konstitutiven Kriterium der Zweckfreiheit beginnend, können wir sagen, dass die Kunst als sinnliche Rückkehr zur Anschauung der Welt unter entspannten Bedingungen das *Überraschende* aufsucht. Ihre Verfahrensweise besteht demnach aus *unnützer Variation* gesellschaftlicher Themen, insofern sie sich der Nützlichkeitsperspektive entzieht und dadurch *ungewöhnliche* Variationen der Konfigurationen des konventionellen Diskurses wagen kann. Diese eigensinnige *metaphorische Perspektivierung* ruft Irritationen hervor, indem sie sich gewissermaßen quer zum ökonomischen und kulturellen Diskurs legt, woraus sich ihre (erst einmal nicht bedrohliche, weil unnütze) Überraschungsqualität ergibt. Anders formuliert irritiert und überrascht diese ästhetische Perspektive, gerade weil für sie konstitutiv ist, dass sie sich dem Gewöhnlichen, darunter Ökonomischen widersetzt. Sie kann einerseits – *mit Blick auf die Nützlichkeitssphäre* in sinnlicher Annäherung – eine Instanz der *Kritik* am jeweiligen ökonomischen Diskurs darstellen und andererseits – durch *einen von der Sphäre der Organisation von Erwartbarkeiten abgewandten Blick* (als weitere Distanzierung) auf ganz andere und somit heterogene, darunter insbesondere *freiheitliche Sinngehalte* verweisen. Die Kunst leistet eine andere Perspektivierung des gewöhnlichen Diskurses und schafft, ganz im Sinne des symbolischen Kreislaufs, eine reflexive Vermittlung gesellschaftlicher Verhältnisse auf höherer Stufe.[185]

Weil sie eine reflexive Vermittlungsform darstellt, wollen wir kurz darauf eingehen, inwiefern sie sich von Wissenschaft unterscheidet. Unter *Kunst* verstehen wir eine Praxis der sinnlichen Rückkehr zur Anschauung unter entspannten Bedingungen, die sich durch die *Heterogenisierung* der Perspektiven auszeichnet. Sie wird mit ungewöhnlichen Variationen gesellschaftlicher Konfigurationen gewonnen, für

---

dagegen, wie im weiteren Verlauf noch gezeigt werden soll, nicht *primär* auf eine solche ausschweifende Form der Heterogenität ab.

[184] Blumenberg. *Theorie der* Unbegrifflichkeit, S. 28.
[185] Vgl. Merz-Benz und Wagner. Kultur und Kunst, S. 263–264.

die sich Metaphern besonders anbieten. Unter *Wissenschaft* begreifen wir zwar auch eine Praxis der sinnlichen Rückkehr zur Anschauung unter entspannten Bedingungen, jedoch weniger im Zeichen der Metapher als vielmehr des Begriffs. Wissenschaft als reflexive Praxis der Distanzierung von der Logik der Ökonomie verfährt weniger ausschweifend, vielmehr mittels kontrollierter Begriffsbildung. Diese unterliegt einer höheren Begründungslast als sie im Alltag notwendig ist, weshalb sie höchst *selektiv* vorgehen muss und sich durch *Negationen* auszeichnet. Da, wo die Metapher keine Negation kennt, nimmt der Begriff sie kategorial vor.

Die Tendenz der Begriffsbildung, wenn sie sich der wissenschaftlichen Begründungslast ausgesetzt sieht und deshalb ein *Präzisierungsverfahren* durchläuft, geht in Richtung der *Definition*, die so eindeutig wie möglich sein will.[186] Metaphern lassen dagegen dieses Maß an Vereindeutigung und Festlegung nicht zu. Sie sind aber auch für die Wissenschaft in Verlegenheitssituationen zulässig, besonders wenn sich mit *Ideen* auseinandergesetzt wird, die sich nicht vollständig begrifflich bestimmen lassen (in der Sphäre der Unbegrifflichkeit), oder wo die *Definitionen* so sehr verengt wurden, dass sie drohen *mystisch* und dadurch dogmatisch zu werden. Für die Verhinderung von Mystik oder Dogmatik in der Wissenschaft steht neben der Regel der *Vertretung* (Verfahren der Begriffsbildung) und *Wortersetzungs*regel (Verfahren der Definition) eine *Regel zur Reflexion* zur Verfügung, sofern keine andere wissenschaftliche Methode dem Forschungsvorhaben adäquat ist.[187]

In diesem Zusammenhang wollen wir auf den dritten Aspekt eingehen und die *Differenzen in der Verwendung des Symbolbegriffs* bei Merz-Benz und Wagner zu der von Blumenberg klären, bevor wir schließlich zusammenfassend auf das Verhältnis von Ökonomie, Kultur, Wissenschaft und Kunst eingehen. Das Symbol, die Bezeichnung der „aboutness" wird von Merz-Benz und Wagner im Sinne von „Wahrzeichen, Sinnbild" gebraucht und drücken einen Verweisungscharakter aus.[188] Symbole „weisen demnach über sich hinaus, indem sie Veräußerlichungen sind, Veräußerlichungen ‚von etwas', und sich einfügen in das Verhältnis von Signifikans und Signifikat".[189] Dagegen impliziert der Symbolbegriff bei Blumenberg,

---

[186] Zur Bestimmung des sozialwissenschaftlichen Begriffs und ihrer Begründungslast vgl. die Ausführungen von Merz-Benz und Wagner. *Idealtypus und Verstehen*, S. 53 und S. 57–58. In Vorbereitung auf Unterschiede und Gemeinsamkeiten einer Typologie, wie sie Blumenberg andeutet, und der Max Webers, siehe hier Kap. 2.

[187] Vgl. Blumenberg. *Theorie der Unbegrifflichkeit*, S. 37.

[188] Merz-Benz und Wagner. Kultur und Kunst, S. 258.

[189] Merz-Benz und Wagner. Kultur und Kunst, S. 258.

5.2 Übergänge zwischen Ökonomie, Kultur, Wissenschaft und Kunst

dass ebenjener Verweisungscharakter nicht mehr erkennbar ist, d. h. zwischen Signifikans und Signifikat besteht im Symbol keine Distanz mehr. Symbolisierung erwirkt die *Identifizierung* von Signifikans und Signifikat, es setzt sie in Eins, was im Distanzkonzept bedrohliche Konsequenzen haben muss, weil sie dazu führen kann, Wirklichkeit und das sie symbolisierende Bild miteinander zu verwechseln (Unmittelbarkeit durch aufgehobene Distanz). Zwischen Signifikans und Signifikat besteht in diesem Verständnis keine erkennbare oder nachvollziehbare Relation mehr, wodurch der Sinngehalt des Symbolisierten verloren ginge.[190] Dieser Vorgang steht in strukturellem Zusammenhang mit dem zuvor behandelten Verfahren der *Simulation*, das der politischen Instrumentalisierbarkeit des Symbols zugrunde liegt. Blumenberg spricht davon, dass durch unbegründbare Gleichsetzungsakte eine „Mobilisierung und Übertragung archaischer Affekte" erreicht werden kann, die für ganze Gruppen fatal sein können.[191] Mit Blumenbergs Blick stellen die angeführten Beispiele für die Beziehung etwa von der Cola-Flasche zum American Way of Life oder die der stillgelegten Zeche zum industriellen Zeitalter des ausgehenden 19. Jahrhunderts, sofern die Einsicht in den relationalen Charakter zwischen dem jeweiligen Signifikans und Signifikat bestehen bleibt, deshalb eher einen Ausdruck metaphorischen denn symbolischen Sinngehalts dar.

Kommen wir abschließend noch einmal zur *Kultur* im Verhältnis zur Kunst zurück, um zu sehen, welche diskursive Regel oder Distanzierungspraxis ihr in der Position *zwischen Ökonomie und Kunst* aus Blumenbergs Sicht zugeordnet werden kann und warum. Die Begriffsbildung stellt bei Blumenberg *erstens* ein Mittel zur Organisation der Selbsterhaltung (Ökonomie), d. h. zur Herstellung der Handlungsfähigkeit als instrumentelle (nutzenorientierte) Objektivierung dar. *Zweitens* wird mit der Erfüllung ihrer Funktion der Begriff einerseits in dieser Funktion weiter bestehen können, er kann sozusagen hinsichtlich des ökonomischen Ziels als gängiges Mittel etabliert und zur Routine, also selbstver-

---

[190] Vgl. Blumenberg. Paradigmen zu einer Metaphorologie, S. 123–125; Blumenberg. Anthropologische Annäherung an die Aktualität der Rhetorik, S. 121.
[191] Blumenberg. Wirklichkeitsbegriff und Wirkungspotenzial des Mythos, S. 347. Diese Auffassung der Symbolisierung ist der von Löwenthal in den Antisemitismus-Studien strukturell ähnlich trotz ihrer methodologischen Unterschiede. Löwenthal erarbeitet in diesen den Vorgang der antisemitischen Symbolisierung (Löwenthal, Leo. 1945/1982. Vorurteilsbilder. Antisemitismus unter amerikanischen Arbeitern. In *Schriften, Band 3: Falsche Propheten. Studien zum Autoritarismus*. Frankfurt am Main: Suhrkamp, S. 177–237; Zur geschichtlichen Entwicklung des Antisemitismus vgl. Löwenthal, Leo. 1943/2000. Brief an Herbert Marcuse. In *Das Utopische soll Funken schlagen ... Zum hundertsten Geburtstag von Leo Löwenthal*, hrsg. Peter-Erwin Jansen. Frankfurt am Main: Klostermann, S. 101–114).

ständlich werden (wodurch wieder ein Stück Distanz verloren geht), und andererseits öffnet er sich in diesem Moment potenziell für andere Sinngehalte. Wir könnten sagen, dass die Fälle, in denen *zusätzlich* zur reinen Zweckdienlichkeit der Verwendung und Ausgestaltung der Begriffe und der durch sie ermöglichten Gebrauchsgegenstände und Techniken weitere Funktionen hinzutreten, zum Kulturbereich gehören (so kann eine Teekanne nicht nur praktisch, sondern auch ästhetisch ansprechend gestaltet werden). Dies würde der Konzeption der Kultur von Merz-Benz und Wagner als Schnittstelle entsprechen und Blumenbergs Konzept der Ökonomie, zu der er implizit die Kultur auch zählt, differenzieren. Umgekehrt würden damit nun bestimmte Formen der Denkbewegung, die Blumenberg ausarbeitet, den Bereichen der Ökonomie, der Kultur, der Wissenschaft und der Kunst als typische zugeordnet werden können. Dies wollen wir im Folgenden versuchen zusammenzufassen.

(1) *Ökonomie – Distanzierungspraxis der Begriffsbildung in instrumenteller Hinsicht*
Im Bereich der *Ökonomie* kann die *Begriffsbildung* als Praxis der Distanzierung von unmittelbaren Handlungsdruck (etwa im Falle der baren Existenzsicherung) gelten, wobei sie darin *eingeschränkt* ist auf die Funktion der *instrumentellen* Objektivierung Diese Form der Begriffsbildung dient der Herstellung von Handlungsfähigkeit zum Zweck der Prävention (Herstellung von Erwartbarkeiten) und ist damit auf den Bereich der Organisation der Selbsterhaltung und ihrer ‚Optimierung' (Behauptung) beschränkt.

(2) *Kunst – Distanzierungspraxis der Metaphorik in kritischer und freiheitlicher Hinsicht*
Wie oben ausgeführt, kann die Metaphorik als Form der ausschweifenden Variation gewöhnlicher Diskurskonfigurationen in Richtung der Kritik und Freiheit dem Bereich der Kunst zugeordnet werden.

(3) *Kultur – Begriffliche Distanzierungspraxis zwischen instrumenteller und unnützer Hinsicht*
Darüber hinaus wäre der *Begriff*, wenn er, wie im Alltag, keinem besonderen Begründungsdruck unterliegt, eine Form der kategorialen (typischen) Bestimmung unserer ‚Welt', die es im Modus des „als ob" ermöglicht, über etwas zu sprechen, als ob es anwesend wäre, obwohl es räumlich und/oder zeitlich abwesend ist.[192] Er ist damit die Form der alltäglichen Kommunikation, die sowohl Planbarkeit und Koordinierung als auch über die instrumentelle Orientierung hinaus etwa unnütze Freundschaftsgespräche etc. möglich macht. Damit

---

[192] Blumenberg. *Theorie der Unbegrifflichkeit*, S. 9.

kann der *funktional nicht festgelegte, variationsfähige* Begriff als typische Distanzierungspraxis des Kulturbereichs gelten. Er wird von Blumenberg dem Typusbegriff von Schütz ganz ähnlich definiert. Er muss *weit genug*, d. h. vergleichsweise vage gefasst sein, um nicht nur einen einzelnen Spezialfall erfassen zu können wie etwa ein Name nur die Identität eines besonderen Menschen ausdrücken kann, *und zugleich eng genug* angelegt sein, damit er nicht willkürlich alles und also nichts bezeichnet, d. h. um sich von anderen Begriffen unterscheiden zu können. Deshalb bezeichnet er ihn auch als „Klassifikation"[193] und schreibt:

> „Insofern ist [...] das Ideal der Deutlichkeit des Begriffs das seiner Beziehung auf die *Elastizität des Spielraums, in welchem ein* konkret wahrgenommenes oder vorgestelltes *Wesen noch zu all dem zugelassen werden soll, was* an Einstellungen und Vorkehrungen *handlungstypisch aus der Erfahrung angelegt, präpariert, präfiguriert ist*".[194]

(4) *Wissenschaft – Distanzierungspraxis in definitorischer und freiheitlicher Hinsicht*

Weil der Begriff einer höheren Begründungslast unterliegt, wenn er wissenschaftlich verwendet wird, tendiert die diskursive Regel oder Distanzierungspraxis der *Wissenschaft* auf die *Definition*. Hinsichtlich bestimmter Ideen, wie die von ‚der Welt', dem Ich, der Freiheit und auch von ‚der Gesellschaft', die sich wie erinnerlich der vollständigen, definitiven Bestimmung entziehen, braucht die Wissenschaft allerdings Verfahren, die es ermöglichen, sich diesen Ideen auf andere Weise zu nähern als über das definitorische Ausschlussverfahren. Es ist damit eine Denkpraxis *zwischen* der Sphäre der Begrifflichkeit *und* Unbegrifflichkeit bezeichnet, wir könnten auch sagen *zwischen* terminologischer *Wissenschaft und Kunst*, die sich einer Definition annähern und sie metaphorisch oder gar mythologisch variieren können muss, um ihre Begriffe nicht zu vereinseitigen, wo sich die Idee der Eindeutigkeit entzieht. Dies betrifft in besonderem Maß die Philosophie, weil sie sich mit diesen Ideen vor-

---

[193] Blumenberg. *Theorie der Unbegrifflichkeit*, S. 12. Er meint darunter folgendes: „Er muß zwar Deutlichkeit genug besitzen, um Unterscheidungen von dem ganz und gar nicht Einschlägigen treffen zu können, aber seine Ausschließlichkeit darf nicht die Enge besitzen, die der Name für den Bezug auf das Individuum und [...] seine Identifizierbarkeit haben muß. Insofern ist der Begriff das Instrument nicht so sehr eines der Erinnerung fähigen als eines auf Prävention eingestellten Wesens: es sucht zu bewältigen, was noch gar nicht unmittelbar ansteht".

[194] Blumenberg. *Theorie der Unbegrifflichkeit*, S. 12; Hervorhebungen von mir/CG.

nehmlich befasst; jedoch kann sie auch in den Sozialwissenschaften vor dem Hintergrund, dass die Vorstellungen von diesen Ideen rückwirken auf gesellschaftliche Ordnungsvorstellungen, nicht außenvor gelassen werden. Davon zeugen nicht zuletzt die Arbeiten Blumenbergs, wie etwa zu *Paradigmen zu einer Metaphorologie, Arbeit am Mythos* sowie zur *Legitimität der Neuzeit* und *Genesis der kopernikanischen Welt*.

5.3 In Vorbereitung einer Rückkehr – Resümee einiger Bedingungen

Wir konnten in soziologischer Hinsicht einen Ergänzungsversuch zur theoretischen Konzeption der *Übergänge zwischen Sinn- und gesellschaftlichen Funktionsbereichen* machen. Den Anstoß gab uns Alfred Schütz' phänomenologische Perspektive auf diese Übergänge und ihre Problematik, zu der wir mit drei Aspekten Bezug nahmen: erstens stellen wir der Sorge, Schütz' Grundmotiv sozialen Handelns, den *Genuss* zur Seite, wodurch zweitens *Kommunikation* von Beginn an auch konzeptionell außerhalb des Sinnbereichs des Alltags eingebunden ist. Damit ist der Versuch vorbereitet, die prinzipielle *Ungeschlossenheit* der Sinnbereiche theoretisch zu konkretisieren, was sich schließlich im Fokus auf die *Übergangsmodi* zwischen den nun als gesellschaftliche Funktionsbereiche betrachteten Sinnprovinzen ausdrückt, die wir als *spezifische Distanzierungsweisen* der Ökonomie, Kultur, Wissenschaft und Kunst von den unmittelbaren Notwendigkeiten des Überlebens verstehen.

Bevor wir einen tentativen Ausblick auf einzelne Forschungsdimensionen und damit auf Potenziale einer metaphorologischen Rezeptionsgeschichte für die Soziologie in Anschluss an Blumenberg wagen, sollen die Formen der Distanzierungspraxen resümiert werden, wie sie sich im Nachgang der bisherigen Überlegungen, besonders im vierten und fünften Kapitel, verstehen lassen können.

Zeitlichkeit räumlich gedacht – Distanzierung durch Vergessen und Erinnern

Wirklichkeitsbegriffe als Ausdrücke geschichtlich situierbarer (typischer wie untypischer) Welt- und Selbstverhältnisse sind in ein zeitliches Spannungsfeld zwischen naturalisierter Selbstverständlichkeit und absoluter Fragwürdigkeit eingebettet. Distanzierung wird gedacht als Praxis weg von der Dringlichkeit einer geschichtlichen Problemlage, in der wenigstens ein Teil des Selbstverständlichen fraglich und problematisch für eine Praxis auf Basis der Idealisierung eines *Und-so-weiter* wurde. In solchen Situationen ist also *Weiteres* nötig, um danach wieder

5.3 In Vorbereitung einer Rückkehr – Resümee einiger Bedingungen

(bis auf Weiteres) wie gewohnt verfahren zu können. Diese Lösung von der Dringlichkeit erfolgt sprachlich und material-technisch. Diese instrumentellen Abstandsmittel können durch ihre Etablierung als gewöhnliche Lösungen selbstverständlich werden, indem sie sich als pragmatisch gangbare Verfahrensweisen bewähren. So werden sie in den unhinterfragten Wirklichkeitsbegriff als Teil der Selbstverständlichkeiten integriert. Hierdurch in Gang gesetzt wird ein anderer Distanzierungsprozess, nämlich das *Vergessen* um die spezifischen Hintergründe, vor denen die Lösungen (Begriffe, Geschichten, materiale Techniken oder auch wissenschaftliche Methoden) entwickelt wurden. Ohne ihre Entstehungs- und Entwicklungsgeschichte permanent aktualisieren zu können, wird an ihnen präzisierend oder variierend weitergearbeitet. Unter den Bedingungen ihrer Weiterentwicklung sowie unter den mit ihnen sich wandelnden Interessenlagen, können sich neue Problemlagen ausbilden und dringlich werden.

Der Prozess des fraglich-Werdens bedeutet eine zunehmende Unvereinbarkeit des bestehenden Wirklichkeitsbegriffs mit den Erfahrungen, die unter seinen Ansprüchen gemacht werden. Sie passen zunehmend nicht mehr in einen durch immer weitere Präzisierung zu eng gewordenen Wirklichkeitsbegriff, sie finden darin keinen Platz mehr. Dadurch kann eine Situation der Sprachlosigkeit entstehen, in deren Folge der Wirklichkeitsbegriff *grundsätzlich* infrage gestellt ist. Es wird in diesem Fall sichtbar, dass bestimmten Erfahrungsgehalten, die bisher unter dem bestehenden Wirklichkeitsbegriff als unwirklich aus ihm ausgeschlossen wurden (Negationen), aufgrund inzwischen eingetretener Erfahrungen, die ihm selbst widersprechen, nun doch ein Wirklichkeitsgehalt zugesprochen werden muss.

In einer solchen Situation werden zunächst rhetorische Mittel zur Überbrückung notwendig, die beim Neuordnungsprozess Orientierung schaffen, um weiterdenken und -handeln zu können. Sobald sich unter diesem neuen Erfahrungs- und infolgedessen Sinnhorizont eine ihm provisorisch angemessene Sprachlichkeit entwickelt hat, wird zu fragen sein, wie mit den rhetorischen Mitteln umgegangen wird, wie sie weiterverwendet werden. Werden die provisorischen Begrifflichkeiten überarbeitet oder werden sie tendenziell verabsolutiert? Die Folgen der Naturalisierung rhetorischer Mittel verdeutlicht Blumenberg an der politischen Instrumentalisierung von Mythen. Weil sie rhetorische Mittel sind, ist jedoch, Blumenberg zufolge, die Möglichkeit immer mitgegeben, sie auch als Provisorien im Sinne des vernünftigen Arrangements mit der Vorläufigkeit der Vernunft erinnern zu können. Dazu ist es notwendig, sich mit ihnen ausführlicher ins Benehmen zu setzen, wenn die unmittelbar anstehenden Probleme bewältigt wurden. In rhetorischen Umgangsformen ist sozusagen immer ein Salzkorn beinhaltet, welches erkannt werden kann.

Anthropologische und politische Distanzierung zwischen Sorge und Genuss
Blumenberg begründet anhand seines anthropologischen Verständnisses von Menschen als Wesen der *actio* und *perceptio per distans* die Möglichkeit, ökonomische Praxen zur Distanzierung von fürchterlichen oder beängstigenden Sorgen zugleich als Vorbereitung einer sorgloseren Praxis der Annäherung an die Welt unter eigenen Bedingungen zu erfassen. Die ökonomischen Distanzierungspraxen, die am Phänomen der Prävention als instrumentelle Objektivierungen konzipiert werden, dienen einerseits der Gewährleistung von Sorglosigkeit und bieten damit andererseits Möglichkeiten für genussvolle Praxen. Die unter präventiver Hinsicht angewandten sprachlichen und technischen *Mittel* zur Entfernung von Situationen der Unmittelbarkeit können dann insbesondere als *Gegenstände* der Kunst *vermittelt* zurückkehren. Unter anderen Gesichtspunkten werden sie perspektiviert, sodass sie auf ungewöhnliche Weisen reflektiert werden können. Diese „Rückkehr zur vollen Sinnlichkeit unter den Bedingungen des Rückkehrenden" dient der Reflexion der eigenen Freiheit.[195]

Die umgekehrte Richtung von der vermittelten Anschauung hin zur erneuten Situation erschreckender Unmittelbarkeit haben wir zuvor an möglichen Umgangsweisen mit Wirklichkeitsbegriffen behandelt. Diese reichten von der *Leichtigkeit* über die *Ernsthaftigkeit* bis zum *äußersten Ernst*. Den Prozess (‚*zurück*') in eine Situation der Unmittelbarkeit müssten wir allerdings als einen regressiven Prozess erkennen, basiert er doch auf der Voraussetzung, zuvor bereits *eigene* Bedingungen etabliert zu haben. Wir wollen dazu an Blumenbergs Formulierung zur *Arbeit am Mythos* erinnern, in der er die Situation der Unmittelbarkeit als „Absolutismus der Wirklichkeit" unterscheidet von einer, die *nach der Depotenzierung* dieses Absolutismus erneut hervorgerufen wird.[196] Die ‚erste' Distanzierung, d. h. diejenige vom Absolutismus der Wirklichkeit, in dem Menschen „die Bedingungen" der eigenen „Existenz annähernd nicht in der Hand hatte[n] und, was wichtiger ist, schlechthin nicht in [ihren Händen] glaubte[n]", ist nämlich keine, die einmal vollzogen automatisch gewährleistet, nicht „auf die Stufe der Ohnmacht, gleichsam in die archaische Resignation, zurückzusinken".[197]

Zwei Konsequenzen ergeben sich aus dieser Konzeption der Distanz, nämlich dass die „Leistung der Distanz", das „Vergessen" der ersten furchtbaren Schrecken sowohl die „Bedingung für alles" ist, „was diesseits des Schreckens, des Absolutismus der Wirklichkeit, möglich wurde" als auch „dafür, daß der Heimkehrwunsch in

---
[195] Blumenberg. *Theorie der Unbegrifflichkeit*, S. 27.
[196] Blumenberg. *Arbeit am Mythos*, S. 9.
[197] Blumenberg. *Arbeit am Mythos*, S. 9 und S. 15.

die archaische Unverantwortlichkeit der schlechthinnigen Preisgabe an Mächte, denen [...] nicht widerstanden zu werden braucht, an die Oberfläche des Bewußtseins zu dringen vermag".[198] Blumenberg weist daran zwei zu *jedem* Zeitpunkt mögliche Richtungsmöglichkeiten auf, die Menschen mit der Distanz zur Unmittelbarkeit einschlagen können: eine emanzipatorische und regressive. Da Blumenberg selbst die menschliche Situation „[i]mmer schon" als „diesseits des Absolutismus der Wirklichkeit" konzipiert und somit seine (Theorie-)*Figur* des Absolutismus der Wirklichkeit ‚nur' zur Verdeutlichung der Differenz zwischen den beiden möglichen Richtungnahmen einführt, und zwar als rhetorisch gemeinten „*status naturalis*", den es *nicht* gibt, weist er auf das kritische Potenzial in seinen Arbeiten hin.[199] Dieses haben wir sowohl hinsichtlich des Begriffs der quellenkritischen Rezeptionsgeschichte als auch hinsichtlich der politischen Konsequenzen des wortwörtlich-Nehmens von Metaphern, indem sie symbolisch verwandt werden, und Mythen, sofern sie dogmatisiert werden (mittels der Präfiguration und der sie unterstützenden Simulation), aufzuzeigen versucht. Etwaige Instrumentalisierungen rhetorischer Mittel stehen demnach immer in Bezug zu den durch sie erwirkten Ident-setzungen, die darauf basierend quasi-natürliche Unmittelbarkeiten suggerieren. Wir dürfen überdies daran erinnern, dass Blumenberg die Verwirklichung einer menschlichen Qualität erst in der Wahrnehmung der Möglichkeiten des Hinausgehens über die Objektivierung sieht: „Die Objektivität ist noch nicht die Endgültigkeit der Dissoziation vom Tier".[200] Die Kunst gehört immanent zum Humanen – und damit auch in den Bereich der Soziologie: „Welt zu haben, ist immer das Resultat einer Kunst, auch wenn sie in keinem Sinne ein ‚Gesamtkunstwerk' sein kann. Davon eben ist unter dem Titel ‚Arbeit am Mythos' etwas zu beschreiben".[201]

Die Bewegung des Denkens und ihre Methoden
Ein Erkenntnisprozess beinhaltet Distanzierungs- und (Wieder-)Annäherungspraxen unter eigenen Bedingungen. Wir können nun bezüglich dieses Prozesses, in dem Erkenntnisse zwischen der Sphäre der Begrifflichkeit und Unbegrifflichkeit mit ihren Mitteln der Begriffsbildung und der Metaphorik gewonnen werden können, etwas zu den gegenseitigen Hilfestellungen des Begriffs für die Metapher und vice versa sagen.

Die Tendenz des Begriffs auf die Ausschließlichkeit unter dem Anspruch seiner Präzision lässt die Gefahr des Umschlags des Begriffs in die symbolhafte *Mystik*

---

[198] Blumenberg. *Arbeit am Mythos*, S. 15.
[199] Blumenberg. *Arbeit am Mythos*, S. 15 und S. 9.
[200] Blumenberg. *Theorie der Unbegrifflichkeit*, S. 15.
[201] Blumenberg. *Arbeit am Mythos*, S. 13.

erkennen, dem die Metapher entgegenwirken kann. Mit ihr kann es gelingen, sich von dieser (identitären) Enge zu distanzieren, die den Begriff in die Sinnlosigkeit treiben würde. Sie ist ihm ein Mittel zur erneuten Relationierung mit anderen Sinngehalten durch die veranschaulichende Reflexion der durch den Begriff bezeichneten Abstrakta. Umgekehrt hilft der Begriff der Metapher, wenn sie droht, in die Beliebigkeit der Allegorie umzuschlagen, die durch die Selektion im Verfahren der Präfiguration politisch instrumentalisierbar ist und als Simulation bezeichnet wurde. Denn der Begriff distanziert aufgrund seiner Forderung nach (unbeliebiger) Präzision die Metapher von der *Willkür*.

Wir haben des Weiteren gesehen, dass die Begriffsbildung hinsichtlich des Nachvollzugs empirischer Phänomene seine angemessene Verwendung findet und die Metaphorik bei der Annäherung an unanschauliche Ideen Orientierung bieten kann. Mithin können wir von einem Raum *vernünftiger Denkbewegungen* sprechen, welcher sich vom Pol der *Definition* über den *Begriff* und die *Metapher* hin zum Pol der *Mythologie* erstreckt. Die Definition als Wortersetzungsregel ähnelt dem Verfahren der (formalen) *Gleichung*, während der Begriff im Modus des ‚*als ob*' als Regel der Vertretung verfährt. Er vertritt abwesende Größen gedanklich, sodass über sie nachgedacht werden kann, als ob sie anwesend seien. Als Reflexionsregel verweist die Metapher dagegen im Modus des ‚*durch sich hindurch*' auf etwas anderes (insbesondere Ideen) und die Mythologie verfährt im Modus der umwegigen *Erzählung* ‚über etwas'. Das mythologische Mittel dient in Drucksituationen, in denen über Forderungen nach Letztbegründungen nicht ohne Weiteres hinweggegangen werden kann, der Vermittlung und Entlastung von unbegründbaren Herkünften oder vermeintlichen Wesenskernen einer Sache. Es ermöglicht die narrative Ablenkung von dieser Sackgasse und eröffnet hinsichtlich der Sache (bestenfalls) erkenntnisfördernde Umwege.

Für einen vernünftigen Erkenntnisprozess, der weder ohne streng begriffliche Distanzierungspraxen noch rhetorische Mittel der Metaphorik und Mythologie auskommen kann,[202] setzt Blumenberg grundsätzlich die Fähigkeit zur Bewegung, also die Beweglichkeit des Denkens voraus, die er im Distanzkonzept räumlich zwischen zwei Grenzwerten verortet. Eine ihm angemessene *Methodologie* entspannt sich zwischen Minimalmethode, abzielend auf die Definition für Phänomene im Bereich der Praxis, und Maximalmethode, die die Variation hinsichtlich der theoretischen Ideen zum Inhalt hat, insbesondere für Vorstellungen etwa von Ich, Welt, Raum, Zeit, Freiheit oder Gesellschaft. Die interdependenten begrifflichen und metaphorologischen Distanzierungs- und Annäherungs*richtungen* sind

---

[202] Es sei denn, er wird ausschließlich auf den Bereich der instrumentellen Objektivierung beschränkt, was jedoch auch einen Abbruch des Reflexionsprozesses bewirken würde.

so einerseits die *Einschränkung* in der Minimalmethode und andererseits die *Ausdehnung* in der Maximalmethode.

Ausblick
Wir können von hier aus ein ‚Programm' erahnen, das wir vorläufig eine metaphorologische Rezeptionsgeschichte nennen wollen. Für die Untersuchung intellektueller Denkbewegungen hinsichtlich ihrer Verhältnisse zu den jeweiligen sozialhistorisch vorherrschenden Wirklichkeitsbegriffen (Welt- und Selbstverhältnissen) ergeben sich mehrere Elemente, die in sie eingehen könnten. Bei Blumenberg fällt unter den Begriff der Geschichtlichkeit die spezifische Qualität eines Wirklichkeitsbegriffs, seine Sinnstruktur, die sich aus den gesellschaftlichen Verhältnissen deshalb ergibt, weil an ihnen das Selbstverständliche einer Zeit erkennbar ist. Diese Selbstverständlichkeiten oder Sinngehalte, die als wirklich gelten und deshalb unhinterfragt bleiben, drücken sich in der sozialen Ordnung aus. Dazu muss die Soziologie, wie alle anderen Wissenschaften, als „Teil der Gesellschaft" betrachtet werden.[203] In Anschluss an das Konzept der Distanzierung, wie es hier in Bezug zu Schütz' Sinnprovinzen sowie Merz-Benz' und Wagners Unterscheidung zwischen Kultur und Kunst gesetzt wurde, kann sich dem, was die Frage nach dem Verhältnis der Soziologie zu ihren Wirklichkeiten umfasst, durch das Bedenken ihrer grundsätzlichen Lage angenähert werden: Die Soziologie steht als Wissenschaft im Übergang zwischen Kultur und Kunst und trägt bei der Aufgabe der wissenschaftlichen Rückkehr zur Anschauung *auch* die Verantwortung, eine Perspektive auf das zu explizieren, was über die gegenwärtigen Erwartungsstrukturen hinausweist, auf das *Mehr* bezüglich der humanen Genussfähigkeit, und damit die (eigene) Freiheit zu reflektieren.

Eine solchermaßen angelegte Analyse vollzieht sich durch eine *typologische Interpolation von Denkbewegungen*, die hinter die in den Texten schon als getroffen vorliegenden Entscheidungen blicken will, indem sie sie auf ihren spezifischen *Möglichkeitsraum* hin befragt. Dies beinhaltet die Vorstellung, die verwirklichte Sinnstruktur erst richtig verstehen zu können, wenn der zunehmende Ausschlussprozess von auch anders möglichen rekonstruiert wurde.[204] In metaphorologischer Hinsicht wird diese Situierung einer Denkbewegung in ihren *geschichtlichen*

---

[203] Renn. Die Lesbarkeit der sozialen Welt, S. 147.
[204] Darin ist sie einer objektiv-hermeneutischen Perspektive in Teilen nicht unähnlich, obwohl sie sich beispielsweise hinsichtlich der Kontextfreiheit aufgrund ihres geschichtlichen Gesichtspunkts von dieser unterscheidet; vgl. Wernet, Andreas. 2009. *Einführung in die interpretative Sozialforschung*. 3. Auflage. Wiesbaden: VS Verlag für Sozialwissenschaften.

Möglichkeitsraum zuerst durch die Untersuchung der Konstellation der begrifflich-definitorischen und metaphorologisch-mythologischen Distanzierungspraxen im jeweiligen Text vorbereitet. Anhand ihrer Funktionswechsel lässt sich ein Blick auf die Bereiche zwischen der Ökonomie, Kultur, Wissenschaft und Kunst richten. Dabei wäre zu untersuchen, *inwiefern und warum* eine Denkbewegung beispielsweise eher zu einer ökonomischen Logik der Selbsterhaltung/-behauptung oder ästhetischen Logik der Selbstentfaltung tendiert. Eine metaphorologische Rezeptionsgeschichte müsste deshalb nachvollziehen, vor welcher *historisch-sozialen Lage* Metaphern und Mythologeme welche *Funktionen* einnehmen. Darüber hinaus wären Einsichten zu gewinnen, wie mit ihnen nach ihrer Einführung in weiteren *Rezeptionen* umgegangen wurde, also auch in einen möglichen *Funktionswandel* (zum Beispiel vom Reflexionsmittel zum Mittel der naturalisierenden Verselbstständigung). Das beinhaltet näherhin zu erarbeiten, inwiefern durch eine Metapher hindurch der Forschungsgegenstand beleuchtet wurde oder inwiefern sie etwa nur eine nachträgliche, eigentlich allegorische Verplausibilierungsstrategie darstellt. Wenn sie sich als Plausibilisierungstechnik herausstellt, sollte ferner geklärt werden, welche Gründe dafür vorliegen.

In Bezug auf die Möglichkeit zweier rhetorischer Wirkungen in einem Text, wäre zu untersuchen, inwiefern und warum sich darin eine *doppelte Sinnstruktur* ausdrückt. Dabei muss es kein Widerspruch sein, wenn sich beispielsweise eine Arbeit durch eine *anti-aufklärerische Rhetorik* performiert und zugleich bei genauerem Hinsehen auf die Qualität der erarbeiteten Begriffe und verwendeten Metaphern eine *nicht anti-aufklärerische Gesellschaftskonzeption* zu Tage tritt (was nicht automatisch heißen müsste, dass sie deshalb aufklärerisch im modernen Sinne ist). Dies würde der umgekehrten Konzeption der Gleichzeitigkeit zweier rhetorischer Wirkungen entsprechen,[205] in der die Möglichkeit der *performativen Opportunität* eines Textes mit einer herrschenden Gesellschaftsordnung (zur Beruhigung) und der gleichzeitigen *oppositionellen Qualität* unter der Oberfläche (zur intellektuellen Reizung) ausgedrückt wird. In dem Fall schließt sich die Frage an, aus welchen Gründen ein Text einem herrschenden Bild explizit widerspricht und ihr in einigen Aspekten implizit zustimmt. Damit soll nur angezeigt werden, dass die Möglichkeit zumindest nicht von vornherein ausgeschlossen ist, dass auch andere Doppelstrukturen neben der von expliziter Opportunität und impliziter Opposition denkbar sind. Das Distanzkonzept erlaubt es, Denkbewegungen prinzipiell hinsichtlich ihrer dogmatischen und/oder entdogmatisierenden Qualitäten zu ergründen.

---

[205] Vgl. hier Abschn. 4.4.2.

5.3 In Vorbereitung einer Rückkehr – Resümee einiger Bedingungen

Eine solche Untersuchungsweise in Anschluss an Blumenberg weiterzudenken wäre nicht zuletzt vor dem Hintergrund des *Verhältnisses von Wissenschaftler*innen zu ihren Forschungsbereichen* relevant. Ein Beitrag zur fallspezifischen Bestimmung dieses Verhältnisses, das an den impliziten Selbstverständlichkeiten, etwa in einem gesellschaftstheoretischen Entwurf, rekonstruiert wird, könnte deshalb über die Verbindung des *metaphorologischen* Blicks auf rezeptionsgeschichtliche *Umbesetzungen* mit *typologischen Interpolationen* eingedenk der theoretischen *Distanzkonzeption* gelingen.

Rückkehr unter anderen Bedingungen – Soziologische Möglichkeitsbeziehung

6

> *„Vielmehr taucht Schönheit in der Welt von Kafka nur an den verstecktesten Stellen auf: bei den Angeklagten zum Beispiel." (Benjamin, Walter. 1934/2007. Franz Kafka. Zur zehnten Wiederkehr seines Todestages. In* Wahlverwandtschaften. Aufsätze und Reflexionen über deutschsprachige Literatur, *ausgewählt und mit einem Nachwort von Jan Philipp Reemtsma. Frankfurt am Main: Suhrkamp, S. 310–316, hier S. 314)*

Blicken wir auf den Beginn unserer Einlassung auf Blumenbergs Denkbewegung unter dem Gesichtspunkt seines soziologischen Potenzials zurück, können wir uns die Fragen noch einmal vorlegen, die sich im Ausgang der Rekonstruktion seiner Studie über Webers Platon-Rezeption ergaben und nun in veränderter Form stellen: welche Konsequenzen sind aus dem Verhältnis zwischen Metaphorik und Begriffsbildung, das Blumenberg an ihrer gegenseitigen Bedingung systematisch erfasst hat, für eine soziologische Wirklichkeitswissenschaft zu ziehen?

Den Zwischenstand unserer Annäherung an diese Frage wollen wir folgendermaßen darlegen: zunächst anhand der sozial-historischen (Problem-)Lage Blumenbergs, zu der er ein eigensinniges Verhältnis ausbildet. Dieses Verhältnis entfaltet er durch einen kritischen Anschluss an die historische Begriffsgeschichte, die er um die Metaphorologie erweitert. Aus seiner Methodologie erschließen sich zum einen bestimmte theoretische Dimensionen und zum anderen lässt sich an ihr die Möglichkeit einer Soziologie mit Blumenberg konturieren.

Die sozial-historische Problemlage

Blumenberg sah sich vor einem ungelösten, geschichtlich überhängenden Problem, das sich über mehrere Aspekte erstreckt: von der festgeschriebenen *Trennung der Logik von der Ästhetik* durch verschiedene Platonismen über die, zur Resignation und Ignoranz tendierende, *Unterordnung* des einen unter den anderen Bereich unter wechselnden Vorzeichen bei Kant, Nietzsche, Husserl und Kafka bis hin zu Heideggers Weg ins ‚Unterirdische'. Eine mit diesem Problem eng verbundene Frage betrifft die Denkbewegung Husserls: inwiefern, entlang welcher *Bedingungen* und aus welchen *Gründen* er, der mit seiner phänomenologischen Methode eine Grundlage zur Untersuchung der Lebenswelt schuf und zur Lösung der Krise seiner Gegenwart beitragen wollte, ohne es zu bemerken, eben diese Krise noch verschärft hat. Blumenberg findet in Husserls Denkbewegung Anteile des für die Moderne typischen Wirklichkeitsbegriffs, die ihm selbst verborgen bleiben. Er erkannte das moderne Paradox nicht, das sich für die mit ihm Lebenden erst explizit als solches herausstellen konnte, als es aufgrund ihrer geschichtlichen Erfahrungen seiner Selbstverständlichkeit gänzlich enthoben war: dass es für den modernen Wirklichkeitsbegriff *typisch* ist, die Welt als fortwährend bearbeitungswürdige vorzustellen (Kontingenz), weswegen ihm selbst ein unendlicher Arbeitscharakter eigen ist. Die Ansprüche dieses Wirklichkeitsbegriffs spitzt Husserl weiter zu,[1] indem er die Aufgabe formuliert, den Teilhabenden dieser Lebenswelt deren philosophische Geschichte lückenlos nachholend ins Bewusstsein zu bringen, damit sie die Gründe für ihre Handlungsweisen verstehen. Die dadurch absolut gesetzte Intention des Bewusstseins würde die für ihn unheilvolle Trennung zwischen Philosophie, Wissenschaften und Lebenswelt endlich aufheben. Damit steigert er jedoch das Bewusstsein für die Kontingenz, das die Moderne ohnehin prägt und im Maße ihrer Selbstverständlichkeit auch nur äußerst schwer als eben diese typische Vertrautheit im Umgang mit der Welt erkennbar ist.

Für Blumenberg stellt sich vor dem Hintergrund seiner Lage, der Feststellung des gescheiterten modernen Wissenschaftsbegriffs, die grundlegende Frage nach dem Verhältnis von Philosophie und Lebenswelt anders: Welchen Anteil hat die Philosophie am typischen Wirklichkeitsbegriff, und umgekehrt, wie wirkt sich der Anteil des typischen Welt- und Selbstverhältnisses in der Philosophie und in den Wissenschaften auf eben diese aus? In seinen Worten:

---

[1] Vgl. Blumenberg. Lebenswelt und Technisierung unter Aspekten der Phänomenologie, S. 44. In diesem Sinne, so schreibt Blumenberg, „ist die Phänomenologie Husserls eine äußerste Zuspitzung dieses einem *endlichen* Dasein aufgebürdeten *unendlichen* Anspruches" der Neuzeit.

„Wie stellt sich in der Metapher *die Lage des Denkens* dar, in die [Wissenschaftler*innen] sich aus mehr oder weniger zwingenden *Gründen* und unter mehr oder weniger unvermeidlichen *Bedingungen* hineinmanövriert ha[ben]?"[2]

Methodologie

Dieser Frage geht er nach, indem er an die Methode der historischen Begriffsgeschichte in Form einer *quellenkritischen* Rezeptionsgeschichte anschließt und sie um die *Metaphorologie* erweitert. Diese bietet einen Zugang zum Problem der Vereinseitigung der Logik, die mit ihrer Verfahrensweise der terminologischen Begriffsbildung auf Eindeutigkeit abzielt und darüber die Vieldeutigkeit von Ideen entweder völlig aufgibt oder *eine* ihrer möglichen Bedeutungen dogmatisiert:

„Die in der rigorosen Selbstverschärfung der theoretischen Sprache verächtlich gewordene Ungenauigkeit der Metapher entspricht auf andere Weise der oft so eindrucksvollen höchsten Abstraktionsstufe von Begriffen wie ‚Sein', ‚Geschichte', ‚Welt', die uns zu imponieren nicht nachgelassen haben. Die Metapher jedoch konserviert den Reichtum ihrer Herkunft, den die Abstraktion verleugnen muß."[3]

Die Metapher als zentrale rhetorische Form stiftet, wo der Begriff die *Trennung* der „Sprachbereiche des primären Wirklichkeitsbezuges und der sekundären Möglichkeitsbeziehung" bewirkt, ihre *Verbindung*.[4] Blumenberg erkennt eine methodologische Lücke darin, die gegenseitige Bedingtheit (nicht Trennung oder Konkurrenz) der *Eigensinnigkeit* der Begrifflichkeit einerseits *und* der Unbegrifflichkeit andererseits systematisch abzubilden, und zwar an ihren jeweiligen Leistungen und Grenzen. So unterliegt seine Metaphorologie auch nicht der Vereinseitigung der Ästhetik, die in der Beliebigkeit und damit leichten Instrumentalisierbarkeit von Sprache mündet. Der Vorschlag der Metaphorologie zielt deshalb nicht auf Analysen von Metaphern um ihrer selbst willen, sondern ihres Zusammenhangs mit der Terminologie.

In der Metaphorologie findet er einen differenzierten Umgang mit den resignativen Tendenzen der im Übrigen von ihm geschätzten Denker wie Kant,[5] Nietzsche[6] und Kafka. Blumenbergs Verhältnis zur sozial-historischen Lage angesichts des

---

[2] Blumenberg. *Die nackte Wahrheit*, S. 127; Einschub und Hervorhebungen stammen von mir/CG.
[3] Blumenberg. *Schiffbruch mit Zuschauer*, S. 90; Hervorhebungen von mir/CG.
[4] Blumenberg. *Theorie der Unbegrifflichkeit*, S. 88.
[5] Kants Resignation macht sich an seiner Einschränkung der Metapher auf ihre begriffliche Funktion bemerkbar.
[6] Nietzsche führt die Trennung zwischen Logik und Ästhetik unter umgekehrten Vorzeichen fort.

aufs Äußerste zugespitzten und deshalb scheiternden Objektivitätsanspruchs besteht darin, den eigenen Möglichkeitsraum auf indirekte Weise zu erschließen: indem er zu den Selbstverständlichkeiten der eigenen Zeit vordringt auf dem Umweg über das, was diese als ‚unwirklich' ausschließen (Negationen) und besonders das, was *beiseite*gelassen wird (Leerstellen). Damit lässt sich die Bedeutung seiner Konzeption des Wirklichkeitsbegriffs als Grenzbegriff verstehen: „*Wirklich ist, was nicht unwirklich ist*" – dieser „Satz gibt keine theoretische Definition, sondern eine Verfahrensregel an; sie lenkt die Aufmerksamkeit des Beobachters [...] auf Befunde, in denen die Bloßstellung des Unwirklichen [...] zu sehen erlaubt, was ‚übrigbleibt'".[7] Mittels dieses indirekten Verfahrens kann er das *eigene Handeln im Horizont seiner Möglichkeiten lokalisieren*.

Theorie und Methode

Über den Kurs unserer Lektüre der Schriften Blumenbergs konnten wir eine zentrale theoretische Dimension in der Konzeption des (Denk-)Handelns als *actio per distans* erkennen, das sich in unterschiedlichen Distanzierungspraxen Ausdruck verleiht und der anthropologisch gefassten intersubjektiven Lage korrespondiert, das heißt: der Lage im Verhältnis *zwischen* Objektivität und Subjektivität. An ihr ist – über die Analyse der Funktionswechsel der konkreten Handlungsweisen – der Handlungsraum der Genuss*fähigkeit* ablesbar, der sich zwischen den Notwendigkeiten der Selbsterhaltung und -behauptung einerseits, der *ökonomischen Logik* im Modus der *Prävention*, und den Möglichkeiten der Freiheit andererseits, der ‚luxuriösen' *Ästhetik* im Modus der *Variation*, ausspannt. Eine wichtige Aufgabe ist deshalb die nachvollziehbare Einschätzung der ökonomischen Notwendigkeiten und offenen Möglichkeiten der eigenen Zeit, um „unsere Freiheit [zu] reflektieren".[8]

Blumenbergs Methode lässt sich in diesem Zusammenhang als *konfigurative Interpolation* bezeichnen. Sie beinhaltet, die Gründe (Interessen), Bedingungen (Ansprüche und Prämissen) und offenstehenden Möglichkeiten (Leerstellen) einer verwirklichten Handlung in Bezug auf den jeweiligen Wirklichkeitsbegriff (ihr Wirkungspotenzial) zu untersuchen. Dabei sind zwei Untersuchungsebenen zu unterscheiden, die dem Titel der Methode, der Interpolation, ihren Sinn verleihen:

---

[7] Blumenberg. *Höhlenausgänge*, S. 806.
[8] Blumenberg. *Theorie der Unbegrifflichkeit*, S. 89. In diesem Zusammenhang ist auch seine eigene Platon-Rezeption in ihrer Sinnverschiebung zu verstehen. Für ihn ist es die *Höhle* selbst, nicht eine Person, die schon zum Philosophen geworden sein muss, um auch andere die Möglichkeit des Höhlenausgangs zu eröffnen: „Was ich zu umreißen versuche, ist die Ambivalenz der Höhle: Sie lädt zum Bleiben und sie bemittelt zum Gehen" (Blumenberg. *Höhlenausgänge*, S. 799). Die Höhle ist der Grund und die Bedingung, um Zeit zu haben, anderen Beschäftigungen als den unmittelbar nötigen nachzugehen, darunter *auch* der (theoretischen) Neugierde.

(1) Eine verwirklichte *Handlung* qualifiziert er zunächst im Verhältnis zu ihren *Alternativen* typologisch. Darin liegt die „Funktion" der Typologie: hinter diese „schon stattgefundene[n] dezisionistische[n] Prozesse" zu blicken, die zum Beispiel als Epochen*brüche* bezeichnet werden, und „das vollständige *Feld der Möglichkeiten* zu präsentieren, also noch *dem Vorurteil entgegen zu halten*, was überhaupt an Urteilen möglich gewesen wäre, und ihm nachzubringen, was es noch ist" (betrachten der Epochen*schwelle*).[9]

(2) Auf der Ebene des *Resultats* qualifiziert er die Wirkungen dieser Handlungen auf den jeweiligen *Wirklichkeitsbegriff*, auf das Welt- und Selbstverhältnis. Aus der Differenzierung der Bezugsgrößen der Handlung – zu ihren Alternativen und zum Wirklichkeitsbegriff – erklärt sich die Unterscheidung der Untersuchungsebenen.

(3) Zu interpolieren bleibt hiernach das Verhältnis der aus dem Resultat folgenden Handlungsbedingungen und Prämissen, sprich der *veränderten Sinnstruktur* des Wirklichkeitsbegriffs *zu* den nicht verwirklichten *Handlungsmöglichkeiten*. Indem Blumenberg diese Forschungsgegenstände an Einzelfällen, das heißt: an Denkbewegungen von Philosophen, Wissenschaftler*innen und Künstler*innen, untersucht, die über sich hinaus auf die *geschichtlichen Tendenzen* verweisen (so auch, wenn wir uns erinnern, in seiner Analyse der Theoriefiguration zwischen Natorp/Rickert, Weber und Heidegger), verfährt er für die Interpolation auf *konfigurative* Weise.

Soziologisches Wirkungspotential der Metaphorologie

Die Aufgaben einer soziologischen Wirklichkeitswissenschaft verschieben und erweitern sich unter Einbezug Blumenbergs Metaphorologie hinsichtlich der von ihm angezeigten Leerstelle in Webers Wissenschaftslehre, auf die hin wir seine Schriften bisher rezipiert haben. Sie könnte demnach nicht nur – mittels der Bestimmung von epochenspezifischen Durchschnittstypen (vorherrschenden Wirklichkeitsbegriffen) und idealtypischen Lebensformen (Philosophie, Spezial-/Wissenschaft, usw.) – untersuchen, was geworden ist und warum, sondern auch die sich daran zeigenden, noch offenen *Leerstellen auf ihr Potential für die Gegenwart* prüfen. Dazu gehört die Bestimmung des Verhältnisses zwischen der Wirklichkeit und den Wissenschaften, die sie untersuchen wollen: die Lokalisierung der Beobachter*in durch die methodisch nachvollziehbare Qualifizierung deren Handelns im Horizont seiner Möglichkeiten. Webers Forschungsprogramm wird dadurch deutlicher konturiert hinsichtlich der Größen, auf die hin seine Deutungen (im Sinne des deutenden Verstehens) ausgerichtet werden können. Wenn er also davon spricht, das „Erkenntnisziel" der Sozial- als Wirklichkeitswissenschaft sei, „den Zusammenhang und die Kulturbedeutung" einzelner *gegenwärtiger* „Erscheinungen" und „die Gründe ihres *geschicht-*

---

[9] Blumenberg. Beobachtungen an Metaphern, S. 164; Hervorhebung von mir/CG.

lichen So-und-nicht-anders-Gewordenseins" „in ihrer Eigenart [zu] verstehen"[10] – so könnten wir mit Blumenberg einen Beitrag zu der Frage leisten, *worauf die Deutung als Grundlage der (nicht nur) für Weber bedeutsamen Urteilsfähigkeit bezogen ist*. Denn diese Urteilsfähigkeit soll Menschen ermöglichen, unter Aspekten der für sie bedeutsamen „Wertideen" „zur Welt Stellung zu nehmen und ihr einen Sinn zu verleihen".[11]

Schütz' Differenzierung des Handelns und der Handlung, welche Webers Sinn- und Handlungsbegriff theoretisch fundieren, wird mit Blumenbergs konfigurativer Interpolation eine Methode bereitgestellt, die über (theoretische und historische) Typologien hinausgeht. In diesem Sinne müsste der Untertitel des Buchs *Soziologisch denken mit Blumenberg* nun eigentlich umbenannt werden: Zwar denken wir mittels Begriffe und Metaphern, aber das soziologische Potenzial lässt sich nun konkreter fassen. Es eröffnet sich mit diesem Potenzial – in theoretischer, methodologischer und methodischer Hinsicht – ein Zugang zum Einbezug der Dimension der *Möglichkeitsbeziehung* in eine rekonstruktionslogisch verfahrende Wirklichkeitswissenschaft.

Eine erste Aufgabe im Hinblick auf sie wäre entsprechend, die Kultur(en) der Soziologie selbst, das heißt: die Interessen, Ansprüche und Prämissen in den Dokumenten ihrer Träger*innen, die auch in den Methoden nachzuvollziehen sind, auf ihre Verhältnisse zu den jeweils vorherrschenden Wirklichkeitsbegriffen zu prüfen und damit auf den Anteil der Soziologie als Wissenschaft an den zentralen gesellschaftlichen Problemen unserer Zeit und umgekehrt: auf den Anteil dieser Probleme in ihr. Die der gegenwärtigen Soziologie offenstehenden Möglichkeiten erkennen zu können, setzt deshalb voraus, die fallweise *mehr oder weniger* zwingenden oder unvermeidlichen *Gründe und Bedingungen* ihrer Grundlagen zu untersuchen. In diesen Studien, deren Fallauswahl ihren Ausgang von der zu prüfenden Vermutung nimmt, dass ein Einzelfall über sich hinaus auf seine geschichtlichen Tendenzen verweist, ist ein Fokus auf die Sinngehalte zu legen, die im Verlauf der Kultivierung der Soziologie ausgeschlossen (Negationen) oder beiseitegelassen wurden (Leerstellen). Zu einer solchen ideengeschichtlich interessierten Kultursoziologie gehört auch die Rekonstruktion der politischen Konsequenzen, die aus den spezifischen *Zugriffen* der, auf Eindeutigkeit zielenden, soziologischen Begriffsbildung auf die Mehrdeutigkeit philosophischer Ideen folgen.

---

[10] Weber. Die „Objektivität" sozialwissenschaftlicher und sozialpolitischer Erkenntnis, S. 170–171; Hervorhebung von mir/CG.

[11] Weber. Die „Objektivität" sozialwissenschaftlicher und sozialpolitischer Erkenntnis, S. 180 und S. 181.

Literatur

Benjamin, Walter. 1934/2007. Franz Kafka. Zur zehnten Wiederkehr seines Todestages. In *Wahlverwandtschaften. Aufsätze und Reflexionen über deutschsprachige Literatur*, ausgewählt und mit einem Nachwort von Jan Philipp Reemtsma. Frankfurt am Main: Suhrkamp, S. 310–316.

Blumenberg, Hans. 1950/2017a. Das Problem des Nihilismus in der deutschen Literatur der Gegenwart [Vortrag]. In *Schriften zur Literatur 1945–1958*, herausgegeben von Alexander Schmitz und Bernd Stiegler. Berlin: Suhrkamp, S. 43–56.

Blumenberg, Hans. 1950/2017b. Das Problem des Nihilismus in der deutschen Literatur der Gegenwart [Vortragsankündigung]. In *Schriften zur Literatur 1945–1958*, herausgegeben von Alexander Schmitz und Bernd Stiegler. Berlin: Suhrkamp, S. 41–42.

Blumenberg, Hans. 1951/2001. Das Verhältnis von Natur und Technik als philosophisches Problem. In *Ästhetische und metaphorologische Schriften*. Auswahl und Nachwort von Anselm Haverkamp. Frankfurt am Main: Suhrkamp, S. 253–265.

Blumenberg, Hans. 1957. Licht als Metapher der Wahrheit. Im Vorfeld der philosophischen Begriffsbildung. In *Studium Generale* 10, S. 432–447, erneut abgedruckt in Blumenberg, Hans. 2001. *Ästhetische und metaphorologische Schriften*. Auswahl und Nachwort von Anselm Haverkamp. Frankfurt am Main: Suhrkamp, S. 139–171.

Blumenberg, Hans. 1958. Epochenschwelle und Rezeption. In *Philosophische Rundschau* 6, S. 94–120.

Blumenberg, Hans. 1959/2001. Kritik und Rezeption antiker Philosophie in der Patristik. Strukturanalysen zu einer Morphologie der Tradition. In *Ästhetische und metaphorologische Schriften*. Auswahl und Nachwort von Anselm Haverkamp. Frankfurt am Main: Suhrkamp, S. 266–290.

Blumenberg, Hans. 1960. Paradigmen zu einer Metaphorologie. In *Archiv für Begriffsgeschichte* 6, S. 7–142.

Blumenberg, Hans. 1960/2015. Ordnungsschwund und Selbstbehauptung. Über Weltverstehen und Weltverhalten im Werden der technischen Epoche. In *Schriften zur Technik*, herausgegeben von Alexander Schmitz. Berlin: Suhrkamp, S. 138–162.
Blumenberg, Hans. 1961/2020. Antiker und neuzeitlicher Wirklichkeitsbegriff. In *Realität und Realismus*, herausgegeben von Nicola Zambon. Berlin: Suhrkamp, S. 9–37.
Blumenberg, Hans. 1963/1981. Lebenswelt und Technisierung unter Aspekten der Phänomenologie. In *Wirklichkeiten, in denen wir leben*. Stuttgart: Reclam, S. 9–58.
Blumenberg, Hans. 1964/1981. Sprachsituation und immanente Poetik. In *Wirklichkeiten, in denen wir leben*. Stuttgart: Reclam, S. 144–163.
Blumenberg, Hans. 1964/2001. Wirklichkeitsbegriff und Möglichkeit des Romans. In *Ästhetische und metaphorologische Schriften*. Auswahl und Nachwort von Anselm Haverkamp. Frankfurt am Main: Suhrkamp, S. 47–73.
Blumenberg, Hans. 1968. Wirklichkeitsbegriff und Staatstheorie. In *Schweizer Monatshefte. Zeitschrift für Politik, Wirtschaft, Kultur* 48, S. 121–146.
Blumenberg, Hans. 1971. Beobachtungen an Metaphern. In *Archiv für Begriffsgeschichte* 15, S. 161–214.
Blumenberg, Hans. 1971/1981. Anthropologische Annäherung an die Aktualität der Rhetorik. In *Wirklichkeiten, in denen wir leben*. Stuttgart: Reclam, S. 110–143.
Blumenberg, Hans. 1971/2001. Wirklichkeitsbegriff und Wirkungspotential des Mythos. In *Ästhetische und metaphorologische Schriften*. Auswahl und Nachwort von Anselm Haverkamp, S. 327–405.
Blumenberg, Hans. 1975/1981. *Die Genesis der kopernikanischen Welt*. Frankfurt am Main: Suhrkamp.
Blumenberg, Hans. 1976a. Der Sturz des Protophilosophen. Zur Komik der reinen Theorie, anhand einer Rezeptionsgeschichte der Thales-Anekdote. In *Das Komische (Poetik & Hermeneutik VII)*, hrsg. Wolfgang Preisendanz und Rainer Warning. München: Fink, S. 11–64.
Blumenberg, Hans. 1976b. Komik in der diachronen Perspektive. In *Das Komische (Poetik & Hermeneutik VII)*, hrsg. Wolfgang Preisendanz und Rainer Warning. München: Fink. München: Fink, S. 408–409.
Blumenberg, Hans. 1976c. Wer sollte vom Lachen der Magd betroffen sein? Eine Duplik. In *Das Komische (Poetik & Hermeneutik VII)*, hrsg. Wolfgang Preisendanz und Rainer Warning. München: Fink, S. 437–441.
Blumenberg, Hans. 1976d. Unernst als geschichtliche Qualität. In *Das Komische (Poetik & Hermeneutik VII)*, hrsg. Wolfgang Preisendanz und Rainer Warning. München: Fink, S. 441–444.
Blumenberg, Hans. 1976/2001. Geld oder Leben. Eine metaphorologische Studie zur Konsistenz der Philosophie Georg Simmels. In *Ästhetische und metaphorologische Schriften*. Auswahl und Nachwort von Anselm Haverkamp. Frankfurt am Main: Suhrkamp, S. 177–192.
Blumenberg, Hans. 1979a. *Schiffbruch mit Zuschauer. Paradigma einer Daseinsmetapher*. Frankfurt am Main: Suhrkamp.
Blumenberg, Hans. 1979b. *Arbeit am Mythos*. Frankfurt am Main: Suhrkamp.
Blumenberg, Hans. 1979/2018. Wirklichkeit als Grenzbegriff. In *Phänomenologische Schriften 1981–1988*, herausgegeben von Nicola Zambon. Berlin: Suhrkamp, S. 109–112.
Blumenberg, Hans. 1981a. *Die Lesbarkeit der Welt*. Frankfurt am Main: Suhrkamp.

Blumenberg, Hans. 1981b. Einleitung. In *Wirklichkeiten, in denen wir leben*. Stuttgart: Reclam, S. 5–8.
Blumenberg, Hans. 1987. *Das Lachen der Thrakerin. Eine Urgeschichte der Theorie*. Frankfurt am Main: Suhrkamp.
Blumenberg, Hans. 1988. *Die Legitimität der Neuzeit*. Zweite, erneuerte Auflage. Frankfurt am Main: Suhrkamp.
Blumenberg, Hans. 1989. *Höhlenausgänge*. Frankfurt am Main: Suhrkamp.
Blumenberg, Hans. 1998. Theorie. In *Begriffe in Geschichten*. Frankfurt am Main: Suhrkamp, S. 193–194.
Blumenberg, Hans. 2006. *Beschreibung des Menschen*. Aus dem Nachlaß herausgegeben von Manfred Sommer. Frankfurt am Main: Suhrkamp.
Blumenberg, Hans. 2007. *Theorie der Unbegrifflichkeit*. Aus dem Nachlaß herausgegeben von Anselm Haverkamp. Frankfurt am Main: Suhrkamp.
Blumenberg, Hans. 2012. *Quellen, Ströme, Eisberge*, herausgegeben von Ulrich von Bülow und Dorit Krusche. Berlin: Suhrkamp.
Blumenberg, Hans. 2014a. *Präfiguration. Arbeit am politischen Mythos*, herausgegeben von Angus Nicholls und Felix Heidenreich. Berlin: Suhrkamp.
Blumenberg, Hans. 2014b. Brief an Götz Müller am 20.07.1981. In *Präfiguration. Arbeit am politischen Mythos*, herausgegeben von Angus Nicholls und Felix Heidenreich. Berlin: Suhrkamp, S. 62–63.
Blumenberg, Hans. 2017. *Schriften zur Literatur 1945–1958*, herausgegeben von Alexander Schmitz und Bernd Stiegler. Berlin: Suhrkamp.
Blumenberg, Hans. 2019. *Die nackte Wahrheit*, herausgegeben von Rüdiger Zill. Berlin: Suhrkamp.
Blumenberg, Hans. 2020a. *Beiträge zum Problem der Ursprünglichkeit der mittelalterlich-scholastischen Ontologie*, herausgegeben von Benjamin Dahlke und Matthias Laarmann. Berlin: Suhrkamp.
Blumenberg, Hans. 2020b. *Realität und Realismus*, herausgegeben von Nicola Zambon. Berlin: Suhrkamp.
Blumenberg, Hans. 2022. *Die ontologische Distanz. Eine Untersuchung zur Krisis der philosophischen Grundlagen der Neuzeit*, herausgegeben von Nicola Zambon. Berlin: Suhrkamp.
Blumenberg, Hans und Jonas, Hans. 2022. *Briefwechsel 1954 – 1978 und weitere Materialien*, herausgegeben von Hannes Bajohr. Berlin: Suhrkamp.
Blumenberg, Hans und Schmitt, Carl. 2007. *Briefwechsel 1971 – 1978 und weitere Materialien*, herausgegeben und mit einem Nachwort versehen von Alexander Schmitz. Frankfurt am Main: Suhrkamp.
Flasch, Kurt. 2019. *Hans Blumenberg. Philosoph in Deutschland: die Jahre 1945 bis 1966*. Zweite, durchgesehene Auflage. Frankfurt am Main: Klostermann.
Fuhrmann, Manfred (Hg.). 1971. *Terror und Spiel. Probleme der Mythenrezeption (Poetik und Hermeneutik IV)*. München: Fink.
Gehring, Petra. 2014. Metapher. In *Blumenberg lesen. Ein Glossar*, hrsg. Robert Buch und Daniel Weidner. Berlin: Suhrkamp, S. 201–213.
Goldstein, Jürgen. 2020. *Hans Blumenberg. Ein philosophisches Portrait*. Berlin: Matthes & Seitz.
Gostmann, Peter. 2018. ‚Humanism is not enough'. Leo Strauss und die Soziologie. In *Humanismus und Soziologie*, hrsg. Peter Gostmann und Peter-Ulrich Merz-Benz. Wiesbaden: VS Verlag für Sozialwissenschaften, S. 247–333.

Gotschy, Catherine, und Nell, Charlotte. 2023. Psychoanalyse und Matriarchatsmythos als Instrumente erotischer Utopie. Nicolaus Sombarts Wirklichkeitsbewältigung zwischen 1968 und 1987. In *Große Gegenwart. Zur Erinnerung an Nicolaus Sombart (1923–2008)*, hrsg. Peter Gostmann und Gerhard Wagner. Wiesbaden: Harrassowitz, S. 145–176.

Haverkamp, Anselm. 2007. Editorisches Nachwort. In Hans Blumenberg. *Theorie der Unbegrifflichkeit*. Frankfurt am Main: Suhrkamp, S. 115–119.

Heidenreich, Felix. 2020. *Politische Metaphorologie. Hans Blumenberg heute*. Wiesbaden: Springer VS.

Hetzel, Andreas. 2012. Lob der Uneigentlichkeit. Blumenberg und die Rhetorik. In *Journal Phänomenologie* 35, S. 36–51.

Jauß, Hans Robert (Hg.). 1969. *Nachahmung und Illusion (Poetik und Hermeneutik I)*. Zweite, durchgesehene Auflage. München: Fink.

Jonas, Hans. 1964. *Gnosis und spätantiker Geist. Erster Teil: Die mythologische Gnosis*. Mit einer Einleitung zur Geschichte und Methodologie der Forschung. Göttingen: Vandenhoeck & Ruprecht.

Jonas, Hans. 1993. *Gnosis und spätantiker Geist. Zweiter Teil: Von der Mythologie zur mystischen Philosophie*. Erste und zweite Hälfte, herausgegeben von Kurt Rudolph. Göttingen: Vandenhoeck & Ruprecht.

Junge, Matthias. 2016. Einleitung. In *Metaphern soziologischer Zeitdiagnosen*, hrsg. Matthias Junge. Wiesbaden: Springer VS, S. 1–3.

Kranz, Margarite. 2011. Begriffsgeschichte institutionell. Die Senatskommission für Begriffsgeschichte der Deutschen Forschungsgemeinschaft (1956–1966). In *Archiv für Begriffsgeschichte* 53, S. 153–226.

Kranz, Margarite. 2012. Begriffsgeschichte institutionell, Teil II. Die Kommission für Philosophie der Akademie der Wissenschaften und Literatur Mainz unter den Vorsitzenden Erich Rothacker und Hans Blumenberg (1949–1974). In *Archiv für Begriffsgeschichte* 54, S. 119–194.

Lemke, Thomas. 2010. Gesellschaftskörper und Organismuskonzepte. Überlegungen zur Bedeutung von Metaphern in der soziologischen Theorie. In *Die Ökonomie der Organisation – die Organisation der Ökonomie*, hrsg. Martin Endreß und Thomas Matys. Wiesbaden: VS Verlag für Sozialwissenschaften, S. 201–223.

Löwenthal, Leo. 1943/2000. Brief an Herbert Marcuse. In *Das Utopische soll Funken schlagen... Zum hundertsten Geburtstag von Leo Löwenthal*, hrsg. Peter-Erwin Jansen. Frankfurt am Main: Klostermann, S. 101–114.

Löwenthal, Leo. 1945/1982. Vorurteilsbilder. Antisemitismus unter amerikanischen Arbeitern. In *Schriften, Band 3: Falsche Propheten. Studien zum Autoritarismus*. Frankfurt am Main: Suhrkamp, S. 177–237.

Lüdemann, Susanne. 2004. *Metaphern der Gesellschaft. Studien zum soziologischen und politischen Imaginären*. Wilhelm Fink: München.

Merker, Barbara. 2011. Was ist der Mensch? Zum Verhältnis von (historischer) Anthropologie, Phänomenologie, Metaphorologie und Epistemologie. In *Erinnerung an das Humane. Beiträge zur phänomenologischen Anthropologie Hans Blumenbergs*, hrsg. Michael Moxter. Tübingen: Mohr (Siebeck), S. 39–61.

Merz-Benz, Peter-Ulrich, und Wagner, Gerhard. 2005. Kultur und Kunst. Zur Systematisierung einer Unterscheidung. In *Kultur in Zeiten der Globalisierung. Neue Aspekte einer soziologischen Kategorie*, hrsg. Peter-Ulrich Merz-Benz und Gerhard Wagner. Frankfurt am Main: Humanities Online, S. 231–264.

Merz-Benz, Peter-Ulrich, und Wagner, Gerhard. 2007a. Die Gesellschaft als sozialer Körper. Zur Sozio-Logik metaphorischer Transfiguration. In *Jahrbuch für Soziologiegeschichte*, hrsg. Carsten Klingemann. Wiesbaden: VS Verlag für Sozialwissenschaften, S. 89–118.
Merz-Benz, Peter-Ulrich, und Wagner, Gerhard. 2007b. Idealtypus und Verstehen. Max Webers Logik der Handlungsdeutung In *Jahrbuch für Soziologiegeschichte*, hrsg. Carsten Klingemann. Wiesbaden: VS Verlag für Sozialwissenschaften, S. 53–66.
Meyer, Thomas. 2011. ‚Lesbarkeit' und ‚Sichtbarkeit'. Zu Hans Blumenbergs Versuch, seine Moderne zu retten. In *Erinnerung an das Humane. Beiträge zur phänomenologischen Anthropologie Hans Blumenbergs*, hrsg. Michael Moxter. Tübingen: Mohr (Siebeck), S. 72–85.
Monod, Jean-Claude. 2011. Politische Theologie. Blumenberg als ein Leser von Schmitt und Benjamin. In *Erinnerung an das Humane. Beiträge zur phänomenologischen Anthropologie Hans Blumenbergs*, hrsg. Michael Moxter. Tübingen: Mohr (Siebeck), S. 210–225.
Nicholls, Angus, und Heidenreich, Felix. 2014. Mythos. In *Blumenberg lesen. Ein Glossar*, hrsg. Robert Buch und Daniel Weidner. Berlin: Suhrkamp, S. 214–227.
Nicholls, Angus. 2015. *Myth and the Human Sciences. Hans Blumenberg's Theory of Myth*.London: Routledge.
Niehues-Pröbsting, Heinrich. 2011. Blumenberg und Nietzsche. In *Erinnerung an das Humane. Beiträge zur phänomenologischen Anthropologie Hans Blumenbergs*, hrsg. Michael Moxter. Tübingen: Mohr (Siebeck), S.191–209.
Proust, Marcel. 1913/1994. *Auf der Suche nach der verlorenen Zeit. Bd. 1. Unterwegs zu Swann*, herausgegeben von Luzius Keller. Aus dem Französischen übersetzt von Eva Rechel-Mertens; revidiert von Luzius Keller. Frankfurt am Main: Suhrkamp, S. 564–565.
Renn, Joachim. 2016. Die Lesbarkeit der sozialen Welt. Hans Blumenberg und die hermeneutische Situation der Soziologie. In *Hans Blumenberg. Pädagogische Lektüren*, hrsg. Frank Ragutt und Tim Zumhof. Wiesbaden: Springer VS, S. 147–163.
Rüter, Christoph. 2018. Hans Blumenberg. Der unsichtbare Philosoph [Film]. Köln: Tag/Traum.
Savage, Robert. 2011. Aporias of Origin. Hans Blumenberg's Primal Scene of Hominization. In *Erinnerung an das Humane. Beiträge zur phänomenologischen Anthropologie Hans Blumenbergs*, hrsg. Michael Moxter. Tübingen: Mohr (Siebeck), S. 62–71.
Schmitt, Carl. 1970. *Politische Theologie II. Die Legende von der Erledigung jeder Politischen Theologie*. Berlin: Duncker & Humblot.
Schmitt, Rudolf. 2017. *Systematische Metaphernanalyse als Methode der qualitativen Sozialforschung*. Wiesbaden: Springer VS.
Schütz, Alfred. 1932/2004. *Der sinnhafte Aufbau der sozialen Welt. Eine Einleitung in die verstehende Soziologie* (ASW II), herausgegeben von Martin Endreß und Joachim Renn. Konstanz: UVK.
Schütz, Alfred. 1940/1972. Die soziale Welt und die Theorie der sozialen Handlung. In *Gesammelte Aufsätze. Bd. 2. Studien zur soziologischen Theorie*, herausgegeben von Arvid Brodersen. Übertragung aus dem Amerikanischen von Alexander von Baeyer. Den Haag: Nijhoff, S. 3–21.
Schütz, Alfred. 1943/1972. Das Problem der Rationalität in der sozialen Welt. In *Gesammelte Aufsätze. Bd. 2. Studien zur soziologischen Theorie*, herausgegeben von Arvid Brodersen. Übertragung aus dem Amerikanischen von Alexander von Baeyer. Den Haag: Nijhoff, S. 22–50.

Schütz, Alfred. 1945/1971. Einige Grundbegriffe der Phänomenologie. In *Gesammelte Aufsätze. Bd. 1. Das Problem der sozialen Wirklichkeit.* Mit einer Einführung von Aron Gurwitsch und einem Vorwort von H. L. van Breda. Aus dem Amerikanischen übersetzt und mit einem „Nachwort zur Übersetzung" von Benita Luckmann und Richard Grathoff. Den Haag: Nijhoff, S. 113–135.
Schütz, Alfred. 1945/1971. Über die mannigfaltigen Wirklichkeiten. In *Gesammelte Aufsätze. Bd. 1. Das Problem der sozialen Wirklichkeit.* Mit einer Einführung von Aron Gurwitsch und einem Vorwort von H. L. van Breda. Aus dem Amerikanischen übersetzt und mit einem „Nachwort zur Übersetzung" von Benita Luckmann und Richard Grathoff. Den Haag: Nijhoff, S. 237–298.
Schütz, Alfred. 1951/1971. Das Wählen zwischen Handlungsentwürfen. In *Gesammelte Aufsätze. Bd. 1. Das Problem der sozialen Wirklichkeit.* Mit einer Einführung von Aron Gurwitsch und einem Vorwort von H. L. van Breda. Aus dem Amerikanischen übersetzt und mit einem „Nachwort zur Übersetzung" von Benita Luckmann und Richard Grathoff. Den Haag: Nijhoff, S. 77–110.
Schütz, Alfred. 1951/1972. Gemeinsam Musizieren. In *Gesammelte Aufsätze. Bd. 2. Studien zur soziologischen Theorie*, herausgegeben von Arvid Brodersen. Übertragung aus dem Amerikanischen von Alexander von Baeyer. Den Haag: Nijhoff, S.129–150.
Schütz, Alfred. 1953/1971. Wissenschaftliche Interpretation und Alltagsverständnis menschlichen Handelns. In *Gesammelte Aufsätze. Bd. 1. Das Problem der sozialen Wirklichkeit.* Mit einer Einführung von Aron Gurwitsch und einem Vorwort von H. L. van Breda. Aus dem Amerikanischen übersetzt und mit einem „Nachwort zur Übersetzung" von Benita Luckmann und Richard Grathoff. Den Haag: Nijhoff, S. 3–54.
Schütz, Alfred. 1953/2003. Don Quijote und das Problem der Realität. In *Theorie der Lebenswelt 1. Die pragmatische Schichtung der Lebenswelt* (ASW V.1), herausgegeben von Martin Endreß und Ilja Srubar. Konstanz: UVK, S. 289–323.
Schütz, Alfred. 1955/1971. Symbol, Wirklichkeit und Gesellschaft. In *Gesammelte Aufsätze. Bd. 1. Das Problem der sozialen Wirklichkeit.* Mit einer Einführung von Aron Gurwitsch und einem Vorwort von H. L. van Breda. Aus dem Amerikanischen übersetzt und mit einem „Nachwort zur Übersetzung" von Benita Luckmann und Richard Grathoff. Den Haag: Nijhoff, S. 331–411.
Schütz, Alfred. 1957/2009. Das Problem der transzendentalen Intersubjektivität bei Husserl. In *Philosophisch-phänomenologische Schriften 1. Zur Kritik der Phänomenologie Edmund Husserls* (ASW III.1), herausgegeben von Gerd Sebald, nach Vorarbeiten von Richard Grathoff, Thomas Michael. Konstanz: UVK, S. 227–266.
Schütz, Alfred. 1959/1971. Husserls Bedeutung für die Sozialwissenschaften. In *Gesammelte Aufsätze. Bd. 1. Das Problem der sozialen Wirklichkeit.* Mit einer Einführung von Aron Gurwitsch und einem Vorwort von H. L. van Breda. Aus dem Amerikanischen übersetzt und mit einem „Nachwort zur Übersetzung" von Benita Luckmann und Richard Grathoff. Den Haag: Nijhoff, S. 162–173.
Schütz, Alfred. 1959/1972. Tiresias oder unser Wissen von zukünftigen Ereignissen. In *Gesammelte Aufsätze. Bd. 2. Studien zur soziologischen* Theorie, herausgegeben von Arvid Brodersen. Übertragung aus dem Amerikanischen von Alexander von Baeyer. Den Haag: Nijhoff, S. 259–278.
Stoellger, Philipp. 2011. Imagination der Vernunft. Zum Imaginären der Phänomenologie bei Hans Blumenberg. In *Erinnerung an das Humane. Beiträge zur phänomenologischen Anthropologie Hans Blumenbergs*, hrsg. Michael Moxter. Tübingen: Mohr (Siebeck), S. 62–71.

Strauss, Leo. 1952. *Persecution and the Art of Writing*. Glencoe: The Free Press.
Wagner, Julia. 2010. Anfangen. Zur Konstitutionsphase der Forschungsgruppe „Poetik und Hermeneutik". In *Internationales Archiv für Sozialgeschichte der deutschen Literatur* 1, S. 53–76.
Weber, Max. 1904/1988. Die „Objektivität" sozialwissenschaftlicher und sozialpolitischer Erkenntnis. In *Gesammelte Aufsätze zur Wissenschaftslehre*, hrsg. Johannes Winkelmann. Tübingen: Mohr, S. 146–213.
Weber, Max. 1919/1988. Wissenschaft als Beruf. In *Gesammelte Aufsätze zur Wissenschaftslehre*, hrsg. Johannes Winkelmann. Tübingen: Mohr (Siebeck), S. 582–613.
Weber, Max. 1921/1980. *Wirtschaft und Gesellschaft. Grundriss der verstehenden Soziologie*, herausgegeben von Johannes Winckelmann, 5., rev. Auflage. Tübingen: Mohr (Siebeck).
Wernet, Andreas. 2009. *Einführung in die interpretative Sozialforschung*. 3. Auflage. Wiesbaden: VS Verlag für Sozialwissenschaften.
Zill, Rüdiger. 2019. Nachwort des Herausgebers. In Hans Blumenberg. *Die nackte Wahrheit*. Berlin: Suhrkamp, S. 185–196.
Zill, Rüdiger. 2020. *Der absolute Leser. Hans Blumenberg – Eine intellektuelle Biographie*. Berlin: Suhrkamp.

The manufacturer's authorised representative in the EU is Springer Nature Customer Service Centre GmbH, Europaplatz 3, 69115 Heidelberg, Germany. If you have any concerns regarding our products, please contact ProductSafety@springernature.com

Printed and bound by CPI Group (UK) Ltd, Croydon, CR0 4YY

23/03/2026

02076458-0002